# Netzwerke von Kopf bis Fuß

> Wäre es nicht wunderbar, wenn es ein Buch zu Netzwerken gäbe, bei dem wir nicht schon ab Seite 3 das gesamte OSI-Schichtenmodell im Kopf haben müssten? Aber wahrscheinlich wird das immer ein Traum bleiben ...

Al Anderson
Ryan Benedetti

Deutsche Übersetzung von
Lars Schulten

Beijing · Cambridge · Farnham · Köln · Sebastopol · Taipei · Tokyo

Die Informationen in diesem Buch wurden mit größter Sorgfalt erarbeitet. Dennoch können Fehler nicht vollständig ausgeschlossen werden. Verlag, Autoren und Übersetzer übernehmen keine juristische Verantwortung oder irgendeine Haftung für eventuell verbliebene Fehler und deren Folgen. D.h., wenn Sie beispielsweise ein Kernkraftwerk unter Verwendung dieses Buchs betreiben möchten, tun Sie dies auf eigene Gefahr.

Alle Warennamen werden ohne Gewährleistung der freien Verwendbarkeit benutzt und sind möglicherweise eingetragene Warenzeichen. Der Verlag richtet sich im Wesentlichen nach den Schreibweisen der Hersteller. Das Werk einschließlich aller seiner Teile ist urheberrechtlich geschützt. Alle Rechte vorbehalten einschließlich der Vervielfältigung, Übersetzung, Mikroverfilmung sowie Einspeicherung und Verarbeitung in elektronischen Systemen.

Kommentare und Fragen können Sie gerne an uns richten:

O'Reilly Verlag
Balthasarstr. 81
50670 Köln
E-Mail: kommentar@oreilly.de

Copyright der deutschen Ausgabe:
© 2010 by O'Reilly Verlag GmbH & Co. KG
1. Auflage 2010

Die Originalausgabe erschien 2009 unter dem Titel
*Head First Networking* bei O'Reilly Media, Inc.

Bei der Erstellung dieses Buchs wurden keine Router verletzt oder beschädigt (allerdings einige CAT-5-Kabel).

Bibliografische Information Der Deutschen Bibliothek
Die Deutsche Bibliothek verzeichnet diese Publikation in der Deutschen Nationalbibliografie; detaillierte bibliografische Daten sind im Internet über *http://dnb.ddb.de* abrufbar.

Übersetzung und deutsche Bearbeitung: Lars Schulten, Köln
Lektorat: Volker Bombien, Köln
Korrektorat: Sibylle Feldmann, Düsseldorf
Satz: Ulrich Borstelmann, Dortmund
Umschlaggestaltung: Louise Barr & Steve Fehler, Sebastopol & Michael Oreal, Köln
Produktion: Karin Driesen, Köln
Belichtung, Druck und buchbinderische Verarbeitung: Media-Print, Paderborn

ISBN 978-3-89721-944-1

Dieses Buch ist auf 100% chlorfrei gebleichtem Papier gedruckt.

Wir widmen dieses Buch der Person, die als erste sagte: »Los, lasst uns das da mit dem da verbinden und beide dann dazu bringen, miteinander zu reden.«

Und wir danken ihr, dass das Ganze so komplex geworden ist, dass man manches nur mithilfe eines guten Buchs versteht.

Al: Für Emily, Ella und Austin

Ryan: Meinen drei Wundern: Josie, Vin und Shonna

*Die Autoren*

# Die Autoren von Netzwerke von Kopf bis Fuß

*Al Anderson*

*Ryan Benedetti*

**Al Anderson** dankt seiner Familie, die ihm die Ruhe und Zeit ließ, dieses Buch zu schreiben. Er ist ebenfalls dankbar, dass Ryan sein Koautor war. Al ist Direktor der Academic IT Services am Salish Kootenai College. Außerdem gibt er Kurse zu Netzwerkdiensten, Netzwerkbetriebssystemen und Programmierung für die IT-Abteilung.

Er hat Trainingsvideos zu Ruby, Ruby on Rails und RealBasic produziert. Und als wäre das noch nicht genug, hat er vor Kurzem seinen Bachelor in Computer Engineering abgeschlossen, mit dem er vor mehr als 20 Jahren begonnen hatte.

Dieses Buchabenteuer begann vor über anderthalb Jahren, als Ryan und Al nach Boston flogen, um ein Training im Cambridge-Büro von O'Reilly zu besuchen. Zu diesem Zeitpunkt waren sie noch nicht unter Vertrag und wussten nicht genau, wohin sie die Reise führen würde. Später zeigte sich, dass es eins der guten Abenteuer war. Vielen Dank, O'Reilly!

**Ryan Benedetti** hat seinen Master of Fine Arts in Creative Writing an der University of Montana erworben. Heute lehrt er im Liberal Arts Department am Salish Kootenai College (SKC) in der Flathead Indian Reservation.

Seit sieben Jahren ist Ryan Abteilungsleiter für Information Technology and Computer Engineering am SKC. Zuvor arbeitete er als Redakteur und Spezialist für Informationssysteme für ein Forschungsprogramm zu Wasserläufen und Feuchtgebieten an der School of Forestry der University of Montana.

Ryans Gedichte wurden in *Cut Bank* und Andrei Codrescus *Exquisite Corpse* veröffentlicht. Er malt gern, zeichnet Cartoons, spielt Blues auf der Harmonika, bastelt Lernwerkzeuge mit Flash und praktiziert Zazen. Seine schönsten Stunden sind die, die er mit Tochter und Sohn im Mission Mountain Valley of Montana und mit seinem Schatz Shonna in Portland, OR, verbringt.

# Über den Übersetzer dieses Buchs

**Lars Schulten** ist freier Übersetzer für IT-Fachliteratur und hat für den O'Reilly Verlag schon unzählige Bücher zu ungefähr allem übersetzt, was man mit Computern so anstellen kann. Eigentlich hat er mal Philosophie studiert, aber mit Computern schlägt er sich schon seit den Zeiten herum, da Windows laufen lernte. Die Liste der Dinge, mit denen er sich beschäftigt, ist ungefähr so lang, launenhaft und heterogen wie die seiner Lieblingsessen und Lieblingsbücher.

Allein tritt er eigentlich nur auf, wenn er mal wieder versucht, den körperlichen Verfall mit sportlicher Betätigung aufzuhalten. Sonst ist er immer in Begleitung eines Buchs, seines Laptops oder Frederics unterwegs. Frederic ist sechs Jahre alt und setzt gern eine sehr kritische Miene auf, wenn Papa die Spielerei mit dem Computer als Arbeit bezeichnet.

**Verwandte Titel von O'Reilly**

Netzwerkangriffe von innen

Praxisbuch Nagios

TCP/IP Netzwerk-Administration

**Weitere Bücher in O'Reillys *Von Kopf bis Fuß*-Reihe**

C# von Kopf bis Fuß

Entwurfsmuster von Kopf bis Fuß

HTML mit CSS & XHTML von Kopf bis Fuß

Java von Kopf bis Fuß

JavaScript von Kopf bis Fuß

Objektorientierte Analyse und Design von Kopf bis Fuß

PHP & MySQL von Kopf bis Fuß

Servlets & JSP von Kopf bis Fuß

Softwareentwicklung von Kopf bis Fuß

SQL von Kopf bis Fuß

Statistik von Kopf bis Fuß

Webdesign von Kopf bis Fuß

Head First Algebra (engl.)

Head First EJB (engl.)

Head First Physics (engl.)

Head First PMP (engl.)

Head First Rails (engl.)

# Der Inhalt (im Überblick)

| | Einführung | xxiii |
|---|---|---|
| 1 | Tanz auf dem Draht(seil): *Physische Netzwerkreparatur* | 1 |
| 2 | Netzwerk im Dunkeln: *Den Netzwerkaufbau planen* | 51 |
| 3 | Sendestörung: *Werkzeuge und Problemlösung* | 85 |
| 4 | Sie wurden abgeblockt: *Packetanalyse* | 125 |
| 5 | Wie gewieft ist Ihr Netzwerk?: *Netzwerkgeräte und Netzwerkverkehr* | 175 |
| 6 | Welten verbinden: *Mit Routern Netzwerke verbinden* | 205 |
| 7 | Eine Frage des Protokolls: *Routing-Protokolle* | 243 |
| 8 | Namen zu Zahlen: *Das Domain-Name-System* | 291 |
| 9 | Netzwerk-Problem-Hotline: *Überwachung und Problemlösung* | 329 |
| 10 | Kabel los: *Drahtlosnetzwerke* | 363 |
| 11 | Die Defensive stärken: *Netzwerksicherheit* | 399 |
| 12 | Sie brauchen einen Plan: *Netzwerke entwerfen* | 437 |
| A | Was übrig bleibt: *Die Top Ten der Themen* (die wir nicht behandelt haben) | 469 |
| B | Etwas nachschlagen: *ASCII-Tabellen* | 479 |
| C | Dem Server DNS beibringen: *BIND installieren* | 485 |

# Der Inhalt (jetzt ausführlich)

## Einführung

### Ihr Gehirn und Netzwerke.
*Sie* versuchen, etwas zu *lernen*, und Ihr *Hirn* tut sein Bestes, damit das Gelernte nicht *hängen bleibt*. Es denkt nämlich: »Wir sollten lieber ordentlich Platz für wichtigere Dinge lassen, z.B. für das Wissen darüber, welche Tiere einem gefährlich werden könnten, oder dass es eine ganz schlechte Idee ist, nackt Snowboard zu fahren.« Tja, *wie* schaffen wir es nun, Ihr Gehirn davon zu überzeugen, dass Ihr Leben davon abhängt, etwas über Netzwerke zu wissen?

| | |
|---|---|
| Für wen ist dieses Buch? | xxiv |
| Wir wissen, was Sie jetzt denken | xxv |
| Metakognition | xxvii |
| So machen Sie sich Ihr Gehirn untertan | xxviii |
| Lies mich | xxx |
| Die technischen Gutachter | xxxii |
| Danksagungen | xxxiii |

**Der** *Inhalt*

## 1 Physische Netzwerkreparatur
## Tanz auf dem Draht(seil)

**Man muss nur das Kabel einstöpseln, und schon steht das Netzwerk, nicht wahr?** Netzwerkkabel verrichten ihre Arbeit schweigend, verschieben unsere Daten von hier nach dort, und zwar schneller, als wir mit den Lidern schlagen können. Aber was passiert, wenn irgendetwas schiefläuft? Unternehmen sind dermaßen von ihren Netzwerken abhängig, dass das Geschäft in die Knie geht, wenn das Netzwerk zusammenbricht. Deswegen ist es so wichtig, dass man weiß, wie man die physische Seite des Netzwerks wieder in Gang bringt. Lesen Sie weiter und lassen Sie sich von uns zeigen, wie man physische Netzwerkprobleme untersucht und repariert. Schon bald werden Sie Ihr Netzwerk vollkommen im Griff haben.

| | |
|---|---|
| Kokosnuss Wings hat ein Netzwerkproblem | 2 |
| Wie reparieren wir das Kabel? | 5 |
| Das CAT-5-Kabel | 6 |
| Das CAT-5-Kabel auf dem Operationstisch | 7 |
| Aber was sollen diese unterschiedlichen Farben? | 8 |
| Reparieren wir das defekte CAT-5-Kabel | 11 |
| Ein genauerer Blick auf den RJ-45-Stecker | 12 |
| Wie also sehen die praktischen Schritte aus? | 17 |
| Sie haben das CAT-5-Kabel repariert | 19 |
| Kokosnuss Wings hat nicht nur ein Netzwerk | 20 |
| Das Koaxialkabel | 23 |
| Koaxialnetzwerke sind Busnetzwerke | 24 |
| Und wie können wir das Kabel reparieren? | 25 |
| Das Netzwerk funktioniert immer noch nicht | 26 |
| Was ist mit Steckern und Terminatoren? | 29 |
| Kein Ton, keine Elektronen | 31 |
| Sie haben das Koaxialkabel repariert | 37 |
| Das Glasfaserkabel | 38 |
| Das Kokosnuss Wings-Kabel ist überdehnt | 39 |
| Glasfaserkabel mit einem Spleißgerät reparieren | 40 |
| Auch Glasfaserstecker müssen angeschlossen werden | 42 |
| Wir sind fast so weit, dass wir den Stecker anbringen können | 44 |
| Es gibt zwei Arten von Glasfaserkabeln | 45 |
| Welchen Typ Kabel sollten wir einsetzen? | 46 |
| Bringen wir den Stecker am Glasfaserkabel an | 47 |
| Kokosnuss Wings hebt ab | 49 |

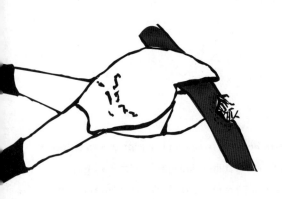

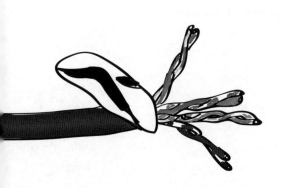

*Der* Inhalt

## Den Netzwerkaufbau planen
# Netzwerk im Dunkeln

**2**

**Sie sind es leid, über Kabel zu stolpern und von Ihrem Schaltschrank gequält zu werden?** Wenn Sie ein Netzwerk ohne vorherige Planung aufbauen, führt das zum Chaos – Kabel, die nirgendwohin führen, Stecker, die mit wer weiß was verbunden sind. In diesem Kapitel werden Sie lernen, wie man einen physischen Netzwerkaufbau plant, der Ihnen später den Kopf rettet. Außerdem werden Sie erfahren, wie man echte Netzwerkhardware nutzt, um den ganzen Kabelsalat zu halten und zu ordnen.

| | |
|---|---|
| Geisterjäger braucht Ihre Hilfe | 52 |
| Ein gutes Netzwerk braucht einen guten Plan | 53 |
| Und wie hilft uns die Geräteliste bei der Planung des Netzwerks? | 54 |
| Wie man den Netzwerkaufbau plant | 55 |
| Planen wir die Verkabelung mit einem Grundriss | 56 |
| Sind Sie bereit, ein paar Netzwerkkabel zu zeichnen? | 60 |
| Was haben wir damit erreicht? | 63 |
| Vorrichtungen zur Kabelführung | 64 |
| Hilfe! Kabelsalat | 65 |
| Geisterjäger braucht Vorrichtungen zur Kabelführung | 66 |
| Dinge, die schieflaufen können … | 68 |
| Das Rauschen ist behoben, und die MEISTEN Kabel sind geordnet! | 73 |
| Beginnen wir damit, die Kabel zu beschriften | 74 |
| Aber es bleiben eine Menge Kabel | 75 |
| Was bitte ist ein Patchpanel? | 76 |
| Was in einem Patchpanel passiert | 77 |
| Die Kabel führen in eine Klemmleiste | 78 |
| Die Kameras funktionieren! | 83 |

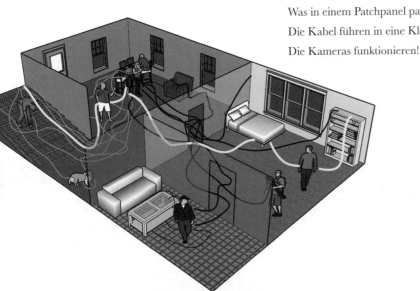

ix

*Der* Inhalt

## Werkzeuge und Problemlösung
# Sendestörung

**3**

**Wie finden Sie heraus, dass ein Netzwerksignal nicht durch das Kabel kommt?** Mit dem Netzwerk machen Sie wahrscheinlich das erste Mal Bekanntschaft, wenn es nicht mehr ordentlich funktioniert. Das Dumme ist nur, dass einem das bloße Anstarren der Kabel kaum Aufschluss über den Grund des Problems liefert. Glücklicherweise gibt es einen ganzen Haufen Werkzeuge, die Sie einsetzen können, um tief ins Herz von Netzwerkkabeln zu blicken – bis runter zu den Signalen selbst. Lesen Sie weiter. Dann werden wir Ihnen zeigen, wie Sie diese Werkzeuge einsetzen, um Netzwerkprobleme zu lösen, und wie Sie die Geheimnisse der Signale entschlüsseln.

| | |
|---|---|
| Kaukugel & Co. KG erhält den Pokalzuschlag | 86 |
| Kabelprüfer können prüfen, ob es ein Signal gibt ... | |
| ... aber nicht die Qualität des Signals | 88 |
| Das Multimeter | 92 |
| Was Widerstand ist | 93 |
| Und wie schlug sich das Multimeter? | 99 |
| Ein Oszilloskop zeigt Spannungsänderungen | 101 |
| Spannung ist eigentlich elektrischer Druck | 102 |
| Woraus resultiert Rauschen in Netzwerkkabeln? | 103 |
| Was hat uns das Oszilloskop beim Kaukugel-Netzwerk gebracht? | 108 |
| Auch ein Logik-Analysator nutzt die Spannung | 110 |
| Wann ist ein Logik-Analysator hilfreich? | 115 |
| Welches Werkzeug ist das beste? | 115 |
| Der Netzwerkanalysator | 118 |
| Ein Netzwerkanalysator versteht den Netzwerkverkehr im Signal | 119 |
| Welches Werkzeug ist das beste? | 120 |
| Die Probleme bei Kaukugel sind behoben! | 123 |

## Paketanalyse
## Sie wurden abgeblockt

**4**

### Es ist Zeit, einen Blick hinter die Kulissen zu werfen.

Netzwerkgeräte senden Daten durch das Kabel, indem sie diese Daten in ein Signal umwandeln. Aber wie machen sie das? Und was könnte sich sonst noch in diesem Signal verbergen? Genau wie ein Arzt das Blut untersuchen muss, um über das Blut verbreitete Krankheiten zu erkennen, muss der Netzwerkprofi sich das ansehen, was im Netzwerksignal ist, um Einbrüche zu entdecken, eine Prüfung durchzuführen oder allgemein Probleme zu diagnostizieren. Der Schlüssel zu all dem ist die Paketanalyse. Lesen Sie weiter, während wir Ihr Netzwerksignal in die Röhre schieben.

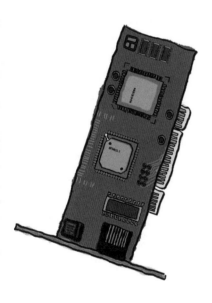

| | |
|---|---|
| Wie lautet die geheime Nachricht? | 126 |
| Die Netzwerkkarte kodiert | 130 |
| Die Kodierung umkehren, um die Nachricht zu lesen | 131 |
| Der Ethernet-Standard sagt der Hardware, wie die Daten kodiert werden müssen | 132 |
| Kurze Einführung in Binärzahlen | 136 |
| Computer lesen Zahlen, Menschen lesen Buchstaben | 142 |
| Hilfe bringt Hexadezimal | 144 |
| Zeichen können wir über Hexadezimalzahlen erreichen | 145 |
| Zurück in der Detektei ... | 152 |
| Protokolle definieren die Struktur der Nachricht | 153 |
| Netzwerkblöcke haben viele Schichten | 161 |
| Der Aufbau eines Pakets | 162 |
| Können wir die Geheimnachricht jetzt dekodieren? | 168 |
| Wir haben alle erforderlichen Pakete ... aber nicht unbedingt in richtiger Reihenfolge | 169 |
| Die Pakete nennen Ihnen ihre Abfolge | 170 |

*Der Inhalt*

## 5 Netzwerkgeräte und Netzwerkverkehr
### Wie gewieft ist Ihr Netzwerk?

**Ein Netzwerk kann nie schlau genug sein.** Netzwerke brauchen so viel Intelligenz, wie Sie nur hineinpacken können, aber wo kommt die her? Von den Netzwerkgeräten natürlich. In diesem Kapitel werden wir uns ansehen, wie Hubs, Switches und Router ihre angeborene Intelligenz einsetzen, um Pakete über ein Netzwerk zu verschieben. Wir werden Ihnen demonstrieren, wie diese Geräte denken und warum sie so nützlich sind und werden mit einer Software zur Paketanalyse sogar ein Auge auf den Netzwerkverkehr selbst werfen. Lesen Sie weiter, dann zeigen wir Ihnen, wie Sie Ihr Netzwerk in Hochform bringen.

| | |
|---|---|
| Sie haben die Nachricht dekodiert ... | 176 |
| Die Paketinformationen sagen uns, woher das Paket kam | 179 |
| Wer ist jetzt der Maulwurf? | 180 |
| Netzwerke bestehen nicht nur aus Rechnern | 181 |
| Hubs sind dumm | 182 |
| Hubs ändern keine MAC-Adressen | 183 |
| Ein Hub sendet Signale, und das in alle Richtungen | 184 |
| Was gab das Signal an den Hub? | 185 |
| Ein Switch sendet Blöcke, und zwar nur dorthin, wo sie hinsollen | 186 |
| Switches speichern MAC-Adressen in einer Lookup-Tabelle, um den Austausch der Blöcke zu steuern | 188 |
| Der Switch hat die Informationen ... | 192 |
| Pakete können wir mit Software überwachen | 194 |
| Verbinden wir Wireshark mit dem Switch | 195 |
| Wireshark liefert uns Informationen zum Verkehr | 196 |
| Auch Router haben MAC-Adressen | 199 |
| Router sind wirklich schlau | 200 |
| Wir kommen dem Maulwurf näher! | 201 |
| Sie haben den Maulwurf gefunden! | 203 |

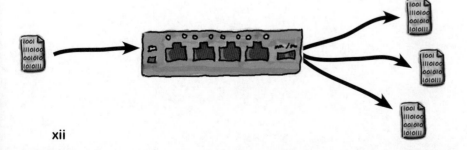

*Der Inhalt*

# Mit Routern Netzwerke verbinden
## Welten verbinden

**Sie müssen sich mit einem weit, weit entfernten Netzwerk verbinden?** Bislang haben Sie alles darüber erfahren, wie Sie ein einzelnes Netzwerk in Betrieb nehmen. Aber was tun Sie, wenn Sie Ressourcen mit anderen Netzwerken teilen müssen? Dann brauchen Sie einen Router. Router sind darauf spezialisiert, Datenverkehr von einem Netzwerk zu einem anderen zu übertragen, und in diesem Kapitel werden Sie erfahren, wie sie das genau machen. Wir zeigen Ihnen, wie Sie Ihren Router programmieren und wie der Router selbst Ihnen helfen kann, alle Probleme zu analysieren. Lesen Sie weiter, dann werden Sie alles aus dem Router-Universum erfahren ...

| | |
|---|---|
| Netzwerk auf dem Mond | 206 |
| Wir müssen zwei Netzwerke verbinden | 209 |
| Das Licht ist an, aber niemand ist zu Hause | 210 |
| Schauen wir uns den Verkehr im Netzwerk an! | 212 |
| MAC-Adresse vs. IP-Adresse | 214 |
| IP-Adressen machen Ihre Netzwerke zur Heimat einer Familie von Netzwerkknoten | 215 |
| IP-Adressen rufen wir über MAC-Adressen und das Address Resolution Protocol (ARP) ab | 216 |
| Was also ist das Problem der Mondstation? | 221 |
| Wie bringen wir den Datenverkehr dazu, vom einen Netzwerk ins andere zu gehen? | 222 |
| Wie der Router Daten ins andere Netz bringt | 224 |
| Zurück zum Problem der Mondstation | 226 |
| Das Geheimnis der IP-Adresse ... | 227 |
| Router verbinden Netzwerke, indem sie berechnen ... | 228 |
| Sind Sie bereit, den Router zu programmieren? | 236 |
| Sie haben die Router-Konfigurationsdatei erstellt! | 238 |
| Der Router sagt uns, was nicht in Ordnung ist ... | 240 |

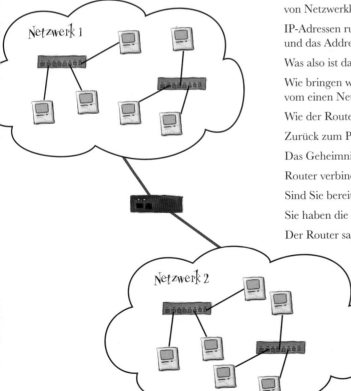

xiii

## 7 Routing-Protokolle
## Eine Frage des Protokolls

**Zum Aufbau großer Netzwerke brauchen Sie Router, und die müssen miteinander reden.**

Router müssen untereinander Routen austauschen. Dazu nutzen sie unterschiedliche Routing-Protokolle. In diesem Kapitel werden Sie zunächst erfahren, wie Sie eine Route manuell einrichten, und lernen später dann, wie man das einfache RIP-Routing-Protokoll implementiert. Am Ende verraten wir Ihnen, wie Sie EIGRP einrichten, ein fortgeschritteneres Routing-Protokoll.

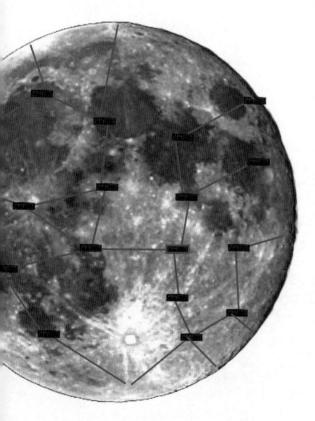

| | |
|---|---|
| Houston, wir haben ein Problem … | 244 |
| Routing-Tabellen sagen Routern, wohin Pakete gehen können | 245 |
| Jede Zeile repräsentiert eine andere Route | 246 |
| Und wie gibt man Routen ein? | 248 |
| Über Routen ermitteln Router, wohin sie Datenverkehr senden müssen | 249 |
| Sind die Mondstationen jetzt verbunden? | 253 |
| Zurück zum Mond … | 255 |
| Routing-Probleme analysieren? | 256 |
| Auch traceroute ist nützlich | 257 |
| Was also ist das Problem mit der Netzwerkverbindung? | 261 |
| Die Netzwerkadressänderungen schneien nur so rein … | 262 |
| Mit RIP aktualisieren sich Router selbst | 264 |
| Und wie richtet man RIP ein? | 270 |
| Es gibt zu viele Hops | 272 |
| Die Routing-Protokoll-Menagerie | 276 |
| Wie richten wir EIGRP ein? | 282 |
| Wir können abheben! | 288 |

## Das Domain Name System
# Namen zu Zahlen

**8**

**Wahrscheinlich haben Sie sich darüber noch nie Gedanken gemacht, aber trotzdem: Wie findet Ihr Rechner die IP-Adresse für einen Server, den Sie im Browser nur über eine URL angeben?** In diesem Kapitel werden wir uns die Welt der Internet-Domains erschließen. Sie werden erfahren, dass es 13 Root-Server gibt, die Informationen zu Domainnamen für das gesamte Internet verteilen. Außerdem werden Sie Ihren ureigenen DNS-Server installieren und konfigurieren.

| | |
|---|---|
| Der Head First Health Club braucht eine Website | 292 |
| Hallo, mein Domainname ist ... | 293 |
| Kaufen wir einen Domainnamen | 294 |
| Wir haben ein Problem | 296 |
| Das DNS | 298 |
| Das DNS basiert auf Nameservern | 298 |
| Wie DNS Ihre Domain sieht | 299 |
| Und was heißt das für den Head First Health Club? | 304 |
| Zunächst installieren wir den DNS-Nameserver ... | 306 |
| ... dann konfigurieren wir den Nameserver | 307 |
| Die Anatomie einer DNS-Zonendatei | 314 |
| Was uns die DNS-Zonendatei über die Health Club-Server sagt | 315 |
| Der Health Club kann keine E-Mails versenden | 317 |
| Was also ist das Problem? | 318 |
| E-Mail-Server nutzen RDNS zur SPAM-Bekämpfung | 318 |
| Quellen mit Reverse DNS prüfen | 319 |
| Mit dig Reverse-DNS-Lookups durchführen | 320 |
| Ihr Nameserver hat eine weitere wichtige Zonendatei ... | 322 |
| Die E-Mails funktionieren! | 327 |

## Überwachung und Problemlösung
## Netzwerk-Problem-Hotline

**9**

**Wenn Sie auf das hören, was Ihnen Ihr Netzwerk sagt, kann Ihnen das eine Menge Leid ersparen!** Das Netzwerk ist eingerichtet und läuft. Aber wie alles andere auch, muss es gehegt und gepflegt werden. Passiert das nicht, stellt es irgendwann einfach den Betrieb ein, und Sie haben keine Ahnung, warum. In diesem Kapitel werden Ihnen verschiedene Werkzeuge und Techniken begegnen, die Sie dabei unterstützen, den Puls Ihres Netzwerks zu fühlen und zu sehen, wie es ihm geht, damit Sie alle Wehwehchen behandeln können, bevor sie zu einem ernsthaften Problem werden.

| | |
|---|---|
| Pyjama-Party geht auf Tour | 330 |
| Wo würden Sie beginnen, um Probleme in einem Netzwerk zu analysieren? | 331 |
| Beginnen Sie die Analyse von Netzwerkproblemen mit der Überprüfung Ihrer Netzwerkgeräte | 333 |
| Netzwerkverbindungen mit dem ping-Befehl analysieren | 334 |
| Wenn Ping nicht pingt | 335 |
| Beginnen Sie mit dem Befehl show interface | 341 |
| Immer noch Probleme im Netzwerk | 345 |
| SNMP ist die Rettung! | 346 |
| SNMP ist ein Kommunikationswerkzeug eines Netzwerkadministrators | 347 |
| Wie man SNMP auf einem Cisco-Gerät einrichtet | 348 |
| Nur eine Stunde noch ... | 353 |
| Geräte dazu bringen, dass sie Probleme melden | 354 |
| syslogd auf einem Cisco-Gerät konfigurieren | 355 |
| Wie erfahren Sie, was die Logs enthalten? | 356 |
| Zu viele Informationen können ebenso schlecht sein wie zu wenige | 359 |
| Welche Ereignisse wichtig sind | 360 |
| Pyjama-Party ist ausverkauft! | 361 |

# 10

## Drahtlosnetzwerke
## Kabel los
### Erst kabellos ist das Internet überall verfügbar!

Dieses Kapitel wird Ihnen alles zeigen, was Sie beachten müssen, wenn Sie einen Access Point einrichten. Zunächst müssen Sie sich über den Ort Gedanken machen, da elektromagnetische Wellen von vielem gestört und blockiert werden können. Und dann ist es mal wieder Zeit, ein paar Akronyme einzuführen, NAT und DHCP. Sorgen müssen Sie sich deswegen keine machen: Wir werden alles so gut erklären, dass Sie am Ende des Kapitels ein Drahtlosnetzwerk stehen haben.

| | |
|---|---|
| Der Sternback-Auftrag | 364 |
| WLAN-Netzwerke nutzen elektromagnetische Wellen | 365 |
| Den WLAN-Accesspoint anschließen | 366 |
| Was ist mit der Netzwerkkonfiguration? | 373 |
| Was ist DHCP? | 374 |
| Prüfen Sie zunächst, ob auf dem Client DHCP eingeschaltet ist ... | 376 |
| Machen Sie dann den WLAN-Accesspoint zu einem DHCP-Server ... | 376 |
| ... und legen Sie einen brauchbaren Bereich von IP-Adressen fest | 377 |
| Hat die Einrichtung des DHCP-Servers das Problem gelöst? | 378 |
| Jetzt wird es persönlich | 379 |
| Uns sind die IP-Adressen ausgegangen | 380 |
| NAT basiert auf der Neuverteilung von IP-Adressen | 381 |
| NAT-Konfiguration | 382 |
| Ist das Problem jetzt behoben? | 385 |
| Es gibt mehrere WLAN-Protokolle | 386 |
| Der Sternback-Zentralserver braucht Zugriff auf die Kasse | 390 |
| Unser Retter: Port-Mapping! | 392 |
| Richten wir das Port-Mapping für den Sternback-Access Point ein | 394 |
| Der WLAN-Hotspot ist ein Erfolg! | 398 |

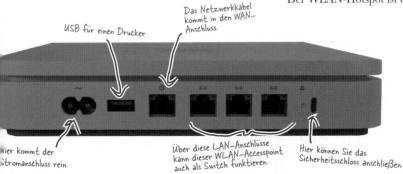

*Der Inhalt*

# 11

## Netzwerksicherheit
## Die Defensive stärken

### Das Netzwerk ist eine gefährliche Umgebung.

Angreifer lauern hinter jeder Ecke: Rootkits und Scriptkids und Bots und ... Trotzdem dürfen Sie nicht die Nerven verlieren, sondern müssen Ihr Netzwerk stärken, damit die Barbaren nicht durch die Tore einfallen. In diesem Kapitel werden wir Sie mit der gärenden Unterwelt des Netzes konfrontieren, in der Angreifer MAC-Adressen fälschen, Ihren ARP-Cache vergiften, Internets infiltrieren, Pakete in Ihr Netzwerk einschleusen und Ihre Kollegen dazu bringen, ihre Passwörter zu verraten. Stärken Sie die Defensive! Versiegeln wir die wertvollen Daten und sperren wir die Eindringlinge aus!

| | |
|---|---:|
| Die bösen Buben lauern überall | 400 |
| Und es ist nicht nur das NETZWERK, das beschädigt wird ... | 401 |
| Die großen vier der Netzwerksicherheit | 402 |
| Ihr Netzwerk gegen das Fälschen von MAC-Adressen sichern | 405 |
| Wie also schützen wir uns gegen MAC-Spoofing? | 410 |
| Ihr Netzwerk gegen ARP-Manipulation schützen | 411 |
| Was könnten wir gegen ARP-Manipulation tun? | 412 |
| Alles nur eine Frage des Zugriffs! | 414 |
| Die Access Control Lists des Routers einrichten, um Angreifer draußen zu lassen | 415 |
| Wie konfigurieren wir die Access Control List? | 417 |
| Firewalls filtern Pakete zwischen Netzwerken | 420 |
| Regeln zur Paketfilterung! | 421 |
| Statische Paketfilter | 422 |
| Schlauer mit zustandsbasierten Filtern | 426 |
| Menschen sind das schwächste Glied in der Sicherheitskette | 429 |
| Wie der Sozialingenieur arbeitet | 430 |
| Zerschlagen Sie Social Engeneering mit klaren und stimmigen Sicherheitsrichtlinien | 432 |
| Sie haben Ihr Netzwerk gesichert | 435 |

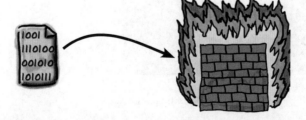

*Der Inhalt*

## 12
### Netzwerke entwerfen
### Sie brauchen einen Plan

#### Bei Netzwerken ist ein guter Plan alles.

Seit Kapitel 1 haben Sie schrecklich viel über Netzwerke gelernt. Sie haben gelernt, wie man die physische Seite von Netzwerken aufbaut, wie WLAN-Accesspoints funktionieren, wie Sie das meiste aus Ihren intelligenten Netzwerkgeräten herauskitzeln, und Sie haben die unterschiedlichsten Problemlösungstechniken kennengelernt, um die verzwicktesten Netzwerkdilemmas zu lösen. Jetzt ist es an der Zeit, dass Sie das Gelernte in der Praxis umsetzen und sehen, wie weit Sie auf Ihrer Netzwerkreise gekommen sind. Wir sind uns sicher, dass Sie das können!

| | |
|---|---|
| Jetzt müssen Sie ein Netzwerk von Grund auf planen! | 438 |
| Sie müssen die Bedürfnisse kennen, bevor Sie planen können | 441 |
| Wie es weitergeht, nachdem Sie sich Ihre Fragen überlegt haben | 443 |
| Der Plan | 443 |
| Werfen Sie einen Blick auf den Schlachtplan | 444 |
| Und was kommt nach dem physischen Entwurf? | 447 |
| Eine Blaupause zeigt alle Aspekte eines Gebäudeentwurfs | 448 |
| Eventuell müssen Sie Ihren Netzwerkentwurf an die Gegebenheiten im Bauplan anpassen! | 449 |
| Und was kommt, nachdem der physische Netzwerkentwurf steht? | 456 |
| Dann endlich dürfen Sie die Implementierung planen | 464 |

*Der Inhalt*

## Anhang A: Was übrig bleibt

### Die Top Ten der Themen (die wir nicht behandelt haben)

**Netzwerke sind ein so umfassendes Thema, dass man einfach nicht alles in ein einziges Buch packen kann.**

Aber bevor wir Sie auf die Netzwerkwelt loslassen, sollten Sie Ihrem Werkzeugkasten noch ein paar weitere Dinge hinzufügen. Einiges steht in allen Netzwerkbüchern, und daher dachten wir, wir sollten es hier auch noch reinquetschen. Anderes ist komplexer, und wir dachten, Sie sollten zumindest mit der Terminologie und den Grundkonzepten vertraut sein. Bevor Sie das Buch ins Regal zurückstellen, sollten Sie sich diese Kleinigkeiten deswegen noch durchlesen.

| | |
|---|---|
| 1. Netzwerktopologien | 470 |
| 2. Wireshark installieren | 472 |
| 3. Wie man eine Konsole oder ein Terminal startet | 474 |
| 4. Der TCP-Stack | 475 |
| 5. VLANs | 476 |
| 6. Cisco-IOS-Simulatoren | 476 |
| 7. BGP | 477 |
| 8. VPN | 477 |
| 9. Intrusion Detection Systems | 478 |
| 10. Cisco-Zertifizierung | 478 |

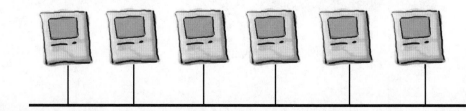

## Anhang B: ASCII-Tabellen

### Etwas nachschlagen

#### Wo wären Sie ohne eine zuverlässige ASCII-Tabelle?

Dass Sie Netzwerkprotokolle verstehen, reicht nicht immer aus. Früher oder später müssen Sie Zeichencodes nachschlagen, damit Sie verstehen, welche Geheimnisse in Ihrem Netzwerk ausgetauscht werden. In diesem Anhang finden Sie eine ASCII-Tabelle, die die Codes für die wichtigsten Zeichen enthält. Ob Sie nun binär, hexadezimal oder dezimal vorziehen, die Tabelle enthält alle Codes, die Sie benötigen.

| | |
|---|---|
| ASCII-Tabelle 0–31 | 480 |
| ASCII-Tabelle 32–63 | 481 |
| ASCII-Tabelle 64–95 | 482 |
| ASCII-Tabelle 96–127 | 483 |

## Anhang C: BIND installieren

### Dem Server DNS beibringen

#### Ohne seinen DNS-Server ist der Netzwerkprofi nichts.

Der im Internet am meisten verwendete DNS-Server ist BIND. Die Installation von BIND ist recht einfach, aber nur für den Fall, dass Sie gern ein paar weitere Erläuterungen hätten, haben wir für Sie hier noch eine praktische Anleitung angehängt.

| | |
|---|---|
| 1. BIND unter Windows (XP, 2000, Vista) installieren | 486 |
| 2. BIND-Installation auf Mac OS X Server | 487 |
| 3. BIND-Installation auf Mac OS X & Linux | 487 |

# Wie man dieses Buch benutzt

## Einführung

*Ich kann einfach nicht fassen, dass so etwas in einem Netzwerk-Buch steht!*

In diesem Abschnitt beantworten wir die brennende Frage: >>Und? Warum STEHT so was in einem Netzwerk-Buch?<<

*Wie man dieses Buch benutzt*

# Für wen ist dieses Buch?

Wenn Sie alle folgenden Fragen mit »Ja« beantworten können:

**1** Müssen Sie sich für Ihre Arbeit oder einen Kurs mit Netzwerken vertraut machen, oder sind Sie schlicht der Auffassung, dass Sie endlich in Erfahrung bringen sollten, was der Unterschied zwischen einem Switch und einem Router ist?

**2** Wollen Sie lernen, verstehen und behalten, wie ein Hochleistungs-Paket-Sniffer funktioniert, wie man Firewall-Paketfilter erstellt oder Routing-Protokolle wie EIGRP konfiguriert?

**3** Ziehen Sie anregende Partyunterhaltungen trockenen, öden, akademischen Vorlesungen vor?

... dann ist dieses Buch etwas für Sie.

# Wer sollte eher die Finger von diesem Buch lassen?

Wenn Sie eine dieser Fragen mit »Ja« beantworten müssen:

**1** Haben Sie noch keinerlei Erfahrung mit Computern?

**2** Sind Sie ein Netzwerkprofi auf der Suche nach einem Referenzbuch?

**3** Haben Sie Angst, etwas Neues auszuprobieren? Würden Sie sich lieber einer Wurzelbehandlung unterziehen, als in einer Streifen-Karo-Kombination auf die Straße zu gehen? Sind Sie der Meinung, dass ein Fachbuch einfach nicht seriös sein kann, wenn es Alienentführungen in Datenbanken festhält?

... dann ist dieses Buch nicht das richtige für Sie.

*[Anmerkung aus dem Marketing: Dieses Buch ist etwas für jeden, der eine Kreditkarte besitzt.]*

*Die* **Einführung**

# Wir wissen, was Sie gerade denken.

»Wie kann *das* ein ernsthaftes Netzwerk-Buch sein?«

»Was sollen all die Abbildungen?«

»Kann ich auf diese Weise wirklich *lernen*?«

# Und wir wissen, was Ihr *Gehirn* gerade denkt.

Ihr Gehirn denkt, DAS HIER ist wichtig.

Na toll. Nur noch 488 trockene, langweilige Seiten.

Ihr Gehirn denkt, DAS HIER zu speichern, lohnt sich nicht.

Ihr Gehirn lechzt nach Neuem. Es ist ständig dabei, Ihre Umgebung abzusuchen, und es *wartet* auf etwas Ungewöhnliches. So ist es nun einmal gebaut, und es hilft Ihnen zu überleben.

Also, was macht Ihr Gehirn mit all den gewöhnlichen, normalen Routinesachen, denen Sie begegnen? Es tut alles in seiner Macht stehende, damit es dadurch nicht bei seiner *eigentlichen* Arbeit gestört wird: Dinge zu erfassen, die wirklich *wichtig* sind. Es gibt sich nicht damit ab, die langweiligen Sachen zu speichern, sondern lässt diese gar nicht erst durch den »Dies-ist-offensichtlich-nicht-wichtig«-Filter.

Woher *weiß* Ihr Gehirn denn, was wichtig ist? Nehmen Sie an, Sie machen einen Tagesausflug und ein Tiger springt vor Ihnen aus dem Gebüsch: Was passiert dabei in Ihrem Kopf und Ihrem Körper?

Neuronen feuern. Gefühle werden angekurbelt. *Chemische Substanzen durchfluten Sie.*

Und so weiß Ihr Gehirn:

**Dies muss wichtig sein! Vergiss es nicht!**

Aber nun stellen Sie sich vor, Sie sind zu Hause oder in einer Bibliothek. In einer sicheren, warmen, tigerfreien Zone. Sie lernen. Bereiten sich auf eine Prüfung vor. Oder Sie versuchen, irgendein schwieriges Thema zu lernen, von dem Ihr Chef glaubt, Sie bräuchten dafür eine Woche oder höchstens zehn Tage.

Da ist nur ein Problem: Ihr Gehirn versucht Ihnen einen großen Gefallen zu tun. Es versucht, dafür zu sorgen, dass diese *offensichtlich* unwichtigen Inhalte nicht knappe Ressourcen verstopfen. Ressourcen, die besser dafür verwendet würden, die wirklich *wichtigen* Dinge zu speichern. Wie Tiger. Wie die Gefahren des Feuers. Oder dass Sie nie diese »Party«-Fotos auf Facebook hätten veröffentlichen dürfen.

Und es gibt keine einfache Möglichkeit, Ihrem Gehirn zu sagen: »Hey, Gehirn, vielen Dank, aber egal, wie langweilig dieses Buch auch ist und wie klein der Ausschlag auf meiner emotionalen Richterskala gerade ist, ich *will* wirklich, dass du diesen Kram behältst.«

**Sie sind hier** ▸ **XXV**

*Wie man dieses Buch benutzt*

# Wir stellen uns unseren Leser als einen aktiv Lernenden vor.

Also, was ist nötig, damit Sie etwas *lernen*? Erst einmal müssen Sie es *aufnehmen* und dann dafür sorgen, dass Sie es nicht wieder *vergessen*. Es geht nicht darum, Fakten in Ihren Kopf zu schieben. Nach den neuesten Forschungsergebnissen der Kognitionswissenschaft, der Neurobiologie und der Lernpsychologie gehört zum *Lernen* viel mehr als nur Text auf einer Seite. Wir wissen, was Ihr Gehirn anmacht.

### Einige der Lernprinzipien dieser Buchreihe:

**Bilder einsetzen.** An Bilder kann man sich viel besser erinnern als an Worte allein und lernt so viel effektiver (bis zu 89% Verbesserung bei Abrufbarkeit- und Lerntransferstudien). Außerdem werden die Dinge dadurch verständlicher. **Text in oder neben die Grafiken setzen,** auf die sie sich beziehen, anstatt darunter oder auf eine andere Seite. Die Leser werden auf den Bildinhalt bezogene Probleme dann mit *doppelt* so hoher Wahrscheinlichkeit lösen können.

**Verwenden Sie einen gesprächsorientierten Stil mit persönlicher Ansprache.** Nach neueren Untersuchungen haben Studenten nach dem Lernen bei Tests bis zu 40% besser abgeschnitten, wenn der Inhalt den Leser direkt in der ersten Person und im lockeren Stil angesprochen hat statt in einem formalen Ton. Halten Sie keinen Vortrag, sondern erzählen Sie Geschichten. Benutzen Sie eine zwanglose Sprache. Nehmen Sie sich selbst nicht zu ernst. Würden *Sie* einer anregenden Unterhaltung beim Abendessen mehr Aufmerksamkeit schenken oder einem Vortrag?

**Bringen Sie den Lernenden dazu, intensiver nachzudenken.** Mit anderen Worten: Falls Sie nicht aktiv Ihre Neuronen strapazieren, passiert in Ihrem Gehirn nicht viel. Ein Leser muss motiviert, begeistert und neugierig sein und angeregt werden, Probleme zu lösen, Schlüsse zu ziehen und sich neues Wissen anzueignen. Und dafür brauchen Sie Herausforderungen, Übungen, zum Nachdenken anregende Fragen und Tätigkeiten, die beide Seiten des Gehirns und mehrere Sinne einbeziehen.

**Ziehen Sie die Aufmerksamkeit des Lesers auf sich – und behalten Sie sie.** Wir alle haben schon Erfahrungen dieser Art gemacht: »Ich will das wirklich lernen, aber ich kann einfach nicht über Seite 1 hinaus wach bleiben.« Ihr Gehirn passt auf, wenn Dinge ungewöhnlich, interessant, merkwürdig, auffällig, unerwartet sind. Ein neues, schwieriges, technisches Thema zu lernen, muss nicht langweilig sein. Wenn es das nicht ist, lernt Ihr Gehirn viel schneller.

**Sprechen Sie Gefühle an.** Wir wissen, dass Ihre Fähigkeit, sich an etwas zu erinnern, wesentlich von dessen emotionalem Gehalt abhängt. Sie erinnern sich an das, was Sie bewegt. Sie erinnern sich, wenn Sie etwas *fühlen*. Nein, wir erzählen keine herzzerreißenden Geschichten über einen Jungen und seinen Hund. Was wir erzählen, ruft Überraschungs-, Neugier-, Spaß- und Was-soll-das?-Emotionen hervor und dieses Hochgefühl, das Sie beim Lösen eines Puzzles empfinden oder wenn Sie etwas lernen, was alle anderen schwierig finden. Oder wenn Sie merken, dass Sie etwas können, was dieser »Ich-bin-ein-besserer-Techniker-als-du«-Typ aus der Technikabteilung *nicht* kann.

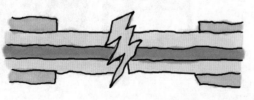

# Metakognition: Nachdenken übers Denken

Wenn Sie wirklich lernen möchten, und zwar schneller und nachhaltiger, dann schenken Sie Ihrer Aufmerksamkeit Aufmerksamkeit. Denken Sie darüber nach, wie Sie denken. Lernen Sie, wie Sie lernen.

Die meisten von uns haben in ihrer Jugend keine Kurse in Metakognition oder Lerntheorie gehabt. Es wurde von uns *erwartet*, dass wir lernen, aber nur selten wurde uns auch *beigebracht*, wie man lernt.

Da Sie dieses Buch in den Händen halten, nehmen wir an, dass Sie wirklich lernen möchten, wie Netzwerke funktionieren. Und wahrscheinlich möchten Sie nicht viel Zeit aufwenden. Und Sie wollen sich an das *erinnern*, was Sie lesen, und es anwenden können. Und deshalb müssen Sie es *verstehen*. Wenn Sie so viel wie möglich von diesem Buch profitieren wollen oder von *irgendeinem* anderen Buch oder einer anderen Lernerfahrung, übernehmen Sie Verantwortung für Ihr Gehirn. Ihr Gehirn im Zusammenhang mit diesem Lernstoff.

Der Trick besteht darin, Ihr Gehirn dazu zu bringen, neuen Lernstoff als etwas wirklich Wichtiges anzusehen. Als entscheidend für Ihr Wohlbefinden. So wichtig wie ein Tiger. Andernfalls stecken Sie in einem dauernden Kampf, in dem Ihr Gehirn sein Bestes gibt, um die neuen Inhalte davon abzuhalten, hängen zu bleiben.

### Wie bringen Sie also Ihr Gehirn dazu, Netzwerke für so wichtig zu halten wie einen Tiger?

Da gibt es den langsamen, ermüdenden Weg oder den schnelleren, effektiveren Weg. Der langsame Weg geht über bloße Wiederholung. Natürlich ist Ihnen klar, dass Sie lernen und sich sogar an die langweiligsten Themen erinnern *können*, wenn Sie sich die gleiche Sache immer wieder einhämmern. Wenn Sie nur oft genug wiederholen, sagt Ihr Gehirn: »Er hat zwar nicht das *Gefühl*, dass das wichtig ist, aber er sieht sich dieselbe Sache *immer und immer wieder* an – dann muss sie wohl wichtig sein.«

Der schnellere Weg besteht darin, **alles zu tun, was die Gehirnaktivität erhöht**, vor allem verschiedene *Arten* von Gehirnaktivität. Eine wichtige Rolle dabei spielen die auf der vorhergehenden Seite erwähnten Dinge – alles Dinge, die nachweislich helfen, dass Ihr Gehirn *für* Sie arbeitet. So hat sich z.B. in Untersuchungen gezeigt: Wenn Wörter *in* den Abbildungen stehen, die sie beschreiben (und nicht irgendwo anders auf der Seite, z.B. in einer Bildunterschrift oder im Text), versucht Ihr Gehirn, herauszufinden, wie die Wörter und das Bild zusammenhängen, und dadurch feuern mehr Neuronen. Und je mehr Neuronen feuern, umso größer ist die Chance, dass Ihr Gehirn mitbekommt: Bei dieser Sache lohnt es sich, aufzupassen, und vielleicht auch, sich daran zu erinnern.

Ein lockerer Sprachstil hilft, denn Menschen tendieren zu höherer Aufmerksamkeit, wenn ihnen bewusst ist, dass sie ein Gespräch führen – man erwartet dann ja von ihnen, dass sie dem Gespräch folgen und sich beteiligen. Das Erstaunliche daran ist: Es ist Ihrem Gehirn ziemlich *egal*, dass die »Unterhaltung« zwischen Ihnen und einem Buch stattfindet! Wenn der Schreibstil dagegen formal und trocken ist, hat Ihr Gehirn den gleichen Eindruck wie bei einem Vortrag, bei dem in einem Raum passive Zuhörer sitzen. Nicht nötig, wach zu bleiben.

Aber Abbildungen und ein lockerer Sprachstil sind erst der Anfang.

**Wie man dieses Buch benutzt**

# Das haben WIR getan:

Wir haben **Bilder** verwendet, weil Ihr Gehirn auf visuelle Eindrücke eingestellt ist, nicht auf Text. Soweit es Ihr Gehirn betrifft, sagt ein Bild *wirklich* mehr als 1.024 Worte. Und dort, wo Text und Abbildungen zusammenwirken, haben wir den Text *in* die Bilder eingebettet, denn Ihr Gehirn arbeitet besser, wenn der Text *innerhalb* der Sache steht, auf die er sich bezieht, und nicht in einer Bildunterschrift oder irgendwo vergraben im Text.

Wir haben **Redundanz** eingesetzt, d.h. dasselbe auf *unterschiedliche* Art und mit verschiedenen Medientypen ausgedrückt, damit Sie es über *mehrere Sinne* aufnehmen. Das erhöht die Chance, dass die Inhalte an mehr als nur einer Stelle in Ihrem Gehirn verankert werden.

«Piep» Klar und deutlich! Sanft und süß klingen die Elektronen. «Piep»

Der Empfänger (auch Tonprobe).

Wir haben Konzepte und Bilder in **unerwarteter** Weise eingesetzt, weil Ihr Gehirn auf Neuigkeiten programmiert ist. Und wir haben Bilder und Ideen mit zumindest *etwas* **emotionalem** *Charakter* verwendet, weil Ihr Gehirn darauf eingestellt ist, auf die Biochemie von Gefühlen zu achten. An alles, was ein *Gefühl* in Ihnen auslöst, können Sie sich mit höherer Wahrscheinlichkeit erinnern, selbst wenn dieses Gefühl nicht mehr ist als ein bisschen **Belustigung, Überraschung oder Interesse.**

Wir haben einen **umgangssprachlichen Stil** mit direkter Anrede benutzt, denn Ihr Gehirn ist von Natur aus aufmerksamer, wenn es Sie in einer Unterhaltung wähnt, als wenn es davon ausgeht, dass Sie passiv einer Präsentation zuhören – sogar dann, wenn Sie *lesen*.

Wir haben mehr als 80 **Aktivitäten** für Sie vorgesehen, denn Ihr Gehirn lernt und behält von Natur aus besser, wenn Sie Dinge **tun,** als wenn Sie nur darüber *lesen*. Und wir haben die Übungen zwar anspruchsvoll, aber doch lösbar gemacht, denn so ist es den meisten Lesern am liebsten.

Wir haben **mehrere unterschiedliche Lernstile** eingesetzt, denn vielleicht bevorzugen *Sie* ein Schritt-für-Schritt-Vorgehen, während jemand anders erst einmal den groben Zusammenhang verstehen und ein Dritter einfach nur ein Codebeispiel sehen möchte. Aber ganz abgesehen von den jeweiligen Lernvorlieben profitiert *jeder* davon, wenn er die gleichen Inhalte in unterschiedlicher Form präsentiert bekommt.

Wir liefern Inhalte für **beide Seiten Ihres Gehirns,** denn je mehr Sie von Ihrem Gehirn einsetzen, umso wahrscheinlicher werden Sie lernen und behalten und umso länger bleiben Sie konzentriert. Wenn Sie mit einer Seite des Gehirns arbeiten, bedeutet das häufig, dass sich die andere Seite des Gehirns ausruhen kann; so können Sie über einen längeren Zeitraum produktiver lernen.

Und wir haben **Geschichten** und Übungen aufgenommen, die **mehr als einen Blickwinkel repräsentieren,** denn Ihr Gehirn lernt von Natur aus intensiver, wenn es gezwungen ist, selbst zu analysieren und zu beurteilen.

Wir haben **Herausforderungen** eingefügt: in Form von Übungen und indem wir **Fragen** stellen, auf die es nicht immer eine eindeutige Antwort gibt, denn Ihr Gehirn ist darauf eingestellt, zu lernen und sich zu erinnern, wenn es an etwas *arbeiten* muss. Überlegen Sie: Ihren *Körper* bekommen Sie ja auch nicht in Form, wenn Sie nur die Leute auf dem Sportplatz *beobachten*. Aber wir haben unser Bestes getan, um dafür zu sorgen, dass Sie – wenn Sie schon hart arbeiten – an den *richtigen* Dingen arbeiten. Dass Sie **nicht einen einzigen Dendriten darauf verschwenden,** ein schwer verständliches Beispiel zu verarbeiten oder einen schwierigen, mit Fachbegriffen gespickten oder übermäßig gedrängten Text zu analysieren.

Wir haben **Menschen** eingesetzt. In Geschichten, Beispielen, Bildern usw. – denn *Sie sind* ein Mensch. Und Ihr Gehirn schenkt *Menschen* mehr Aufmerksamkeit als *Dingen*.

*Die* Einführung

Schneiden Sie dies aus und heften Sie es an Ihren Kühlschrank.

# Und das können SIE tun, um sich Ihr Gehirn untertan zu machen

So, wir haben unseren Teil der Arbeit geleistet. Der Rest liegt bei Ihnen. Diese Tipps sind ein Anfang; hören Sie auf Ihr Gehirn und finden Sie heraus, was bei Ihnen funktioniert und was nicht. Probieren Sie neue Wege aus.

① **Immer langsam. Je mehr Sie verstehen, umso weniger müssen Sie auswendig lernen.**

*Lesen* Sie nicht nur. Halten Sie inne und denken Sie nach. Wenn das Buch Sie etwas fragt, springen Sie nicht einfach zur Antwort. Stellen Sie sich vor, dass Sie das wirklich jemand *fragt*. Je gründlicher Sie Ihr Gehirn zum Nachdenken zwingen, umso größer ist die Chance, dass Sie lernen und behalten.

② **Bearbeiten Sie die Übungen. Machen Sie selbst Notizen.**

Wir haben sie entworfen, aber wenn wir sie auch für Sie lösen würden, wäre das, als würde jemand anderes Ihr Training für Sie absolvieren. Und sehen Sie sich die Übungen *nicht einfach nur an*. **Benutzen Sie einen Bleistift.** Es deutet vieles darauf hin, dass körperliche Aktivität *beim* Lernen den Lernerfolg erhöhen kann.

③ **Lesen Sie die Abschnitte »Es gibt keine dummen Fragen«.**

Und zwar alle. Das sind keine Zusatzanmerkungen – *sie gehören zum Kerninhalt!* Überspringen Sie sie nicht.

④ **Lesen Sie dies als Letztes vor dem Schlafengehen. Oder lesen Sie danach zumindest nichts *Anspruchsvolles* mehr.**

Ein Teil des Lernprozesses (vor allem die Übertragung in das Langzeitgedächtnis) findet erst statt, *nachdem* Sie das Buch zur Seite gelegt haben. Ihr Gehirn braucht Zeit für sich, um weitere Verarbeitung zu leisten. Wenn Sie in dieser Zeit etwas Neues aufnehmen, geht ein Teil dessen, was Sie gerade gelernt haben, verloren.

⑤ **Trinken Sie Wasser. Viel.**

Ihr Gehirn arbeitet am besten in einem schönen Flüssigkeitsbad. Austrocknung (zu der es schon kommen kann, bevor Sie überhaupt Durst verspüren) beeinträchtigt die kognitive Funktion.

⑥ **Reden Sie drüber. Laut.**

Sprechen aktiviert einen anderen Teil des Gehirns. Wenn Sie etwas verstehen wollen oder Ihre Chancen verbessern wollen, sich später daran zu erinnern, sagen Sie es laut. Noch besser: Versuchen Sie, es jemand anderem laut zu erklären. Sie lernen dann schneller und haben vielleicht Ideen, auf die Sie beim bloßen Lesen nie gekommen wären.

⑦ **Hören Sie auf Ihr Gehirn.**

Achten Sie darauf, Ihr Gehirn nicht zu überladen. Wenn Sie merken, dass Sie etwas nur noch überfliegen oder dass Sie das gerade erst Gelesene vergessen haben, ist es Zeit für eine Pause. Ab einem bestimmten Punkt lernen Sie nicht mehr schneller, indem Sie mehr hineinzustopfen versuchen; das kann sogar den Lernprozess stören.

⑧ **Aber bitte mit *Gefühl!***

Ihr Gehirn muss wissen, dass es *um etwas Wichtiges geht*. Lassen Sie sich in die Geschichten hineinziehen. Erfinden Sie eigene Bildunterschriften für die Fotos. Über einen schlechten Scherz zu stöhnen, ist *immer noch* besser, als gar nichts zu fühlen.

⑨ **Machen Sie sich die Hände schmutzig!**

Die Arbeit mit Netzwerken erlernt man nur auf eine einzige Weise: indem man sich die Hände schmutzig macht. Und genau das werden Sie in diesem Buch tun. Netzwerken ist ein Handwerk, gut wird man darin nur durch Übung. Wir werden Ihnen eine Menge Gelegenheit dazu geben: Jedes Kapitel enthält Übungen, die Sie auffordern, Probleme zu lösen. Überspringen Sie sie nicht – große Teile des Lernprozesses finden statt, wenn Sie die Übungen lösen. Zu jeder Übung gibt es eine Lösung – haben Sie keine Hemmungen, in die Lösung zu linsen, wenn Sie nicht weiterwissen! (Es passiert so leicht, dass man an Kleinigkeiten hängen bleibt.) Aber versuchen Sie, das Problem zu lösen, bevor Sie in die Lösung blicken. Und bringen Sie die Sache unbedingt ans Laufen, bevor Sie zum nächsten Teil des Buchs weitergehen.

*Sie sind hier* ▸ xxix

*Wie man dieses Buch benutzt*

# Lies mich

Dies ist ein Lehrbuch, keine Referenz. Wir haben mit Absicht alles weggelassen, was Ihnen dabei in die Quere kommen könnte, das zu *lernen*, was wir am jeweiligen Punkt des Buchs behandeln. Beim ersten Lesen sollten Sie unbedingt am Anfang des Buchs beginnen. Das Buch geht zu jedem Zeitpunkt davon aus, dass Sie bestimmte Dinge bereits erfahren und gelernt haben.

### Wir beginnen damit, Ihnen die grundlegenden Konzepte wie den Anschluss und physischen Aufbau zu vermitteln, fahren dann mit den Signalen und der Hardware fort und erreichen schließlich Themen wie Drahtlosnetzwerke, Sicherheit und Netzwerkdesign.

Es ist zwar wichtig, dass man sauber entworfene Netzwerke aufbaut, aber bevor man das tun kann, muss man die grundlegenden Komponenten und Konzepte von Netzwerken verstehen. Wir beginnen deswegen damit, dass wir Sie physische Netzwerke geringer Komplexität skizzieren und mit Netzwerkkabeln arbeiten lassen. Etwas später im Buch zeigen wir Ihnen dann erprobte Verfahren zur Gestaltung von Netzwerken. Bis dahin beherrschen Sie die grundlegenden Konzepte so gut, dass Sie sich auf die fortgeschrittenen Aspekte des Netzwerkentwurfs konzentrieren können.

### Wir behandeln nicht sämtliche Netzwerktechnologien auf dem Planeten.

Natürlich hätten wir jede bekannte Netzwerktechnologie in dieses Buch packen können, jedoch dachten wir, Sie würden ein Buch vorziehen, dass sich so eben noch heben lässt und Ihnen dennoch die Netzwerktechnologien vermittelt, die Sie benötigen. Wir werden Ihnen die Technologien vermitteln, die Sie kennen müssen, die, mit denen Sie 95 % Ihrer Zeit verbringen werden. Wenn Sie mit diesem Buch durch sind, werden Sie die Voraussetzungen und das Selbstvertrauen haben, sich eigenständig in die neuesten Technologien einzuarbeiten und die ausgefeiltesten Netzwerke zu implementieren.

### Es ist beabsichtigt, dass in diesem Buch viele Dinge anders behandelt werden als in anderen Büchern über Netzwerke.

Vertrauen Sie uns. Wir haben eine Menge Bücher über Netzwerke gelesen. Wir haben uns entschieden, ein Buch zu schreiben, mit dem unsere Studenten arbeiten können, ein praktisches Buch, das einmal nicht mit dem OSI-Schichtmodell beginnt. Wir genießen es, wenn unsere Studenten während der Vorlesung nicht einschlafen. Außerdem behandeln wir diverse Dinge, die Sie in anderen Büchern nicht finden werden: den ganzen strukturellen Kram, der dafür sorgt, dass Ihre Kabel geordnet sind und keine Stolperfallen bilden, wie Signale binär und hexadezimal kodiert werden und wie Ihnen das Lesen von Bauplänen bei der Gestaltung Ihres Netzwerks helfen kann.

### Die Aktivitäten sind NICHT optional.

Die Übungen und Aktivitäten sind kein Beiwerk. Sie sind ein wesentlicher Bestandteil des Buchs. Einige davon sollen Ihr Gedächtnis unterstützen, andere das Verständnis, und wieder andere helfen Ihnen, das Gelernte anzuwenden. **_Überspringen Sie nichts._** Nur die Kreuzworträtsel müssen Sie _nicht_ lösen. Sie bieten Ihrem Gehirn allerdings eine gute Möglichkeit, die gelernten Begriffe und Konzepte zu betrachten.

### Die Redundanz ist beabsichtigt und wichtig.

Eins der Dinge, die bei einem Von Kopf bis Fuß-Buch grundlegend anders sind, ist, dass _wir möchten, dass Sie die Sache wirklich verstehen_. Und wir möchten, dass Sie nach dem Durcharbeiten des Buchs _behalten_, was Sie gelernt haben. Einprägen und Erinnern sind bei den meisten Lehr- oder Referenzbüchern nicht unbedingt das oberste Ziel – in diesem Buch schon. Deswegen werden Ihnen in diesem Buch einige Konzepte mehrfach begegnen.

### Das Buch ist nicht alles.

Wir finden es gut, wenn man interessantes und nützliches Material auf Begleit-Websites zu Büchern finden kann. Zusätzliches Material zu Netzwerken finden Sie unter den folgenden Adressen:
**http://www.headfirstlabs.com/books/hfnw/**
**http://www.hfnetworking.com**

### Zu den Kopfnuss-Übungen gibt es keine Lösungen.

Bei einigen gibt es keine richtige Antwort, und bei anderen gehört es zum Lernprozess, den die Kopfnuss-Übungen anstoßen sollen, dass Sie selbst entscheiden müssen, ob und wann Ihre Antworten richtig sind. Manche der Übungen beinhalten Hinweise, die Sie in die richtige Richtung lenken.

*Das Gutachter-Team*

# Die technischen Gutachter

Jonathan Moore

Tim Olson

Rohn Wood

***Technische Gutachter:***

**Johnathan Moore** blickt auf zehn Jahre als technischer Berater und Unternehmer für Netzwerke zurück. Er ist Eigentümer von Forerunner Design, einem Unternehmen für Webdesign und -entwicklung in Wenatchee, Washington.

**Tim Olson** lehrt technische Informatik und Physik am Salish Kootenai College und ist Mitglied des Wissenschaftsteams für die NASA Mars Science Laboratory-Mission. Er fährt gern Ski oder reitet mit seiner Familie in den Bergen West-Montanas aus.

**Rohn Wood** lebt und arbeitet in Montana und versucht, Supercomputer in den guten alten Westen zu bringen. Seine UNIX-Fertigkeiten stellt er hauptberuflich der University of Montana und nebenberuflich der University of Washington zur Verfügung. Häufig macht er das von seinem Heim in den Bitterroot Mountains aus, von dem er in ein Tal hinabblickt, das nur wenige Meilen von Travelers Rest entfernt ist, wo vor 200 Jahren Lewis und Clark mit der Corps of Discovery eine Rast einlegten. Rohn, der seit 18 Jahren mit Linux arbeitet und ein Veteran in der Arbeit mit RS232 Gandalf Boxen, ThinNET und Token Ring ist, lernt gern auf die harte Tour mit nichts als dem Handbuch.

*Die* **Einführung**

# Danksagungen

### *Unser Lektor:*

Wir danken unserem Lektor, Brett McLaughlin, der sich in dieses Projekt stürzte, obgleich er einen ganzen Haufen anderer Dinge zu tun hatte. Brett half uns, unsere Überlegungen zu prüfen, öffnete uns die Augen für Dinge, die wir nicht sahen, und brachte uns dazu, das beste Buch aus uns und unserem Wissen herauszuholen. Brett, du bist das absolute Produktionsmonster! Ryan möchte besonders erwähnen, dass diese Sitzungen mit Brett und Al ihn in einer persönlich schwierigen Lage über Wasser hielten. Vielen Dank, Jungs!

Brett McLaughlin

### *Das O'Reilly-Team:*

Dank an Dawn Griffiths für die exzellente und zauberhafte Arbeit, mit der sie dieses Buch formte und zu einem Augenschmaus machte.

Dank an Catherine Nolan, dass sie den beiden »Fliegern« aus Montana eine Chance gab.

Dank an Laurie Petrycki, die auf uns setzte und uns in Boston und bei O'Reilly Media begrüßte, als wären wir lange aus den Augen verlorene Familienmitglieder.

Dank auch an das Von Kopf bis Fuß-Volk, das wir in Boston trafen, insbesondere an unsere Brüder und Schwestern im Werke: David Griffiths, Dawn Griffiths, Lynn Beighley, Cary Collett und Louise Barr. Dank ebenfalls an Karen Shaner, Brittany Smith und Caitrin McCullough.

Nie werden wir den Tag vergessen, an dem wir in einer Buchhandlung die Von Kopf bis Fuß-Reihe entdeckten. Dank an Kathy Sierra und Bert Bates dafür, dass sie den Neuronen aller Geeks das Feuer gebracht haben.

Dank an Tim O'Reilly, der die Vision hatte, den besten Geek-Verlag aller Zeiten zu schaffen!

### *Als Freunde und Familie:*

Ohne Emily, meine Frau, hätte ich dieses Buch nicht schreiben können. Sie kümmerte sich um alles, während ich mich unzählige Wochenenden und Abende in meine Kammer verzog. Ich liebe dich! Ohne die Geduld, die Ella und Austin für ihren Vater aufbrachten, wäre es erheblich schwerer gewesen, dieses Projekt zu vollenden. Auch euch liebe ich! Schließlich sei noch meine treue Hündin CC erwähnt, die immer bei mir in der Kammer war, schlafend natürlich.

### *Ryans Freunde und Familie:*

Ich danke meiner Tochter Josefina und meinem Sohn Vincenzo, der Bücher fast ebenso sehr mag wie ich. Dank meiner Süßen Shonna Sims, die an mich glaubte, als ich kurz davor stand, das Buch aufzugeben. Ich danke auch meiner Mutter und meinem Vater, meinem Bruder Jeff, meinen Nichten Claire und Quinn, Dr. Tracee Jamison, Yumi Hooks, Dr. Giuseppi Onello, Curtis Cladouhos, Garret Jaros, Henrietta Goodman und Dr. Paul Hansen (ohne den ich nie den Weg zur Technik gefunden hätte). Einen gewaltigen Dank an meinen Koautor Al, den viele, die uns begegnen, für meinen Bruder halten. Und auf gewisse Weise ist er das tatsächlich.

### *Besonderer Dank von Al und Ryan:*

Unser besonderer Dank gilt den IT-Studenten des Salish Kootenai College, ohne die wir nie dazu inspiriert worden wären, dieses Buch überhaupt zu schreiben.

*Sie sind hier* ▶

# 1 Physische Netzwerkreparatur

## Tanz auf dem Draht(seil)

**Man muss nur das Kabel einstöpseln, und schon steht das Netzwerk, nicht wahr?** Netzwerkkabel verrichten ihre Arbeit schweigend, verschieben unsere Daten von hier nach dort, und zwar schneller, als wir mit den Lidern schlagen können. Aber was passiert, wenn irgendetwas schiefläuft? Unternehmen sind dermaßen von ihren Netzwerken abhängig, dass das Geschäft in die Knie geht, wenn das Netzwerk zusammenbricht. Deswegen ist es so wichtig, dass man weiß, wie man die physische Seite des Netzwerks wieder in Gang bringt. Lesen Sie weiter und lassen Sie sich von uns zeigen, wie man physische Netzwerkprobleme untersucht und repariert. Schon bald werden Sie Ihr Netzwerk vollkommen im Griff haben.

**Hier fängt ein neues Kapitel an**

*Probleme bei* Kokosnuss

# Kokosnuss Wings hat ein Netzwerkproblem

Das beste Fortbewegungsmittel fürs Insel-Hopping ist eindeutig das Wasserflugzeug, und Kokosnuss Wings verfügt über eine ganze Flotte davon. Kokosnuss Wings bietet Panoramarundflüge, Tagesausflüge und einen praktischen Shuttle-Service zwischen den Inseln an. Diese Dienste sind bei Touristen und Einwohnern gleichermaßen beliebt.

Der Ansturm auf die Flüge ist riesig, aber Kokosnuss Wings hat plötzlich ein Riesenproblem – wenn das Personal versucht, auf das Buchungssystem zuzugreifen, erscheint jedes Mal eine Meldung, die einen Netzwerkfehler moniert:

Das Buchungssystem ist für Kokosnuss Wings lebensnotwendig: ohne Buchungssystem keine Buchungen, ohne Buchungen keine Passagiere und ohne Passagiere keine Flüge. Und das größte Problem dabei ist, dass man ohne Passagiere kein Geld verdient.

**Kokosnuss Wings muss sein Netzwerk wieder in Gang bringen, und zwar schnell. Können Sie ihnen dabei zur Hand gehen?**

*Physische Netzwerkreparatur*

**Übung**

Hier ist der Schaltkasten von Kokosnuss Wings. Was für Probleme können Sie ausmachen? Kreisen Sie alle ein.

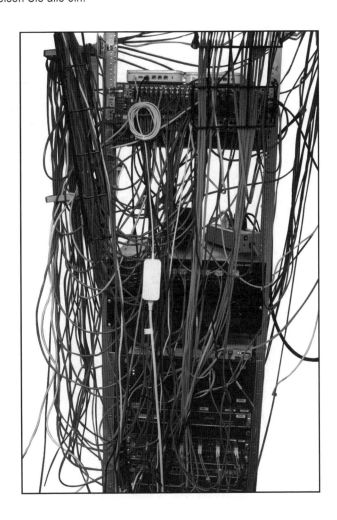

Sie sind hier ▶ 3

## Chaotische Netzwerke

**LÖSUNG ZUR ÜBUNG**

Hier ist der Schaltkasten von Kokosnuss Wings. Was für Probleme können Sie ausmachen? Kreisen Sie alle ein.

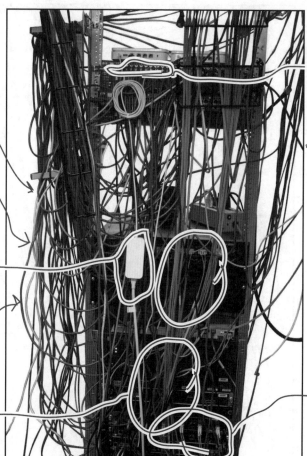

Binden Sie Ihre Kabel zusammen und führen Sie sie über eine stabile Oberfläche. So reduzieren Sie Kabelsalat, Kabelbrüche und Knoten.

Welches Kabel kommt wohin? Markieren Sie Ihre Kabel, damit Sie Probleme effizienter lösen können.

Lassen Sie Ihre Stromversorgung nicht herumhängen. Die Schwerkraft oder ein kleiner Zug könnte sie sonst zusammenbrechen lassen.

Beschriften Sie Ihre Geräte auf beiden Seiten.

Glasfaserkabel sollten nicht zu stark gebogen werden. Das Gewicht der aufeinanderliegenden Kabel könnte langfristig zu Problemen führen.

Prüfen Sie Stecker und Buchsen regelmäßig. Man weiß nie, wann ein Stecker rausspringt, insbesondere wenn die Kabel herabhängen.

Es scheint, als wäre das Flugbuchungsnetzwerkkabel gebrochen. Wahrscheinlich führt das zu dem Netzwerkfehler im Flugbuchungssystem.

Montieren Sie Ihre Glasfasergeräte in der Nähe des Punkts, an dem die Kabel in den Netzwerkschrank eintreten. Hier wäre oben besser gewesen.

## Das Netzwerkkabel des Buchungssystems ist im Eimer

Es scheint, als führe ein Bruch im Netzwerkkabel des Flugbuchungssystems zu den Netzwerkfehlern, die dem Kokosnuss Wings-Personal angezeigt werden. Diese Meldungen müssten wir also loswerden können, indem wir das Kabel reparieren. Kokosnuss Wings kann dann wieder Passagiere in die Flüge einbuchen.

Wie aber sollen wir das Netzwerkkabel reparieren?

*Physische Netzwerkreparatur*

# Wie reparieren wir das Kabel?

Wir müssen zwei Dinge tun, um das Kabel zu flicken und das Buchungssystem wieder in Gang zu setzen.

**1) Wir müssen den defekten Teil aus dem Kabel herausschneiden.**
Der Bruch im Kabel ist für das Problem verantwortlich. Ihn müssen wir also beseitigen.

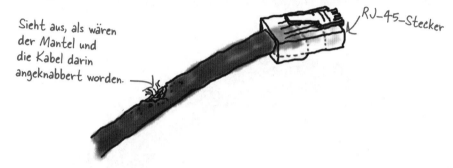

Sieht aus, als wären der Mantel und die Kabel darin angeknabbert worden.

RJ-45-Stecker

**2) Wir müssen einen Stecker anbringen.**
Wenn wir den defekten Teil des Kabels herausschneiden, verlieren wir den Stecker am Ende des Kabels. Den brauchen wir aber, damit wir das Kabel in unsere Geräte einstecken können. Heißt, wir müssen einen neuen anbringen.

# Aber wie geht das?

Gegenwärtig haben wir noch keine Ahnung, um was für eine Art Kabel es sich handelt. Die Art des Kabels wirkt sich aber darauf aus, was wir jetzt machen müssen.

Um was für ein Kabel handelt es sich hier also?

**KOPF-NUSS**

Was für Typen von Netzwerkkabeln kennen Sie bereits? In welcher Hinsicht unterscheiden sie sich? Warum?

*Kabel der Kategorie 5*

# Das CAT-5-Kabel

Das Kabel, über das das Hauptnetz von Kokosnuss Wings läuft, ist ein sogenanntes Kategorie-5-Kabel für Ethernet bzw. **CAT-5**-Kabel. Es hat zwei charakteristische Merkmale. Zunächst besteht es aus einem Unshielded Twisted Pair-Kabel (d.h. einem Kabel mit nicht abgeschirmten verdrillten Adernpaaren), auch **UTP**-Kabel genannt. Außerdem hat es an beiden Enden **RJ-45**-Stecker. Die meisten Ethernet-Netzwerke laufen über CAT-5-Kabel.

Auf der Außenseite tragen CAT-5-Kabel eine Beschriftung, die Ihnen wichtige Angaben zum Kabel liefert. Beispielsweise können Sie dort sehen, was für eine Art Kabel es ist, welche Geschwindigkeiten es unterstützt und welchen der relevanten Standards es entspricht.

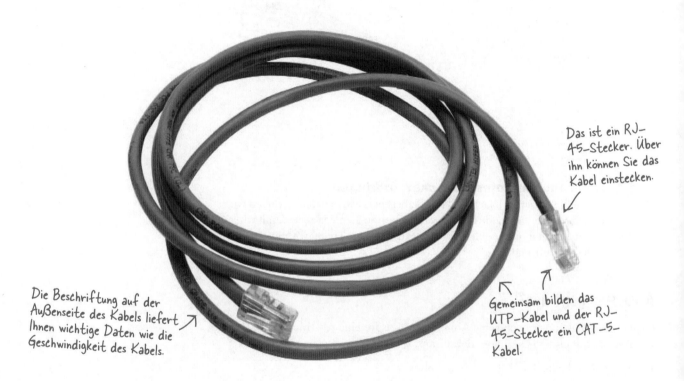

Das ist ein RJ-45-Stecker. Über ihn können Sie das Kabel einstecken.

Die Beschriftung auf der Außenseite des Kabels liefert Ihnen wichtige Daten wie die Geschwindigkeit des Kabels.

Gemeinsam bilden das UTP-Kabel und der RJ-45-Stecker ein CAT-5-Kabel.

**Was also steckt in einem CAT-5-Kabel? Schauen wir es uns an.**

**Physische Netzwerkreparatur**

# Das CAT-5-Kabel auf dem Operationstisch

Schneiden Sie ein CAT-5-Kabel auf, finden Sie acht farbige Kabeladern, die zu vier Paaren verdrillt sind. Ein Paar ist braun, eines blau, eines grün, und das letzte ist orange. Jedes Paar besteht aus einer einfarbigen und einer gestreiften Kabelader.

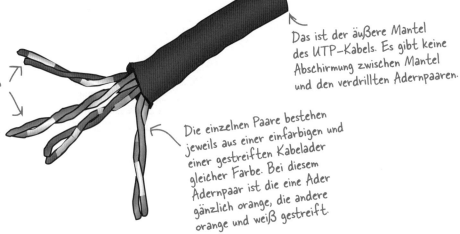

Es gibt vier farbige, verdrillte Adernpaare in Braun, Blau, Grün und Orange.

Das ist der äußere Mantel des UTP-Kabels. Es gibt keine Abschirmung zwischen Mantel und den verdrillten Adernpaaren.

Die einzelnen Paare bestehen jeweils aus einer einfarbigen und einer gestreiften Kabelader gleicher Farbe. Bei diesem Adernpaar ist die eine Ader gänzlich orange, die andere orange und weiß gestreift.

# Aber warum sind die Paare verdrillt?

Das Problem bei nicht verdrillten Kabeladern ist, dass sie magnetische Felder erzeugen, die das Signal stören, das die Ader übermittelt. Das bedeutet, dass es zu elektromagnetischer Interferenz und zu Übersprechen kommen kann – beides wirkt sich negativ auf Ihre Netzwerkdaten aus.

Sind die Kabeladern *verdrillt*, reißt das elektromagnetische Feld um die Kabelader ab, und die Interferenzen werden gemindert. Je mehr Windungen ein Paar aufweist, desto besser.

Verwicklungen können also doch zu etwas **gut** sein ...

Aber nicht nur die Verdrillung der Adern ist wichtig, auch die Farben. Schauen wir uns also auch diese genauer an.

Sie sind hier ▶

*Farbe ist bedeutsam*

# Aber was sollen diese unterschiedlichen Farben?

Dass die Adernpaare in einem CAT-5-Kabel farbig sind, hat einen Grund. Jede Farbe hat eine bestimmte Bedeutung und ebenso, ob es einfarbig oder gestreift ist.

- **Die orangefarbenen und grünen Adern senden und empfangen Daten.**
  Das orangefarbene Adernpaar sendet Daten, das grüne hingegen empfängt Daten.

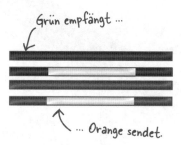

- **Die Farbigkeit zeigt die Polarität an.**
  Ist die Ader gestreift, heißt das, dass sie positiv ist. Ist die Ader einfarbig, ist sie negativ.

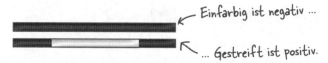

- **Blaue und braune Adern dienen als Reserve für zukünftige Bandbreitenerweiterungen.**
  Gegenwärtig haben die blauen und die braunen Adern noch keine Funktion, in Zukunft kann sich das aber ändern. Die Leute, die für den Kabelstandard verantwortlich sind, haben CAT-5-Kabel mit zusätzlichen farbigen Adern ausgestattet, damit sie eines fernen Tages auch für höhere Bandbreiten eingesetzt werden können.

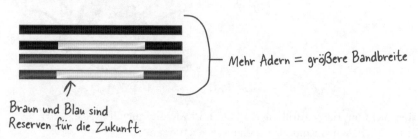

*Physische Netzwerkreparatur*

# TESTLAUF

Die Bandbreite sagt uns, wie groß die Datenmenge ist, die durch die Adern eines Kabels strömen kann. Die Netzwerkgeschwindigkeit nennt uns das Maß, in dem sich die Daten durch eine Ader bewegen. Eine Vorstellung des Unterschieds zwischen Bandbreite und Netzwerkgeschwindigkeit können Sie sich verschaffen, indem Sie die folgende Site besuchen und Ihre Verbindung testen: **http://www.speedtest.net/**.

Klicken Sie bei speedtest.net auf den >>Begin Test<<-Button ...

... erhalten Sie einen Bericht über Ihr Download- und Upload-Volumen.

Mb/s steht für Megabit pro Sekunde.

## KOPF-NUSS

Was ist der Unterschied zwischen Bandbreite und Geschwindigkeit bei einem Netzwerkkabel?

..................................................................................................................

..................................................................................................................

Sie sind hier ▶

*Bandbreite und Geschwindigkeit* sind nicht gleich

## Vorsicht, Schulwissen!

**Bandbreite:** Die Übertragungskapazität eines Computernetzwerks oder Telekommunikationssystems.

**Geschwindigkeit:** Die Übertragungsrate, mit der sich etwas bewegen kann.

## Es gibt keine Dummen Fragen

**F: Was ist der Unterschied zwischen Bandbreite und Geschwindigkeit?**

A: Die Bandbreite ist eine Kapazität, die Geschwindigkeit eine Rate. Die Bandbreite sagt Ihnen, welche Datenmenge Ihr Netzwerk maximal übertragen kann. Die Geschwindigkeit sagt Ihnen, mit welcher Geschwindigkeit sich die Daten bewegen können. Die Bandbreite eines CAT-5-Kabels ist 10/100 Base-T. Die Geschwindigkeit eines CAT-5-Kabels ist von den Bedingungen abhängig.

**F: Was heißt Base-T?**

A: Base-T bezieht sich auf die unterschiedlichen Standards für die Ethernet-Übermittlungsraten. Der 10-Base-T-Standard überträgt Daten mit 10 Megabit pro Sekunde (Mb/s), der 100-Base-T-Standard mit 100 Mb/s und der 1000-Base-T-Standard mit gewaltigen 1.000 Mb/s.

**F: Was ist der Unterschied zwischen Megabit pro Sekund (Mb/s) und Megabyte pro Sekunde (MB/s)?**

A: Megabit pro Sekunde (Mb/s) ist eine Bandbreitenangabe, die bei der Telekommunikation und bei Computernetzwerken verwendet wird. Ein Megabit entspricht einer Million Schlägen des elektrischen Stroms (binäre Impulse). Megabyte pro Sekunde (MB/s) ist eine Übertragungsrate, die bei Computersystemen genutzt wird. Ein Megabyte entspricht 1.048.576 Byte, und ein Byte entspricht 8 binären Ziffern (Bits).

**F: Gibt es nicht neuere und schnellere Kabelstandards, beispielsweise CAT-5e und CAT-6?**

A: CAT-5e und CAT-6 sind neuere Standards für Kabel. Wir befassen uns hier mit CAT-5, weil es die Grundlage für die neueren Kabelstandards bildet. Die Bandbreite von CAT-5e und CAT-6 sind 10/100/1000 Base-T.

**F: Könnte ich selbst ein CAT-5e- oder CAT-6-Kabel zusammenbauen?**

A: Im Prinzip ist es nicht komplizierter, ein CAT-5e zusammenzubauen, als ein CAT-5-Kabel. Ein CAT-6-Kabel zu basteln, würden wir Ihnen, aufgrund der dabei erforderlichen Präzision, allerdings nicht empfehlen.

*Physische Netzwerkreparatur*

# Reparieren wir das defekte CAT-5-Kabel

Nachdem wir mehr darüber erfahren haben, wie CAT-5-Kabel funktionieren, können Sie mal versuchen, das Kokosnuss Wings-Netzwerkkabel zu reparieren. Dazu benötigen Sie nur eine Drahtschere, ein Teppichmesser, eine Crimpzange und einen RJ-45-Stecker.

**① Schneiden Sie den defekten Teil heraus.**
Schneiden Sie das Kabel ein gutes Stück vor der Bruchstelle ab, damit Sie hinreichend lange Kabelenden haben. Achten Sie darauf, dass der Schnitt so gerade wie möglich ist, damit die einzelnen Drähte die gleiche Länge haben.

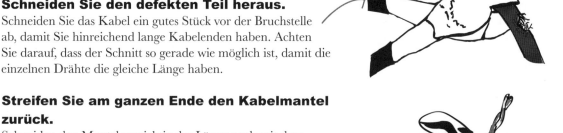

**② Streifen Sie am ganzen Ende den Kabelmantel zurück.**
Schneiden den Mantel vorsichtig der Länge nach mit dem Messer ein. Geben Sie acht, dass Sie dabei die Isolierung der verdrillten Kabeladern im Mantel nicht beschädigen. Der Schnitt sollte etwa 2 bis 3 Zentimeter lang sein. Ziehen Sie anschließend den Mantel auseinander und streifen Sie ihn zurück, um die verdrillten Kabeladern freizulegen.

**③ Ziehen Sie die Kabeladern auseinander.**
Wickeln Sie die Kabeladern ab, damit Sie sie den Kontakten des RJ-45-Steckers zuordnen können. Sie benötigen normalerweise so ungefähr 1 bis 2 Zentimeter des Kabels, damit die Adern in den Stecker passen.

**④ Stecken Sie die Kabeladern in den RJ-45-Stecker.**
Jede Kabelader gehört an einen Kontakt des RJ-45-Steckers. Ordnen Sie einfach die Adern dem entsprechenden Kontakt zu.

*Halt! Wollen Sie etwa, dass ich mir einen **Stromschlag** einfange? Woher soll ich bitte wissen, wo die einzelnen Drähte hinkommen? Glauben Sie, ich sei **Hellseher**???*

**Wo Sie die Adern anschließen, ist wichtig.**
Jede Kabelader muss mit einem bestimmten Kontakt des RJ-45-Steckers verbunden werden. Leider wissen wir noch nicht, wo die einzelnen Adern hinkommen. Wir müssen also noch etwas mehr darüber wissen, wie der RJ-45-Stecker aufgebaut ist.

*Auch die Zuordnung ist wichtig*

# Ein genauerer Blick auf den RJ-45-Stecker

Wie wir bereits wissen, wird der Stecker am Ende des CAT-5-Kabels als RJ-45-Stecker bezeichnet. Über ihn können Sie das Kabel in den Netzwerkanschluss in der Wand oder den Netzwerkanschluss eines Netzwerkgeräts, eines Computers beispielsweise, einstecken.

Die einzelnen Adern im Kabel kommen in die Buchsen des RJ-45-Steckers und werden so mit den Kontakten des Steckers verbunden.

← Die Adern des Kabels kommen in eine Buchse des RJ-45-Steckers. Das verbindet die Kabelader mit einem Kontakt des Steckers.

# Und wo kommen die einzelnen Adern hin?

Die Position der einzelnen Adern ist entscheidend.

Wenn Sie einen RJ-45-Stecker in eine Buchse stecken, treten die Kontakte am Stecker mit den Kontakten in der Buchse in Kontakt. Befinden sich die Kabeladern in der richtigen Position, können die Daten in der Form von Elektronen fließen. Befinden sich die Kabeladern in der falschen Position, gelangen die Daten nicht durch das Kabel.

Die Zuordnung der Kabeladern in einem RJ-45-Stecker wird von zwei Standards geregelt. Das sind die Standards **568A** und **568B**.

**Physische Netzwerkreparatur**

# Die Anschlussstandards 568A und 568B unter der Lupe

568A und 568B sind Anschlussstandards, die Ihnen sagen, wie die Kabeladern bei einem RJ-45-Kabel zugeordnet werden müssen.

## Die 568A-Adernzuordnung

Wenn Sie dem Anschlussstandard 568A folgen, müssen Sie die folgende Adernzuordnung nutzen:

grün gestreift, grün, orange gestreift, blau, blau gestreift, orange, braun gestreift, braun

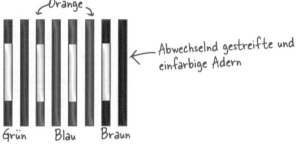

## Die 568B-Adernzuordnung

Folgen Sie dagegen dem Anschlussstandard 568B, müssen Sie die folgende Adernzuordnung nutzen:

orange gestreift, orange, grün gestreift, blau, blau gestreift, grün, braun gestreift, braun

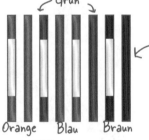

Erkennen Sie Ähnlichkeiten zwischen den 568A- und 568B-Adernzuordnungen? Die Zuordnung ist bei beiden Standards im Prinzip gleich, nur die grünen und orangefarbenen Adern sind vertauscht.

## Welchen Standard verwenden?

Wenn Sie einen RJ-45-Stecker anschließen, ist es entscheidend, dass beide Enden des Kabels den gleichen Standard nutzen. Bevor Sie den neuen RJ-45-Stecker ansetzen, sollten Sie also einen Blick auf das andere Ende des Kabels werfen. Nutzt das andere Ende des Kabels den 568A-Standard für die RJ-45-Adernzuordnung, müssen Sie auch den neuen RJ-45-Stecker gemäß dem 568A-Standard ansetzen. Nutzt es 568B, müssen Sie stattdessen diesen Standard nutzen.

Sie sind hier ▶ 13

**Das defekte Kabel** reparieren

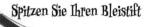  Spitzen Sie Ihren Bleistift

An dem Ende des Kokosnuss Wings-Netzwerkkabels, das noch in Ordnung ist, hängt ein nach 568B angeschlossener RJ-45-Stecker. Welche Adernzuordnung sollte am anderen Ende verwendet werden? Zeichnen Sie Linien ein, die die einzelnen Adern mit den passenden Anschlüssen verbinden.

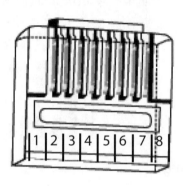

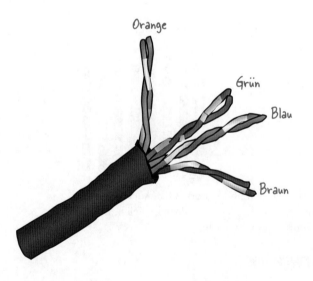

*Physische Netzwerkreparatur*

Kurz-Krimi

### Der Meteorologe und der RJ-45-Stecker

Nach einem schweren Sturm muss Hans in einer einsamen Forschungsstation ein CAT-5-Kabel reparieren, das den 568B-Anschlussstandard nutzt. Normalerweise würde er einfach seine Lieblingssuchmaschine aufrufen, um herauszufinden, welche Ader an welchen Kontakt muss. Aber der Sturm hat seine Internetverbindung zusammenbrechen lassen.

Hans wird nervös. Was soll er tun? Wenn er das Netzwerk nicht bald repariert, gehen wichtige Messdaten der Wetterüberwachungsgeräte verloren.

Plötzlich hat er eine Idee und stürmt mit einer Schere bewaffnet aus dem Raum. Fünf Minuten später läuft das Netzwerk wieder.

**Wie hat Hans das Problem gelöst, ohne den 568B-Standard nachzuschlagen?**

*Wie haben Sie es gemacht?*

### Spitzen Sie Ihren Bleistift
# Lösung

An dem Ende des Kokosnuss Wings-Netzwerkkabels, das noch in Ordnung ist, hängt ein nach 568B angeschlossener RJ-45-Stecker. Welche Adernzuordnung sollte am anderen Ende verwendet werden? Zeichnen Sie Linien ein, die die einzelnen Adern mit den passenden Anschlüssen verbinden.

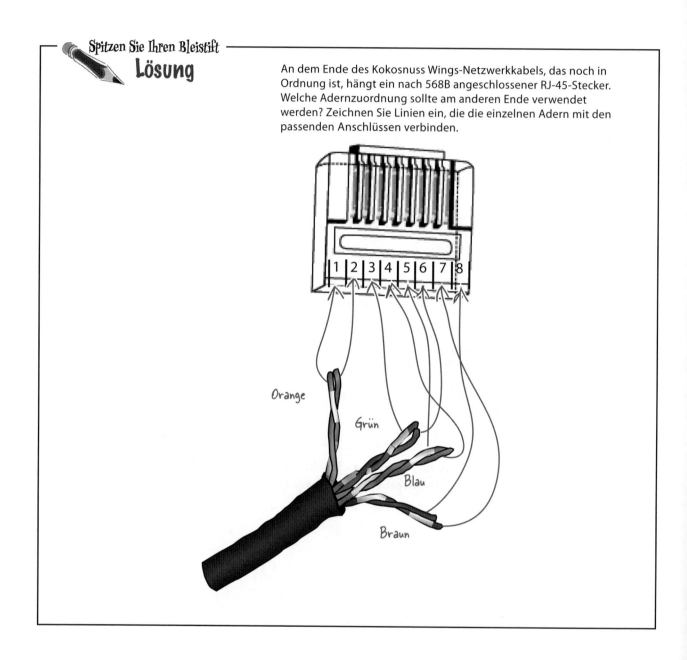

# Wie also sehen die praktischen Schritte aus?

Wir wissen nun, wie die Anschlussstandards für RJ-45-Stecker funktionieren. Also können wir uns jetzt ernsthaft an die Reparatur des defekten CAT-5-Netzwerkkabels für Kokosnuss Wings begeben.

**① Schneiden Sie den defekten Teil heraus.**
Schneiden Sie das Kabel ein gutes Stück vor der Bruchstelle ab, damit Sie hinreichend lange Kabelenden haben. Achten Sie darauf, dass der Schnitt so gerade wie möglich ist, damit die einzelnen Drähte die gleiche Länge haben.

**② Streifen Sie am ganzen Ende den Kabelmantel zurück.**
Schneiden den Mantel vorsichtig der Länge nach mit dem Messer ein. Geben Sie acht, dass Sie dabei die Isolierung der verdrillten Kabeladern im Mantel nicht beschädigen. Der Schnitt sollte etwa 2 bis 3 Zentimeter lang sein. Ziehen Sie anschließend den Mantel auseinander und streifen Sie ihn zurück, um die verdrillten Kabeladern freizulegen.

*Das sind die Schritte, die wir bereits hinter uns haben.*

**③ Ziehen Sie die Kabeladern auseinander.**
Wickeln Sie die Kabeladern ab, damit Sie sie den Kontakten des RJ-45-Steckers zuordnen können.

**④ Prüfen Sie, ob das andere Kabelende dem 568A- oder dem 568B-Standard folgt.**
Beide Kabelenden müssen den gleichen Anschlussstandard verwenden. Schauen Sie also, welcher Standard am anderen Ende genutzt wird.

**⑤ Schließen Sie die Adern nach dem gleichen Standard an den RJ-45-Stecker an.**

**⑥ Befestigen Sie den Stecker mit einer Crimpzange am Kabel.**
Legen Sie den RJ-45-Stecker, nachdem Sie die Adern mit den richtigen Kontakten verknüpft haben, in die Crimpzange und drücken Sie diese zusammen, um den Stecker sauber an das Kabel anzuschließen. Prüfen Sie an der Kabelseite des Steckers, ob alle Adern richtig in den Anschlüssen sitzen.

Sie sind hier ▶

## Der Meteorologe und der RJ-45-Stecker

Wie löste Hans das Problem, ohne Informationen zum 568B-Standard nachzuschlagen?

Nachdem er mit der Schere den Raum verlassen hatte, stieß Hans auf ein altes RJ-45-Ende, das den 568A-Standard nutzte. Er schnitt den Stecker ab, schaute, welche Ader an welchem Kontakt lag, und notierte sich die Ordnung für den 568B-Standard, indem er die Positionen der orangefarbenen und grünen Adern austauschte.

Kurz-Krimi, Lösung

## Es gibt keine Dummen Fragen

**F:** Sind Sie sicher, dass man einen CAT-5-Stecker als »RJ-45«-Stecker bezeichnet? Ich las irgendwo, dass das Ding »8P8C«-Stecker heißt.

**A:** Gewohnheit ist dafür verantwortlich, dass 8P8C-Stecker als RJ-45-Stecker bezeichnet werden. Das Akronym 8P8C steht für 8 Anschlüsse und 8 Kontakte. Der RJ-45-Stecker weist große Ähnlichkeiten mit einem 8P8C-Stecker auf und wird deswegen von vielen Leuten fälschlich so bezeichnet. Diese verbreitete, aber falsche Verwendung führte dazu, dass umgekehrt viele Leute 8P8C-Stecker als RJ-45-Stecker bezeichnen. Aber wenn Sie im Gespräch mit einem Netzwerkprofi »8P8C« erwähnen, könnte das dazu führen, dass Sie ein ausgesprochen mildes Lächeln ernten.

**F:** Warum muss ich an beiden Enden des Kabels den gleichen Anschlussstandard verwenden?

**A:** Würden wir nicht an beiden Enden den gleichen Standard verwenden, hätten wir kein »Durchreich-« oder Patchkabel; wir hätten dann ein sogenanntes »Crossoverkabel«. Anders gesagt: Wir würden die grünen und die orangefarbenen Adernpaare vertauschen und damit bewirken, dass die Empfangen- und Senden-Paare die Rollen tauschten. Prüfen Sie deswegen immer das andere Ende des Kabels und verwenden Sie den gleichen Anschlussstandard.

**F:** Wozu nutzt man denn ein Crossoverkabel?

**A:** Nehmen wir an, Sie möchten Ihren Laptop mit Ihrem Desktoprechner verwenden. Eine Möglichkeit dazu wäre die Verwendung eines Crossoverkabel, ein Kabel, das an beiden Enden gleichzeitig Daten senden und empfangen kann. Ein Crossoverkabel unterscheidet sich von einem Patchkabel darin, dass ein Patchkabel an einem Ende zu einer Zeit immer nur Daten empfangen oder senden kann.

Sie könnten auch einen Switch oder einen Hub einsetzen, um die beiden Geräte zu verbinden – mit diesen Geräten werden Sie später in diesem Buch noch nähere Bekanntschaft schließen.

**F:** Wie lang sollte ich mein CAT-5-Kabel machen?

**A:** Eine Faustregel besagt, dass man den Abstand zwischen den zu verbindenden Geräten messen und dann einen halben Meter hinzufügen soll, damit man etwas Flexibilität in der Positionierung gewinnt. Die Maximallänge für ein CAT-5-Kabel beträgt 100 Meter.

# Sie haben das CAT-5-Kabel repariert

Dank Ihrer Hilfe ist das Buchungssystem von Kokosnuss Wings wieder in Betrieb. Es dauert nicht lang, und alle angesetzten Flüge sind ausgebucht und abflugbereit.

Nicht so schnell, bitte! Glauben Sie etwa, ich würde diese Maschinen **umsonst** für Sie fliegen?

Der Pilot von Kokosnuss Wings

 **KOPF-NUSS**

Das Buchungsnetzwerk haben wir repariert, trotzdem scheint es, als seien die Netzwerkprobleme von Kokosnuss Wings noch nicht vollständig behoben. Was könnte hier schiefgelaufen sein?

*Weitere Problem bei Kokosnuss Wings*

# Kokosnuss Wings hat nicht nur ein Netzwerk

Mit der Reparatur des Buchungssystems haben Sie gute Arbeit geleistet. Unglücklicherweise ist das nicht das einzige Netzwerk bei Kokosnuss Wings.

Das Konten- und Gehaltssystem von Kokosnuss Wings läuft über ein im Keller installiertes Koaxialnetzwerk. Neuerdings haben sich dort unten einige Nagetiere häuslich eingerichtet. Es scheint, als hätte eins der hungrigen kleinen Viecher einen ordentlichen Happen aus einem der Koaxialkabel herausgeknabbert und damit diesen Teil des Netzwerks zu Stillstand gebracht.

Ohne das Koaxialnetzwerk kann Kokosnuss Wings die Zahlungen der Kunden nicht verarbeiten und die Piloten nicht bezahlen, die die Flugzeuge fliegen sollen.

**Wieder einmal ist Ihre Hilfe gefragt.**

**Physische Netzwerkreparatur**

**ÜBUNG**

Hier ist eine Skizze des Kokosnuss Wings-Buchungsnetzwerks und des Koaxialnetzwerks im Keller. Welche Unterschiede fallen Ihnen zwischen beiden Netzwerken auf? Warum, glauben Sie, unterscheiden sie sich?

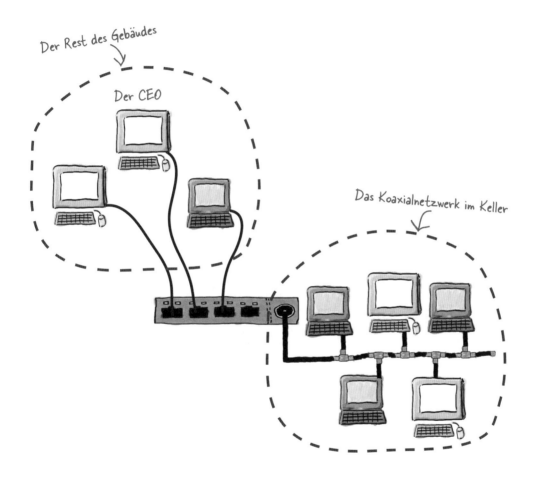

## Unterschiedliche Netzwerke

**LÖSUNG ZUR ÜBUNG**

Hier ist eine Skizze des Kokosnuss Wings-Buchungsnetzwerks und des Koaxialnetzwerks im Keller. Welche Unterschiede fallen Ihnen zwischen beiden Netzwerken auf? Warum, glauben Sie, unterscheiden sie sich?

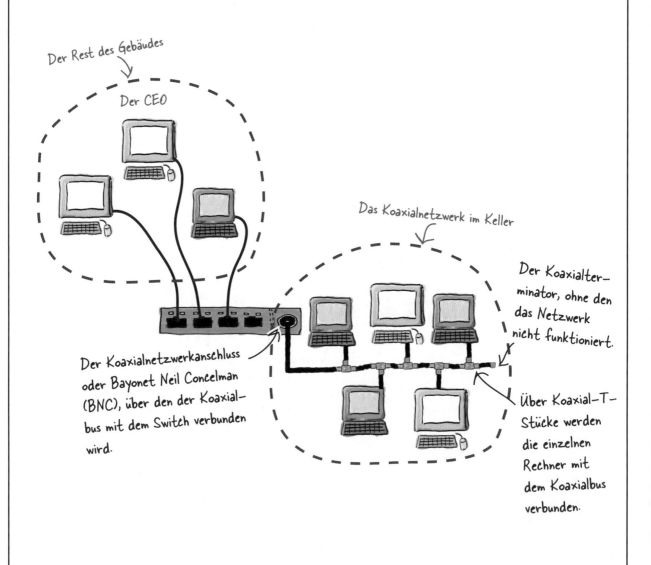

**Physische Netzwerkreparatur**

# Das Koaxialkabel

Das Netzwerk im Keller von Kokosnuss Wings läuft über Koaxialkabel, nicht über CAT-5-Kabel. Schauen wir uns also den Unterschied zwischen den beiden an.

Wie CAT-5-Kabel nutzt man Koaxialkabel, um Netzwerke aufzubauen. Es gibt zwei wesentliche Unterschiede zwischen beiden Kabeltypen.

**① Statt vier gedrillter Adern enthält das Kabel einen dicken Kupferdraht.**
Wie ein CAT-5-Kabel wird das Koaxialkabel außen von einem Mantel umschlossen. Aber im Kabel gibt es nur eine Ader. Diese hat einen Kupferkern oder Innenleiter, der von einer Isolierung aus Plastik und anderen Materialien eingeschlossen wird.

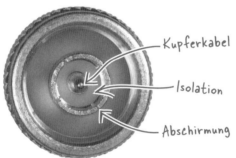

**② Zur Verbindung der Kabel werden unterschiedliche Verbindungsstücke und Terminatoren verwendet.**
Bei CAT-5-Kabeln werden RJ-45-Stecker verwendet, bei Koaxialkabeln BNC-Stecker, -T-Stücke und -Terminatoren. Was für ein Verbindungsstück Sie verwenden, hängt davon ab, wozu Sie es benötigen.

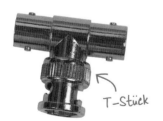

**Jetzt wissen wir, wie die Kabel aussehen, aber was ist mit dem Netzwerk?**

*Koaxialnetzwerke zählen auf eine Zentralachse*

# Koaxialnetzwerke sind Busnetzwerke

Koaxialnetzwerke (oder RG-62-Netzwerke) basieren auf einer Zentralverbindung, einem sogenannten **Bus**. Der Bus bildet das Rückgrat des Netzwerks.

Jede Arbeitsstation im Netzwerk bzw. jeder **Knoten** muss über ein T-Stück mit dem Netzwerk verbunden werden. Das T-Stück verbindet das Netzwerkkabel des Knotens mit dem Hauptbus. Ist der Bus unterbrochen, nicht terminiert oder ist eins der T-Stücke defekt, bricht das gesamte Netzwerk zusammen.

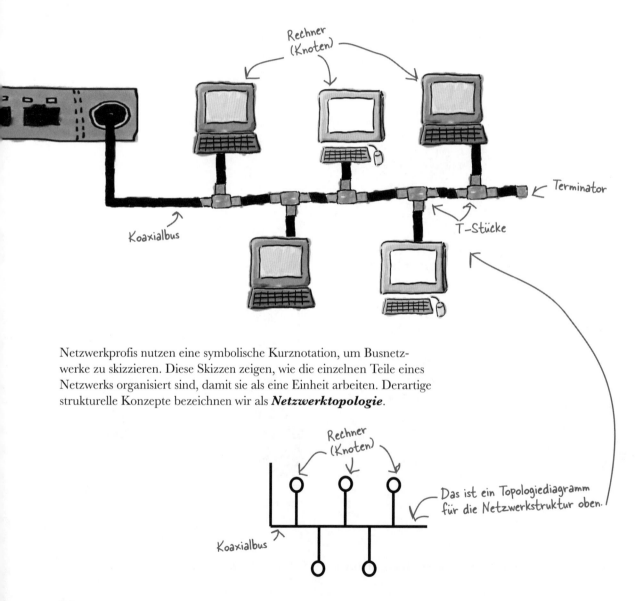

Netzwerkprofis nutzen eine symbolische Kurznotation, um Busnetzwerke zu skizzieren. Diese Skizzen zeigen, wie die einzelnen Teile eines Netzwerks organisiert sind, damit sie als eine Einheit arbeiten. Derartige strukturelle Konzepte bezeichnen wir als **Netzwerktopologie**.

*Physische Netzwerkreparatur*

# Und wie können wir das Kabel reparieren?

Jetzt haben wir ein paar Informationen über Koaxialkabel und -netzwerke in Erfahrung gebracht. Wissen wir damit genug, um das Koaxialnetzwerk von Kokosnuss Wings zu reparieren?

> Die Nager müssen den Bus angefressen haben. Das sollten wir doch beheben können, indem wir den angenagten Teil des Kabels herausschneiden und ans Ende einen neuen Stecker hängen. Oder?

**Schauen wir, ob sie recht hat.**

**① Schneiden Sie den defekten Teil heraus.**
Schneiden Sie das Kabel ein gutes Stück vor der defekten Stelle ab, damit Sie hinreichend lange Kabelenden haben.

**② Legen Sie das neue Ende frei.**
Schieben Sie Mantel, Abschirmung und Isolation so weit zurück, dass am Ende ein bis zwei Zentimeter des Kupferkerns herausragen.

**③ Montieren Sie einen BNC-Stecker an das neue Ende.**
Sie können den neuen Stecker entweder an das Ende des Kabels klemmen oder löten.

**Und, läuft das Netzwerk jetzt wieder?**

Sie sind hier ▸ **25**

*Die Probleme besteht weiterhin ...*

# Das Netzwerk funktioniert immer noch nicht

Unglücklicherweise genügte es nicht, den angenagten Teil aus dem Netzwerkkabel herauszuschneiden und einen neuen Stecker anzubringen. Der Finanzabteilung wird immer noch ein Netzwerkfehler gemeldet, wenn jemand versucht, auf das System zuzugreifen.

Aber warum war unsere Reparatur nicht erfolgreich?

Seltsam. Wir haben den Teil des Kabels repariert, der erkennbar beschädigt war, sind unsere Netzwerkprobleme damit aber nicht losgeworden. Könnte es vielleicht sein, dass das Kabel noch an anderer Stelle beschädigt ist? Was ist, wenn wir nicht sehen können, welcher Teil beschädigt ist?

**Kabelschäden sind nicht immer von außen erkennbar.**

Obwohl wir den Teil des Kabels repariert haben, der erkennbar beschädigt war, könnte es im Kabel weitere Schäden geben.

Wie können wir derartige Schäden aufspüren? Dazu müssen wir uns etwas eingehender damit befassen, wie Koaxialkabel tatsächlich funktionieren.

## Es gibt keine Dummen Fragen

**F:** Werden Koaxialnetzwerke heutzutage überhaupt noch verwendet?

**A:** Von den meisten Netzwerkadministratoren werden Koaxialnetzwerke mittlerweile ausrangiert. Für einen angehenden Netzwerkprofi ist es dennoch wichtig, dass er die Prinzipien kennt, auf denen Koaxialnetzwerke basieren. Niemand weiß, wann Koaxialnetzwerke wirklich aussterben werden.

**F:** Wenn Koaxialnetzwerke sowieso ausrangiert werden, warum muss ich mich da noch mit ihnen befassen?

**A:** Müssen Sie darin Probleme beheben, ist eine Kenntnis der Funktionsweise von Koaxialnetzwerken unumgänglich. Man kann nie wissen, ob man nicht doch einmal über eine »veraltete« Netzwerkinfrastruktur stolpert – Kabel und Netzwerkgeräte, die alt sind, aber immer noch funktionieren.

**F:** Wozu braucht ein Koaxialnetzwerk diesen Terminator?

**A:** Gute Frage! Lesen Sie weiter, dann werden Sie es erfahren.

*Ein Blick in ein Koaxialkabel*

# Was also passiert in einem Koaxialkabel?

Wie wir gesehen haben, bestehen Koaxialkabel aus einem Mantel, einer Isolationsschicht und einem Metallleiter in der Mitte. Durch den Metallleiter können Elektronen fließen, und diese Elektronen tragen Ihre Netzwerkdaten. Die Isolationsschicht können Elektronen nicht durchdringen.

Solange der Leiterpfad vollständig und nicht unterbrochen ist, können durch ihn Elektronen fließen und damit Netzwerkdaten durch das Kabel reisen. Wir sagen, dass der Leiterkreislauf **geschlossen** ist.

## Aber was ist, wenn der Leiter unterbrochen ist?

Ist der Leiter unterbrochen, können die Elektronen nicht durch das Kabel fließen. Dass die Elektronen Ihre Netzwerkdaten tragen, hatten wir bereits gesagt. Wenn sie nicht durch das Kabel fließen können, kommen Ihre Netzwerkdaten also auch nicht durch.

Das heißt, dass Kokosnuss Wings Netzwerkfehler erhält, wenn der Koaxialleiter im Bus unterbrochen ist.

# Was ist mit Steckern und Terminatoren?

Stecker leiten Elektronen. Werden Koaxialnetzwerkkabel über Stecker verbunden, sorgt das dafür, dass der Stromkreislauf geschlossen bleibt. Stecker ermöglichen Elektronen, die Lücke zwischen Kabeln oder zwischen Kabeln und Netzwerkgeräten zu überwinden, und das ermöglicht Ihren Netzwerkdaten, ihr Ziel zu erreichen.

Wie wir bereits gesehen haben, besteht ein Koaxialkabel aus einem großen Leiterkern. Wenn der Strom nicht wieder zum Kupferkern zurückgeleitet wird, spricht man davon, dass er nicht **terminiert** ist. Und ist ein Draht nicht terminiert, gibt es im Netzwerk keinen Elektronen- und damit keinen Datenfluss.

Der Terminator sichert, dass das Signal im Kabel fließt. Das erreicht er, indem er dafür sorgt, dass die Elektronen in einem Stromkreislauf bleiben. Ein Widerstand im Terminator leitet die Elektronen in die Abschirmung, durch die sie im Kabel zurücklaufen, ohne das Netzwerksignal zu stören. Ist das Hauptkabel nicht terminiert, funktioniert das Netzwerk nicht.

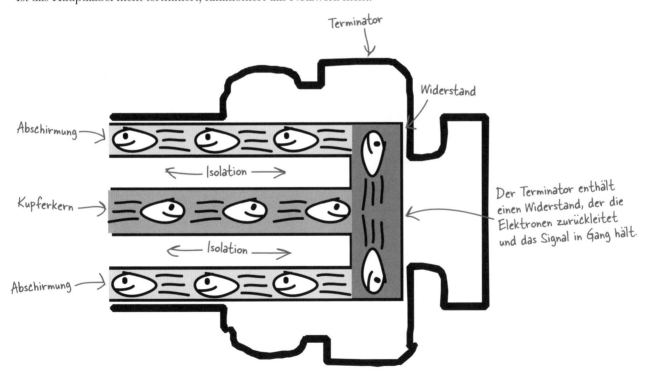

Aber wie finden wir jetzt eine Unterbrechung des Flusses im Koaxialkabel? Wir müssen die Elektronen belauschen ...

*Physische* Netzwerkprüfung

# Nutzen Sie einen Leitungsprüfer, um den Elektronen zu lauschen

Wie wir gesehen haben, führt eine Unterbrechung des Kreislaufs in einem Koaxialnetzwerk dazu, dass die Elektronen nicht mehr fließen. Da Elektronen unsere Netzwerkdaten tragen, bedeutet das, dass auch die Netzwerkdaten nicht mehr durchkommen.

Eine Möglichkeit, derartige Unterbrechungen in einem Koaxialkabel aufzuspüren, ist es, nach Lebenszeichen von Elektronen zu suchen – und das kann man mit einem **Leitungsprüfset** oder **Leitungsmessgerät** machen. Sicher fragen Sie sich jetzt, was das wohl sein mag!

Ein Leitungsprüfset ist ein Werkzeug, das von Netzwerkprofis eingesetzt wird, um das Rauschen der Elektronen zu belauschen. Den Sender oder Tongenerator des Leitungsprüfsets verbinden Sie mit dem Netzwerkkabel. Er sendet dann ein Signal durch das Kabel. Anschließend nehmen Sie den Empfänger, setzen ihn auf das Kabel und versuchen, das Signal zu hören. Der Empfänger macht ein Geräusch, wenn er Elektronen erkennt, die das Signal tragen. Damit das Signal besser hörbar ist, wird es vom Empfänger verstärkt.

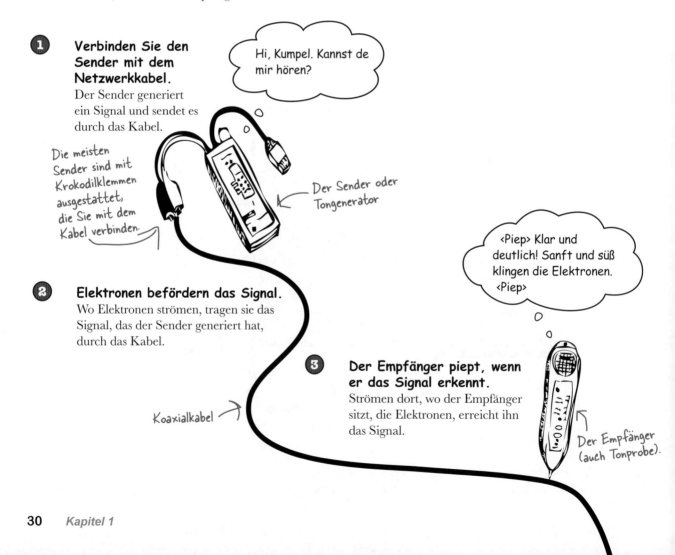

① **Verbinden Sie den Sender mit dem Netzwerkkabel.** Der Sender generiert ein Signal und sendet es durch das Kabel.

*Die meisten Sender sind mit Krokodilklemmen ausgestattet, die Sie mit dem Kabel verbinden.*

*Hi, Kumpel. Kannst de mir hören?*

*Der Sender oder Tongenerator*

*<Piep> Klar und deutlich! Sanft und süß klingen die Elektronen. <Piep>*

② **Elektronen befördern das Signal.** Wo Elektronen strömen, tragen sie das Signal, das der Sender generiert hat, durch das Kabel.

*Koaxialkabel*

③ **Der Empfänger piept, wenn er das Signal erkennt.** Strömen dort, wo der Empfänger sitzt, die Elektronen, erreicht ihn das Signal.

*Der Empfänger (auch Tonprobe).*

*Physische Netzwerkreparatur*

# Kein Ton, keine Elektronen

Wir können den Leitungsprüfer einsetzen, um Unterbrechungen zu identifizieren, indem wir prüfen, wo die Elektronen verstummen. Kann der Empfänger das Signal vom Sender nicht entdecken, bedeutet es, dass es zwischen Sender und aktueller Position des Empfängers eine Unterbrechung gibt.

**① Der Sender erzeugt ein Signal.**

**② Elektronen tragen das Signal, bis es eine Unterbrechung gibt.**
Ist der Kreislauf unterbrochen, kommen die Elektronen nicht weiter.

**③ Gibt es kein Signal, schweigt der Empfänger.**
Gibt es keine signaltragenden Elektronen, kann der Empfänger das Signal nicht vernehmen.

## Aber wie finden wir die Unterbrechung?

Wir sagten, dass die Elektronen bis zur Unterbrechung aktiv sind, hinter der Unterbrechung schweigen sie. Die Unterbrechung im Kreislauf ist der Punkt, **an dem die Elektronen verstummen**. Das heißt, dass wir die Unterbrechung finden können, wenn wir den Empfänger auf dem Kabel verschieben, bis wir den Punkt finden, an dem die Elektronen schweigen. Und haben wir den Punkt identifiziert, an dem die Unterbrechung liegt, kann sie behoben werden.

An der Stelle, ab der das Signal erlischt, ist die Unterbrechung.

**Nutzen wir das, um das Kokosnuss Wings-Netzwerk zu reparieren.**

Sie sind hier ▶ 31

*Die Probleme* aufspüren

## Lange Übung

Auf der gegenüberliegenden Seite sehen Sie das Koaxialnetzwerk von Kokosnuss Wings. Am Netzwerkkabel wurden ein Sender und einige Empfänger angebracht. Gehen Sie davon aus, dass alle T-Stücke zu einer funktionierenden Arbeitsstation führen. Wo befindet sich die Unterbrechung in den folgenden Fällen jeweils:

1. Nur Empfänger F schweigt.

2. Nur Empfänger G und H schweigen.

3. Keiner der Empfänger schweigt.

4. Alle Empfänger schweigen.

5. Nur Empfänger E, F, G und H schweigen.

6. Nur Empfänger F und H schweigen.

*Physische Netzwerkreparatur*

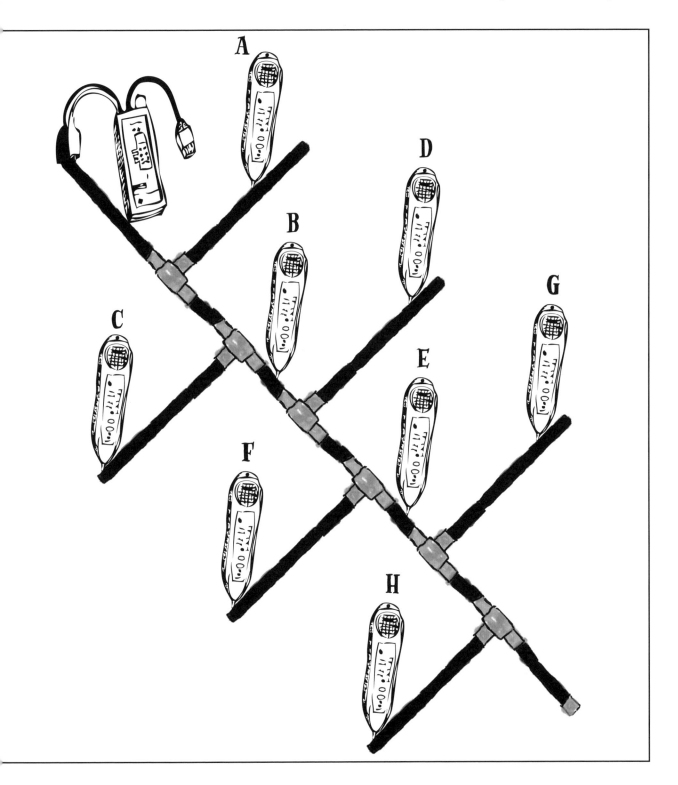

Sie sind hier ▸ 33

**Lösungen zu** den Übungen

### Lange Übung Lösung

Auf der gegenüberliegenden Seite sehen Sie das Koaxialnetzwerk von Kokosnuss Wings. Am Netzwerkkabel wurden ein Sender und einige Empfänger angebracht. Gehen Sie davon aus, dass alle T-Stücke zu einer funktionierenden Arbeitsstation führen. Wo befindet sich die Unterbrechung in den folgenden Fällen:

1. Nur Empfänger F schweigt.

2. Nur Empfänger G und H schweigen.

3. Keiner der Empfänger schweigt.

4. Alle Empfänger schweigen.

5. Nur Empfänger E, F, G und H schweigen.

6. Nur Empfänger F und H schweigen.
   ↑
   Hier muss es ZWEI Unterbrechungen geben, da Empfänger E und G ein Signal aufnehmen können.

*Physische Netzwerkreparatur*

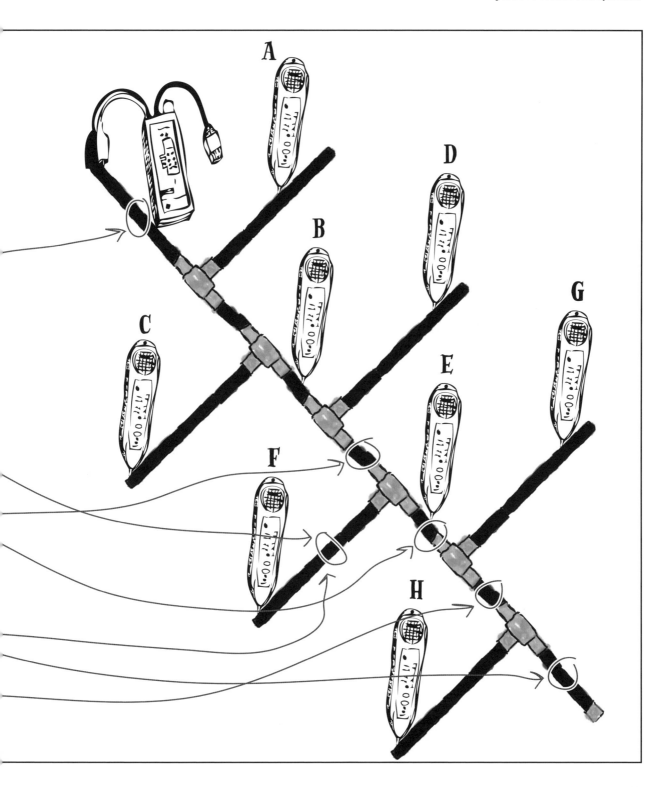

Sie sind hier ▶

*Kabel über Kreuz*

# Kabel-Kreuzworträtsel

→ Antworten auf Seite 48.

Jetzt ist es Zeit, Ihrer rechten Hirnhälfte eine Pause zu gönnen und stattdessen der linken etwas Futter zu geben. Alle Lösungswörter beziehen sich auf das, was wir uns bisher angesehen haben.

### Waagerecht

3. Die ____ Länge eines Cat-5-Kabels beträgt 100 m.
6. Ein symbolisches Diagramm, das zeigt, wie ein Netzwerk funktioniert.
7. Entspricht 1 Million Schlägen des elektrischen Stroms.
9. Orange gestreift, orange, grün gestreift, blau, blau gestreift, grün, braun gestreift, braun ...
11. Standards für Ethernet-Übertragungsraten.
12. Die Übertragungskapazität eines Computernetzwerks oder eines Telekommunikationssystems.
13. UTP-Kabel mit RJ-45-Stecker.

### Senkrecht

1. Ein Busnetzwerk bauen Sie mit Hilfe dieses Mediums auf.
2. Signalerzeuger.
4. Der eigentliche Name des RJ-45-Steckers.
5. Das kann nicht mehr fließen, wenn es im Kabel eine Unterbrechung gibt.
6. Ist das Hauptkabel nicht _____ , funktioniert das Netzwerk nicht.
8. Die Anschlüsse auf einem Stecker.
10. Ein anderer Name für »Durchreich-Kabel«.

*Physische Netzwerkreparatur*

# Sie haben das Koaxialkabel repariert

Sie haben also den Bruch im Netzwerkkabel von Kokosnuss Wings gefunden! Die Buchhaltung kann ihr System wieder nutzen und die Piloten bezahlen.

*Da ist die Knete ja! Ich bin vorbereitet und flugbereit. Aber was ist das dort am Horizont, eine dunkle Wolke etwa?*

## Machen Sie sich auf einen unruhigen Flug gefasst.

Tropische Stürme sind auf den Inseln ein ernsthaftes Problem. Kokosnuss Wings muss sehr sorgfältig darauf achten, seine Wasserflugzeuge nicht hochzuschicken, wenn das Wetter allzu verrückt spielt. Normalerweise ist das kein Problem. Normalerweise schneit minütlich der Wetterbericht aus dem Internet herein.

Aber heute ist nicht normalerweise. Die Internetverbindung von Kokosnuss Wings ist zusammengebrochen, und es wäre zu gefährlich, die Piloten ohne aktuellen Wetterbericht ins Blaue (oder auch Schwarze) fliegen zu lassen.

Kokosnuss Wings ist über ein Glasfaserkabel mit dem Internet verbunden und es scheint, als gäbe es ein Problem mit dieser Verbindung. Aber was könnte dieses Problem sein?

## Werfen wir zunächst einen genaueren Blick auf die Funktionsweise von Glasfaserkabeln.

Sie sind hier ▸ **37**

# Das Glasfaserkabel

Glasfaserkabel oder Lichtwellenleiter senden Netzwerkdaten mithilfe von Licht und nicht über Elektronen. Licht wandert durch das Kabel und befördert das Netzwerksignal.

Das Licht läuft durch den transparenten Kern eines Glasfaserkabels. Dieser Kern besteht aus transparentem Glas oder Plastik, durch das sich das Licht leicht bewegen kann. Die Schicht um diesen Kern bezeichnet man als **Mantel**. Der Mantel wirkt ähnlich wie ein Spiegel; er reflektiert das Licht, damit es durch den Kern wandert und nicht herausdringt.

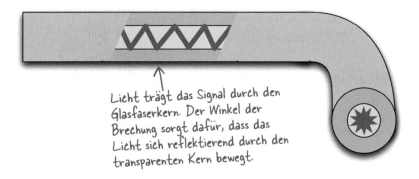

Licht trägt das Signal durch den Glasfaserkern. Der Winkel der Brechung sorgt dafür, dass das Licht sich reflektierend durch den transparenten Kern bewegt.

Die Außenseite des Kabels ist mit einem speziellen Kunststoff beschichtet, und zwischen Kern und Beschichtung verlaufende Kevlar®-Fäden geben dem Kabel Stärke und Schutz.

## Auch Glasfaserkabel brauchen Stecker

Genau wie die Enden von CAT-5- und Koaxialkabeln sind die Enden von Glasfaserkabeln mit Steckern versehen. Es gibt eine Vielzahl von Steckertypen, die verwendet werden können.

Glasfaserkabel haben Stecker am Ende. Es gibt verschiedene Arten von Steckern, die Sie verwenden können – wählen Sie den, der für Ihre Aufgabe geeignet ist.

*Physische Netzwerkreparatur*

# Das Kokosnuss Wings-Kabel ist überdehnt

Und was ist jetzt mit dem Kokosnuss Wings-Kabel?

Hier sehen Sie es. Sehen Sie, wie stark es geknickt wurde?

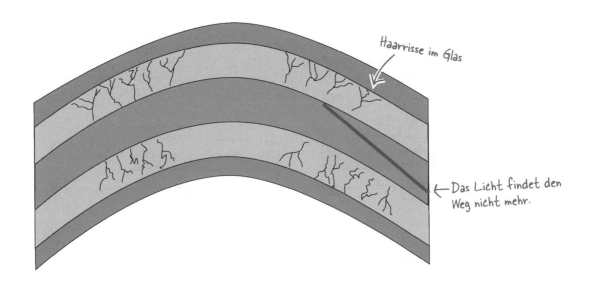

Glasfaserkabel haben üblicherweise einen maximalen Biegeradius von 3,0 cm. Wird das Kabel stärker gebogen, kann der Kern Haarrisse oder richtige Brüche entwickeln und in der Folge Licht verlieren. Und da das Licht die Netzwerkdaten trägt, führt Lichtverlust zu Datenverlust und Netzwerkfehlern.

Aber wie reparieren wir beschädigte Glasfaserkabel? Eine Möglichkeit ist der Einsatz eines **Schmelzspleißgeräts**.

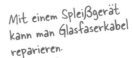

## Was bitte ist ein Schmelzspleißgerät?

Mit einem Schmelzspleißgerät können Sie zwei Glasfaserkabel verschmelzen. Das Spleißgerät besitzt Präzisionsführungen, an denen Sie die Faser ausrichten. Haben Sie die Enden ausgerichtet, erhitzen Sie sie mit einem Lichtbogen und schieben sie zusammen. Sind die Enden verschmolzen, schrumpft das Spleißgeräte einen Schutzmantel über den Spleiß.

**Schauen wir uns die Schritte beim Spleißen von Glasfaserkabeln genauer an.**

Sie sind hier ▸ **39**

*Schmelzspleißer ... zergeht einem irgendwie auf der Zunge!*

# Glasfaserkabel mit einem Spleißgerät reparieren

Folgende Schritte müssen Sie befolgen, um ein Glasfaserkabel mit einem Spleißgerät zu reparieren.

**Bevor Sie das Spleißgerät einsetzen, müssen Sie den Umgang damit üben.**

Spleißgeräte sind teuer, und ihr Einsatz kann recht kompliziert sein, aber sie sind das Geld und den Aufwand wert.

**❶ Streifen Sie an den Enden der zu verschmelzenden Glasfaserkabel den Schutzmantel zurück.**

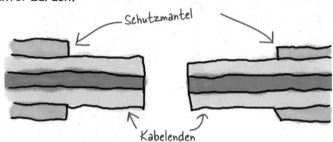

**❷ Richten Sie die Enden aus.**
Über die Führungsschienen am Spleißgerät können Sie das äußerst präzise durchführen.

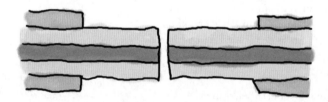

**❸ Glätten Sie vor dem Verschmelzen die Enden.**
Das Spleißgerät erzeugt einen Lichtbogen, der die Kanten des Kerns glättet, damit sie sauber angelegt werden können.

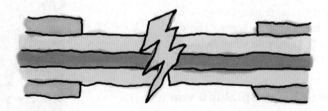

**Physische Netzwerkreparatur**

**④ Verschmelzen Sie die Enden.**
Das ist der eigentliche Zweck eines Spleißgeräts. Der Lichtbogen erhitzt die Enden und verschmilzt sie, um den Kern zu spleißen.

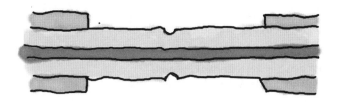

**⑤ Schließen Sie das Spleißen ab, indem Sie die Spleißstelle mit einem neuen Schutzüberzug bedecken.**
Jetzt ist das reparierte Glasfaserkabel testbereit.

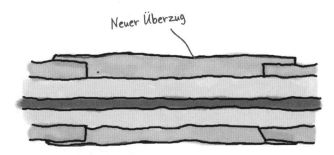

## Ist das Glasfaserkabel von Kokosnuss Wings nun repariert?

*Glasfaserkabel anschließen*

# Auch Glasfaserstecker müssen angeschlossen werden

Kokosnuss Wings hat ein weiteres Problem mit seinem Glasfasernetzwerk. Das überdehnte Kabel haben wir repariert, aber jetzt fehlt, direkt an der Anschlussbuchse in der Wand, auch noch einer der Stecker. Wir müssen einen neuen Stecker am Kabel anbringen, damit wir es anschließen können.

Es gibt verschiedene Typen von Steckern für Glasfaserkabel, die im Grunde aber immer die gleiche Aufgabe erfüllen: Sie bringen die Enden von zwei Glasfaserkabeln zusammen und ermöglichen dem Licht, störungsfrei seines Weges zu gehen.

Der wesentliche Unterschied zwischen den Steckern ist das Gewand. Anders gesagt: Form, Farbe, Größe, der minimale Abstand zum nächsten Glasfaserstecker und die Verbindungsart.

Hier sehen Sie einige Typen, die Ihnen über den Weg laufen könnten.

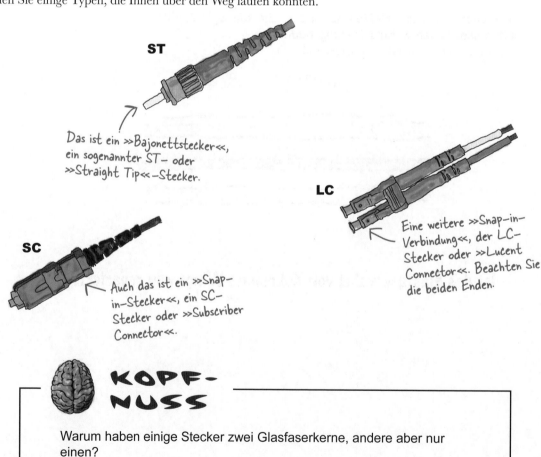

**ST** — Das ist ein »Bajonettstecker«, ein sogenannter ST- oder »Straight Tip«-Stecker.

**SC** — Auch das ist ein »Snap-in-Stecker«, ein SC-Stecker oder »Subscriber Connector«.

**LC** — Eine weitere »Snap-in-Verbindung«, der LC-Stecker oder »Lucent Connector«. Beachten Sie die beiden Enden.

**KOPF-NUSS**

Warum haben einige Stecker zwei Glasfaserkerne, andere aber nur einen?

*Physische Netzwerkreparatur*

# WELCHER IST MEIN STECKER?

Stecker und Buchsen müssen zusammenpassen. Ordnen Sie die Stecker unten der jeweils passenden Buchse zu.

## Buchse

## Stecker

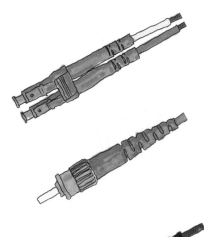

*Die Stecker* einstecken

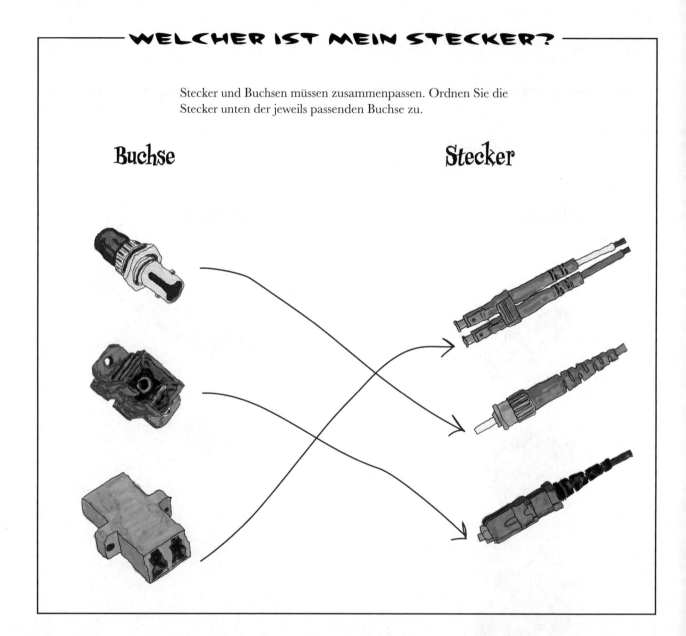

## Wir sind fast so weit, dass wir den Stecker anbringen können

Es gibt noch eine weitere Sache, die sich darauf auswirken kann, welchen Stecker wir für das Kabelende wählen: Es gibt zwei Arten von Glasfaserkabeln. Schauen wir uns die Sache an.

# Zwei Arten von Glasfaserkabeln gibt es!

Lichtleiter gibt es in zwei Varianten: **Monomode** und **Multimode**. Das Wort Mode (Modus) bezieht sich dabei auf die Anzahl der Wege, die das Licht durch den Leiter nehmen kann.

## Monomode-Kabel

In einem Monomode-Kabel nimmt das Licht einen **einzigen Weg**. Derartige Kabel nutzen Laserlicht und haben einen sehr dünnen Kern:

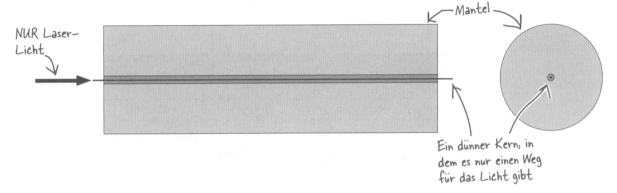

## Multimode-Kabel

In einem Multimode-Kabel nimmt das Licht **viele Wege**. Derartige Kabel nutzen Laser- oder LED-Licht und haben einen deutlich dickeren Kern:

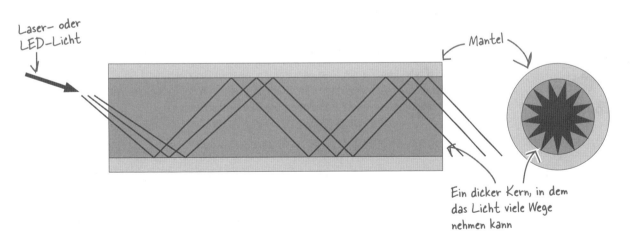

**Und wann wählen wir welchen Typ Kabel?**

**Kabel** *und ihre Arten*

# Welchen Typ Kabel sollten wir einsetzen?

Die beiden Typen von Glasfaserkabeln sind in ihren Charakteristiken sehr unterschiedlich. Es gibt Abweichungen bei Punkten wie Leistung, Geschwindigkeit und möglicher Entfernung. Und es gibt einen gewaltigen Unterschied in Bezug auf den Preis, da es deutlich komplizierter ist, ein Monomode-Kabel herzustellen.

Hier erhalten Sie einen kleinen Überblick über die Unterschiede zwischen Monomode- und Multimode-Kabeln.

|  | Monomode | Multimode |
| --- | --- | --- |
| Kosten | Hoch | Gering |
| Implementierungsaufwand | Hoch | Gering |
| Leistung | 14 TBit/s | 10 GBit/s |
| Lichtquelle | Nur Laser | Laser oder LED |
| Entfernungen | 10–100 km | 2000 m+ |
| Signalverlust | + | – |
| Kerngröße | Klein | Groß |

**ÜBUNG**

Sie müssen Glasfaserkabel für ein Netzwerk kaufen, dessen Extrempunkt 1.300 Meter entfernt liegt und das mit einer Geschwindigkeit von 1 GBit/s arbeitet. Würden Sie ein Monomode-Kabel wählen oder ein Multimode-Kabel? Begründen Sie Ihre Entscheidung.

..................................................................................................................................................

..................................................................................................................................................

..................................................................................................................................................

*Physische Netzwerkreparatur*

# Bringen wir den Stecker am Glasfaserkabel an

Es gibt zwei Hauptverfahren, Stecker an Glasfaserkabeln anzubringen.

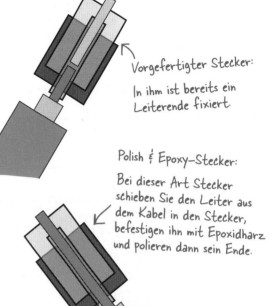

Vorgefertigter Stecker:
In ihm ist bereits ein Leiterende fixiert.

Polish & Epoxy-Stecker:
Bei dieser Art Stecker schieben Sie den Leiter aus dem Kabel in den Stecker, befestigen ihn mit Epoxidharz und polieren dann sein Ende.

**① Nutzen Sie einen vorgefertigten Stecker und spleißen Sie ihn an ein vorhandenes Patchkabel.**
Diese Technik ist schneller und einfacher, bringt aber gewisse Lichtverluste mit sich, wenn die beiden Leiter zusammengeschoben werden.

**② Nutzen Sie einen Stecker, der keinen Leiter einschließt. Sie befestigen den Leiter des Kabels mit Epoxidharz im Stecker und polieren dann das Leiterende.**
Diese Technik ist zeitaufwendiger und komplizierter. Sie benötigen dazu eine spezielle Ausrüstung und Ausbildung. Der Vorteil ist, dass sich auf diese Weise Verbindungen höherer Qualität aufbauen lassen.

## Welche Technik sollten wir einsetzen?

Wir könnten beide Techniken verwenden, bevorzugen hier aber für einen vorgefertigten Stecker. Bei diesem Verfahren benötigt man nur wenige Werkzeug und jeder Netzwerktechniker kann es in weniger als einer Viertelstunde erlernen – die Internetverbindung von Kokosnuss Wings ist also schnell wieder einsatzbereit. Einige Hersteller bieten sogar Videos oder Anleitungen an, die erläutern, wie man Stecker dieser Art anbringt.

**Und, haben wir damit das Kokosnuss Wings-Problem gelöst?**

Sie sind hier ▶

## Lösungen zu den Übungen

**LÖSUNG ZUR ÜBUNG**

Sie müssen Glasfaserkabel für ein Netzwerk kaufen, dessen Extrempunkt 1.300 Meter entfernt liegt und das mit einer Geschwindigkeit von 1 GBit/s arbeitet. Würden Sie ein Monomode-Kabel wählen oder ein Multimode-Kabel? Begründen Sie Ihre Entscheidung.

*Aufgrund der Kabellänge wäre Monomode die bessere Wahl. Bei dieser Länge arbeiten Multimode-Kabel nicht mehr mit dieser Geschwindigkeit.*

### Waagerecht

3. Die ____ Länge eines Cat-5-Kabels beträgt 100 m. [MAXIMALE]
6. Ein symbolisches Diagramm, das zeigt, wie ein Netzwerk funktioniert. [TOPOLOGIE]
7. Entspricht 1 Million Schlägen des elektrischen Stroms. [MEGABIT]
9. Orange gestreift, orange, grün gestreift, blau, blau gestreift, grün, braun gestreift, braun ... [STANDARD568B]
11. Standards für Ethernet-Übertragungsraten. [BASET]
12. Die Übertragungskapazität eines Computernetzwerks oder eines Telekommunikationssystems. [BANDBREITE]
13. UTP-Kabel mit RJ-45-Stecker. [CAT5]

### Senkrecht

1. Ein Busnetzwerk bauen Sie mit Hilfe dieses Mediums auf. [KOAXIALKABEL]
2. Signalerzeuger. [TONGENERATOR]
4. Der eigentliche Name des RJ-45-Steckers. [8P8C]
5. Das kann nicht mehr fließen, wenn es im Kabel eine Unterbrechung gibt. [ELEKTRONEN]
6. Ist das Hauptkabel nicht ____ , funktioniert das Netzwerk nicht. [TERMINIERT]
8. Die Anschlüsse auf einem Stecker. [KONTAKTE]
10. Ein anderer Name für »Durchreich-Kabel«. [PATCH]

**Physische Netzwerkreparatur**

# Kokosnuss Wings hebt ab

Glückwunsch! Sie haben erfolgreich alle Netzwerkprobleme analysiert und gelöst, mit denen sich Kokosnuss Wings herumschlagen musste. Kokosnuss Wings ist wieder vollständig einsatzbereit. Alle Flüge sind ausgebucht, die Zahlungen fließen, und die Piloten wissen, was sie in der Luft erwartet, da es jetzt aktuelle Wetterberichte gibt.

Sie haben eine Menge gelernt in diesem Kapitel. Sie haben erfahren, welche Arten von Netzwerkkabeln es gibt; Sie haben einige wichtige Problemlösungstechniken erworben, und Sie haben die Arbeitsschritte kennengelernt, die zur Reparatur unterschiedlicher Kabeltypen erforderlich sind.

Sie sind hier ▶

## 2 Den Netzwerkaufbau planen

# Netzwerk im Dunkeln

> Himmel, ein CAT-5-Kabel in der Hundehütte. Wer hätte das gedacht ...

**Sie sind es leid, über Kabel zu stolpern und von Ihrem Schaltschrank gequält zu werden?** Wenn Sie ein Netzwerk ohne vorherige Planung aufbauen, führt das zum Chaos – Kabel, die nirgendwohin führen, Stecker, die mit wer weiß was verbunden sind. In diesem Kapitel werden Sie lernen, wie man einen physischen Netzwerkaufbau plant, der Ihnen später den Arsch rettet. Außerdem werden Sie erfahren, wie man echte Netzwerhardware nutzt, um den ganzen Kabelsalat zu halten und zu ordnen.

Hier fängt ein neues Kapitel an

*Geisterjäger wird heimgesucht*

# Geisterjäger braucht Ihre Hilfe

Geisterjäger ist die beliebteste Reality-Show in Netzwerkhausen. Einmal wöchentlich zieht das Geisterjäger-Team in ein altes Haus und zeichnet mit seiner Hightechausrüstung alle seltsamen visuellen und auditiven Manifestationen auf, die erscheinen. Das Problem ist, dass das Team häufig von allen guten Netzwerkfertigkeiten verlassen ist und seine Aufzeichnungen entweder so stark gestört sind, dass sie vollkommen unbrauchbar sind, oder gleich gar nichts aufgezeichnet wird.

Diese Woche befindet sich das Geisterjäger-Team in einem alten verlassenen Hotel und braucht Ihre Hilfe bei der Einrichtung des Netzwerks. Das Team benötigt eine unaufdringliche Verkabelung mit einem sauberen Signal und muss schnell auf alles reagieren können, was möglicherweise passiert. Hier sind die Anforderungen:

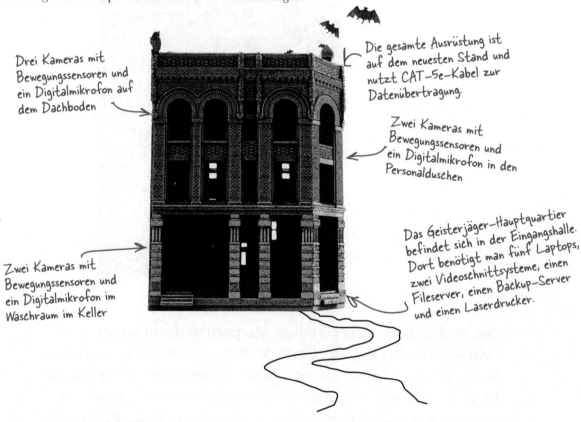

Drei Kameras mit Bewegungssensoren und ein Digitalmikrofon auf dem Dachboden

Die gesamte Ausrüstung ist auf dem neuesten Stand und nutzt CAT-5e-Kabel zur Datenübertragung.

Zwei Kameras mit Bewegungssensoren und ein Digitalmikrofon in den Personalduschen

Zwei Kameras mit Bewegungssensoren und ein Digitalmikrofon im Waschraum im Keller

Das Geisterjäger-Hauptquartier befindet sich in der Eingangshalle. Dort benötigt man fünf Laptops, zwei Videoschnittsysteme, einen Fileserver, einen Backup-Server und einen Laserdrucker.

**Womit sollten wir beginnen?**

# Ein gutes Netzwerk braucht einen guten Plan

Bei der Arbeit am Netzwerk geht es um mehr als darum, willkürlich Kabel zu legen. Bevor Sie damit überhaupt beginnen, müssen Sie planen, was Sie verbinden, wo sich diese Dinge befinden und wie Sie sie am besten vernetzen.

Beginnen wir damit, dass wir uns zunächst die Geräte vorknöpfen, die die Geisterjäger für diese Aufzeichnung benötigen.

---

**Spitzen Sie Ihren Bleistift**

Schreiben Sie eine Aufstellung der Geräte, die benötigt werden, und geben Sie an, wo sie aufgebaut werden.

Tipp: Werfen Sie einen Blick auf die gegenüberliegende Seite.

| Gerät | Ort |
|---|---|
| 2 Kameras mit Bewegungssender | Personaldusche im zweiten Stock |
|  |  |
|  |  |
|  |  |
|  |  |
|  |  |
|  |  |
|  |  |
|  |  |
|  |  |
|  |  |

**Was benötigen** *wir?*

### Lösung

Schreiben Sie eine Aufstellung der Geräte, die benötigt werden, und geben Sie an, wo sie aufgebaut werden.

Tipp: Werfen Sie einen Blick auf Seite 52.

| Gerät | Ort |
|---|---|
| 2 Kameras mit Bewegungssensor | Personaldusche im zweiten Stock |
| 1 Digitalmikrofon | Personaldusche im zweiten Stock |
| 5 Laptops | Eingangshalle im Erdgeschoss |
| 2 Videoschnittstationen | Eingangshalle im Erdgeschoss |
| 1 Fileserver | Eingangshalle im Erdgeschoss |
| 1 Backup-Server | Eingangshalle im Erdgeschoss |
| 1 Laserdrucker | Eingangshalle im Erdgeschoss |
| 2 Kameras mit Bewegungssensor | Waschraum im Keller |
| 1 Digitalmikrofon | Waschraum im Keller |
| 3 Kameras mit Bewegungssensor | Dachboden |
| 1 Digitalmikrofon | Dachboden |

# Und wie hilft uns die Geräteliste bei der Planung des Netzwerks?

Der erste Schritt bei der Planung eines guten Netzwerks ist die Aufstellung einer Liste der ans Netzwerk anzuschließenden Geräte und der Orte, an denen sie sich befinden sollen. Ohne diese betreiben Sie Ihren Netzwerkaufbau im Blindflug.

Und welche weiteren Schritte sind dann erforderlich?

Welche anderen Dinge müssen Sie bei der Planung eines Netzwerks berücksichtigen? Warum?

# Wie man den Netzwerkaufbau plant

Wenn Sie schrittweise vorgehen und den Aufbau Ihres Netzwerks planen, *bevor* Sie Kabel ziehen, sparen Sie sich eine Menge Zeit und Geld.

Hier sind die Schlüsselschritte, die Sie befolgen müssen:

**1** **Notieren Sie sich die verschiedenen Netzwerkgeräte und die Orte, an denen sie sich befinden sollen.** ← *Diesen Schritt haben wir gerade hinter uns gebracht.*
Achten Sie darauf, dass Sie auch die erforderlichen Kabel, CAT-5 beispielsweise, aufführen.

**2** **Prüfen Sie, welche Hindernisse es gibt.**

**3** **Erstellen Sie eine Liste der Vorrichtungen, die Sie zur Kabelführung benötigen.**
Dazu zählen Kabelschächte, Haken, Kabelbinder und so weiter.

**4** **Stecken Sie die Kabel ein!**
Ziehen Sie die Kabel zwischen den verschiedenen Geräten.

Bislang haben wir erst einen dieser Schritte erledigt. Wir haben eine Liste aller Geisterjäger-Geräte erstellt, die wir verbinden müssen, und uns notiert, wo sie aufgebaut werden. Gehen wir zum nächsten Schritt weiter.

Sie sind hier ▶

*Grundrisse* zeigen Etagen

# Planen wir die Verkabelung mit einem Grundriss

Ein Grundriss bietet Ihnen eine Möglichkeit, den Aufbau und die Gliederung der Fläche zu visualisieren, in der Sie die Netzwerkkabel verlegen müssen. Er gibt Ihnen Informationen zur Raumanordnung, zeigt aber auch viele der Hindernisse für Netzwerke, die Sie berücksichtigen müssen, wenn Sie Ihre Kabel verlegen.

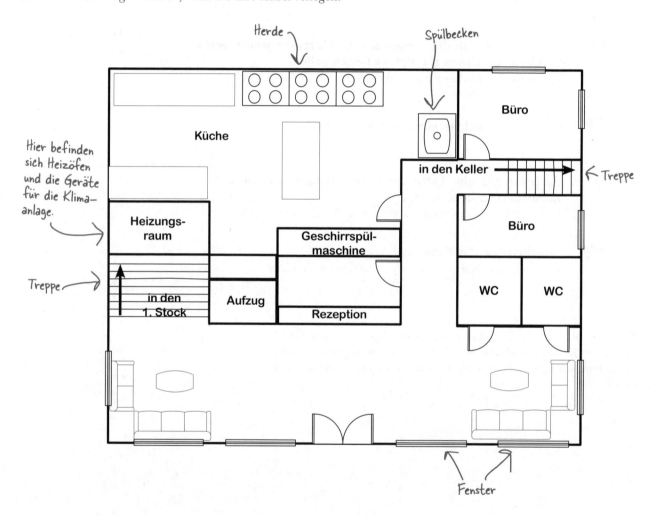

Geisterjäger hat sich Grundrisse aller Stockwerke des Hotels beschafft, das untersucht werden soll. Diese können wir nutzen, um Hindernisse auszumachen und zu überlegen, wo die Netzwerkkabel verlaufen sollten.

*Den Netzwerkaufbau planen*

**Übung**

Dies ist der Grundriss für den Hotelkeller.

Ihre Aufgabe ist es, Bereiche des Gebäudes auszumachen, die bei der Verlegung der Kabel Probleme verursachen oder die Kabel beschädigen könnten. Kreisen Sie fünf Bereiche ein, die zu Problemen führen können, wenn Netzwerkkabel installiert sind, und beschreiben Sie, wie diese Probleme aussehen könnten.

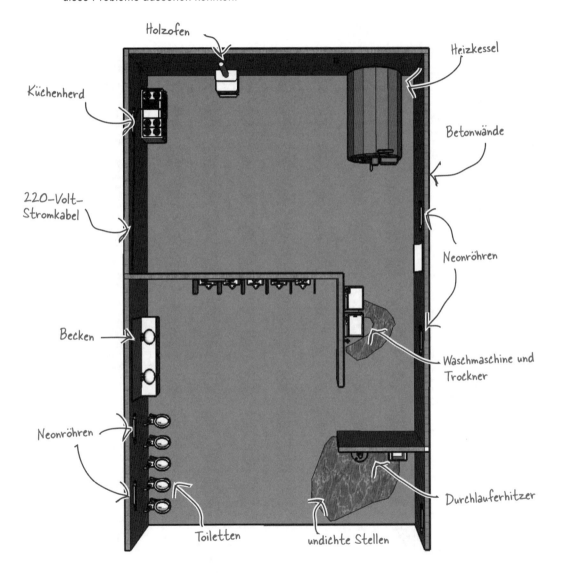

**Notizen:** Der Heizkessel könnte Hitze und Vibrationen erzeugen.

Sie sind hier ▶ **57**

**Was sind die Probleme?**

**Lösung zur Übung**

Dies ist der Grundriss für den Hotelkeller.

Ihre Aufgabe ist es, Bereiche des Gebäudes auszumachen, die bei der Verlegung der Kabel Probleme verursachen oder die Kabel beschädigen könnten. Kreisen Sie fünf Bereiche ein, die zu Problemen führen können, wenn Netzwerkkabel installiert sind, und beschreiben Sie, wie diese Probleme aussenen könnten.

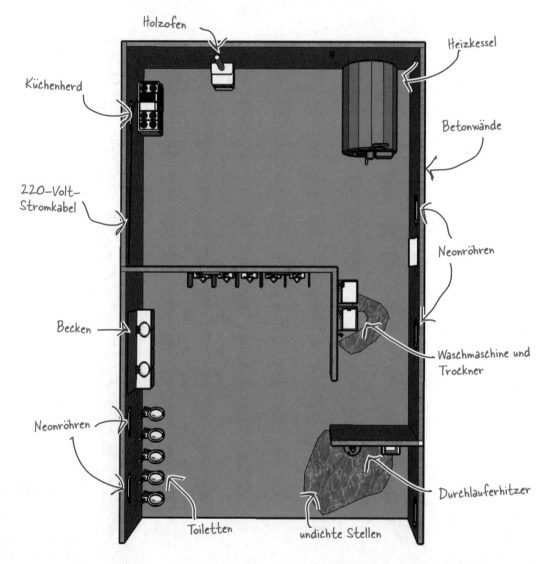

**Notizen:** Der Heizkessel könnte Hitze und Vibrationen erzeugen, ebenso die Waschgeräte. Außerdem könnte auf dem Boden darum herum Wasser sein. Das Stromkabel muss vermieden werden. Der Durchlauferhitzer und der Holzofen sind heiß und müssen vermieden werden. Die Neonröhren können zu Interferenzen führen.

**Den Netzwerkaufbau planen**

## Hindernisse unter der Lupe

Was aber müssen Sie tun, wenn Sie in Netzwerkhausen auf Hindernisse stoßen? Der folgende kleine Kursus hilft Ihnen weiter.

### Mauern

Sie können Kabel um Mauern herumführen oder Löcher in die Wände bohren. Achten Sie darauf, woraus die Mauern bestehen. Beim Durchbohren von Betonmauern muss man vorsichtig sein. Außerdem kann es schwierig werden, etwas an Ziegel- oder Betonmauern zu befestigen.

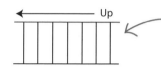

### Treppen

Treppen können Sie nutzen, um Kabel von einer Etage zur nächsten zu legen. Achten Sie allerdings darauf, dass die Kabel nicht den Menschen in die Quere kommen, die die Treppe nutzen. Befestigen Sie sie deshalb mit Kabelschächten oder Haken.

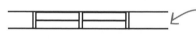

### Fenster

Sie können Kabel nicht durch oder vor Fenster legen. Führen Sie sie stattdessen darunter oder darüber.

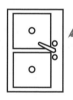

### Becken, Duschen und andere nasse Dinge

Wasser und Kabel vertragen sich nicht. Wasser kann Kabel rosten oder Funken schlagen lassen. Sorgen Sie dafür, dass Ihre Kabel nicht in der Nähe von Wasser verlaufen, und verlegen Sie sie insbesondere nicht unter Becken oder Duschen.

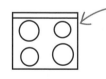

### Öfen und andere heisse Dinge

Netzwerkkabel dürfen nicht zu heiß werden. Führen Sie sie also nicht an Öfen oder anderen Dingen entlang, die Hitze abgeben. Ein weiteres Problem bei Öfen ist, dass elektrische Öfen über Wechselstromleitungen gespeist werden, die zu Rauschen in Netzwerkkabeln führen, die ihnen zu nahe kommen.

### Geräte mit elektrischen Motoren

Außer Hitze bewirken Motoren auch Vibrationen und elektromagnetische Wellen. Da Vibrationen Netzwerkkabeln nicht zuträglich sind, sollten Sie Ihre Kabel nicht über Motoren und ähnliche Geräte führen. Elektromagnetische Wellen können zu Interferenzproblemen führen.

Sie sind hier ▶ 59

*Netzwerkadministratoren müssen häufig zeichnen*

## Sind Sie bereit, ein paar Netzwerkkabel zu zeichnen?

Jetzt wissen Sie, welche Hindernisse Probleme beim Aufbau Ihres Netzwerks darstellen können. Schauen wir, wie Sie sich bei der Planung des Verlaufs der Netzwerkkabel für Geisterjäger schlagen.

---

### Es gibt keine Dummen Fragen

**F:** Warum wirkt es sich auf die Kosten aus, wenn ich bei der Aufstellung der Netzwerkgeräte etwas falsch mache?

**A:** Wenn ein paar Geräte vergessen oder erst im Verlauf des Projekts hinzugefügt werden, ist das in der Regel kein großes Problem. Aber wenn viele Geräte vergessen oder am falschen Ort aufgebaut werden, müssen Sie die komplette (und bereits sorgfältig geplante) Verkabelung neu anlegen. Und das heißt, dass Sie das Projekt doppelt bearbeiten müssen.

**F:** Sollte ich in meinem Plan also gleich Reserven für Geräte einbauen, die später vielleicht hinzugefügt werden müssen?

**A:** Super Idee! Das wird Ihnen eine unglaubliche Menge an Zeit, Energie und Geld sparen, wenn später weitere Geräte eingesetzt werden müssen.

**F:** Wie richte ich diese Reserven ein?

**A:** Zunächst sollten Sie von Beginn an einplanen, dass Sie einige zusätzliche Kabel verlegen. Dann sind sie vorhanden, wenn Sie sie benötigen. Eventuell müssen Sie Kabel unterschiedlicher Typen verlegen.

Zweitens sollten Sie die verlegten Kabel etwas länger machen als eigentlich notwendig. Das heißt, dass Sie, wenn Ihr Plan nach einem 50m-Kabel verlangt, 5% bis 10% oder 2,5m bis 7,5m aufschlagen. Bei längeren Wegen sollten Sie sogar 15% aufschlagen. Das sichert, dass Sie nicht plötzlich mit einem zu kurzen Kabel dastehen.

**F:** Muss ich mir Gedanken über die Stromversorgung der Geräte machen?

**A:** Gute Frage. Wenn die Geräte, mit denen Sie arbeiten, Computer, Drucker, Netzwerkgeräte beispielsweise, Strom benötigen, ist es ratsam, sich auch über die Stromversorgung Gedanken zu machen. Häufig wird das erst im Nachhinein gemacht. Noch häufiger passiert es, dass man versucht, zu viele Geräte über eine beschränkte Stromquelle zu versorgen.

**F:** Wie entscheide ich, ob ich ein Kabel durch oder um ein Hindernis lege?

**A:** Darauf wirken sich viele Dinge aus. Zunächst müssen Sie überlegen, ob die Netzwerkverkabelung permanent installiert wird. Ist das der Fall, sollten Sie auch eine permanente Lösung anstreben. Wenn ein Kabel dauerhaft verlegt werden soll, sollten

Sie es besser durch eine Wand legen. Wird das Kabel nur temporär benötigt, reicht es wahrscheinlich, es um die Wand herum zu legen.

**F:** Wie lege ich denn ein Kabel durch eine Wand?

**A:** Das hängt davon ab, was für eine Art Wand Sie vor sich haben. Eine mit Rigips verkleidete Holz- oder Metallwand können Sie durchbohren. Derartige Wände findet man in modernen Bürogebäuden. Sie müssen allerdings auf Stromkabel in den Wänden achten. Auch durch Stein- oder Betonmauern kann man bohren. Dazu sind jedoch spezielle Bohrer und eine Schlagbohrmaschine erforderlich.

**F:** Sollte ich mit dem Eigentümer des Gebäudes oder dem Hausmeister sprechen, bevor ich die Kabel verlege?

**A:** Wenn die Installation der Kabel dauerhaft sein soll, ist es sehr wichtig, dass man die Personen beteiligt, die in den Räumen leben bzw. das Gebäude besitzen. Wenn Sie ihnen Ihren Plan mitteilen, kann das auch für Sie von Nutzen sein. Eventuell können sie alternative Kabelführungen vorschlagen oder auf Hindernisse hinweisen, die Ihnen nicht bewusst sind.

*Den Netzwerkaufbau planen*

### Spitzen Sie Ihren Bleistift

Versuchen Sie, die Kabel auf dieser Etage des Hotels zu verlegen. Ziehen Sie Kabel von den Kameras und Mikrofonen zum Überwachungspult und halten Sie fest, wo Sie sie durch Wände führen könnten.

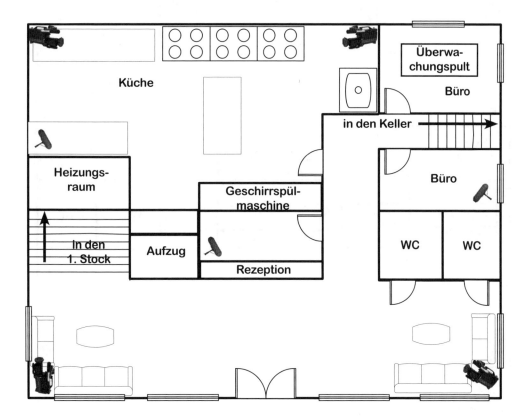

Sie sind hier ▸ 61

*Wo laufen die Kabel?*

## Lösung

Versuchen Sie, die Kabel auf dieser Etage des Hotels zu verlegen. Ziehen Sie Kabel von den Kameras und Mikrofonen zum Überwachungspult und halten Sie fest, wo Sie sie durch Wände führen könnten.

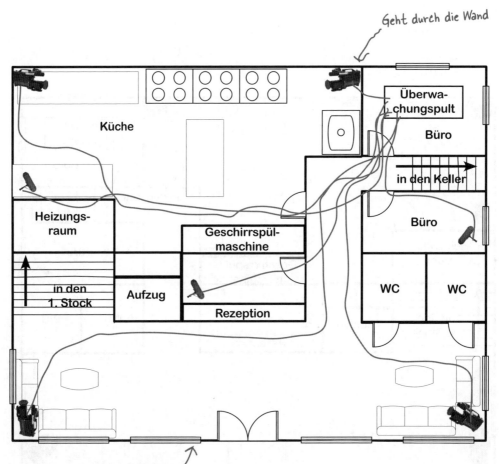

Geht durch die Wand

Das ist nur eine Möglichkeit, diese Kabel zu verlegen. Machen Sie sich also keine Gedanken, wenn Sie eine andere Lösung entworfen haben.

Den Netzwerkaufbau planen

# Was haben wir damit erreicht?

Werfen wir erneut einen Blick auf unsere Schritte zur Planung eines Netzwerks und schauen wir, wie weit wir gekommen sind.

**1** **Notieren Sie sich die verschiedenen Netzwerkgeräte und die Orte, an denen sie sich befinden sollen.**
Achten Sie darauf, dass Sie auch die erforderlichen Kabel, CAT-5 beispielsweise, aufführen.

*Wir haben jetzt die ersten beiden Schritte erledigt.*

**2** **Prüfen Sie, welche Hindernisse es gibt.**

**3** **Erstellen Sie eine Liste der Vorrichtungen, die Sie zur Kabelführung benötigen.**
Dazu zählen Kabelschächte, Haken, Kabelbinder und so weiter.

**4** **Stecken Sie die Kabel ein!**
Ziehen Sie die Kabel zwischen den verschiedenen Geräten.

**Gehen wir zum nächsten Schritt weiter.**

---

## Es gibt keine Dummen Fragen

**F: Was ist, wenn eine Betonmauer im Weg ist?**

**A:** Da bieten sich verschiedene Lösungen an. Sie könnten natürlich nach einem Weg um die Wand herum suchen, allerdings gibt es Fälle, in denen Sie diese Möglichkeit nicht haben. Es gibt spezielle Bohrer und Maschinen, mit denen Sie auch Beton durchbohren können. Bevor Sie damit beginnen, sollten Sie allerdings erst mit dem Hausmeister sprechen.

**F: Was mache ich mit Stromkabeln, die dort verlaufen, wo ich die Netzwerkkabel verlegen muss?**

**A:** Gehen Sie ihnen aus dem Weg! Das wissen Sie natürlich bereits. Das größte Fehler ist, das Netzwerkkabel parallel zum Stromkabel zu verlegen. Wenn Sie keine andere Möglichkeit haben, sollten Sie darauf achten, dass zwischen Strom- und Netzwerkkabel ein Abstand von einem halben Meter besteht.

**F: Darf ich die Netzwerkkabel auch auf dem Boden verlegen?**

**A:** Sie sollten vermeiden, Ihre Netzwerkkabel auf dem Boden zu verlegen. Wahrscheinlich haben Sie schon oft gesehen, dass Netzwerkkabel auf diese Weise verlegt werden. Aber es ist gefährlich. Man kann über die Kabel stolpern. Es kann zu Schwierigkeiten bei der Bewegung mit Rollstühlen führen. Die Kabel können dadurch beschädigt werden, dass auf sie getreten wird. Versuchen Sie also, das zu vermeiden.

**F: Wie werden Netzwerkkabel in neuen Gebäuden verlegt?**

**A:** Gute Frage. In neuen Gebäuden gibt es verschiedene Arten von Kabelschächten, die beim Bau des Gebäudes eingerichtet werden. Häufig wird das durch den Elektriker erledigt. Das vereinfacht die Installation der Netzwerkkabel, weil Sie sie einfach durch die Schächte ziehen, die der Elektriker installiert hat.

Sie sind hier ▶

*Es ist ein Gerätespiel*

# Wir müssen uns mit den Vorrichtungen zur Kabelverwaltung befassen

Der nächste Schritt in unserem Plan ist, dass wir uns die **Vorrichtungen für die Kabelinstallation** ansehen, die wir für Geisterjäger benötigen. Welche genau sind das?

Bislang haben wir uns die Wege angesehen, die die Netzwerkkabel nehmen sollen, und dabei Hindernisse und Probleme berücksichtigt, die uns unterwegs begegnen könnten. Die Vorrichtungen für die Kabelinstallation umfassen alles, was wir benötigen, um dafür zu sorgen, dass die Kabel dort ankommen, wo wir sie brauchen.

Nehmen wir beispielsweise an, wir möchten ein Kabel oben über einen Türrahmen führen. Dort können wir das Kabel nicht einfach so ablegen. Wir müssen es fixieren, damit es aus dem Weg bleibt und nicht herunterfällt. Ebenso würden wir Vorrichtungen benötigen, um die Kabel an einer Wand entlangzuführen, damit sie dort auch bleiben und nicht verrutschen.

*Ob wir hier wirklich irgendwelche Vorrichtungen zur Kabelbefestigung brauchen? Wir bleiben doch nicht lange. Ich habe die Kabel bereits Ihrem Plan gemäß verlegt.*

### Auch wenn das Netzwerk nur kurzzeitig eingerichtet wird, müssen Kabel befestigt werden.

Kabel einfach herumliegen zu lassen, ist gefährlich – für Menschen wie für die Ausrüstung. Sind die Kabel nicht ordentlich verlegt, stolpert man leicht über sie. Außerdem dürfen Kabel nicht durch Wasser laufen oder über Hindernisse, die sie beschädigen könnten. Auch wenn das Netzwerk nur für kurze Zeit eingerichtet wird, muss man es ordentlich planen.

Wie also sieht die Verkabelung ohne Vorrichtungen zur Kabelführung aus?

# Hilfe! Kabelsalat

Hier ist das Netzwerk, das unser Netzwerkfreund zusammengebastelt hat. Die Kabel liegen wild in der Gegend herum und stellen ein Risiko dar. Was können wir dagegen tun?

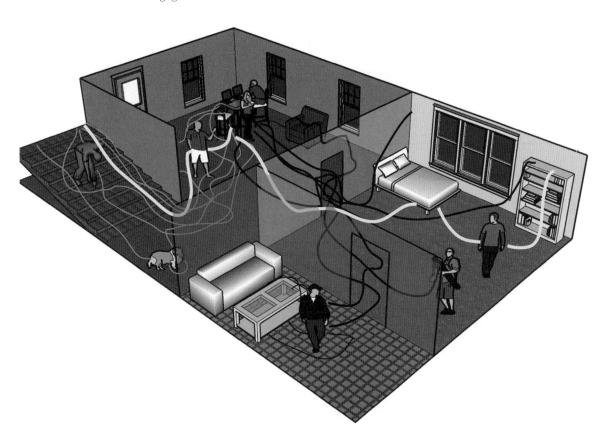

### Spitzen Sie Ihren Bleistift

Schauen Sie sich den Verkabelungsversuch oben an. Welche Probleme sehen Sie? Was würden Sie anders machen?

........................................................................................................................................................

........................................................................................................................................................

........................................................................................................................................................

**Ordnung,** Ordnung, Ordnung

**Spitzen Sie Ihren Bleistift**
**Lösung**

Schauen Sie sich den Verkabelungsversuch oben an. Welche Probleme sehen Sie? Was würden Sie anders machen?

*Wir würden Kabelbügel nutzen, um die Kabel aufzuhängen, die die Treppe hinunterkommen. In dem Raum, in dem sich die Computer befinden, würden wir einen Kabelkanal einsetzen, in dem alle Kabel verlaufen könnten. Außerdem würden wir die Kabel zu ordentlichen Bündeln zusammenbinden.*

# Geisterjäger braucht Vorrichtungen zur Kabelführung

Wie Sie sehen, ist die Verkabelung gefährlich, wenn sie nicht irgendwie geordnet wird. Es gibt Kabel, die von der Decke zum Boden hängen, die Treppe hinablaufen und willkürlich auf dem Boden liegen.

Welche Mittel haben wir zur Verfügung, um derartige Probleme zu bewältigen?

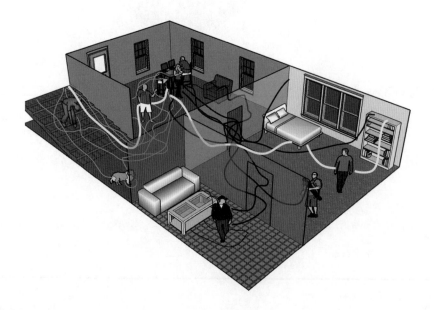

**Den Netzwerkaufbau planen**

# Geräte zur Kabelführung unter der

Schauen wir uns genauer an, welche Geräte es zu diesem Zweck gibt.

## Kabelbügel

Kabelbügel werden genutzt, um Kabel aufzuhängen. Sie werden üblicherweise an Deckenträgern befestigt.

## Kabelabdeckung

Eine Kabelabdeckung wird eingesetzt, um auf dem Boden verlegte Kabel zu schützen. Es ist große Sorgfalt erforderlich, wenn sie auf einer Fläche verwendet werden, auf der viel Verkehr ist. Der Kabelschutz ist ein Stolperhindernis und kann ein Problem für Rollstühle darstellen.

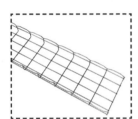

## Kabelrinne

Kabelrinnen werden zur Aufnahme großer Kabelmengen eingesetzt, die relativ große Strecken überwinden müssen. Sie werden vorwiegend in Kellern, Dachböden und anderen nicht einsehbaren Orten verwendet, da sie sich äußerst industriell präsentieren. Aber auch in Räumen, die speziell für Netzwerke oder Computer eingerichtet sind, werden in Deckenhöhe Kabelrinnen eingesetzt. Der Einbau von Kabelrinnen erfordert großen Planungsaufwand und viele spezielle Werkzeuge.

## Kabelkanal

Kabelkanäle werden meist eingesetzt, um Kabel zu Rechnern zu führen, die keinen Zugang zu Wandanschlüssen haben. In Großraumbüros werden sie häufig zur Installation von Telefon- und Netzwerkkabeln verwendet.

## Kabelbinder

Kabelbinder sind ein gutes Mittel, Kabel geordnet zu halten. Denken Sie allerdings daran, sie nicht zu fest zu ziehen. Das kann die Windungen in einem CAT-5-Kabel verändern und zu Problemen mit dem Kabel führen.

## Kabelrohr

Kabelrohre werden in neuen Gebäuden üblicherweise in den Wänden verlegt. Ein Ende ist mit einem Wandanschluss verbunden, das andere befindet sich an einem zugänglichen, aber nicht sichtbaren Ort wie einem Keller oder einem Dachboden.

**Sie sind hier ▸**

**Ratten sind ein Problem**

# Dinge, die schieflaufen können ...

Die Mikrofone im Keller zeichnen einige seltsame Geräusche auf. Wären Sie vielleicht so freundlich, zu überprüfen, ob sich da jemand oder etwas an den Kabeln zu schaffen macht und so die Geräusche verursacht?

Hier ist eine Skizze der Kabelinstallation im Keller:

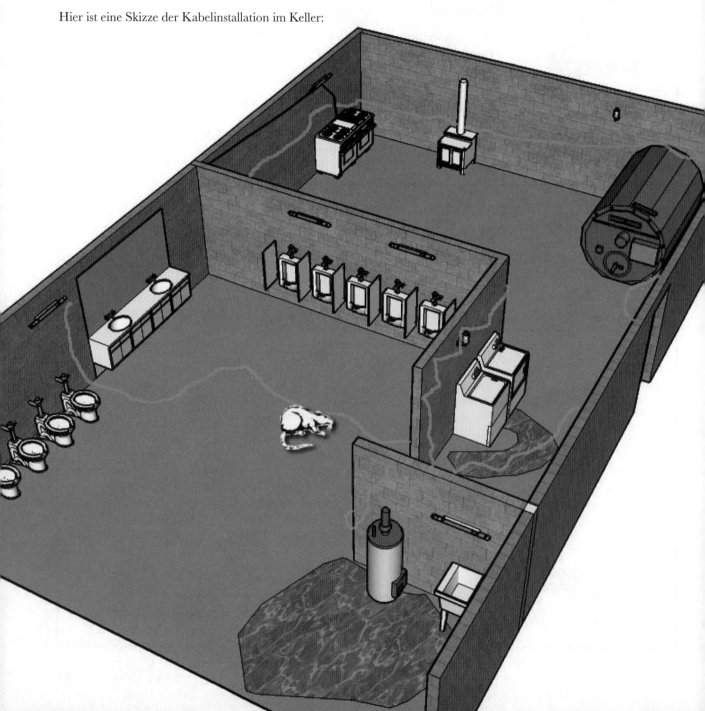

*Den Netzwerkaufbau planen*

**Aufgepasst**

**Rauschen kann von Geistern kommen, aber auch von Dingen, die Ihre Kabel stören.**

*Ihre Kabel tragen elektrische Signale. Alles, was die Kabel mechanisch oder elektrisch beeinträchtigt, kann zu Rauschen führen.*

### Spitzen Sie Ihren Bleistift

Schauen Sie sich die Verkabelung in der Skizze links an. Schreiben Sie auf, welche Dinge sich auf die Kabel auswirken und zu den seltsamen Geräuschen führen können.

**Welche Probleme** haben Sie gefunden?

### Spitzen Sie Ihren Bleistift
### Lösung

Schauen Sie sich die Verkabelung in der Skizze an. Schreiben Sie auf, welche Dinge sich auf die Kabel auswirken und zu den seltsamen Geräuschen führen können.

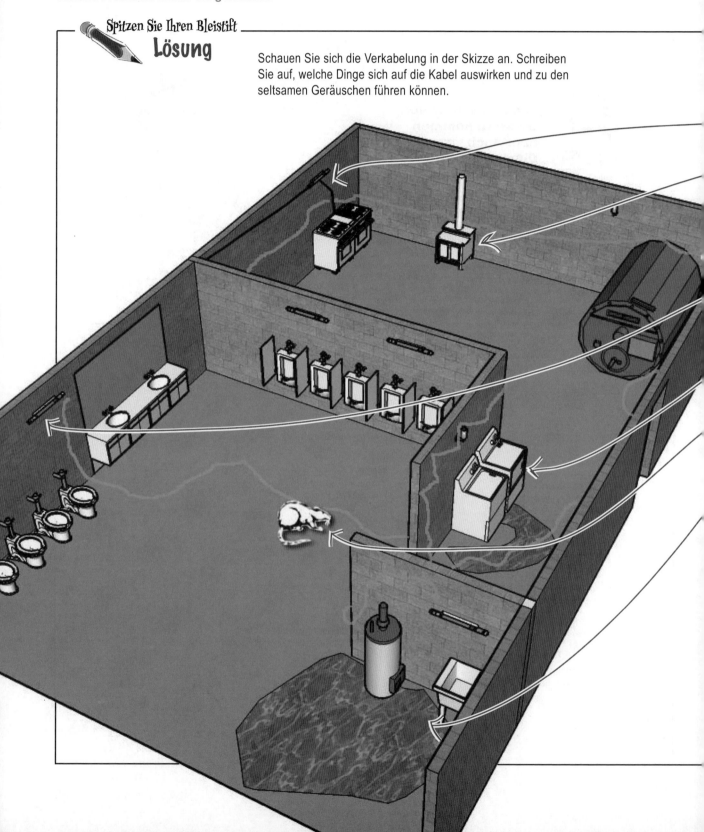

*Den Netzwerkaufbau planen*

- Achten Sie darauf, wo Ihre Kabel verlaufen. Stromkabel können die Signale in Netzwerkkabeln stören.
- Hitze kann Kabel zerstören.
- Große Maschinen wie dieser Heizkessel können Netzwerkkabel mit Hitze und Vibrationen zerstören.
- Neonröhren können zu einem Rauschen führen.
- Große Geräte können zu Interferenzen und Vibrationsproblemen führen.
- Ratten und anderes Ungeziefer sind ein großes Problem für Netzwerkkabel, sie nagen Kabel an usw.
- Wasser führt zu Korrosion und Kurzschlüssen.

*Frank und* die Subunternehmer

> Und, wie läuft's? Das Problem mit dem Rauschen geklärt?

**Frank:** Ich glaube, das Rauschen habe ich behoben, indem ich das Kabel beim Ofen anders verlegt habe. Gibt es noch weitere elektrische Geräte, die ich im Blick haben sollte?

**Elektrikerin:** Eine ganze Menge. Erstens: Einige Leute, die es nicht besser wissen, führen ihre Netzwerkkabel durch die gleichen Rohre wie die Stromkabel. Damit betteln sie quasi um Interferenzen.

**Frank:** Gut zu wissen. Sonst noch etwas?

**Elektrikerin:** Wenn Sie Kabelrohre für Ihr Netzwerk von einem Elektriker legen lassen, sollten Sie genau angeben, wo die Rohre laufen sollten. Lassen Sie das den Elektriker entscheiden, könnte es später problematisch sein, die Netzwerkkabel dorthin zu ziehen, wo Sie sie benötigen.

**Frank:** Sollte ich mit dem Elektriker eine Begehung machen?

**Elektrikerin:** Klar! Ein besseres Mittel, ihm Ihre Bedürfnisse mitzuteilen, gibt es nicht.

**Installateur:** Vergessen Sie nicht, auch den Klima- und Heizungstechnikern einen Besuch abzustatten.

**Frank:** Muss ich auch bei Klimaanlagen, Heizungen und Wasserinstallationen auf bestimmte Dinge achten?

**Installateur:** Ich würde kein Netzwerkkabel unter etwas entlangführen, das Wasser enthält. Außerdem sollten Sie Ihre Schächte einbauen, nachdem alle anderen Installationsarbeiten an einem neuen Gebäude abgeschlossen sind. Dann wird auch nichts mehr verändert, nachdem Sie es installiert haben, weil irgendwo noch ein Abflussrohr vergessen wurde.

**Elektrikerin:** Denken Sie auch daran, dass Sie sich an den Elektriker wenden können, wenn Sie Ihre Kabel ziehen müssen, insbesondere wenn es komplizierte Stellen betrifft. Wahrscheinlich stand er schon einmal vor einem ähnlichen Problem und kennt eine gute Lösung.

*Den Netzwerkaufbau planen*

# Wir haben das Rauschen behoben und die MEISTEN Kabel geordnet!

Gut gemacht! Sie haben eine Liste der Geräte aufgestellt, die Geisterjäger benötigt, die Führung der Kabel geplant und mithilfe von Kabelführungen im Hotel Ordnung geschaffen.

Aber wohin führen all diese Kabel?

## Was passiert im Schrank?

Unglücklicherweise laufen Teile unserer Verkabelung über den alten Netzwerkschrank des Hotels, und der ist das reinste Chaos. Überall fliegen Kabel herum, und man kann unmöglich ausmachen, welches Kabel zu welchem Gerät gehört.

Das Geisterjäger-Team muss schnell reagieren können, wenn die Kameras Zeichen einer Aktivität aufnehmen, und kann es sich nicht leisten, wertvolle Aufzeichnungen für die Show zu verlieren. Aber wie erfahren wir, welches Kabel wozu dient?

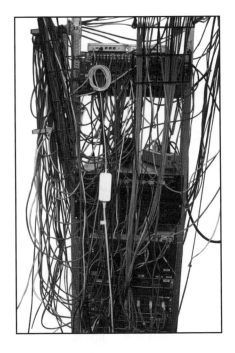

**KOPF-NUSS**

Wie könnte man herausfinden, welches Kabel mit welchem Gerät verbunden ist?
_____
_____
_____

Sie sind hier ▶

**Haben Sie einen** *Labeldrucker?*

# Beginnen wir damit, die Kabel zu beschriften

Eins der Probleme von Geisterjäger ist, dass man nur schwer erkennen kann, welches Kabel zu welchem Gerät gehört. Es gibt so viele Kabel, und die sehen auch noch alle gleich aus. Besser wäre es, die Kabel wären beschriftet. Doch das können wir erst machen, wenn wir wissen, wo die einzelnen Kabel hinführen und womit sie eine Verbindung herstellen. Aber wie machen wir das?

Erinnern Sie sich an den Tongenerator und den Empfänger, die wir im letzten Kapitel genutzt haben? Diese Ausrüstung können wir auch hier einsetzen, um die Kabel zu durchleuchten.

**❶ Hängen Sie den Sender am fernen Ende des Kabels ein.**
Das ist das Ende, das nicht im Schaltkasten steckt. Es könnte ein Wandanschluss oder etwas anders sein.

Tongeneratoren sind mit Krododilklemmen ausgestattet, die an die Adern geklemmt werden.

Kannst du mich hören?

**❷ Nutzen Sie im Schaltschrank den Empfänger, um alle Kabel zu prüfen.**
Wenn Sie den Ton hören, haben Sie das Kabel gefunden.

<Piep> He, bist du das? Was steht an? <Piep>

**❸ Drucken Sie mit einem Labeldrucker ein Label und kleben Sie es an das Kabel.**
Wiederholen Sie den Vorgang dann für alle nicht beschrifteten Kabel.

Ein Labeldrucker druckt Label, die Sie um Kabel kleben können. Manche haben sogar einen Schutzüberzug.

# Aber es bleibt eine Menge Kabel

Auch nachdem alle Kabel beschriftet sind, sieht der Netzwerkschrank immer noch unordentlich aus. Spaghetti-artige Strukturen baumeln vor anderen Dingen darin herum.

Ein Maßnahme ist, die Kabel zu handlicheren Bündeln zusammenzuschnüren und mit Plastikkabelbindern oder Klettbändern zur Seite zu binden. Das schafft mehr Klarheit darüber, wohin die einzelnen Kabel führen. Das Wichtige dabei ist, die Kabel nicht zu fest zu binden, da sich das auf die elektrischen Eigenschaften der Kabel auswirken kann.

Kabelführungen können ebenfalls verhindern, dass Kabel vor anderen Dingen im Schaltschrank herumhängen.

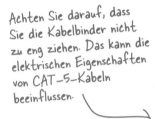

Achten Sie darauf, dass Sie die Kabelbinder nicht zu eng ziehen. Das kann die elektrischen Eigenschaften von CAT-5-Kabeln beeinflussen.

Die horizontalen Kabelführungen verhindern, dass Kabel vor andere Dinge zu hängen.

# Aber was können wir sonst noch tun?

Das bringt zwar schon etwas, löst aber noch nicht alle Probleme. Man muss weiterhin eine Menge Kabel durchwühlen, wenn man nach einem bestimmten Kabel sucht, und die Beschriftungen der Kabel können verdeckt sein oder sogar abfallen.

Klingt unmöglich? Keine Sorge! Es gibt etwas, das alle diese und viele weitere Problemen löst. Und das nennt man **Patchpanel**.

*Patch*panels

# Was bitte ist ein Patchpanel?

Patchpanels werden eingesetzt, um die Kabel und Kabelverbindungen in einem Schaltschrank zu organisieren. Die von Ihren Netzwerkgeräten oder Wandanschlüssen kommenden Kabel werden hinten in die Patchpanels gesteckt, die vorne dann mit kurzen Patchkabeln verbunden werden. Üblicherweise werden sie in ein Netzwerkrack eingebaut, einen besonderen Rahmen, der das Gerüst eines Netzwerkschranks bildet:

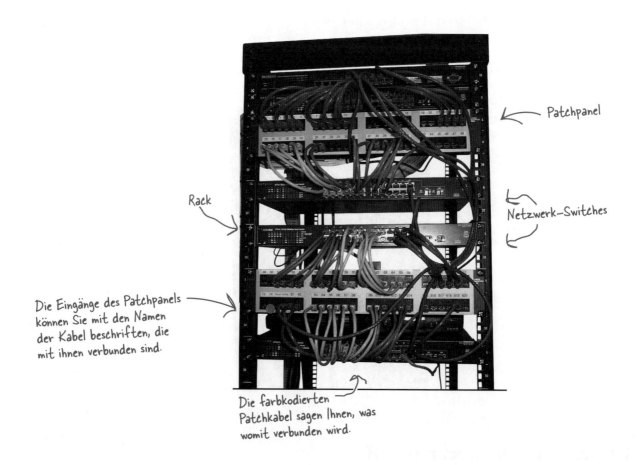

← Patchpanel

← Netzwerk-Switches

Rack →

Die Eingänge des Patchpanels können Sie mit den Namen der Kabel beschriften, die mit ihnen verbunden sind.

Die farbkodierten Patchkabel sagen Ihnen, was womit verbunden wird.

Und wie funktioniert so ein Patchpanel?

\*\* Bild von Andrew Zadorozny, www.fastlinkcabling.com

# Was in einem Patchpanel passiert

Wie also verbindet man Geräte über ein Patchpanel? Schauen wir es uns an.

> **Ein Patchpanel funktioniert wie eine Telefonanlage für Netzwerkkabel.**

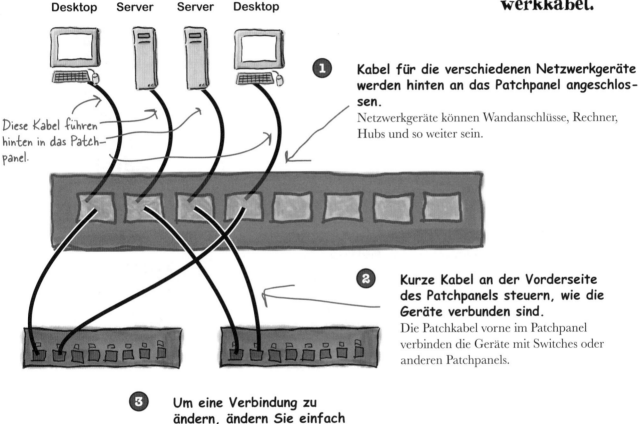

① **Kabel für die verschiedenen Netzwerkgeräte werden hinten an das Patchpanel angeschlossen.**
Netzwerkgeräte können Wandanschlüsse, Rechner, Hubs und so weiter sein.

*Diese Kabel führen hinten in das Patchpanel.*

② **Kurze Kabel an der Vorderseite des Patchpanels steuern, wie die Geräte verbunden sind.**
Die Patchkabel vorne im Patchpanel verbinden die Geräte mit Switches oder anderen Patchpanels.

③ **Um eine Verbindung zu ändern, ändern Sie einfach den Anschluss, in den das Patchkabel gesteckt wird.**

Wenn Sie Patchpanels einsetzen, wird es viel einfacher, Verbindungen zwischen zwei Geräten zu ändern. Sie müssen nur ändern, mit welchen Anschlüssen die Patchkabel vorne verbunden sind. Patchpanels vereinfachen also die Verwaltung von Verbindungen.

Schauen wir uns genauer an, was in einem Patchpanel passiert.

*Die Patchkabel* anklemmen

# Die Kabel führen in eine Klemmleiste

Wenn Sie das Patchpanel drehen, sehen Sie eine **Klemmleiste**. Die einzelnen Adern drücken Sie mit einem Auflegewerkzeug in die Leiste.

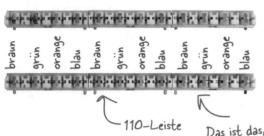

110-Leiste

Das ist das, was hinter einem Patchpanel steckt: eine Klemmleiste.

Die Adern installieren Sie mit einem Auflegewerkzeug.

Die 66-Leiste ist eine ältere Leistenart.

Wie Sie die Adern verbinden, ist wichtig. Die Adern nutzen ein bestimmtes Farbmuster, dem Sie folgen müssen, um Verbindungen zwischen Geräten herzustellen. Das Muster ist davon abhängig, welche Art Leiste Sie nutzen und welche Art Kabel Sie an die Leiste klemmen.

Jedes Kabel, d.h. jeder Adernsatz, entspricht einem Eingang vorn im Patchpanel. Wenn Sie zu jedem Eingang verzeichnen, mit was er verbunden ist, können Sie auf einen Blick sagen, womit Ihre Netzwerkgeräte jeweils verbunden sind. Das vereinfacht es erheblich, Verbindungen zu ändern.

In der Regel gibt man in diesen Beschriftungen der Eingänge des Patchpanels die Raumnummer plus Anschluss- oder Knotennummer an. Den Eingang, der mit Knoten 1 in Raum C verbunden ist, würden Sie also beispielsweise mit »C1« markieren.

## Den Netzwerkaufbau planen

**Übung**

Nutzen Sie die Angaben in der Tabelle unten, um die verschiedenen Server, Rechner und Switches mit dem entsprechenden Gerät zu verbinden. Zeichnen Sie eine Verbindungslinie zwischen Patchpanel und Endgerät.

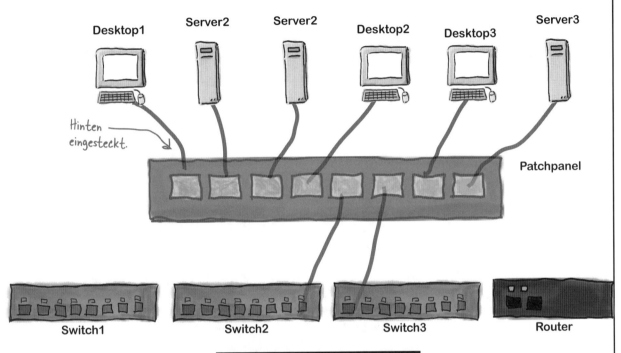

| Gerät | Verbunden mit |
|---|---|
| Desktop1 | Switch1 |
| Desktop2 | Switch1 |
| Desktop3 | Switch3 |
| Server1 | Switch2 |
| Server2 | Switch2 |
| Server3 | Switch3 |
| Switch3 | Switch1 |
| Switch2 | Router |

Sie sind hier ▸

## Die Punkte verbinden

**Lösung zur Übung**

Nutzen Sie die Angaben in der Tabelle unten, um die verschiedenen Server, Rechner und Switches mit dem entsprechenden Gerät zu verbinden. Zeichnen Sie eine Verbindungslinie zwischen Patchpanel und Endgerät.

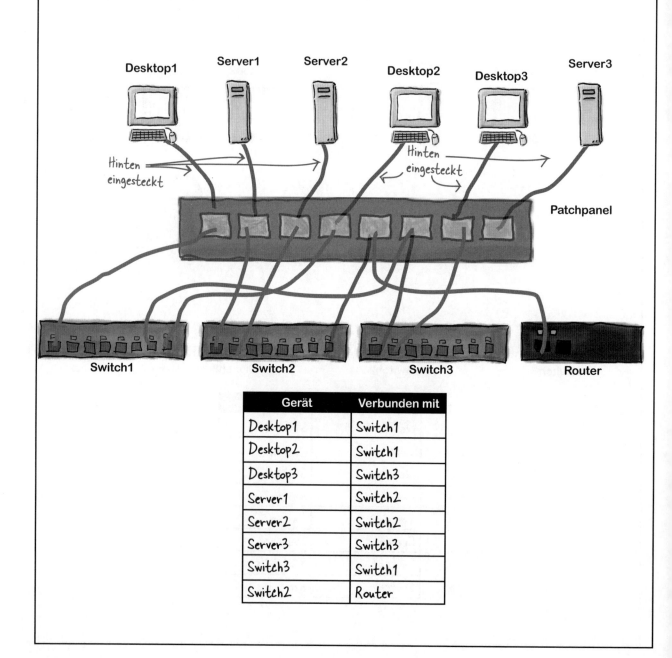

| Gerät | Verbunden mit |
|---|---|
| Desktop1 | Switch1 |
| Desktop2 | Switch1 |
| Desktop3 | Switch3 |
| Server1 | Switch2 |
| Server2 | Switch2 |
| Server3 | Switch3 |
| Switch3 | Switch1 |
| Switch2 | Router |

*Den Netzwerkaufbau planen*

# WER MACHT WAS?

Schauen Sie sich die Bilder dieser Geräte zum Netzwerkaufbau an. Geben Sie bei jedem an, wie es heißt und ob es ein Werkzeug oder eine Vorrichtung ist.

| Name | Werkzeug/ Vorrichtung |
|------|----------------------|
| _____ | _____ |
| _____ | _____ |
| _____ | _____ |
| _____ | _____ |
| _____ | _____ |
| _____ | _____ |

Sie sind hier ▸ 81

**Geisterjäger ...** *von der Angst ergriffen?*

Schauen Sie sich die Bilder dieser Geräte zum Netzwerkaufbau an. Geben Sie bei jedem an, wie es heißt und ob es ein Werkzeug oder eine Vorrichtung ist.

| | Name | Werkzeug/ Vorrichtung |
|---|---|---|
| | Patchpanel | Kabelführung |
| | Auflegewerkzeug | Werkzeug |
| | Kabelbinder | Kabelführung |
| | Label | Werkzeug |
| | Smurf Tube | Kabelführung |
| | J-Hook | Kabelführung |

*Den Netzwerkaufbau planen*

# Die Kameras funktionieren!

Dank Ihrer Hilfe haben die Geisterjäger im Spukhotel ein umwerfendes Netzwerk eingerichtet. Die Dreharbeiten beginnen heute Abend, und das Geisterjäger-Team ist zuversichtlich, genügend spannende Spukaufzeichnungen für die nächste Sendung sammeln zu können.

# 3 Werkzeuge und Problemlösung

**Wie finden Sie heraus, dass ein Netzwerksignal nicht durch das Kabel kommt?** Mit dem Netzwerk machen Sie wahrscheinlich das erste Mal Bekanntschaft, wenn es nicht mehr ordentlich funktioniert. Das Dumme ist nur, dass einem das bloße Anstarren der Kabel kaum Aufschluss über den Grund des Problems liefert. Glücklicherweise gibt es einen ganzen Haufen Werkzeuge, die Sie einsetzen können, um tief ins Herz von Netzwerkkabeln zu blicken – bis runter zu den Signalen selbst. Lesen Sie weiter. Dann werden wir Ihnen zeigen, wie Sie diese Werkzeuge einsetzen, um Netzwerkprobleme zu lösen, und wie Sie die Geheimnisse der Signale entschlüsseln.

*Kaugummi und das Pokalendspiel - herrlich!*

# Kaukugel & Co. KG erhält den Pokalzuschlag

Kaukugel & Co KG ist der führende Verkäufer einer Vielzahl von Süßwaren und Schokolade und hat gerade den Zuschlag für den Exklusivvertrieb seiner Süßwaren beim Pokalendspiel erhalten. Mit den Verkäufen an diesem Tag und der zusätzlichen Publicity erhofft sich Kaukugel, Millionen zu machen.

Es gibt allerdings ein Problem. Kaukugel hat seit einiger Zeit Netzwerkprobleme, die sich auf die Kaugummiproduktion auswirken. Wenn diese Netzwerkprobleme nicht schnellstens behoben werden, kann nicht genug Kaugummi für das Pokalendspiel produziert werden. Es droht der Verlust des Exklusivvertrags.

Wir dürfen diesen Vertrag nicht verlieren. Das Netzwerk muss unbedingt wieder auf die Beine gebracht werden. Derjenige, der das Problem findet, erhält 5.000 Euro und eine Jahresration Kaugummis.

← Der Geschäftsführer von Kaukugel & Co. KG.

*Werkzeuge & Problemlösung*

*Wo liegt denn da das Problem? Können wir nicht einfach einen Kabelprüfer einsetzen? Würde der die Probleme nicht finden?*

### Kabelprüfer können nicht alle Probleme aufspüren.

Bislang haben wir uns nur Netzwerkprobleme vorgeknöpft, die man mit Kabelprüfsets aufspüren kann. Aber obwohl derartiges Werkzeug äußerst nützlich ist, kann man damit nicht jegliche Art von Netzwerkproblem lösen.

Hier sind einige Netzwerkprobleme, unter denen Kaukugel möglicherweise leiden könnte. Erkennen Sie, welche man mit Kabelprüfern vielleicht nicht aufspüren kann?

## Mögliche Probleme mit Netzwerkkabeln

- Defekte Kabel.
- Falsche Stecker.
- Falsch verknüpfte Stecker.
- Verlauf zu nah an einem Stromkabel.
- Kabel zu lang.
- Falscher Kabeltyp.

### KOPF-NUSS

Wieso kann das alles zu Problemen führen? Warum wohl kann man nicht für alle diese Dinge Kabelprüfsets einsetzen?

Sie sind hier ▶

*Signal, aber nicht Qualität*

# Kabelprüfer können prüfen, ob es ein Signal gibt ...

Wie wir bereits gesehen haben, können wir Kabelprüfsets einsetzen, um den Lebenszeichen von Elektronen zu lauschen. Der Tongeber sendet ein Signal durch das Kabel, und der Empfänger nimmt das Signal von den Elektronen auf, wenn er mit demselben Kabel verbunden wird. Kann der Empfänger an einem Punkt des Kabels kein Signal aufnehmen, heißt dies, dass das Kabel an diesem Punkt unterbrochen ist.

> Über diesen Abgrund spring ich im Leben nicht.

Gibt es eine Unterbrechung, gelangen die Elektronen nicht auf die andere Seite, und der Empfänger kann kein Signal aufnehmen.

# ... aber nicht die Qualität des Signals

Führt ein verbundener Draht durch das gesamte Kabel, empfängt der Empfänger an jedem Punkt des Kabels ein Signal. Das Problem ist, dass er Ihnen nichts über die Qualität des Signals oder die Geschwindigkeit sagen kann, mit der es sich durch das Kabel bewegt. Er kann Ihnen nur sagen, dass die Ader nicht unterbrochen ist.

Ist die Ader unterbrechungsfrei, empfängt der Empfänger an jedem Punkt des Kabels das Signal. Aber er kann Ihnen nichts zur Qualität des Signals sagen.

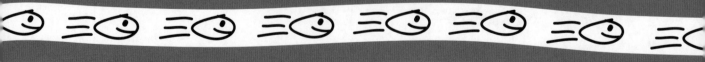

Basiert das Netzwerkproblem auf der Signalqualität, brauchen Sie etwas anderes als ein Kabelprüfset. Aber was?

*Werkzeuge & Problemlösung*

## Spielen Sie Kabelprüfset

Spielen Sie Tongenerator und Empfänger und stellen Sie sich vor, Sie stünden vor einem der Probleme unten. Sagen Sie, ob Sie bei der Lösung dieses Problems helfen können. Geben Sie an, warum oder warum nicht.

| Problem | Können Sie helfen? | Sagen Sie uns mehr dazu. |
|---|---|---|
| In ein Gerät ist das falsche Kabel eingesteckt. | ☐ Ja ☐ Nein | |
| Die Adernzuordnung in einem Kabel stimmt nicht. | ☐ Ja ☐ Nein | |
| Das Kabel ist länger als die empfohlene Maximallänge für ein Ethernet-Kabel (100 Meter). | ☐ Ja ☐ Nein | |

Sie sind hier ▶

*Können Sie helfen?*

# Spielen Sie Kabelprüfset, Lösung

Spielen Sie Tongenerator und Empfänger und stellen Sie sich vor, Sie stünden vor einem der Probleme unten. Sagen Sie, ob Sie bei der Lösung dieses Problems helfen können. Geben Sie an, warum oder warum nicht.

| Problem | Können Sie helfen? | Sagen Sie uns mehr dazu. |
|---|---|---|
| In ein Gerät ist das falsche Kabel eingesteckt. | ☑ Ja  ☐ Nein | Sie können den Sender mit dem gewünschten Kabel verbinden und mit dem Empfänger den dazugehörigen Stecker am anderen Ende suchen. |
| Die Adernzuordnung in einem Kabel stimmt nicht. | ☑ Ja  ☐ Nein | Sie können die Adern eines Kabels einzeln untersuchen, die falschen Adern aufspüren und reparieren. |
| Das Kabel ist länger als die empfohlene Maximallänge für ein Ethernet-Kabel (100 Meter). | ☐ Ja  ☑ Nein | Ein einfaches Kabelprüfset kann Ihnen nur sagen, ob es eine verbundene Ader gibt. Aber die Länge können Sie damit nicht ermitteln. |

***Werkzeuge** & Problemlösung*

> Ich weiß ja nicht, wie ihr das seht, aber mich locken diese 5.000 Euro.

**Frank:** Wirklich? Mich auch. Allerdings muss das Problem schon ziemlich vertrackt sein, wenn man es mit einem Kabelprüfer nicht finden kann.

**Tim:** Ich denke, ich werde mich mal mit meinem Multimeter an die Kabel begeben und sicher bald 5.000 Euro mehr in der Tasche haben.

**Frank:** Ein Multimeter? Hast du sie noch alle? Was soll dir denn das zum Zustand eines Kabels sagen?

**Tim:** Wart es ab. Könntest dabei sogar was lernen.

## Es gibt keine Dummen Fragen

**F: Kann man mit einem Kabelprüfset feststellen, ob ein Kabel zu lang ist?**

**A:** Nein. Mit einem Kabelprüfset kann man lediglich prüfen, ob es eine elektrische Verbindung gibt. Die Länge eines Kabels können Sie nur prüfen, indem Sie seinen Widerstand messen.

**F: Was für Signale kann ein Tongenerator senden?**

**A:** In der Regel wird ein wobbelartiges Signal gesendet, das verwendet wird, um das Ende eines Kabels aufzuspüren oder zu finden.

Ein zweites Signal ist eine Spannung, die der Empfänger am anderen Ende prüft. Mit seiner Hilfe wird die Unterbrechungsfreiheit des Kabels geprüft.

**F: Muss der Empfänger das Kabel berühren, um das Wobbelsignal zu hören?**

**A:** Nein. Das ist ja gerade das Nette dabei. Sie fahren einfach schnell mit ihm über ein paar Kabel und können tatsächlich hören, wie Sie sich dem Kabel nähern, mit dem der Tongenerator verbunden ist.

Sie sind hier ▸

*Widerstand* messen

# Das Multimeter

Wie Sie wahrscheinlich schon am Namen erkennen, ist ein Multimeter ein vielseitiges Werkzeug, mit dem man unterschiedliche Dinge wie die Spannung und den Widerstand eines Kabels messen kann. Um es einzusetzen, drehen Sie den Wahlschalter am Multimeter auf das, was Sie messen möchten, und legen dann die Sonden an die beiden Enden des Kabels an, das Sie testen. Anschließend lesen Sie den Messwert auf der Anzeige des Multimeters ab.

Mit den Sonden berühren Sie die entgegengesetzten Enden des Kabels, das Sie testen.

Ein analoges Multimeter

Ein digitales Multimeter

Lesen Sie die Messwerte von der Anzeige ab.

Nutzen Sie den Wahlschalter, um das auszuwählen, was Sie messen möchten.

## Nutzen Sie ein Multimeter, um den Widerstand zu messen

Das, was ein Multimeter bei der Arbeit an Netzwerken so nützlich macht, ist die Möglichkeit, damit den Widerstand in einem Kabel zu messen – etwas, das Ihnen ein Kabelprüfset nicht mitteilen kann. Diese Information kann Ihnen aber wichtige Hinweise darauf liefern, wie gut ein Kabel funktioniert.

Was also ist der Widerstand, und wie wirkt er sich auf Ihr Netzwerk aus?

*Werkzeuge & Problemlösung*

# Was Widerstand ist

Der **Widerstand** ist ein Maß dafür, wie schwer es für Elektronen ist, sich durch ein Kabel zu bewegen. Er wird in Ohm gemessen und mit dem griechischen Buchstaben Ω gekennzeichnet. Je höher der Ohm-Wert ist, umso schwerer wird es für die Elektronen, sich durch das Kabel zu bewegen.

## Wenn der Widerstand klein ist

Hat ein Kabel einen geringen Widerstand, bedeutet das, dass sich die Elektronen leicht durch den Leiter bewegen können. Es gibt wenig, was den Fluss der Elektronen hemmt. Sie bewegen sich also leicht und schnell durch das Kabel.

Hier ist eine Multimeteranzeige bei einem geringen Widerstand.

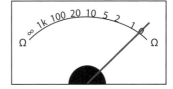

Ist der Widerstand gering, können sich die Elektronen leicht und schnell durch das Kabel bewegen.

## Wenn der Widerstand groß ist

Hat ein Kabel einen hohen Widerstand, bedeutet das, dass es für die Elektronen schwer ist, sich durch das Kabel zu bewegen. Und wenn sich die Elektronen nur schwer bewegen können, kann auch Ihr Signal nur schwer vorwärtskommen.

Mensch. Ist zäh wie Kaugummi hier. Das dauert ja ewig.

Ist der Widerstand hoch, können sich die Elektronen nicht schnell bewegen.

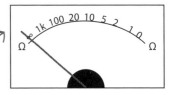

Wenn Sie Netzwerkprobleme haben, können Sie ein Multimeter einsetzen, um zu prüfen, ob ein hoher Widerstand im Kabel Ihr Signal ausbremst.

**Welches** *Werkzeug?*

## Kamingespräche

Gespräch Heute Abend: **Kabelprüfset gegen Multimeter**

**Kabelprüfset:**

Was machst du denn hier, Multimeter?

Netzwerkarbeit. Aha! Dabei dürftest du wahrscheinlich eine ähnlich tragende Rolle wie ein Schraubenzieher spielen. Mit mir spürt man defekte Kabel auf und Signalen in Kabeln nach. Was kannst du da bitte noch drauflegen?

Das mit dem Widerstand ist ja ganz nett, aber so sonderlich wichtig ja wohl nicht. Warst du nicht der, der beide Kabelenden direkt nebeneinander haben muss? Das ist doch ziemlich umständlich, oder?

Na, mit uns kann man sogar Kabel in unterschiedlichen Gebäuden prüfen. Und der Empfänger muss das Kabel nicht einmal berühren; wir bleiben durch magnetische Induktion in Verbindung.

Was soll denn das heißen? Nur weil du ein paar Zahlen anzeigst, bist du doch nicht gleich nützlicher als ich. Wir sind einfach und erledigen unsere Aufgabe äußerst effektiv.

Na ja …

**Multimeter:**

Wie? Ich leiste Netzwerkarbeit. Ist doch klar.

Ich kann sagen, wie lang ein Kabel ist, indem ich seinen Widerstand messe. Und defekte Kabel kann ich ebenfalls aufspüren!

Verstehe ich nicht.

Aber auch ich kann auf diese Weise Kabel messen. Ich erzeuge einen Kreislauf und kann daran Messwerte ermitteln. Und wenn ich *Messwerte* sage, meine ich das auch, nicht ein dummes Piepsen.

Eben, *eure* Aufgabe. Glaubst du, das »Multi« in meinem Namen hätte keine Bedeutung? Ich kann mehrere Dinge machen, du nicht. Ich kann beispielsweise auch messen, wie schnell die Elektronen fließen, die Stromstärke also. Könnt ihr das auch? Na, wie sieht es aus?

Drucks ruhig rum. Ich muss mich jetzt auf den Weg machen. Muss noch ein Netzwerk reparieren. Bis bald.

*Werkzeuge & Problemlösung*

**ÜBUNG**

Ordnen Sie den Kabeln die Widerstände zu, die ein Elektron erfährt, das sich durch diese Kabel bewegt.

### Ein richtig langes Kabel

### Ein richtig dickes Kabel

### Ein defektes Kabel

### Ein kurzes Kabel

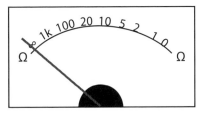

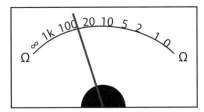

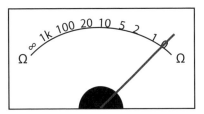

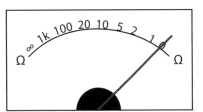

Sie sind hier ▸ **95**

*Welcher* Widerstand?

**LÖSUNG ZUR ÜBUNG**

Ordnen Sie den Kabeln die Widerstände zu, die ein Elektron erfährt, das sich durch diese Kabel bewegt.

Ein richtig langes Kabel

Ein richtig dickes Kabel

Ein defektes Kabel

Ein kurzes Kabel

96    Kapitel 3

*Werkzeuge & Problemlösung*

# Spielen Sie Multimeter

Spielen Sie Multimeter und stellen Sie sich vor, Sie würden mit einem der Probleme unten konfrontiert. Sagen Sie, ob Sie im jeweiligen Fall helfen können und warum oder warum nicht.

| Problem | Können Sie helfen? | Sagen Sie uns mehr dazu. |
|---|---|---|
| Das Kabel ist länger als die empfohlene Maximallänge für ein Ethernet-Kabel (100 Meter). | ☐ Ja ☐ Nein | |
| Kabelrauschen durch Strom, elektromagnetische Strahlungen, lockere Stecker, nicht abgeschirmte Adern und Kurzschlüsse. | ☐ Ja ☐ Nein | |
| Die Adernzuordnung in einem Kabel stimmt nicht. | ☐ Ja ☐ Nein | |

Sie sind hier ▸

*Widerstand* ist nicht zwecklos

## Spielen Sie Multimeter

Spielen Sie Multimeter und stellen Sie sich vor, Sie würden mit einem der Probleme unten konfrontiert. Sagen Sie, ob Sie im jeweiligen Fall helfen können und warum oder warum nicht.

| Problem | Können Sie helfen? | Sagen Sie uns mehr dazu. |
|---|---|---|
| Das Kabel ist länger als die empfohlene Maximallänge für ein Ethernet-Kabel (100 Meter). | ☑ Ja ☐ Nein | Sie können die Widerstandseinstellung auf dem Multimeter nutzen, um den Widerstand des Kabels zu messen. Längere Kabel haben einen höheren Widerstand. |
| Kabelrauschen durch Strom, elektromagnetische Strahlungen, lockere Stecker, nicht abgeschirmte Adern und Kurzschlüsse. | ☐ Ja ☑ Nein | Das Multimeter zeigt kein Rauschen in einer Verbindung an, lediglich eine etwas höhere Spannung als gewöhnlich. |
| Die Adernzuordnung in einem Kabel stimmt nicht. | ☑ Ja ☐ Nein | Nutzen Sie die Widerstandseinstellung auf einem Multimeter, um die Unterbrechungsfreiheit des Kabels zu messen wie mit einem Kabelprüfset, aber über einen Messwert statt über ein Geräusch. |

# Und wie schlug sich das Multimeter?

Tim testete die Kaukugel-Kabel und fand sechs falsch angeschlossene Stecker und zwölf Kabel, die zu lang waren. Bedeutet das nun, dass Tim den Bonus von 5.000 Euro einstreicht?

Soll das ein Scherz sein? Wir haben immer noch massenhaft Probleme mit dem Netzwerk. Geld gibt es erst, wenn alle repariert sind.

**Was also kommt als Nächstes?**

---

*Es gibt keine* **Dummen Fragen**

---

**F:** Das Ding heißt also Multimeter. Was misst es denn sonst noch?

**A:** Gute Frage! Die meisten Multimeter können Gleichstrom- und Wechselstromspannungen messen sowie die Stromstärke.

**F:** Was sind Gleich- und Wechselstromspannungen?

**A:** Gleichstrom ist der Strom, den Ihnen beispielsweise eine Batterie liefert. Er kommt gleichmäßig mit einer Spannung, beispielsweise 9 Volt.

Wechselstrom ist ein Strom, der regelmäßig seine Flussrichtung ändert. Die Stromversorgung in Ihrem Haus erfolgt beispielsweise über Wechselstrom.

**F:** Und was ist die Stromstärke?

**A:** Die Spannung kann man mit dem Druck in einem Wasserrohr vergleichen, die Stromstärke entspricht dann der Flussgeschwindigkeit des Wassers. Die elektrische Stromstärke spiegelt also, wie schnell sich die Elektronen im Kabel bewegen.

**F:** Gibt es große Unterschiede zwischen digitalen und analogen Multimetern?

**A:** Eigentlich nicht. In analogen Multimetern werden in der Regel nur elektronische Bausteine wie Widerstände, Kondensatoren und Spulen eingesetzt.

Digitale Multimeter nutzen integrierte Schaltkreise und elektronische Komponenten. Deswegen sind sie teurer.

**F:** Werden sie von Netzwerkprofis häufig eingesetzt?

**A:** Nein, eher nicht. Wir nutzen sie hier, um zu zeigen, wie man Kabel prüft und wie man Widerstand misst.

Und gelegentlich muss man prüfen, ob eine bestimmte Spannung anliegt. Auch dann sind sie nützlich.

***Das richtige Werkzeug** für diese Aufgabe ...*

> Glaubst du immer noch, dass dein Multimeter das richtige Werkzeug ist, Tim?

**Tim:** Klar, auch wenn die Probleme vielleicht etwas größer sind, als ich gedacht hätte.

**Frank:** Ich denke, ich weiß, wie ich mir die 5.000 Euro holen kann. Ich bin mir sicher, dass mein Oszilloskop die verbleibenden Probleme aufspüren wird.

**Tim:** Dein was?

**Frank:** Mein Oszilloskop. Wenn man versucht, mit einem Multimeter Widerstandsprobleme aufzuspüren, kann man auch nur Kabel mit derartigen Problemen finden. Wir müssen unseren Horizont also etwas erweitern.

**Tim:** Und wie ...

**Frank:** Ich denke, wir sollten auch auf Spannungsprobleme achten.

**Joachim:** Und du meinst, so ein Oszilloskop findet alles?

**Frank:** Klar. Wart es einfach ab.

## Und was ist ein Oszilloskop?

# Ein Oszilloskop zeigt Spannungsänderungen

Ein Oszilloskop ist ein weiteres Werkzeug, mit dessen Hilfe Sie Netzwerkprobleme lösen können. Es zeigt Ihnen, wie sich die Spannung in einem Kabel mit der Zeit ändert.

**Werkzeuge & Problemlösung**

**Aufgepasst**

**Der Einsatz eines Oszilloskops erfordert Übung.**

*Ein Oszilloskop ist ein komplexes technisches Gerät, das gründliche Unterweisung und Kenntnisse der Prinzipien der Elektrizität verlangt, bevor man es richtig einsetzen kann.*

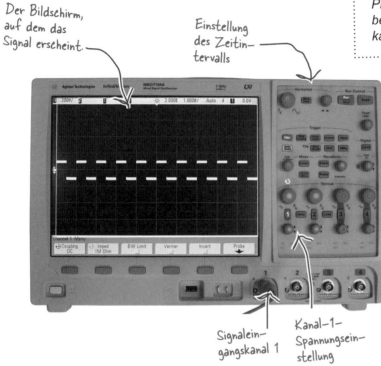

Der Bildschirm, auf dem das Signal erscheint.

Einstellung des Zeitintervalls

Signaleingangskanal 1

Kanal-1-Spannungseinstellung

Hier ist ein Beispiel für eine Anzeige auf einem Oszilloskop, auf der Sie sehen, wie sich die Spannung in einem Kabel mit der Zeit entwickelt.

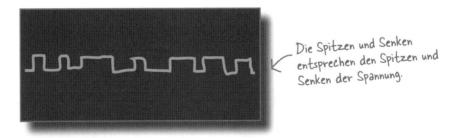

Die Spitzen und Senken entsprechen den Spitzen und Senken der Spannung.

Die Änderungen der Spannung auf diese Weise analysieren zu können, liefert Ihnen viele Daten zu Ihren Kabeln, die Sie zur Problemlösung einsetzen können. Schauen wir uns an, wie.

# Spannung ist eigentlich elektrischer Druck

Untersuchen wir zunächst einmal, was Spannung überhaupt ist.

Einfach gesagt, ist Spannung der Druck, der versucht, die Elektronen in Gang zu setzen. Es ist der Anschub, den die Elektronen erfahren. Betrachten Sie Spannung als die Kraft, die die Elektronen im Kreis bewegt, und den Widerstand als alles, was sie aufhalten könnte, wie ein Defekt im Kabel.

Wenn wir den Elektronenfluss in einem Kabel mit Wasser, das durch einen Gartenschlauch fließt, vergleichen, ist Spannung der Druck, mit dem das Wasser aus dem Hahn kommt, und Widerstand der Durchmesser des Schlauchs.

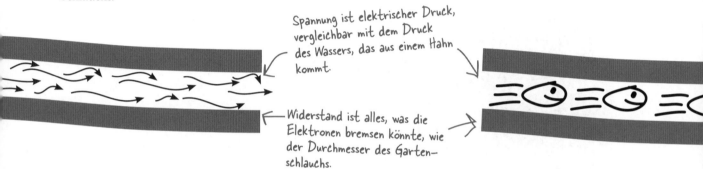

## Und wie hilft uns das, Probleme zu lösen?

Wie wir gesehen haben, können wir mit einem Oszilloskop die Entwicklung der Spannung betrachten. **Das Signal in einem Netzwerkkabel ist nichts anderes als eine Änderung der Spannung mit der Zeit.** Das heißt, dass wir mit einem Oszilloskop ein Netzwerksignal praktisch sichtbar machen können. Wichtiger noch ist, dass wir durch ihn sehen können, wie klar und deutlich das Netzwerksignal ist oder ob äußerliche Spannungen das Signal ändern und dies zu Netzwerkproblemen führt. Äußere Spannungen bezeichnen wir als **Rauschen**.

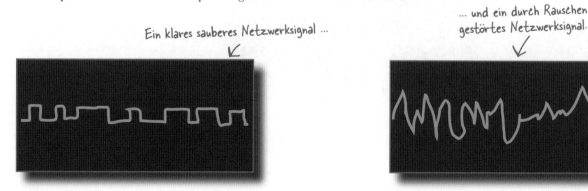

**Werkzeuge & Problemlösung**

# Woraus resultiert Rauschen in Netzwerkkabeln?

Rauschen sind unerwünschte Signale in Ihren Netzwerkkabeln. Sie resultieren aus vielen verschiedenen Quellen elektrischer Energie. Die meisten Geräte, die Elektrizität nutzen, strahlen elektromagnetische Energie ab. Insbesondere gilt das für elektrische Geräte, die sich bewegen oder bewegte Teile haben.

**Man kann Rauschen vorbeugen.**

Achten Sie zunächst darauf, dass Sie Ihre Kabel nicht zu stark entwinden, da die Verwindungen Rauschen gut abfangen. Sorgen Sie außerdem für etwas Abstand zwischen Ihren Netzwerkkabeln und Dingen, die Rauschen verursachen.

Ordnen Sie die Dinge, die zu Rauschen in Netzwerkgeräten führen, der Art der Erzeugung des Rauschens zu.

| | |
|---|---|
| Ungenügende Erdung | Ich verursache Rauschen, wenn ich keine Verbindung mit dem habe, in das ich eingesteckt bin. |
| Interferenzen von Radiowellen | Ich verursache Rauschen, wenn ich Kabel bewege. |
| Kabelübersprechen | Ich verursache Rauschen, weil ich Magneten enthalte, die sich im Kreis bewegen. |
| Schlechte Stecker | Ich verursache Rauschen, weil ich Wellen elektromagnetischer Strahlung aussende. |
| Physische Vibrationen | Ich verursache Rauschen, wenn Signale aus mir sich in ein Kabel in meiner Nähe schleichen. |
| Elektrische Motoren | Ich verursache Rauschen durch Spannungsschwankungen. |

→ Lösung auf Seite 107.

*Unter Werkzeugen:* 2. Runde

# Kamingespräche

Heute Abend: **Multimeter gegen Oszilloskop**

**Multimeter:**

Freue mich, dass du hier aufkreuzt, Oszilloskop. Wirklich nett, dass hier noch andere richtige Werkzeuge zum Messen von Elektrizität auftauchen.

Ich musste hier gerade mit einem Kabelprüfset diskutieren, das der Meinung war, ich hätte hier nichts verloren. Wir zwei sollten da doch eher auf einer Wellenlänge liegen. Wir tun doch so ziemlich das Gleiche.

Habt ihr euch abgesprochen? »Los, heute schlagen wir alle mal auf den Multiwurm ein.« Ist das etwa die Devise? Nein, natürlich kann ich das nicht. Ich kann die Spannung messen, mehr nicht. Aber ich weiß, wie lang ein Kabel ist, weißt du das auch? Kann man gelegentlich Eindruck mit schinden.

Auch ich kann äußere Einwirkungen messen, sogar Wechselstrom, und da zeigt sich Rauschen doch?

Aber nur, wenn du korrekt eingestellt bist. Oder stimmt es etwa nicht, dass man eine besondere Ausbildung braucht, damit man mit dir umgehen kann?

Trotzdem, ich würde mich eher für ein Werkzeug entscheiden, das man auch **tragen** kann. Na egal, jetzt muss ich mich jedenfalls auf den Weg machen.

**Oszilloskop:**

Welche Laus ist denn dir über die Leber gelaufen?

Nimm mal ein bisschen das Gas raus. Ich denke, wir zwei tun ziemlich verschiedene Dinge, oder kannst du etwa Signale anzeigen?

Die Sache mit dem Widerstand ist zwar cool, aber das mit dem Signal ist wirklich wichtig. Wenn ein Kabel durch ein Rauschen oder äußere Stromeinwirkungen beeinträchtigt wird, kann ich das sichtbar machen.

Ja, aber wenn es nur vorübergehend oder sehr schnell ist, bemerkst du es nicht, ich schon.

Besondere Ausbildung finde ich etwas übertrieben. Aber es stimmt schon, dass man eine Weile braucht, bis man verstanden hat, wie man meine beträchtlichen Fähigkeiten am besten einsetzt. Im Vergleich zu mir bist du nichts als ein Spielzeug.

***Werkzeuge &** Problemlösung*

**Übung**

Schreiben Sie neben jede der Oszilloskop-Abbildungen, was die (grüne) Linie zeigen könnte und ob das normal ist oder welche Art von Netzwerkproblem zu dieser Anzeige führen könnte.

..........................................................................................................................

..........................................................................................................................

..........................................................................................................................

..........................................................................................................................

..........................................................................................................................

..........................................................................................................................

..........................................................................................................................

..........................................................................................................................

..........................................................................................................................

..........................................................................................................................

..........................................................................................................................

..........................................................................................................................

..........................................................................................................................

..........................................................................................................................

..........................................................................................................................

..........................................................................................................................

Sie sind hier ▸ **105**

**Kurven**diskussion

**LÖSUNG ZUR ÜBUNG**

Schreiben Sie neben jede der Oszilloskop-Abbildungen, was die (grüne) Linie zeigen könnte und ob das normal ist oder welche Art von Netzwerkproblem zu dieser Anzeige führen könnte.

Kein Signal. Das Kabel könnte defekt oder einfach nicht angeschlossen sein.

Ein richtiges Signal. Es repräsentiert die Daten in der Form von 1 und 0, die hoher oder geringer Spannung entsprechen.

Nur Rauschen. Es könnte durch ein Kabel verursacht sein, das zu nah an einer anderen Signalquelle verläuft, oder durch eine mangelhafte oder falsche Verbindung.

Das ist ein richtiges Signal, aber die Spannungsdifferenzen sind sehr gering. Das könnte durch ein zu langes Kabel oder mangelhafte Verbindungen verursacht werden.

***Werkzeuge & *Problemlösung***

## Es gibt keine Dummen Fragen

**F:** Sollte ich, wenn ich die Möglichkeit habe, immer ein Oszilloskop einsetzen, um meine Kabel zu prüfen?

**A:** Nein. Netzwerkprofis arbeiten so gut wie nie mit Oszilloskopen. Das Kabelprüfset sollte Ihr wichtigstes Werkzeug sein. Bei den Aufgaben, mit denen sich Netzwerker am häufigsten herumschlagen müssen, wird es Ihnen eine große Hilfe sein.

**F:** Und was ist mit dem Multimeter?

**A:** Das wird wahrscheinlich häufiger eingesetzt als ein Oszilloskop, aber auch nicht oft. Es ist praktisch, wenn Sie eine Spannung oder den Widerstand eines Kabels messen müssen. Es kann eine Ergänzung zu einem Kabelprüfset sein, kein Ersatz.

**F:** Dann sollte ich also allen Problemen mit dem Kabelprüfset zu Leibe rücken können?

**A:** Nein. Mit ihm können Sie nur bestimmte Probleme feststellen und beheben. Geht das Problem auf die Kabel selbst zurück, ist es ein ausgezeichnetes Werkzeug. Aber bei einem Rauschen im Kabel oder Netzwerkproblemen ist es keine große Hilfe. Aber lesen Sie weiter. Vielleicht gibt es ja noch andere, von uns bisher nicht behandelte Werkzeuge, mit denen Sie Kabel richtig unter die Lupe nehmen können.

**F:** Sieht ein Rauschen im Kabel wirklich so aus?

**A:** Ja. Das verrauschte Signal auf der vorangehenden Seite ist genau das, was Sie sehen würden.

**F:** Rauschen in Netzwerkverbindungen sind also nur zufällige Spannungswerte?

**A:** Nicht unbedingt. Einige Spannungsstreuungen, wie das Rauschen aufgrund von Neonlampen, sind gleichmäßig. Sie liegen normalerweise bei 60 Hz.

**F:** 60 Hz? Was ist das?

**A:** Hertz bzw. Hz sind Zyklen pro Sekunde. Der Wechselstrom in Ihrer Wohnung läuft (in Deutschland) mit 50 Hz, d.h., er wechselt 50-mal in der Sekunde von positiv zu negativ.

**F:** Und warum ist Rauschen so ein Problem für ein Netzwerksignal?

**A:** Wenn das Rauschen zu große Spannungsbereiche erfasst, kann es Daten überdecken. Im folgenden Kapitel werden Sie einige Kodierungstechniken kennenlernen, die die Auswirkungen des Rauschens auf ein Signal mindern, aber ab einem gewissen Grad kann Rauschen jede Art von Signal verdecken.

---

## WER MACHT WAS?  LÖSUNG

Ordnen Sie die Dinge, die zu Rauschen in Netzwerkgeräten führen, der Art der Erzeugung des Rauschens zu.

Ungenügende Erdung

Interferenzen von Radiowellen

Kabelübersprechen

Schlechte Stecker

Physische Vibrationen

Elektrische Motoren

Ich verursache Rauschen, wenn ich keine Verbindung mit dem habe, in das ich eingesteckt bin.

Ich verursache Rauschen, wenn ich Kabel bewege.

Ich verursache Rauschen, weil ich Magneten enthalte, die sich im Kreis bewegen.

Ich verursache Rauschen, weil ich Wellen elektromagnetischer Strahlung aussende.

Ich verursache Rauschen, wenn Signale aus mir sich in ein Kabel in meiner Nähe schleichen.

Ich verursache Rauschen durch Spannungsschwankungen.

*Noch mehr Probleme!*

# Was hat uns das Oszilloskop beim Kaukugel-Netzwerk gebracht?

Bewaffnet mit seinem zuverlässigen Oszilloskop, konnte Frank noch einige weitere Probleme im Kaukugel-Netzwerk aufspüren. Es stellte sich heraus, dass ein großes Stromkabel quer über einigen Kabeln lag und für das Rauschen in den Netzwerkkabeln verantwortlich war.

Unglücklicherweise gibt es bei Kaukugel aber noch weitere Netzwerkprobleme, mit denen wir uns auseinandersetzen müssen. Die Kaugummimaschine läuft wieder, aber das Verpackungsband unterbricht ständig seine Arbeit.

Das ist doch jämmerlich! Kann denn keiner von Ihnen den Mist reparieren? Ich erhöhe die Belohnung auf 6.000 Euro und lege noch eine kostenlose Zahnzusatzversicherung drauf ...

**Werkzeuge &** *Problemlösung*

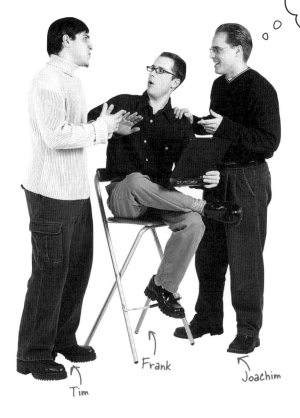

> Hattest du nicht behauptet, dein Oszilloskop könne alle Probleme der Welt lösen?

**Frank:** Was für ein Idiot ich doch bin! Ich dachte, alle restlichen Probleme hätten mit der Spannung zu tun. Das stimmt anscheinend nicht.

**Joachim:** Endlich sind wir mal einer Meinung.

**Frank:** Du hältst mich also auch für einen Idioten?

**Joachim:** Na, so hart würde ich das nicht sagen. Ich bin ebenfalls der Meinung, dass die Probleme an der Spannung liegen.

**Tim:** Aber das kann doch nicht sein. Das Oszilloskop hätte Spannungsprobleme doch aufspüren müssen.

**Joachim:** Nicht notwendigerweise, nicht, wenn die Probleme sehr subtil sind.

**Frank:** Was also schlägst du vor?

**Joachim:** Ich werde mir diese Kabel noch einmal mit einem Logik-Analysator vornehmen und dann beim Chef die 6.000 Euro einfordern.

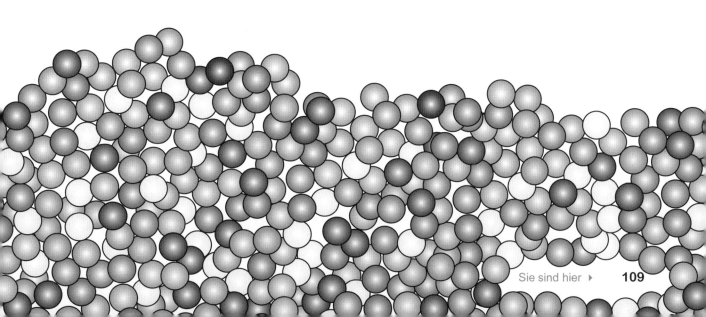

Sie sind hier ▶ **109**

*Äußerst logisch*

# Auch ein Logik-Analysator nutzt die Spannung

Wie ein Oszilloskop betrachtet ein Logik-Analysator (Logical Analyser) die zeitliche Veränderung der Spannung. Häufig können ausgefeilte Oszilloskope auch als Logik-Analysator eingesetzt werden.

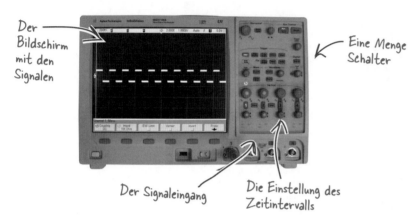

Der Bildschirm mit den Signalen

Eine Menge Schalter

Der Signaleingang

Die Einstellung des Zeitintervalls

**Unser bereits vertrautes Oszilloskop arbeitet auch als Logik-Analysator. Ja, es ist sehr teuer.**

Es gibt aber einen entscheidenden Unterschied: Anstatt den tatsächlichen Spannungswert zu messen, misst ein Logik-Analysator das Signal als eine Folge binärer Ziffern, d.h. 1 oder 0. Überschreitet das Signal eine bestimmte Spannungsschwelle, betrachtet der Logik-Analysator es als 1, ist die Spannung geringer, als 0.

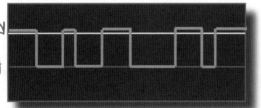

Das ist die Schwelle für eine hohe Spannung. Übersteigt das Signal sie, wird es als 1 betrachtet.

Sinkt das Signal unter die Schwelle für die hohe Spannung, wird es als 0 betrachtet.

So interpretiert der Logik-Analysator das Signal. → **1100100110000110111**

**Aufgepasst**

**Der Einsatz eines Logik-Analysators erfordert viel Übung.**

*Einen Logik-Analysator zu verstehen und korrekt einzusetzen, erfordert noch mehr Übung als der Umgang mit einem Oszilloskop.*

Die Spannungsänderungen im Signal repräsentieren Daten in Form binärer Ziffern. Mit einem Logik-Analysator können Sie auf Basis einer Spannungsschwelle also einen Datenstrom sehen. Mit seiner Hilfe sehen Sie also tatsächlich die Daten im Signal.

Und wie hilft uns das bei der Lösung von Netzwerkproblemen?

**Werkzeuge &** *Problemlösung*

**ÜBUNG**

Ein Logik-Analysator sieht ein Signal als logische Schwellen, also 0 und 1. Ein Oszilloskop sieht ein Signal als sich ändernde kontinuierliche Spannung. Geben Sie für die Signale unten an, ob ein Oszilloskop, ein Logik-Analysator oder beide ein Signal dieser Form sehen würden.

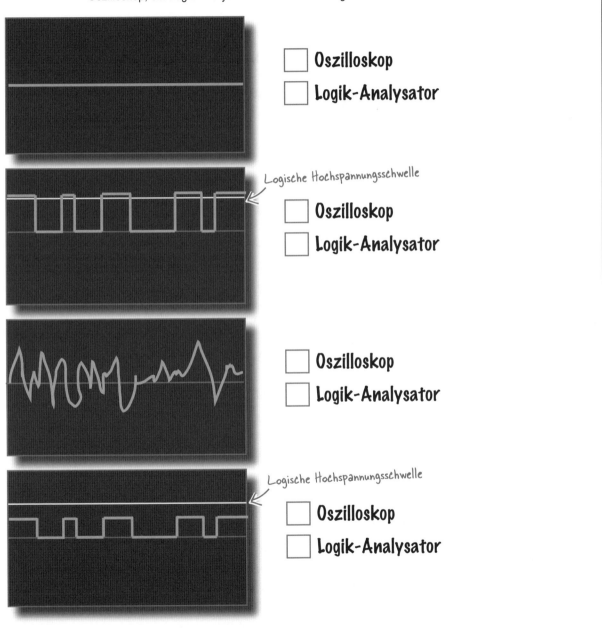

## Logik ist binär

**LÖSUNG ZUR ÜBUNG**

Ein Logik-Analysator sieht ein Signal als logische Schwellen, also 0 und 1. Ein Oszilloskop sieht ein Signal als sich ändernde kontinuierliche Spannung. Geben Sie für die Signale unten an, ob ein Oszilloskop, ein Logik-Analysator oder beide ein Signal dieser Form sehen würden.

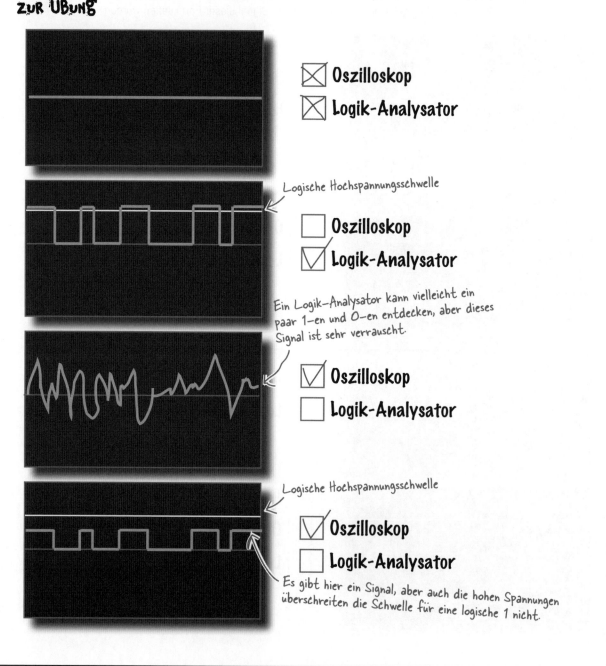

*Werkzeuge & Problemlösung*

# Spielen Sie Logik-Analysator

Sie sollen als Logik-Analysator die rohen Ethernet-Signale unten in Daten umwandeln, die durch 1 und 0 repräsentiert werden.

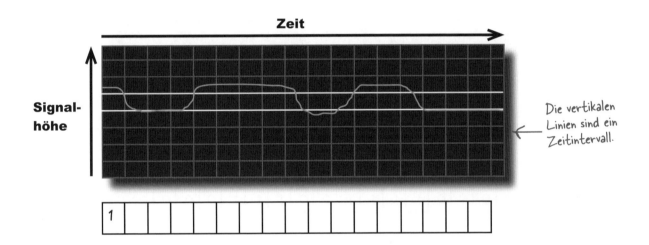

Die vertikalen Linien sind ein Zeitintervall.

| 1 | | | | | | | | | | | | | | | | |

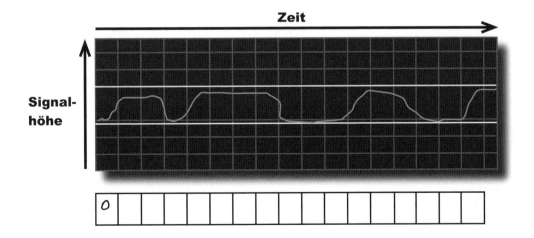

| 0 | | | | | | | | | | | | | | | | |

Sie sind hier ▸

## Spielen Sie Logik-Analysator, Lösung

Sie sollen als Logik-Analysator die nackten Ethernet-Signale unten in Daten umwandeln, die durch 1 und 0 repräsentiert werden.

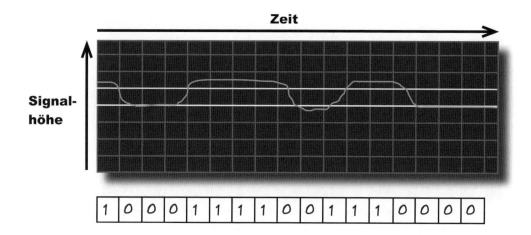

| 1 | 0 | 0 | 0 | 1 | 1 | 1 | 1 | 0 | 0 | 1 | 1 | 1 | 0 | 0 | 0 | 0 |

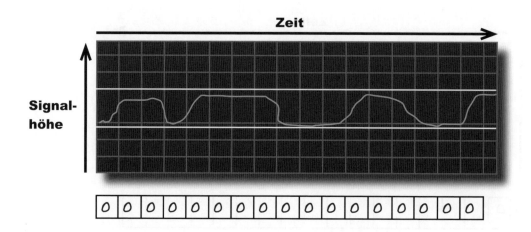

| 0 | 0 | 0 | 0 | 0 | 0 | 0 | 0 | 0 | 0 | 0 | 0 | 0 | 0 | 0 | 0 | 0 |

# Wann ist ein Logik-Analysator hilfreich?

Wir haben gesehen, dass sowohl ein Oszilloskop als auch ein Logik-Analysator Spannungsänderungen über die Zeit messen. Es ist hilfreich, wenn man sich vor Augen führt, wie beide die Signale in einem Kabel sehen, da signifikante Unterschiede auf Probleme hinweisen.

Hier ist ein Beispiel für die Anzeige eines Oszilloskops und eines Logik-Analysators bei klarem Signal, aber geringer Spannungsänderung.

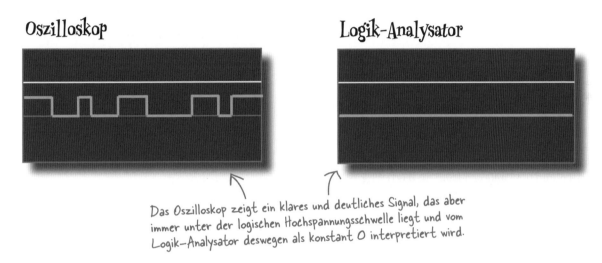

Das Oszilloskop zeigt ein klares und deutliches Signal, das aber immer unter der logischen Hochspannungsschwelle liegt und vom Logik-Analysator deswegen als konstant 0 interpretiert wird.

Obwohl das Signal auf dem Oszilloskop scharf und deutlich scheint, ist die Spannungsänderung zu gering, um zu einem Ausschlag des Logik-Analysators zu führen. Anders gesagt, das Signal ist nicht stark genug, um Netzwerkdaten zu befördern.

# Welches Werkzeug ist das beste?

Wir haben uns jetzt vier verschiedene Werkzeuge angesehen, die Sie einsetzen können, um Probleme bei Ihren Netzwerkkabeln zu analysieren. Mit einem Kabelprüfset haben wir den Elektronen nachgeforscht, mit einem Multimeter Widerstand gemessen, mit einem Oszilloskop Spannungsänderungen über die Zeit beobachtet und mit dem Logik-Analysator das Signal als binäre Daten interpretiert. Welches Werkzeug ist das effektivste?

**Wer sollte den Kaukugel-Bonus erhalten?**

*Die nächste Runde ...*

## Kamingespräche

Heute Abend: **Oszilloskop gegen Logik-Analysator**

**Oszilloskop:**

Sei gegrüßt, Bruder! Endlich taucht hier ein weiteres ausgefeiltes elektronisches Werkzeug auf.

Ich betrachte Signale, genau wie du. Ich überprüfe Rauschen, äußerliche Spannungen, Gleichstromspannungsschwellen, Timing – den üblichen Kram.

**Logik-Analysator:**

Wie geht's? Ich wusste gar nicht, dass du dich ebenfalls hier herumtreibst. Wofür bist du denn verantwortlich?

Da wollen wir eine Sache gleich mal klarstellen. Du weißt doch überhaupt nicht, was ein Signal ist, oder?

Wenn du damit meinst, dass ich ein Signal nicht in seine 1-en und 0-en auflösen kann, ist das richtig. Aber aushorchen und anzeigen kann ich es schon.

Okay. Aber du kannst nicht viel vom Signal aufzeichnen und auch höchstens vier Signale gleichzeitig sehen, oder? Ich kann 64 oder noch mehr Signale sehen.

Stimmt. Meist habe ich nur vier Kanäle. Aber ich zeige den analogen Wert des Rohsignals an. Dazu muss man eine Menge Informationen festhalten. Du speicherst nur eine digitale *Interpretation* des Signals, nicht wahr?

Ja, ich repräsentiere das Signal in digitaler Form und speicher es auf diese Weise. Äußerst effizient, meinst du nicht auch?

Effizient, stimmt schon, aber du verlierst dabei alle nicht digitalen Informationen im Signal. Nicht gerade nett für die unterschiedlichen Spannungshöhen, oder? Und wenn es keine einheitlichen logischen Spannungsschwellen gibt, bist du geliefert.

Da hast du recht. Spannungsdifferenzen unter der festgelegten logischen Schwelle nehme ich eigentlich nicht wahr.

Ich will dir ja nicht zu nahe treten, aber du bist außerdem noch erheblich teurer als ich. Dass du viele Kanäle hast, stimmt wohl, aber jeder davon hat auch seinen Preis!

Ich muss los. Habe noch ein Date mit einem FPGA.

*Werkzeuge & Problemlösung*

# Der Kaukugel-Bonus ging an Jana

Unbemerkt von Tim, Frank und Joachim hat sich auch Jana auf die Jagd nach dem Bonus gemacht. Es gelang ihr, alle Probleme aufzuspüren, die die Jungs mit ihren Geräten bemerkten, und das alles mit einem einzigen Werkzeug.

*Wie konntest du so viele Probleme finden – und das so schnell?*

Frank

Jana

**Jana:** Ich habe einen Netzwerkanalysator eingesetzt. Der beinhaltet die meisten der Werkzeuge, mit denen ihr gearbeitet habt.

**Frank:** Das Ding enthält Kabelprüfset, Multimeter, Oszilloskop und Logik-Analysator in einem?

**Jana:** Nein, nicht ganz. Aber es bietet die Funktionen dieser Werkzeuge, die man im Zusammenhang mit Netzwerkkabeln benötigt.

**Frank:** Hast du vielleicht ein Beispiel parat?

**Jana:** Klar. Nehmen wir beispielsweise das Multimeter, das du genutzt hat, um den Widerstand eines Netzwerkkabels zu ermitteln und dann aus diesem Wert die Länge des Kabels zu berechnen. Mein Gerät misst den Wert, erledigt die Berechnung und zeigt den errechneten Wert an.

**Frank:** WOW! Hammer! Es kann alles machen, was die anderen Dinger machen können?

**Jana:** Vielleicht nimmst du ihn einfach mal mit und spielst eine Weile damit herum ...

**Schauen wir uns genauer an, was ein Netzwerkanalysator ist und wie er funktioniert.**

Sie sind hier ▶

*Die Summe ist größer als die Teile*

# Ein Netzwerkanalysator kombiniert die Funktionen der anderen Werkzeuge

Wenn Sie in gewissem Umfang für die Problemlösung und Wartung eines Netzwerks verantwortlich sind, ist ein Netzwerkanalysator ein Werkzeug, das sich lohnt. Er bietet alle Funktionen der Werkzeuge, die wir uns bisher in diesem Kapitel angesehen haben. Sie können ihn nutzen, um Kabel zu überprüfen und den Netzwerkverkehr zu beobachten sowie zu analysieren. Einige Geräte können Sie sogar bei Drahtlosnetzwerken unterstützen.

Netzwerkanalysatoren sind teuer und erfordern eine umfangreiche Einarbeitungszeit, aber ihre Flexibilität macht sie für den Netzwerkprofi unglaublich nützlich.

Ihr neuer Kumpel, der Netzwerkanalysator

**Ein Netzwerkanalysator bietet alle Funktionen der zuvor behandelten Werkzeuge, aber seine Ausgabe richtet sich an Netzwerkprofis.**

Wie funktioniert ein Netzwerkanalysator?

*Werkzeuge & Problemlösung*

# Ein Netzwerkanalysator versteht den Netzwerkverkehr im Signal

Ein Netzwerkanalysator agiert als Rechner in einem Netzwerk. Er löst die Signale vollständig zu den tatsächlichen Netzwerkdaten auf. Er nimmt Spannungen, wandelt sie in 1-en und 0-en um und weiß, dass die 1-en und 0-en strukturierte Daten darstellen. Diese Daten haben bei einem Ethernet-Netzwerk die Form von **Datenblöcken**.

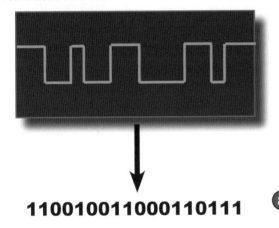

**1** Zunächst liest der Netzwerkanalysator eine Spannung, die sich mit der Zeit ändert.

**1100100110001101111**

**2** Die Spannungen wandelt er je nach Höhe in 1-en und 0-en um.

Das macht er auf ähnliche Weise wie der Logik-Analysator.

Ein einzelner Ethernet-Datenblock besteht aus mehreren 1-en und 0-en.

**3** Die 1-en und 0-en repräsentieren strukturierte Daten.

Bei einem Ethernet-Netzwerk bilden sie **Datenblöcke** oder Frames.

| | 48 Bits | 48 Bits | 16 Bits | Variabel zwischen 368 Bits und 1200 Bits | 32 Bits |
|---|---|---|---|---|---|
| Paketstruktur | Ziel-MAC-Adresse | Quell-MAC-Adresse | Ethernet-Typ | Daten | CRC-Prüfsumme |

**4** In den Datenblöcken reisen Webseiten, E-Mails und andere Daten durch Ihr Netzwerk.

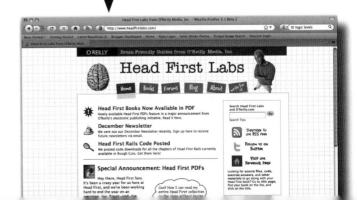

## Welches Werkzeug ist das beste?

Kommt darauf an. Wenn Ihre Probleme aus rein physischen Problemen in der Verkabelung resultieren, reicht ein Kabelprüfset wahrscheinlich aus. Aber wenn die Probleme komplexer, d.h. netzwerkspezifischer, werden, kommen Sie um ein Werkzeug wie den Netzwerkanalysator nicht herum, um in Erfahrung zu bringen, was mit Ihrem Netzwerk los ist.

---
### Es gibt keine Dummen Fragen
---

**F: Was ist denn jetzt mächtiger, ein Logik-Analysator, ein Oszilloskop oder ein Netzwerkanalysator?**

**A:** Das hängt davon ab, was Sie mit mächtig meinen. Ein Oszilloskop ist sicher vielfältiger als ein Logik-Analysator. Moderne Oszilloskope können in ihrer Funktionalität nah an Logik-Analysatoren heranreichen, und Logik-Analysatoren haben viele Funktionen von Oszilloskopen, können beispielsweise das Rohsignal anzeigen. Aber für Netzwerkprofis ist der Netzwerkanalysator die Eintrittskarte. Er bietet die meisten Funktionen, die Sie zur Analyse und Wartung von Netzwerken benötigen.

**F: Hat ein Netzwerkanalysator die Funktionen eines Kabelprüfsets?**

**A:** Ja. Einige Netzwerkanalysatoren bringen ein separates Gerät mit, das mit dem anderen Ende eines Kabels verbunden werden kann, um es zu testen oder das richtige Ende überhaupt erst zu finden.

**F: Und was kosten diese Dinger so?**

**A:** Ein Kabelprüfset bekommt man für unter 100 Euro. Ein Oszilloskop kostet zwischen 300 Euro und 5.000 Euro, ein Logik-Analysator ab 300 Euro aufwärts, Netzwerkanalysatoren gibt es von 500 Euro bis 10.000 Euro.

**F: Kennt ein Netzwerkanalysator die Spannungshöhe des Signals?**

**A:** Auf einer gewissen Stufe muss er das, damit er das Signal in Netzwerkdaten auflösen kann. Teurere Geräte liefern Ihnen diese detaillierten Daten in größerem Umfang.

**F: Ändert sich die logische Spannungsschwelle?**

**A:** Nein. Diese wird durch die Schaltkreise festgelegt, aus denen die Hardware besteht. CMOS-Geräte (Complementary-Metal-Oxide-Semiconductors) haben einen bestimmten Bereich annehmbarer Spannungen.

**F: Sind diese Spannungen allgemein bekannt?**

**A:** Einem Elektroingenieur oder Computertechniker sind sie bekannt. Diese Spannungen sind Industriestandards. Jeder, der mit integrierten Schaltkreisen arbeitet, greift auf diese zurück, damit die Komponenten in einem Schaltkreis zusammenarbeiten können.

**F: Diese Werkzeuge betrachten Signale also jeweils auf eigene Weise?**

**A:** So kann man sich das vorzustellen, ja. Das Oszilloskop sieht eine Spannung, die sich mit der Zeit ändert. Der Logik-Analysator versucht, dieses Signal zu verstehen, indem er es in 1-en und 0-en auflöst.

Der Netzwerkanalysator hat eine ganz andere Perspektive. Er versucht, von oben auf die Dinge zu blicken. Er geht davon aus, dass er mit einem Netzwerkkabel verbunden ist, und versucht, das Signal als Netzwerksignal zu interpretieren.

**F: Und woher weiß der Netzwerkanalysator, wie er den Netzwerkverkehr dekodieren muss?**

**A:** Im nächsten Kapitel werden wir einen Blick auf das Kodieren und Dekodieren von Signalen werfen. Sie werden dazu einige unterschiedliche Verfahren kennenlernen.

*Werkzeuge & Problemlösung*

# WER MACHT WAS?

Ziehen Sie Linien vom Problem zu dem bzw. den Geräten, mit dem/denen man es am **besten** aufspüren kann.

Netzwerkanalysator

Kabelbruch

Rauschen aufgrund eines Stromkabels

Kabelprüfset

kein Signal

Kabel unterbrechungsfrei, aber Widerstand zu hoch

Oszilloskop

Netzwerkchaos durch schlecht konfigurierten Switch

zu langes Kabel führt zu Timing-Problemen

Multimeter

Koaxialkabel falsch terminiert

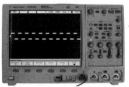

Logik-Analysator

RJ-45-Stecker falsch verkabelt

Erinnern Sie sich: Dies ist ein High-End-Oszilloskop, das auch als Logik-Analysator Verwendung findet.

Sie sind hier ▶ **121**

**Wer macht** was?

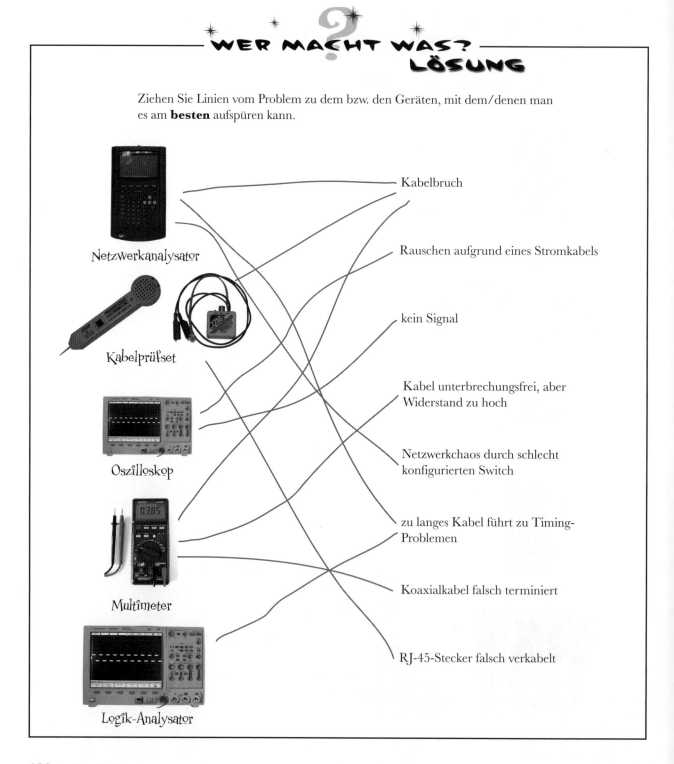

*Werkzeuge & Problemlösung*

# Die Probleme bei Kaukugel sind behoben!

Dank des geschickten Einsatzes von Netzwerkwerkzeugen konnten wir alle Probleme im Kaukugel-Netzwerk aufspüren und beheben. Es sieht so aus, als wäre Kaukugel doch noch in der Lage, die Anforderungen des Pokalvertrags zu erfüllen.

# 4 Paketanalyse

## Sie wurden abgeblockt

*Das ist wohl der letzte Ort, an dem sie nach meinen Netzwerkdaten suchen werden …*

### Es ist Zeit, einen Blick hinter die Kulissen zu werfen.

Netzwerkgeräte senden Daten durch das Kabel, indem sie diese **Daten in ein Signal umwandeln**. Aber wie machen sie das? Und was könnte sich sonst noch in diesem Signal verbergen? Genau wie ein Arzt das Blut untersuchen muss, um das über Blut verbreitete Krankheiten zu erkennen, muss der Netzwerkprofi sich das ansehen, **was im Netzwerksignal ist**, um Einbrüche zu entdecken, eine Prüfung durchzuführen oder allgemein **Probleme zu diagnostizieren**. Der Schlüssel zu all dem ist die **Paketanalyse**. Lesen Sie weiter, während wir Ihr Netzwerksignal **in die Röhre schieben**.

*Was ist im Signal?*

# Wie lautet die geheime Nachricht?

Die Detektei Spürnase & Co. ist auf geheime Untersuchungen im Auftrag ihrer Kunden spezialisiert. Kein Auftrag ist zu klein oder zu groß. Jetzt wurden **Sie** als neue Arbeitskraft rekrutiert.

Hier ist Ihr erster Auftrag:

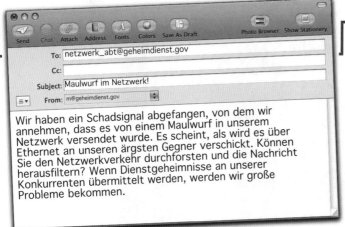

Dies ist der Maulwurf – aber was für eine Nachricht sendet er?

# Wie ziehen wir die Nachricht aus dem Signal heraus?

Dass Netzwerksignale Netzwerkdaten enthalten, wissen wir bereits. Diese Daten werden in ein Format gebracht, das Computer nutzen können. Wir müssten also nur das Signal dekodieren, um die verborgene Nachricht zu ermitteln. Aber wie genau machen wir das?

**Paketanalyse**

**Übung**

Überlegen Sie sich, auf welche drei unterschiedliche Weisen ein Signal in 1-en und 0-en umgewandelt werden könnte. Kein Problem, wenn Sie das nicht perfekt hinbekommen. Die erste haben wir für Sie erledigt.

1  Beginnen Sie bei 0. Ist die horizontale Linie oben, wenn sie auf eine vertikale Linie trifft, wiederholen wir die letzte ermittelte Zahl. Ist sie unten, wechseln wir zur gegenteiligen Zahl.

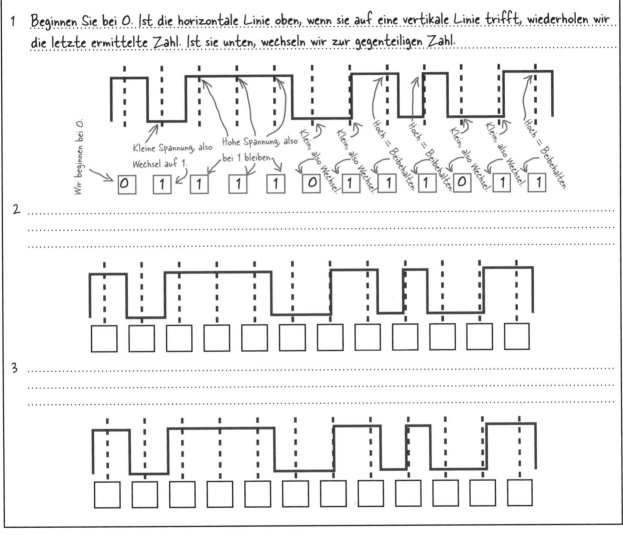

2  ...........................................................................................................................................................................

3  ...........................................................................................................................................................................

# KOPF-NUSS

Könnte dieses Signal etwas anderes darstellen als 1-en und 0-en?

*Ihre Daten sind kodiert*

**Übung**

Überlegen Sie sich, auf welche drei unterschiedliche Weisen ein Signal in 1-en und 0-en umgewandelt werden könnte. Kein Problem, wenn Sie das nicht perfekt hinbekommen. Die erste haben wir für Sie erledigt.

1 Beginnen Sie bei 0. Ist die horizontale Linie oben, wenn sie auf eine vertikale Linie trifft, wiederholen wir die letzte ermittelte Zahl. Ist sie unten, wechseln wir zur gegenteiligen Zahl.

Diese Methode bezeichnet man im Geschäft als Non-Return Zero Inverted (NRZ-I).

0 1 1 1 0 1 1 1 0 1 1

2 Ist die horizontale Linie oben, wenn sie auf eine vertikale trifft, notieren wir eine 1, ist sie unten, eine 0.

Diese Kodierungsmethode bezeichnet man als Non-Return Zero.

1 0 1 1 1 0 0 1 1 0 0 1

3 Wechselt das Signal von hoch zu niedrig, notieren wir eine 0, wechselt es von niedrig zu hoch, eine 1.

Das nennt man Manchester-Kodierung.

0 0 0 1 0 0 1 1 0 0 1 1

# Kamingespräche

Heute Abend:
**Manchester-Phasenkodierung gegen Non-Return to Zero**

## Manchester-Phasenkodierung:

Willkommen, Non-Return to Zero. Umständlicher Name. Kann man den irgendwie abkürzen?

## Non-Return to Zero:

Ich ziehe NRZ vor, einige Leute meinen jedoch, mich NRZ-L rufen zu müssen, was für Non-Return to Zero Level steht. Aber, was ist an dem Namen umständlich, er ist klar und deutlich. Wenn ich ein Signal kodiere, beginnt es bei einer Spannung von 0 und kehrt nie wieder zu ihr zurück.

Heißt das, dass du bei 1 eine positive Spannung und bei 0 eine negative lieferst?

So oder andersherum, je nachdem, wie ich implementiert bin. Aber ich halte mich immer an die Regeln dieser Implementierung. Ich bin eine äußerst schlanke Kodierungstechnik. Schließlich benötige ich nur die Hälfte der Bandbreite, die du in Anspruch nimmst.

Das Mehr an Bandbreite gleicht die Vorteile allemal aus. Ich habe eine eingebaute Phase. Ich stelle sicher, dass die Daten ankommen, und kann sogar Fehler ausmachen. Kannst du das auch?

Ich ziehe ein einfaches Kodierungsverfahren vor. Die Phasengeschichte wird eindeutig überbewertet.

Und was passiert, wenn ein Haufen gleicher Bits aufeinanderfolgen? Versuchst du dann auch, einen Haufen 0-en zu senden?

Welcher Standard wäre so bescheuert, nacheinander einen Haufen gleicher Bits zu erlauben?

Ethernet, beispielsweise. Wenn man einen Haufen gleicher Bits hintereinander hat. Das Signal ist dann lange Zeit auf gleicher Spannungshöhe. Ohne Phase laufen Sender und Empfänger dann nicht mehr synchron.

Komm mir doch nicht mit so abgehobenem Kram. Ökonomie und Einfachheit sind Trumpf.

Mit meiner Phase gebe ich dem Netzwerk mehr – bei gleichem Einsatz. Wenn Daten auf eine Festplatte geschrieben werden, magst du ja geeignet sein, aber für das Netzwerk hast du einfach nicht genug Power.

Daten sollten zu Hause bleiben. Die ganze verrückte Reiserei durch Kabel ist vollkommen überflüssig und viel zu problembehaftet.

Ich dachte mir schon, dass du so etwas sagen würdest.

*Daten kodieren*

# Die Netzwerkkarte kodiert

Um das Kodieren kümmert sich die Netzwerkkarte oder NIC Ihres Rechners. Sie verarbeitet und dekodiert die digitalen Signale und ist für den gesamten Nachrichtenaus- und -eingang des Computers verantwortlich.

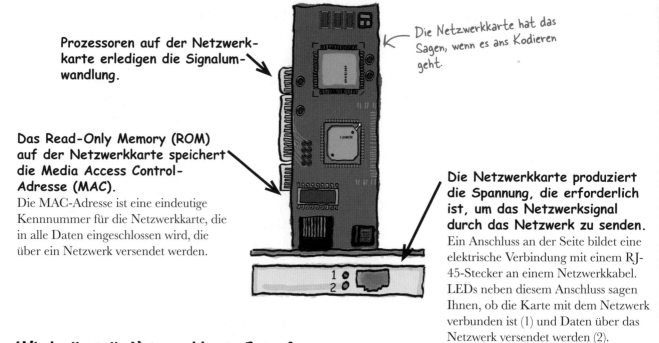

**Prozessoren auf der Netzwerkkarte erledigen die Signalumwandlung.**

Die Netzwerkkarte hat das Sagen, wenn es ans Kodieren geht.

**Das Read-Only Memory (ROM) auf der Netzwerkkarte speichert die Media Access Control-Adresse (MAC).**
Die MAC-Adresse ist eine eindeutige Kennnummer für die Netzwerkkarte, die in alle Daten eingeschlossen wird, die über ein Netzwerk versendet werden.

**Die Netzwerkkarte produziert die Spannung, die erforderlich ist, um das Netzwerksignal durch das Netzwerk zu senden.**
Ein Anschluss an der Seite bildet eine elektrische Verbindung mit einem RJ-45-Stecker an einem Netzwerkkabel. LEDs neben diesem Anschluss sagen Ihnen, ob die Karte mit dem Netzwerk verbunden ist (1) und Daten über das Netzwerk versendet werden (2).

## Wie kodiert die Netzwerkkarte Daten?

Die Netzwerkkarte übernimmt die Nachricht, die über das Netzwerk versendet werden muss. Dann wandelt sie diese Nachricht in binäre Ziffern, eine Folge von 0-en und 1-en, um. Anschließend kodiert sie diese Ziffern und sendet die entsprechenden Spannungssignale durch das angeschlossene Netzwerkkabel.

Die Netzwerkkarte nimmt die Nachricht, kodiert sie und sendet sie dann als Signal über das Netzwerk.

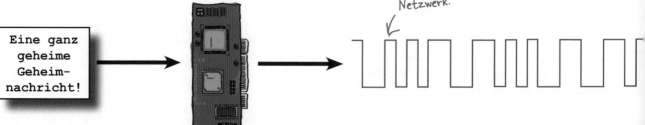

Wie aber erfahren wir, was die ursprüngliche Nachricht war, wenn wir das Signal kennen?

*Paketanalyse*

# Die Kodierung umkehren, um die Nachricht zu lesen

Um die Nachricht in Erfahrung zu bringen, müssen wir das Schadsignal dekodieren. Dazu müssen wir Folgendes tun.

**❶ Wir ermitteln das Schadsignal.**
Das Signal ist eine Folge von Spannungsänderungen, die über das Kabel übermittelt werden. Darin ist die Nachricht verborgen.

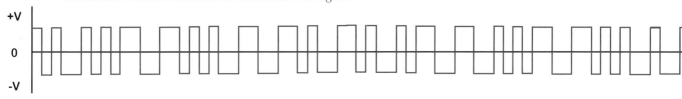

**❷ Wir teilen das Signal über einen Phasenmechanismus in gleich große Teile.**
Eine Phase ist etwas, das regelmäßig pulsiert. Sie ist also wie ein gleichmäßiger Herzschlag.

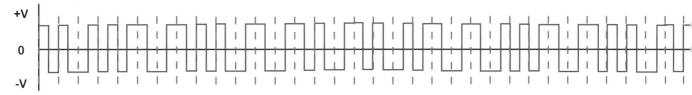

**❸ Das Signal in eine Folge von 1-en und 0-en umwandeln.**
Schauen Sie sich dazu die Spannungshöhe an dem Punkt an, an dem die Phase auf das Signal trifft. Die Spannungshöhe an diesem Punkt bestimmt, ob der Wert eine 0 oder eine 1 ist.

## Und wie dekodieren wir das Signal?

Wie wir die Folge von 0-en und 1-en finden, ist davon abhängig, welche Methode zur Kodierung des Signals verwendet wurde. Aber wie erfahren wir die Methode?

Sie sind hier ▶

*Die Kodierung erfordert einen Standard*

## Der Ethernet-Standard sagt der Hardware, wie die Daten kodiert werden müssen

Und welches Kodierungsschema wird vom Schadsignal verwendet?

Das Signal wird über Ethernet übermittelt. Das ist ein Standard, den Ingenieure und Hersteller beim Entwurf von Computern und Netzwerkgeräten nutzen, und das Protokoll schließt Eigenschaften wie die Manchester-Phasenkodierung ein. Wird das Signal über das Ethernet-Protokoll versendet, muss es also die Manchester-Kodierung nutzen.

Schauen wir uns an, wie das funktioniert:

**Das Protokoll für 10BaseT-Ethernet sagt, dass das Signal mit der Manchester-Kodierung kodiert wird.**

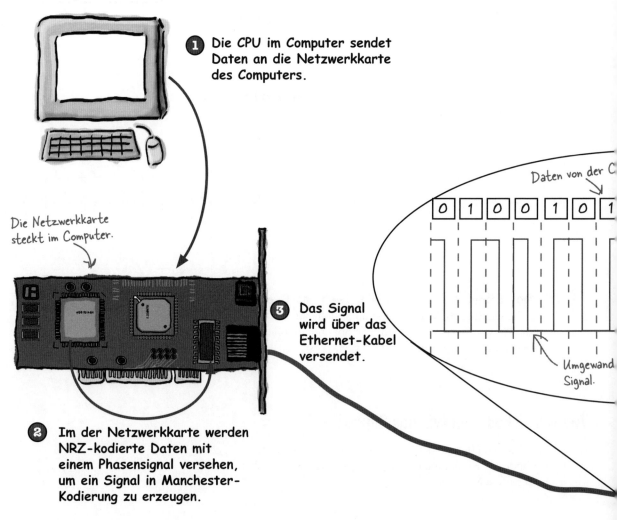

① Die CPU im Computer sendet Daten an die Netzwerkkarte des Computers.

Die Netzwerkkarte steckt im Computer.

③ Das Signal wird über das Ethernet-Kabel versendet.

② Im der Netzwerkkarte werden NRZ-kodierte Daten mit einem Phasensignal versehen, um ein Signal in Manchester-Kodierung zu erzeugen.

Daten von der C

Umgewand Signal.

*Paketanalyse*

Bei der **NRZ**-Kodierung werden die binären Daten durch hohe bzw. niedrige Spannungen repräsentiert, hoch ist **1**, niedrig **0**. Bei der Manchester-Kodierung werden die Daten durch den **WECHSEL** zu einer Spannung repräsentiert.

**Sie müssen nicht im Detail wissen, wie das Kodieren funktioniert.**

Wichtig ist, dass Sie verstehen, dass die Daten im Computer auf eine Weise repräsentiert werden, aber zu einem Signal kodiert werden, wenn sie über das Netzwerk übertragen werden.

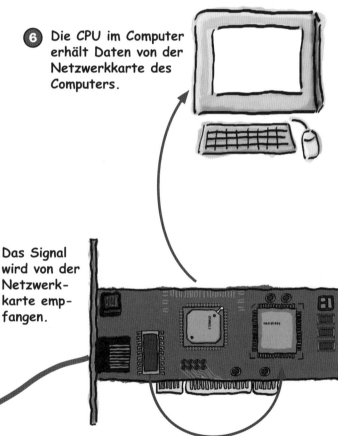

④ Das Signal wird von der Netzwerkkarte empfangen.

⑤ In der Netzwerkkarte wird das empfangene Manchester-kodierte Signal in NRZ umgewandelt. Dann teilt die Netzwerkkarte der CPU mit, dass sie Daten hat.

⑥ Die CPU im Computer erhält Daten von der Netzwerkkarte des Computers.

Sie sind hier ▸ **133**

**Und was ist** *mit ...*

## Es gibt keine Dummen Fragen

**F: Warum müssen wir Signale kodieren und dekodieren?**

**A:** Wenn wir Signale nicht kodieren und dekodieren, kommen sie als reine Wellenformen, d.h. von Spannungen repräsentierte 1-en und 0-en, an. Mit derartigen Wellenformen können wir nicht viel anfangen. Wir kodieren und dekodieren Signale, damit wir eine Möglichkeit haben, über das Signal Daten zu übertragen. Das Versenden von Nachrichten ist der eigentliche Zweck von Nachrichten, Kodieren und Dekodieren sind für Netzwerke also entscheidend.

**F: Warum kodieren wir die Daten nicht auf eine bestimmte Weise und verwenden diese überall?**

**A:** Die verschiedenen Kodierungsmechanismen haben unterschiedliche Vorteile. Einige Kodierungsmethoden sind effizienter. Andere bringen eine bessere Fehlerkorrektur mit. Mit der Zeit wurden immer bessere Kodierungsmethoden entwickelt. Im Vergleich zu den anderen Methoden haben sie jeweils unterschiedliche Vor- und Nachteile.

**F: Was ist Fehlerkorrektur?**

**A:** Wenn Sie Daten über ein Netzwerk übertragen, können Sie auf unterschiedliche Probleme mit diesen Daten stoßen. Einige Kodierungsmethoden ermöglichen es, diese Probleme zu entdecken und zu beheben. Die Fehlerkorrektur sichert die Integrität Ihrer Daten.

**F: Wie viele verschiedene Arten der Datenkodierung gibt es?**

**A:** Es gibt viele verschiedene Varianten: American Standard Code for Information Interchange (ASCII), Binary Coded Decimal (BCD), Differential Manchester Encoding (DME), Extended Binary Coded Decimal Interchange Code (EBCDIC), Feedback Shift Register (FSR), Manchester Phase Encoding (MPE), Non Return to Zero (NRZ), Non Return to Zero Invertive (NRZ-I), Return to Zero (RZ) und Unicode. Einige ältere Kodierungsschemata, die bei Netzwerken verwendet werden, sind Manchester, NRZ, und NRZ-I.

**F: Ältere Schemata? Was wird den heutzutage für Netzwerke genutzt?**

**A:** 4B/5B und 8B/10B werden für Fast Ethernet und Gigabit Ethernet verwendet. Das 4B/5B-Schema nutzt 5 Bits, um 4 Bit-Zahlen darzustellen, und 10 Bits, um 8 Bit-Zahlen darzustellen. Das erfolgt, um zu sichern, dass irgendwann ein Übergang erfolgt.

**F: Als Netzwerkprofi muss ich aber doch nur wissen, wie das Zeug zusammengesteckt wird. Warum sollte ich mich mit dem Mathe- und Physikkram herumschlagen?**

**A:** Bei Netzwerken geht es darum, Nachrichten (Daten) über einen Träger (Signale) zu übertragen. Zur Diagnostizierung von Problemen muss ein Mechaniker alle Aspekte der Funktionsweise einer Maschine kennen. Und ebenso muss ein Netzwerkprofi wissen, wie Daten verpackt werden, wenn er dazu in der Lage sein will, alle möglichen Fehler in einem Netzwerk zu beheben.

**F: Wo kann ich mehr über dieses Ethernet-Protokoll in Erfahrung bringen?**

**A:** Das Ethernet-Protokoll wurde vom Institute of Electrical and Electronics Engineers (IEEE) formuliert. Auf folgenden Websites können Sie erheblich mehr über die IEEE Ethernet-Arbeitsgruppe und ihre Veröffentlichungen in Erfahrung bringen:

http://grouper.ieee.org/groups/802/3/
http://standards.ieee.org/getieee802/

*Paketanalyse*

Eine Ihrer Kolleginnen bei Spürnase & Co.

> Da wir es mit Ethernet zu tun haben, muss das Signal also eine Manchester-Kodierung nutzen. Aber wie hilft uns das, die Nachricht des Maulwurfs zu dekodieren?

**Wenn wir wissen, wie ein Signal kodiert ist, können wir es dekodieren.**

Dadurch, dass wir wissen, dass das Signal eine Manchester-Kodierung nutzt, kennen wir die Folge von 1-en und 0-en, die das Signal repräsentiert. Als Nächstes müssen wir es dann in etwas Aussagekräftigeres verwandeln. Und dazu müssen wir wissen, wie man binäre Ziffern übersetzt.

## Vorsicht, Schulwissen!

Manchester-Kodierung: Eine im Netzwerkbereich genutzte Methode, die elektrische Signale in Datenformate umwandelt, die ein Computer lesen kann. Der Unterschied zwischen der Manchester-Kodierung und anderen binären Kodierungsmethoden ist, dass die Daten bei der Manchester-Kodierung über die Signaländerung kodiert werden. Die Richtung der Änderung des Signals bestimmt, ob das Bit eine »0« oder eine »1« ist.

Eine formellere Definition finden Sie im Federal Standard 1037C, Glossary of Telecommunications Terms. Dieses Dokument finden Sie unter folgender URL:

http://www.its.bldrdoc.gov/fs-1037/fs-1037c.htm

Sie sind hier ▶

*Binär heißt* zur Basis 2

# Kurze Einführung in Binärzahlen

Das Erste, was Sie zu binären Zahlen wissen müssen, ist, dass sie nicht auf 10 Ziffern (0 bis 9) basieren, sondern auf 2, der 0 und der 1. So funktionieren Binärziffern:

Vergessen Sie Ihre anderen Finger, für Binärzahlen benötigen Sie nur zwei.

Wenn Sie die Binärzahlen 0 oder 1 vor sich haben, entsprechen diese den Dezimalzahlen 0 oder 1. Aber wie schreibt man mit binären Ziffern Zahlen wie 2?

Das Binärsystem ist ein System zur Basis 2. Das bedeutet, dass jede Ziffer in einer Binärzahl eine weitere Potenz von 2 repräsentiert. Die ganz rechts stehende Ziffer in einer Binärzahl steht für $2^0$, die nächste für $2^1$, die nächste für $2^2$ und so weiter.

$$1\ 1\ 0\ 0\ 1$$
$$2^4\ 2^3\ 2^2\ 2^1\ 2^0$$

Jede Ziffer in der Binärzahl repräsentiert eine Zweierpotenz

## Und wie wandeln wir eine Binärzahl in eine Dezimalzahl um?

Wenn Sie eine Binärzahl umwandeln wollen, müssen Sie Folgendes machen:

- Multiplizieren Sie jede Ziffer in der Binärzahl mit der entsprechenden Zweierpotenz.
- Addieren Sie alles zusammen.

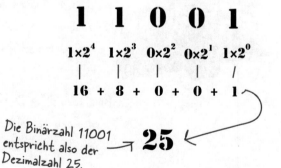

Die Binärzahl 11001 entspricht also der Dezimalzahl 25.

Und schon haben Sie das dezimale Äquivalent.

*Paketanalyse*

# Spielen Sie Computer

Sie sollen Computer spielen und folgende Binärzahlen in Dezimalzahlen umwandeln. Die erste haben wir für Sie erledigt.

| 1 | 0 | 1 | 1 | 1 | 0 | 0 | 1 | |
|---|---|---|---|---|---|---|---|---|
| 128 | + 0 | + 32 | + 16 | + 8 | + 0 | + 0 | + 1 | = 185 |

| 1 | 0 | 1 | 0 | 1 | 0 | 0 | 1 | |
|---|---|---|---|---|---|---|---|---|
|   | + | + | + | + | + | + | + | = |

| 0 | 1 | 0 | 1 | 1 | 0 | 0 | 0 | |
|---|---|---|---|---|---|---|---|---|
|   | + | + | + | + | + | + | + | = |

| 0 | 0 | 0 | 1 | 1 | 1 | 1 | 0 | |
|---|---|---|---|---|---|---|---|---|
|   | + | + | + | + | + | + | + | = |

| 1 | 1 | 1 | 1 | 1 | 1 | 1 | 0 | |
|---|---|---|---|---|---|---|---|---|
|   | + | + | + | + | + | + | + | = |

Sie sind hier ▸ **137**

*Welche Zahl verbirgt sich darin?*

## Spielen Sie Computer, Lösung

Sie sollen Computer spielen und folgende Binärzahlen in Dezimalzahlen umwandeln. Die erste haben wir für Sie erledigt.

| 1 | 0 | 1 | 1 | 1 | 0 | 0 | 1 |
|---|---|---|---|---|---|---|---|
| 128 + | 0 + | 32 + | 16 + | 8 + | 0 + | 0 + | 1 = 185 |

| 1 | 0 | 1 | 0 | 1 | 0 | 0 | 1 |
|---|---|---|---|---|---|---|---|
| 128 + | 0 + | 32 + | 0 + | 8 + | 0 + | 0 + | 1 = 169 |

| 0 | 1 | 0 | 1 | 1 | 0 | 0 | 0 |
|---|---|---|---|---|---|---|---|
| 0 + | 64 + | 0 + | 16 + | 8 + | 0 + | 0 + | 0 = 88 |

| 0 | 0 | 0 | 1 | 1 | 1 | 1 | 0 |
|---|---|---|---|---|---|---|---|
| 0 + | 0 + | 0 + | 16 + | 8 + | 4 + | 2 + | 0 = 30 |

| 1 | 1 | 1 | 1 | 1 | 1 | 1 | 0 |
|---|---|---|---|---|---|---|---|
| 128 + | 64 + | 32 + | 16 + | 8 + | 4 + | 2 + | 0 = 254 |

***Paketanalyse***

# Spitzen Sie Ihren Bleistift

Versuchen Sie, das Signal unten in eine Binärzahl und dann in eine Dezimalzahl umzuwandeln. Nutzen Sie die Manchester-Kodierung, um das Signal umzuwandeln.

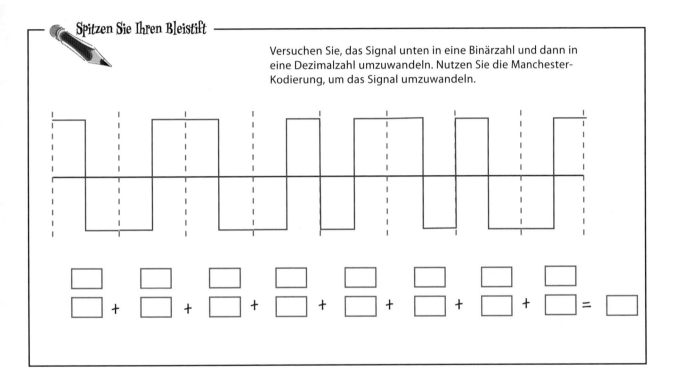

**Das Signal** umwandeln

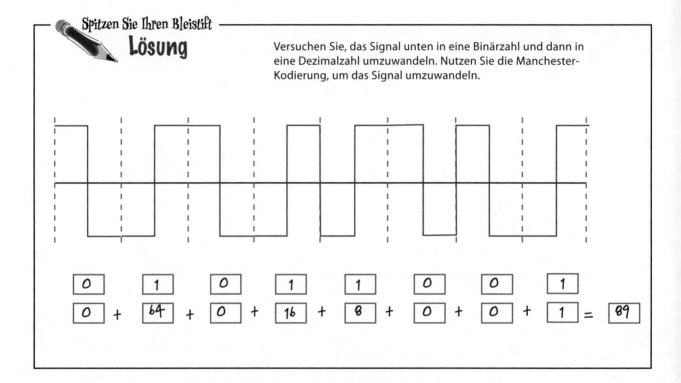

140  Kapitel 4

*Paketanalyse*

> Wollen Sie mir damit sagen, dass wir nur Zahlen als Nachrichten versenden können? Etwas mickrig, oder nicht? Wie sieht es denn mit Text aus?

### Wir können die Zahlen in Buchstaben umwandeln.

Bislang haben wir uns nur angesehen, wie man das Signal ins Binärformat und Binärzahlen in Dezimalzahlen umwandelt. Eigentlich wollen wir das Signal aber in aussagekräftigere Dinge wie Buchstaben, Wörter, Sätze bringen. Wie können wir jedoch Zahlen zu Buchstaben machen? Die Antwort sind Zeichenkodierungen wie ASCII und Unicode ...

## Es gibt keine Dummen Fragen

**F:** **Warum arbeiten Computer nicht wie Menschen mit Dezimalzahlen?**

**A:** Computer nutzen das Binärformat, weil es sich elektronisch einfacher implementieren lässt. Mit Elektrizität kann man leichter arbeiten, wenn sie nur in zwei Zuständen wie an/aus, hoch/niedrig, positiv/negativ auftritt. Müssten wir auf Signalebene zehn Ziffern darstellen, wären zehn Zustände notwendig. Und dazu bräuchten wir eine äußerst empfindliche (und äußerst teure) Elektronik. Außerdem müssten wir Zustandsfehler berücksichtigen und deswegen große Teile des Signals für die Fehlerkorrektur und Problemlösung bereitstellen. Das Binärformat stellt deutlich weniger Ansprüche.

**F:** **Und wo brauche ich das Binärformat bei der alltäglichen Netzwerkarbeit?**

**A:** Am häufigsten werden Sie es wahrscheinlich bei Subnetzen (die wir in einem späteren Kapitel behandeln) benötigen. Subnetze können wie Zauberei aussehen, wenn man die binäre Logik im Hintergrund nicht versteht. Wenn Sie Pakete in einem Netzwerk überwachen wollen, kann Ihnen das Binärformat helfen, die Daten besser zu verstehen. Alles in allem werden Sie wahrscheinlicher ein besserer Netzwerktechniker sein, wenn Sie das Binärformat verstanden haben.

**F:** **Kann man mit binären Zahlen Plus, Minus, Mal und Geteilt rechnen?**

**A:** Man kann damit alle Operationen durchführen, die man mit Dezimalzahlen auch vornehmen kann. Sie müssen nur ein paar spezielle Regeln lernen, um sie anzuwenden.

**F:** **Kann ich das nicht einfach mit irgendeinem Rechner machen?**

**A:** Auf dem Mac können Sie die Rechner-Anwendung nutzen. Wählen Sie Darstellung > Programmierer, erhalten Sie einen Rechner, der binär rechnen kann. Gute Programmiererrechner für andere Systeme finden Sie im Internet, dort gibt es auch einige webbasierte Binär-Dezimal-Umrechner.

Sie sind hier ▶ **141**

# Computer lesen Zahlen, Menschen Buchstaben

Wir können ein Signal in Zahlen umwandeln, aber was ist, wenn wir Text brauchen? Dann brauchen wir eine Zeichenkodierung wie ASCII (American Standard Code for Information Interchange). Computer nutzen derartige Formate, wenn sie untereinander Textnachrichten austauschen.

Im Computerjargon heißen binäre Ziffern **Bits**. Gemeinsam bilden acht von diesen Bits ein **Byte**.

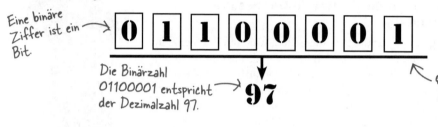

Eine binäre Ziffer ist ein Bit.

Die Binärzahl 01100001 entspricht der Dezimalzahl 97.

8 Bit bilden ein Byte. Man braucht 1 Byte, um ein Zeichen des ASCII-Zeichensatzes darzustellen. Bei anderen Zeichenkodierungen können mehrere Bytes für ein Zeichen erforderlich sein (bei den verschiedenen Unicode-Kodierungen beispielsweise).

Jedes Byte muss gemäß der Zeichenkodierung in ein Zeichen umgewandelt werden. Dazu wandeln wir alle Bytes in ihre dezimalen Äquivalente um und suchen den entsprechenden Wert in einer Kodierungstabelle. Wir werden hier die einfachste und elementarste Zeichenkodierung (ASCII) verwenden. Wir schlagen die Zeichen zu unseren Werten also in einer ASCII-Tabelle nach, zu finden in Anhang B.

Das ASCII-Zeichen, das einem Dezimalwert entspricht, ermittelt der Computer über eine Tabelle wie diese.

| Dezimalwert | ASCII-Zeichen |
|---|---|
| 97 | a |
| 98 | b |
| 99 | c |

Das ASCII-Zeichen, das durch das Byte 01100001 repräsentiert wird, ist also der Buchstabe »a«.

## Aber gibt es nicht ein einfacheres Verfahren?

Das Problem bei der Übersetzung von Bytes in ASCII-Zeichen ist, dass die Masse der 0-en und 1-en schnell erschlagend wird. Es kann ziemlich umständlich werden, die Bytes in Dezimalzahlen umzuwandeln, und das bedeutet, dass es dabei schnell zu Fehlern kommt. Gibt es also ein einfacheres Verfahren?

Aufgepasst

**Es gibt noch weitere Kodierungsschemata für Zeichen.**

Weitere wichtige Zeichenkodierungen sind Unicode-Kodierungen wie UTF-8 oder ISO-Zeichenkodierungen wie ISO-8859-1. Mit ASCII kann man weder die deutschen Umlaute noch spezifische Zeichen anderer Schriftsysteme darstellen. ASCII ist so etwas wie der kleinste gemeinsame Nenner der gebräuchlichsten Zeichenkodierungen und hier deswegen als Grundlage gut geeignet.

**Paketanalyse**

> Wäre es nicht wunderbar, wenn ich Binärzahlen nicht erst in Dezimalzahlen verwandeln müsste, um sie in Zeichen zu überführen, und ich nicht mit so vielen 0-en und 1-en jonglieren müsste? Aber das ist sicher nur ein Traum …

Sie sind hier ▸ **143**

*Hexadezimal heißt zur Basis 16*

# Hilfe bringt Hexadezimal

Es gibt ein praktischeres Verfahren, Bytes in ASCII-Zeichen umzuwandeln. Wir müssen nicht unbedingt eine Dezimalzahl in einer ASCII-Tabelle nachschlagen, wir können stattdessen ihr hexadezimales Äquivalent nachschlagen.

Hexadezimale Zahlen basieren auf 16 Ziffern, 0–9 und a–f:

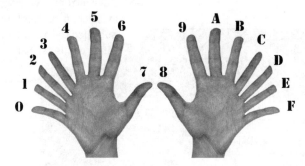

Wenn Sie eine hexadezimale Ziffer wie B haben, wissen Sie, dass diese dezimal 11 entspricht.

Das Hexadezimalsystem ist ein System zur Basis 16. Das bedeutet, dass jede Ziffer eine weitere Potenz von 16 repräsentiert. Die Ziffer ganz rechts entspricht $16^0$, die nächste $16^1$ und so weiter.

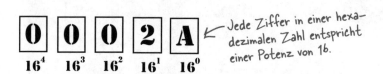

← *Jede Ziffer in einer hexa-dezimalen Zahl entspricht einer Potenz von 16.*

## Und wie bekommen wir eine hexadezimale Zahl in eine dezimale?

Um eine hexadezimale Zahl in eine dezimale Zahl umzuwandeln, nehmen Sie jede Ziffer der hexadezimalen Zahl, multiplizieren sie mit der entsprechenden Potenz von 16 und addieren alles zusammen.

$$0 \quad 0 \quad 0 \quad 2 \quad A$$
$$0\times16^4 \quad 0\times16^3 \quad 0\times16^2 \quad 2\times16^1 \quad 10\times16^0$$
$$0 + 0 + 0 + 32 + 10$$

*Hexadezimal 0002A ist also dezimal 42.* → **42**

***Paketanalyse***

# Zeichen können wir über Hexadezimalzahlen erreichen

Haben Sie einmal verstanden, wie man mit hexadezimalen Zahlen arbeitet, werden Sie schnell erkennen, wie cool das ist. Das Hexadezimalsystem und das Binärsystem passen ausgezeichnet zusammen und vereinfachen die Umwandlung von Binärwerten in Zeichencodes. Das Hexadezimalsystem ist wie eine Brücke zwischen dem Reich des Binären und unserer Welt.

Folgendes müssen wir tun:

**❶ Wir teilen das Byte in der Mitte.**
Die beiden Halb-Bytes nennt man **Nibbles**.

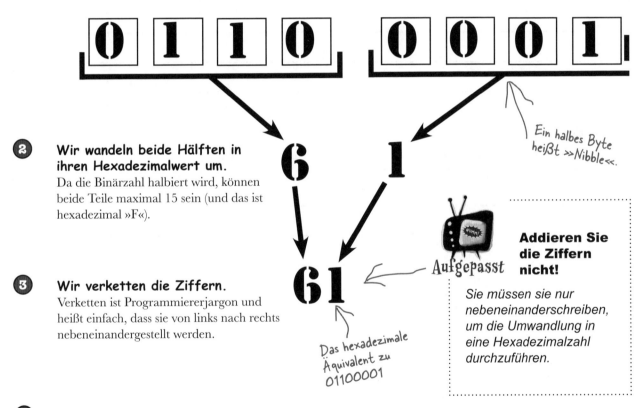

*Ein halbes Byte heißt »Nibble«.*

**❷ Wir wandeln beide Hälften in ihren Hexadezimalwert um.**
Da die Binärzahl halbiert wird, können beide Teile maximal 15 sein (und das ist hexadezimal »F«).

**Aufgepasst**

**Addieren Sie die Ziffern nicht!**

*Sie müssen sie nur nebeneinanderschreiben, um die Umwandlung in eine Hexadezimalzahl durchzuführen.*

**❸ Wir verketten die Ziffern.**
Verketten ist Programmiererjargon und heißt einfach, dass sie von links nach rechts nebeneinandergestellt werden.

*Das hexadezimale Äquivalent zu 01100001*

**❹ Wir schlagen die Zahl in einer ASCII-Tabelle nach.**
Die Tabelle rechts ist nur ein Auszug. Die üblichen ASCII-Codes finden Sie in der praktischen ASCII-Umwandlungstabelle in Anhang B.

| Dezimal | Hexadezimal | ASCII |
|---------|-------------|-------|
| 97      | 61          | a     |
| 98      | 62          | b     |
| 99      | 63          | c     |
| 100     | 64          | d     |
| 101     | 65          | e     |

*Wir wissen, dass Ihnen das zunächst seltsam vorkommen wird. Aber dieser Trick beschleunigt die Umwandlung in ASCII.*

Sie sind hier ▸

*Zahlen* dekodieren

## Spitzen Sie Ihren Bleistift

Unten sehen Sie binäre, dezimale und hexadezimale Nachrichten. Trainieren Sie Ihr Dekodierungsvermögen, indem Sie die Nachrichten entziffern.

### Binär

0110000 0100000 01110101 01101110 01100100 0100000 0110001 0101100 0100000 01100100 01100001 01110011 0100000 01101001 01110011 01110100 0100000 01100100 01101001 01100101 0100000 01010011 01110000 01110010 01100001 01100011 01101000 01100101 0101100 0100000 01101001 01101110 0100000 01100100 01100101 01110010 0100000 01000011 01101111 01101101 01110000 01110101 01110100 01100101 01110010 0100000 01110010 01100101 01100100 01100101 01101110 0101110

*Tipp: Nutzen Sie die ASCII-Tabelle in Anhang B, um den Zeichencode nachzuschlagen.*

### Dezimal

65 117 99 104 32 109 105 116 32 68 101 122 105 109 97 108 122 97 104 108 101 110 32 107 97 110 110 32 109 97 110 32 65 83 67 73 73 32 107 111 100 105 101 114 101 110 46

### Hexadezimal

48 65 78 61 64 65 7a 69 6d 61 6c 20 62 72 61 75 63 68 65 6e 20 76 69 65 6c 65 20 57 65 72 74 65 20 77 65 6e 69 67 20 50 6c 61 74 7a 2e

**Paketanalyse**

## Spielen Sie Computer

Sie sollen als Computer die Binärzahlen unten über den Hexadezimalcode zu den ASCII-Zeichen aufzulösen.

*Tipp: Nutzen Sie die ASCII-Tabelle in Anhang B, um den Zeichencode nachzuschlagen.*

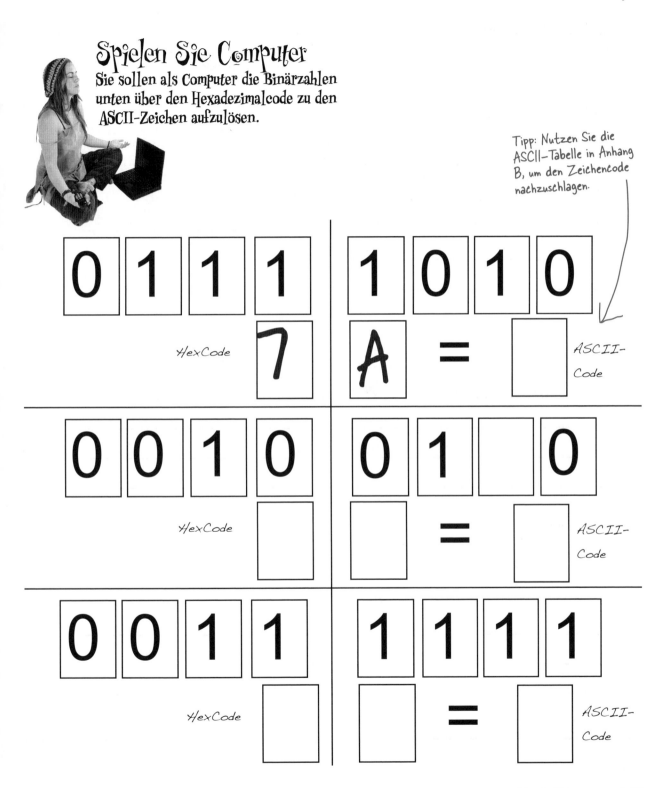

Sie sind hier ▶ 147

## Die Nachrichten entziffern

### Lösung

Unten sehen Sie binäre, dezimale und hexadezimale Nachrichten. Trainieren Sie Ihr Dekodierungsvermögen, indem Sie die Nachrichten entziffern.

**Binär**

0110000 0100000 01110101 01101110 01100100 0100000 0110001 0101100 0100000 01100100 01100001 01110011 0100000 01101001 01110011 01110100 0100000 01100100 01101001 01100101 0100000 01010011 01110000 01110010 01100001 01100011 01101000 01100101 0101100 0100000 01101001 01101110 0100000 01100100 01100101 01110010 0100000 01000011 01101111 01101101 01110000 01110101 01110100 01100101 01110010 0100000 01110010 01100101 01100100 01100101 01101110 0101110

0 und 1, das ist die Sprache, in der Computer reden.

*Tipp: Nutzen Sie die ASCII-Tabelle in Anhang B, um den Zeichencode nachzuschlagen.*

**Dezimal**

65 117 99 104 32 109 105 116 32 68 101 122 105 109 97 108 122 97 104 108 101 110 32 107 97 110 110 32 109 97 110 32 65 83 67 73 73 32 107 111 100 105 101 114 101 110 46

Auch mit Dezimalzahlen kann man ASCII kodieren.

**Hexadezimal**

48 65 78 61 64 65 7a 69 6d 61 6c 20 62 72 61 75 63 68 65 6e 20 76 69 65 6c 65 20 57 65 72 74 65 20 77 65 6e 69 67 20 50 6c 61 74 7a 2e

Hexadezimal brauchen viele Werte wenig Platz

**Paketanalyse**

### Spitzen Sie Ihren Bleistift

Versuchen Sie, das Signal unten in seine binäre Darstellung aufzulösen und dann über die hexadezimale Stufe die ASCII-Werte zu ermitteln. Nutzen Sie die Manchester-Phasenkodierung, um das Signal umzuwandeln.

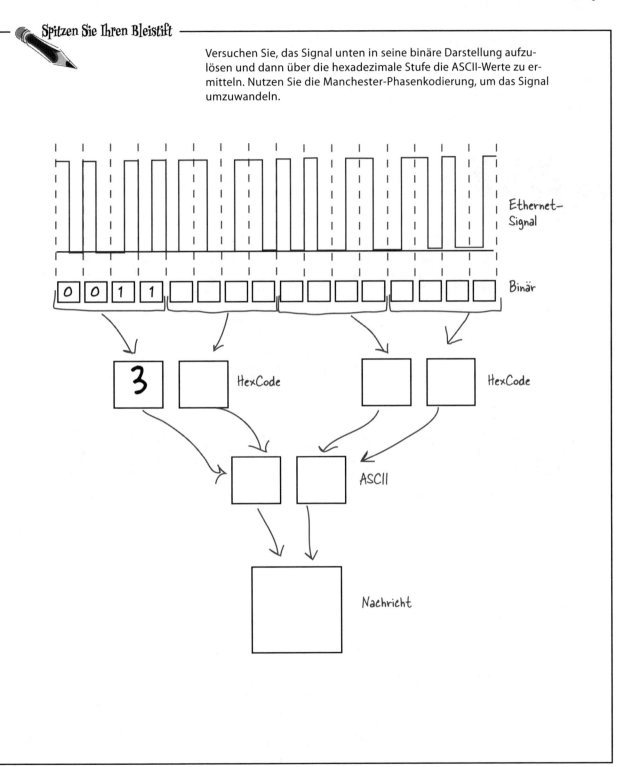

**Lösungen zu** den Übungen

### Spielen Sie Computer, Lösung
Sie sollen als Computer die Binärzahlen unten über den Hexadezimalcode zu den ASCII-Zeichen aufzulösen.

Tipp: Nutzen Sie die ASCII-Tabelle in Anhang B, um den Zeichencode nachzuschlagen.

| 0 | 1 | 1 | 1 | 1 | 0 | 1 | 0 |

HexCode  7  A  =  Z   ASCII-Code

| 0 | 0 | 1 | 0 | 0 | 1 | 1 | 0 |

HexCode  2  6  =  &  ASCII-Code

| 0 | 0 | 1 | 1 | 1 | 1 | 1 | 1 |

HexCode  3  F  =  ?  ASCII-Code

# Spitzen Sie Ihren Bleistift
## Lösung

Versuchen Sie, das Signal unten in seine binäre Darstellung aufzulösen und dann über die hexadezimale Stufe die ASCII-Werte zu ermitteln. Nutzen Sie die Manchester-Phasenkodierung, um das Signal umzuwandeln.

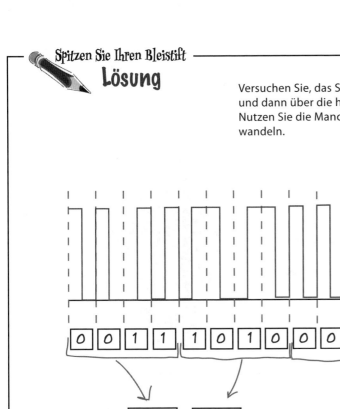
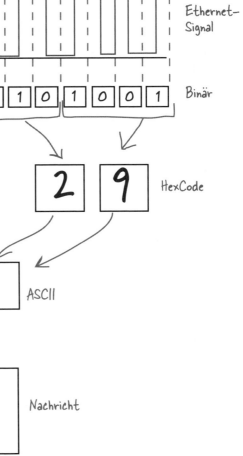

*Sie müssen auch das* Protokoll beachten

# Zurück in der Detektei ...

Bislang haben wir uns Kodierungstechniken angesehen, damit wir die Nachricht ermitteln können, die der Maulwurf verschickt. Welchen Fortschritt haben wir damit bei der Interpretation des Signals gemacht?

*Ich habe versucht, die Binärdaten zu dekodieren, aber das Ergebnis ist vollkommen sinnlos. Ich frage mich, wo das Problem liegt!*

**Das ist nicht nur eine Frage der Dekodierung der Binärdaten, wir müssen auch auf das richtige Protokoll achten ...**

## Es gibt keine Dummen Fragen

**F: Dauert es lange, den ganzen Manchester-, Hex- und ASCII-Kram zu kodieren?**

**A:** Rechner kodieren Daten mit hoher Geschwindigkeit (schneller, als wir blinzeln können), aber das ist von der Hardware und ihrem Aufbau abhängig. Neue Netzwerkgeräte sind natürlich schneller als alte. Auch das Übertragungsmedium hat große Auswirkungen auf die Geschwindigkeit. Glasfaserkabel bieten beispielsweise die Geschwindigkeit X, während diese Geschwindigkeit X bei Ethernet-Kabeln davon abhängig ist, ob es ein 10-Mb/s-, 100-Mb/s- oder 1.000-Mb/s-Kabel ist.

**F: Ethernet hat unterschiedliche Geschwindigkeiten?**

**A:** Ja! Das ursprüngliche Ethernet bot 10 Mb/s. Aber die Ingenieure fanden schon bald Mittel, höhere Geschwindigkeiten zu erreichen. Und die Suche danach ist noch nicht zu Ende. Zurzeit kann man Ethernet-Ausrüstung für bis zu 10 Gb/s erwerben.

**F: Wird bei allen Ethernet-Geschwindigkeiten die Manchester-Kodierung verwendet?**

**A:** Gute Frage. Und die Antwort ist Nein. 100 Mb/s, oder Fast Ethernet, nutzt das 4B5B-Kodierungsschema. Das Wichtigste, das Sie über dieses Kodierungsschema wissen müssen, ist, dass 5 Bits genutzt werden, um 4 Bit Daten zu übertragen.

Gigabit Ethernet, 1.000 Mb/s oder 1 Gb/s nutzt ein 8B10B-Kodierungsschema. Außerdem nutzt Gigabit Ethernet alle vier Adernpaare in einem Kabel.

**F: Und wie helfen diese unterschiedlichen Kodierungsschemata den Geräten, synchron zu bleiben?**

**A:** Durch den Einsatz eines Kodierungsschemas »bettet« ein Gerät, das Daten über ein Netzwerk versendet, seine Phase in das Signal »ein«. Die Phase ist das, was die 1-en und 0-en bestimmt. Stellen Sie sich vor, Sie müssten über NRZ-Kodierung eine Folge von 0-en kodieren. Das bedeutet, dass es nur eine niedrige Spannung gibt. Ein Gerät, das dieses Signal empfängt, wüsste nicht, ob das tatsächlich das Signal ist oder ob die Leitung unterbrochen ist.

Ist in das Signal eine Phase eingebettet, kann der Empfänger dieses korrekt kodieren, da die Daten von den Spannungsübergängen angezeigt werden, nicht nur von der Spannungshöhe.

**F: Muss die ganze Kodiererei und Dekodiererei nicht von einem Computer erledigt werden?**

**A:** Das mag man erwarten. Aber die Ingenieure, die diese Geräte entwickelt haben, sind ziemlich clevere Typen. Sie haben herausgefunden, wie man Hardware aufbaut, die dieses Kodieren/Dekodieren sehr schnell durchführen kann, und diese ist in Netzwerkkarten eingebaut.

**Paketanalyse**

# Protokolle definieren die Struktur der Nachricht

Damit sie effektiv kommunizieren können, nutzen Netzwerkgeräte sogenannte Protokolle, eine Anzahl von Richtlinien oder Regeln für die Netzwerkkommunikation. Diese Protokolle regeln Dinge wie die Geschwindigkeit, mit der Daten gesendet werden können, und die Strukturierung der Daten, wenn sie gesendet werden.

Die meisten Protokolle definieren eine Maximalgröße für Nachrichten. Das bedeutet, dass Nachrichten in getrennte Einheiten zerlegt werden müssen, die Angaben dazu enthalten, woher die Nachricht stammt und wohin sie gehen soll.

Netzwerknachrichten kommen in zwei Arten von Einheiten: Blöcken und Paketen.

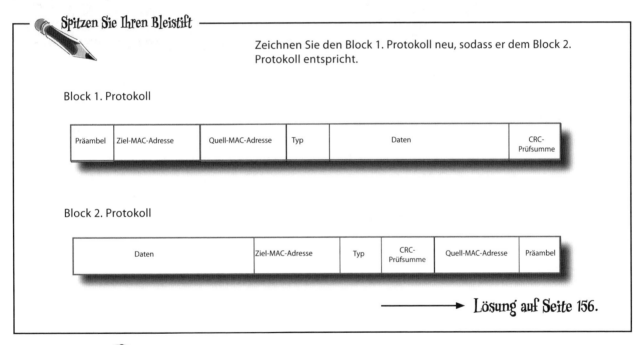

Spitzen Sie Ihren Bleistift

Zeichnen Sie den Block 1. Protokoll neu, sodass er dem Block 2. Protokoll entspricht.

Block 1. Protokoll

| Präambel | Ziel-MAC-Adresse | Quell-MAC-Adresse | Typ | Daten | CRC-Prüfsumme |

Block 2. Protokoll

| Daten | Ziel-MAC-Adresse | Typ | CRC-Prüfsumme | Quell-MAC-Adresse | Präambel |

➝ Lösung auf Seite 156.

**KOPF-NUSS**

Warum könnte es wichtig sein, dass die Zieladresse zu Anfang eines Blocks steht?

Sie sind hier ▸ **153**

### Die Struktur? Es ist ein Block!

## Blöcke und Pakete unter dem Mikroskop

Ein Block ist eine logische Struktur aus Bits, der den Netzwerkverkehr so strukturiert, dass jedes Gerät weiß, wie die Informationen darin zu lesen sind. Im Block gibt eine weitere, als Paket bezeichnete Struktur. Sie birgt den wahren Gehalt eines Blocks.

Werfen wir einen Blick drauf:

*Das ist ein Block, eine logische Struktur aus Bits.*

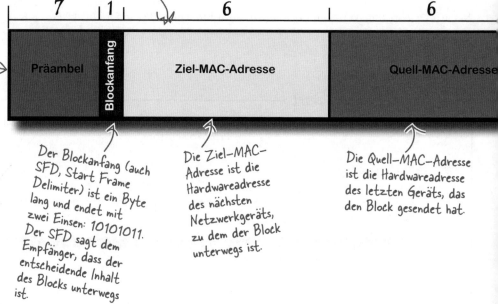

**Länge in Bytes:** 7 | 1 | 6 | 6

Präambel | Blockanfang | Ziel-MAC-Adresse | Quell-MAC-Adresse

*Die Präambel besteht aus 7 Bytes, die folgendermaßen aussehen: 10101010. Dieses regelmäßige Bitmuster ermöglicht den kommunizierenden Netzwerkgeräten, ihre Phasen zu synchronisieren.*

*Der Blockanfang (auch SFD, Start Frame Delimiter) ist ein Byte lang und endet mit zwei Einsen: 10101011. Der SFD sagt dem Empfänger, dass der entscheidende Inhalt des Blocks unterwegs ist.*

*Die Ziel-MAC-Adresse ist die Hardwareadresse des nächsten Netzwerkgeräts, zu dem der Block unterwegs ist.*

*Die Quell-MAC-Adresse ist die Hardwareadresse des letzten Geräts, das den Block gesendet hat.*

---

*Um Ihnen eine Vorstellung davon zu verschaffen, wie viele Informationen in EINEN Block gepackt werden, sehen Sie hier, wie ein Block binär aussieht.*

Präambel | Blockanfang | Ziel-MAC-Adresse

10101010 10101010 10101010 10101010 10101010 10101010 10101010 10101011 00000000 00100101 01000010 1111

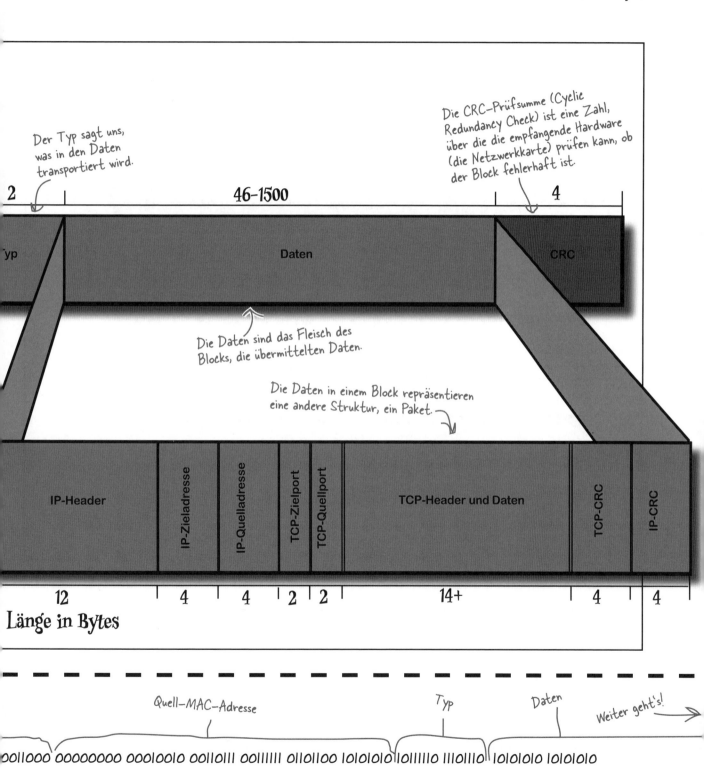

## Das Blockprotokoll rekonstruieren

**Spitzen Sie Ihren Bleistift** ⟶ **Von Seite 153.**

**Lösung**

Zeichnen Sie den Block 1. Protokoll neu, sodass er dem Block 2. Protokoll entspricht.

Block 1. Protokoll

| Präambel | Ziel-MAC-Adresse | Quell-MAC-Adresse | Typ | Daten | CRC-Prüfsumme |

Block 2. Protokoll

| Daten | Ziel-MAC-Adresse | Typ | CRC-Prüfsumme | Quell-MAC-Adresse | Präambel |

Rekonstruiert

| Präambel | Ziel-MAC-Adresse | Quell-MAC-Adresse | Typ | Daten | CRC-Prüfsumme |

---

Daten (Fortsetzung)
↓

10101010 10101010 10101010 10101010 10101010 10101010 10101010 10101011 00000000 00100101 01000010

**Paketanalyse**

## Spitzen Sie Ihren Bleistift

Konstruieren Sie unten einen Block. Die Quelladresse ist 00 12 13 34 51 25, die Zieladresse 00 12 13 34 20 19, der Typ 08 00, die Daten 68 65 6c 6c 6f und die CRC-Prüfsumme 01 03 35 76. (Ignorieren Sie die Präambel.)

*... und noch weiter ...* →

10011000 00000000 00010010 00110111 00111111 01101100 10101010 10111110 11101110 10101010 10101010

## Block im Eigenbau

### Lösung

Konstruieren Sie unten einen Block. Die Quelladresse ist 00 12 13 34 51 25, die Zieladresse 00 12 13 34 20 19, der Typ 08 00, die Daten 68 65 6c 6c 6f und die CRC-Prüfsumme 01 03 35 76. (Ignorieren Sie die Präambel.)

| Zieladresse | Quelladresse | Typ | Daten | CRC |
|---|---|---|---|---|
| 00 12 13 34 51 25 | 00 12 13 34 20 19 | 08 00 | 68 65 6c 6c 6f | 01 03 35 76 |

## Es gibt keine Dummen Fragen

**F: Wie kann ich die MAC-Adresse meines Computers ermitteln?**

A: Gehen Sie auf dem Mac in die »Systemeinstellungen« und geben Sie im Suchfeld oben rechts `Ethernet-ID` ein. Das Fenster, das dann eingeblendet wird, zeigt Ihnen Ihre Ethernet-ID, und das ist nichts anderes als ein anderer Name für MAC-Adresse.

Gehen Sie auf einem Windows-Rechner zu »Start > Ausführen« und geben Sie `cmd` ein, um ein Eingabeaufforderungsfenster zu öffnen. Geben Sie `ipconfig/all` ein, erscheinen alle MAC-Adresse in der Ausgabe.

Wenn Sie Unix- oder Linux-Nutzer sind, öffnen Sie ein Terminalfenster und geben `sudo /sbin/ifconfig -a` ein. Die MAC-Adresse erscheint unter »hwaddr« oder »ether«.

**F: Kann ich meine MAC-Adresse ändern?**

A: Das Unternehmen, das Ihre Netzwerkkarte hergestellt hat, hat sie in einen ROM-Chip auf der Karte gebrannt. Wenn Sie nicht gerade Zugriff auf eine Ausrüstung zum Brennen von ROMs haben, ist es ziemlich schwer, die MAC-Adresse zu ändern. Sie können allerdings die anderen im Netzwerk täuschen, indem Sie Ihre MAC-Adresse softwareseitig manipulieren. Wir raten Ihnen allerdings davon ab, weil viele Unternehmen das als Sicherheitsverletzung betrachten und es zu rechtlichen Schritten führen kann.

**F: Sind MAC-Adressen zufällige Zahlen, oder haben sie eine Bedeutung?**

A: Für die Hersteller von Netzwerkhardware hat die Struktur einer MAC-Adresse eine Bedeutung. Die erste Hälfte der MAC-Adresse ist ein spezieller Code, der dem Hersteller der Hardware zugewiesen ist; die zweite Hälfte ist ein Zahl, die der Hersteller nutzt, um die Geräte zu nummerieren, die er produziert.

**F: Ist jemand dafür verantwortlich, MAC-Adressen zu vergeben?**

A: Die Registration Authority des Institute of Electrical and Electronics Engineers ist für das Vergeben von MAC-Adressen verantwortlich.

**F: Können denen irgendwann die MAC-Adressen ausgehen?**

A: Unmöglich. Es gibt $2^{48}$ oder 281.474.976.710.656 mögliche MAC-Adressen. Die IEEE geht davon aus, dass dieser Adressraum nicht vor 2100 ausgeschöpft. 2099 können wir ja beginnen, uns darüber Gedanken zu machen.

---

Daten (Fortsetzung)

10101010 10101010 10101010 10101010 10101010 10101010 10101010 10101011 00000000 00100101 01000010 1111

***Paketanalyse***

## ✏️ Spitzen Sie Ihren Bleistift

Zurück zu unserem Block!

Probieren Sie, den Anfangsteil eines der eingefangenen Blöcke zu dekodieren.

*Es könnte Ihnen helfen, Trennlinien an den Punkten einzufügen, an denen die verschiedenen Teile des Blocks beginnen.*

0101010101010101032512272E32A001E8D62014B080021124678423468f42f13654eb4ab ...

Ziel-MAC-Adresse        32 51 _____

Quell-MAC-Adresse       _____

Quell-MAC-Adresse       _____

Die ersten 15 Bytes der Daten   _____

0101010101010101010634A2C7244561A3E56211733080014624c2a4e8b42f213a112981ea345

Ziel-MAC-Adresse        63 4A _____

Quell-MAC-Adresse       _____

Quell-MAC-Adresse       _____

Die ersten 15 Bytes der Daten   _____

---

*Geschafft! Nach drei Seiten mit Bytes haben wir das Ende des Blocks erreicht. Wollten wir den größten möglichen Ethernet-Block aufzeichnen, müssten wir noch weitere 57 Seiten Bytes eintippen.*

CRC-Prüfsumme

10011000 00000000 00010010 00110111 00111111 01101100 10101010 | 10111110 11101110 10101010 10101010

Sie sind hier ▸ **159**

## Den Block dekodieren

**Spitzen Sie Ihren Bleistift — Lösung**

Zurück zu unserem Block!

Probieren Sie, den Anfangsteil eines der eingefangenen Blöcke zu dekodieren.

*Es könnte Ihnen helfen, Trennlinien an den Punkten einzufügen, an denen die verschiedenen Teile des Blocks beginnen.*

01010101010101032512272E32A001E8D62014B080021124678423468f42f13654eb4ab2e

| | |
|---|---|
| Ziel-MAC-Adresse | 32 51 22 72 E3 2A |
| Quell-MAC-Adresse | 00 1E 8D 62 01 4B |
| Quell-MAC-Adresse | 08 00 |
| Die ersten 15 Bytes der Daten | 21 12 46 78 42 34 68 f4 2f 13 65 4e b4 ab 2e |

01010101010101010634A2C7244561A3E56211733080014624c2a4e8b42f213a112981ea345

| | |
|---|---|
| Ziel-MAC-Adresse | 63 4A 2C 72 44 56 |
| Quell-MAC-Adresse | 1A 3E 56 21 17 33 |
| Quell-MAC-Adresse | 08 00 |
| Die ersten 15 Bytes der Daten | 14 62 4c 2a 4e 8b 42 f2 13 a1 12 98 1e a3 45 |

**Paketanalyse**

# Netzwerkblöcke haben viele Schichten

Das Kodieren und Dekodieren der Daten ermöglicht uns, die Daten effizient zu verschiffen. Blöcke geben den Daten Struktur, aber gibt uns ein Block deswegen auch schon genug Struktur, um unsere Daten zu verpacken?

Ein Netzwerkblock enthält geschachtelte Strukturen, die es uns ermöglichen, die Daten effizient zu verpacken und zu entpacken. Wie bei einer Serie von Puppen wird die kleinere Struktur von der jeweils nächstgrößeren Struktur eingeschlossen.

Die Daten in einem Block sind eigentlich eine in den Block eingebettete Struktur. Diese nennen wir Paket, und das Typ-Feld sagt uns, was für eine Art Paket die Daten enthalten.

*Der Ethernet-Block kapselt die kleineren Strukturen.*

*Das Paket mit dem IP-Header passt in die größere Struktur eines Blocks.*

*TCP oder ein anderes Unterpaket passt in die größere Struktur eines IP-Pakets.*

*Unsere Nachricht passt in die größere Struktur eines Pakets.*

TCP = Transmission Control Protocol

IP = Internet Protocol

*Diese geschachtelte Verpackung ermöglicht es, Nachrichten zu verpacken und zu entpacken, ohne dass dabei die Integrität der Daten verletzt wird.*

Wir müssen uns noch etwas tiefer in diesen Block eingraben, bevor wir an die eigentliche Nachricht herankommen.

Sie sind hier ▶ **161**

# Was steckt in einem Paket?

# Der Aufbau eines Pakets

Pakete gibt es in den unterschiedlichsten Formen. Sie werden sehen, dass diese Pakete eine Menge an Informationen enthalten. All diese »Felder« beinhalten Informationen, die dem Paket helfen, seinen Weg durch das Netzwerk zu finden. Sicher wird Ihnen auffallen, dass viele Felder in allen drei hier vorgestellten Pakettypen auftauchen.

## UDP-Paket – Protokolltyp 17

UDP wird für das Streamen von Daten wie Musik und Videos verwendet.

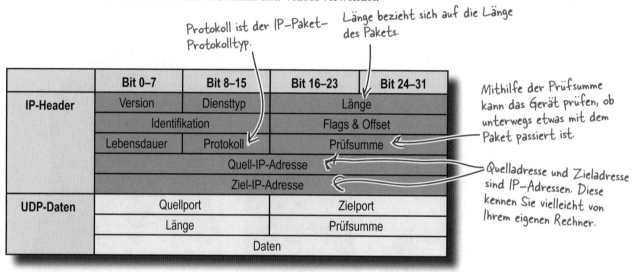

## ICMP-Paket – Protokolltyp 1

ICMP wird eingesetzt, um Netzwerkverbindungen mit dem `ping`-Programm zu testen.

Der IP-Header enthält die IP-Adresse des Zielgeräts, die Quell-IP-Adresse, das Protokoll des Pakets, dem es vorangeht, und seine Länge.

|  | Bit 0–7 | Bit 8–15 | Bit 16–23 | Bit 24–31 |
|---|---|---|---|---|
| IP-Header | Version | Diensttyp | Länge | |
| | Identifikation | | Flags & Offset | |
| | Lebensdauer | Protokoll | Prüfsumme | |
| | Quell-IP-Adresse | | | |
| | Ziel-IP-Adresse | | | |
| ICMP-Daten | Nachrichtentyp | Code | Prüfsumme | |
| | ID | | Sequenznummer | |
| | Daten | | | |

## TCP-Paket – Protokolltyp 6

*Das ist eine dezimale 6, bei einem Paket wäre das der entsprechende Hexadezimalwert!*

TCP wird für den Großteil der IP-Netzwerkkommunikation verwendet, der auf eine zuverlässige Verbindung angewiesen ist. Zuverlässig heißt hier, dass kein Informationen verloren gehen.

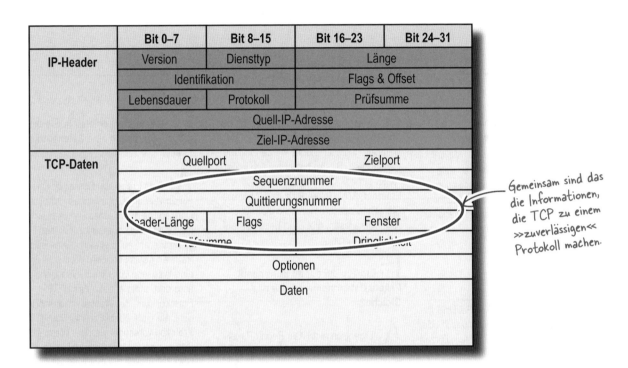

*Gemeinsam sind das die Informationen, die TCP zu einem »zuverlässigen« Protokoll machen.*

### Freak-Futter

Es gibt viele verschiedene Arten von IP-Protokollen, ungefähr 139. Diese drei sind jedoch die, die am häufigsten verwendet werden.

Eine Liste der IP-Protokolle finden Sie hier:

http://www.iana.org/assignments/protocol-numbers/

*Pakete* und Blöcke

## Es gibt keine Dummen Fragen

**F: Warum gibt es so viele verschiedene IP-Pakettypen?**

**A:** Der Hauptgrund ist, dass so viele verschiedene Arten von Kommunikation über IP erfolgen. Beispielsweise tauschen Router Routing-Informationen oder andere Protokolltypen wie IPX in einem IP-Paket gekapselt aus.

**F: Wie viele gibt es?**

**A:** Aktuell hat das Protokoll-Feld in einem IP-Header 8 Bit. Das gibt uns $2^8$ oder 256 mögliche Arten von IP-Paketen. Zurzeit sind ungefähr 139 IP-Protokolle registriert.

**F: Sind Pakete und Blöcke nicht eigentlich dasselbe?**

**A:** Nein! Ethernet-Blöcke sind das, was über das Netzwerk übertragen wird. Im Daten-Feld dieser Blöcke werden Pakete transportiert. Blöcke beziehen sich in der Regel auf das Übertragungsprotokoll, d.h. Ethernet, ATM, Token Ring usw. Aber wie Sie sehen werden, wenn Sie mehr über Netzwerke lesen, gibt es in Bezug darauf einige Verwirrung.

**F: Ein Typ bei mir im Büro nennt Pakete Datagramme. Ist das das Gleiche?**

**A:** Eigentlich nicht. Der Begriff Paket bezeichnet alle Daten, die in Form von Paketen versendet werden. Datagramm hingegen wird für Daten in Paketen verwendet, die über ein unzuverlässiges Protokoll wie UDP oder ICMP versendet werden.

**F: Pakete stecken also in Blöcken; gibt es dann auch eine Datenstruktur im Paket?**

**A:** Gute Frage. Ja. Das ist üblicherweise ein anwendungsspezifisches Protokoll. Denken Sie daran, dass Protokoll einfach ein Mittel bezeichnet, Informationen zu strukturieren, auf das sich alle beteiligten Parteien geeinigt haben. Wenn ein Browser eine Webseite von einem Webserver anfordert, nutzt er dazu das HTTP-Protokoll, und der Webserver antwortet mit Daten, die ebenfalls über das HTTP-Protokoll versendet werden. Wenn ein Server eine E-Mail versendet, nutzt er das SMTP-Protokoll. Es gibt viele verschiedene anwendungsspezifische Protokolltypen.

## Paketanalyse

### Spitzen Sie Ihren Bleistift

**Unser Block**

Unser Paket dekodieren!

Ermitteln Sie die Protokollnummer sowie die Ziel- und Quell-IP-Adressen im Paket und nutzen Sie dann die Tabelle, um den Protokolltyp zu dekodieren. Das hilft uns, den Anfangspunkt der Daten zu finden.

| Bit 0–7 | Bit 8–15 | Bit 16–23 | Bit 24–31 |
|---------|----------|-----------|-----------|
| 45 | 00 | 00 51 | |
| 15 ac | | 00 00 | |
| 40 | 01 | 86 20 | |
| c0 a8 01 2f | | | |
| cc 3e cb 0d | | | |
| 08 | 00 | ee 02 | |
| f6 6e | | 00 07 | |
| 00 00 00 00 00 00 00 00 68 74 74 70 3a 2f 2f 77 77 77 2e 68 66 6e 65 74 77 6f 72 6b 69 6e 67 2e 63 6f 6d 2f 6d 65 64 69 61 2f 70 61 63 6b 65 74 2e 68 74 6d 6c | | | |

Pakettyp: _____

Ziel-IP-Adresse: _____

Quell-IP-Adresse: _____

Daten: _____

_____

Sie sind hier ▸

## Was haben Sie gefunden?

### Lösung

**Unser Block**

Unser Paket dekodieren!

Ermitteln Sie die Protokollnummer sowie die Ziel- und Quell-IP-Adressen im Paket und nutzen Sie dann die Tabelle, um den Protokolltyp zu dekodieren. Das hilft uns, den Anfangspunkt der Daten zu finden.

| Bit 0–7 | Bit 8–15 | Bit 16–23 | Bit 24–31 |
|---|---|---|---|
| 45 | 00 | 00 51 | |
| 15 ac | | 00 00 | |
| 40 | 01 | 86 20 | |
| c0 a8 01 2f | | | |
| cc 3e cb 0d | | | |
| 08 | 00 | ee 02 | |
| f6 6e | | 00 07 | |
| 00 00 00 00 00 00 00 00 68 74 74 70 3a 2f 2f 77 77 77 2e 68 66 6e 65 74 77 6f 72 6b 69 6e 67 2e 63 6f 6d 2f 6d 65 64 69 61 2f 70 61 63 6b 65 74 2e 68 74 6d 6c | | | |

Pakettyp: **ICMP (0x01)**

Ziel-IP-Adresse: **204.62.203.13**

Quell-IP-Adresse: **192.168.1.47**

Daten: **????**

# Kamingespräche

Heute Abend: **TCP gegen UDP**

**TCP-Paket:**

Hi, UDP. Wie geht's?

Ich habe gehört, dass du zuletzt einige Pakete verloren hast. Stimmt das?

Ich meine Pakete, die es nicht von Punkt A zu Punkt B geschafft haben.

Genau das meinte ich. *Ich* kann feststellen, ob es ein Paket vom einen Punkt zum anderen schafft. Die Pakete, die mit meiner Hilfe versendet werden, enthalten vom Sender eingegebene Informationen, die dem Empfänger sagen, wenn Pakete verloren gehen.

Vermutlich spielen verlorene Pakete bei derartigen Informationen keine so große Rolle. Aber bei einer Datenbanksuche oder einem Serverbefehl könnte ein verlorenes Paket fatal sein. Es könnte die gesamten gesendeten Daten ruinieren. Deswegen sorge ich in dieser Hinsicht vor.

Vermutlich muss man einfach abwägen, ob man Zuverlässigkeit oder Leistung will.

**UDP-Paket:**

Nicht übel – und bei dir?

Was meinst du mit »Pakete verlieren«?

Woher sollte ich wissen, ob meine Pakete irgendwo ankommen?

Und warum wird dann fast der gesamte Streaming-Krempel wie Musik oder Filme im Internet über mich abgewickelt? Fällt dir vielleicht ein Grund ein?

Und wir alle wissen, auf wessen Kosten: Leistung. Ich kann meine Daten viel schneller versenden als du, weil ich erheblich weniger Ballast mit mir herumschleppe.

Das ist eine Entscheidung, die nie einfach ist …

**Uns fehlt noch** etwas ...

# Können wir die Geheimnachricht jetzt dekodieren?

Wir haben uns bisher angesehen, wie Blöcke strukturiert sind, wie man herausfindet, welcher Teil des Blocks die Daten enthält, und wie man die Daten in ASCII umwandelt. Ist das jetzt auch wirklich alles, was wir zur Dekodierung der Nachricht brauchen, die der Maulwurf gesendet hat?

Fast ...

### Die gesamte Nachricht kann mehrere Blöcke in Anspruch nehmen.

Manchmal werden Nachrichten über mehrere Blöcke verteilt. Sie fragen sich, warum das so ist?

Ein Ethernet-Block kann rund 1.500 Bytes an Daten enthalten. Größere Datenmengen müssen also auf mehrere Blöcke aufgeteilt werden.

Es gibt aber auch noch einen anderen Grund. Damit die Daten zuverlässig übertragen werden, tauschen Sender und Empfänger über das TCP-Protokoll Informationen zum Verlauf der Übertragung aus. Ist eins der Pakete fehlerhaft, informiert der Empfänger den Sender und der Sender sendet die fehlerhaften Pakete erneut. Stellen Sie sich vor, es gäbe nur ein großes Paket, das alle Daten enthielte. Wenn die Verbindungsqualität mangelhaft ist, könnte es passieren, dass es nie fehlerfrei ankommt.

Um die Nachricht wieder zusammenzubauen, müssen wir alle Blöcke sammeln und darauf achten, dass wir sie in die richtige Reihenfolge bringen.

Aber was bitte heißt »richtige Reihenfolge«? Warum sollten sie anders als in der richtigen Reihenfolge ankommen? Schauen wir es uns an.

*Paketanalyse*

# Wir haben alle erforderlichen Pakete ... aber nicht unbedingt in der richtigen Reihenfolge

In einem großen Netzwerk mit mehreren Routern können die einzelne Blöcke über unterschiedliche Wege ans Ziel gelangen. Einige dieser Wege sind langsamer als andere oder haben eine geringere Bandbreite, was dazu führt, dass die Übertragung des Pakets länger dauert. Das bedeutet, dass die Pakete nicht notwendigerweise in der richtigen Reihenfolge am Ziel ankommen.

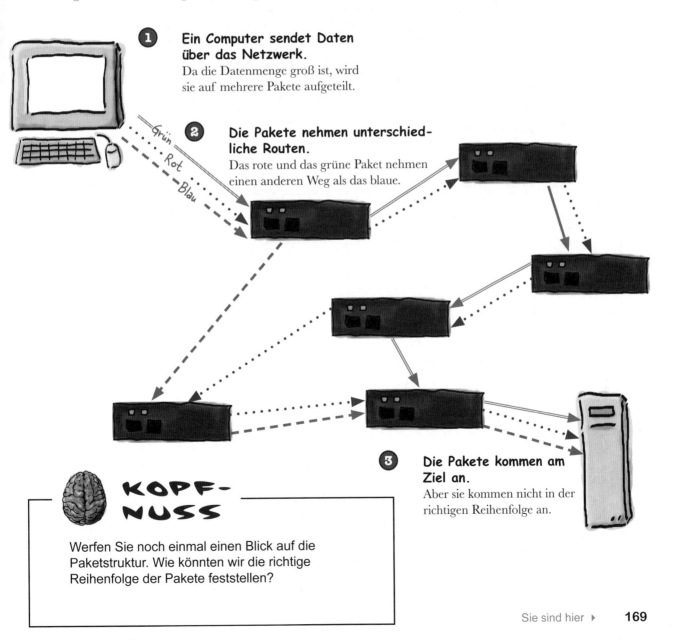

**① Ein Computer sendet Daten über das Netzwerk.**
Da die Datenmenge groß ist, wird sie auf mehrere Pakete aufgeteilt.

**② Die Pakete nehmen unterschiedliche Routen.**
Das rote und das grüne Paket nehmen einen anderen Weg als das blaue.

**③ Die Pakete kommen am Ziel an.**
Aber sie kommen nicht in der richtigen Reihenfolge an.

### KOPF-NUSS

Werfen Sie noch einmal einen Blick auf die Paketstruktur. Wie könnten wir die richtige Reihenfolge der Pakete feststellen?

**Pakete geben ihre** Reihenfolge an

# Die Pakete nennen Ihnen ihre Abfolge

Jedes Paket enthält eine Sequenznummer, die Ihnen sagt, in welcher Reihenfolge die Pakete stehen müssen. Das bedeutet, dass Sie die Sequenznummer aus dem Paket nutzen können, um die Pakete wieder in die richtige Reihenfolge zu bringen. Wenn wir also die Pakete jetzt in der richtigen Reihenfolge dekodieren, erhalten wir die Geheimnachricht.

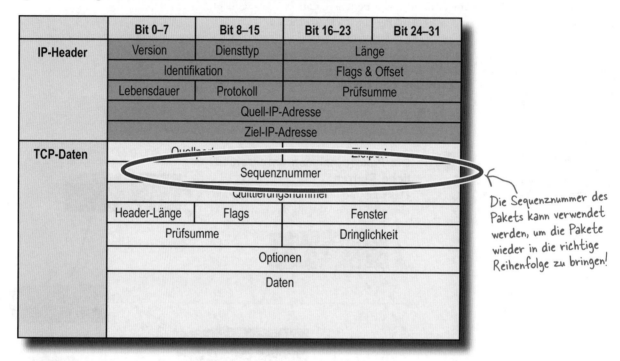

Die Sequenznummer des Pakets kann verwendet werden, um die Pakete wieder in die richtige Reihenfolge zu bringen!

## Freak-Futter

Der Server sendet Pakete auf Basis der Portnummer an eine bestimmte Anwendung. Beispielsweise erfährt er durch einen Blick auf den Zielport im Paket, welche Nachrichten E-Mails sind.

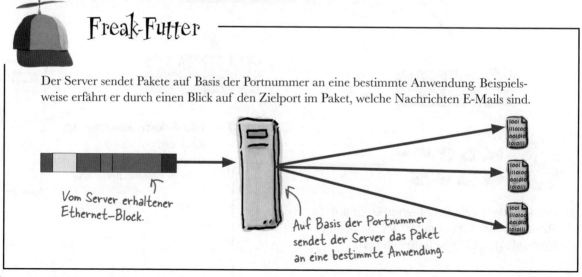

Vom Server erhaltener Ethernet-Block.

Auf Basis der Portnummer sendet der Server das Paket an eine bestimmte Anwendung.

### Spitzen Sie Ihren Bleistift

Endlich können wir mit dem Entziffern der Nachricht starten!

Nutzen Sie die Sequenznummer, um die einzelnen Pakete in die richtige Reihenfolge zu bringen, und übersetzen Sie dann die hexadezimalen Daten in ASCII. Lesen Sie die Nachricht!

| 08 | 00 | ee 02 |
|---|---|---|
| f6 6e | | 00 0A |
| 49 63 68 20 68 61 62 65 20 64 61 73 20 47 65 | | |

| 08 | 00 | ee 02 |
|---|---|---|
| f6 6e | | 00 0B |
| 68 65 69 6d 64 6f 6b 75 6d 65 6e 74 2e 20 44 | | |

| 08 | 00 | ee 02 |
|---|---|---|
| f6 6e | | 00 0C |
| 61 73 20 69 73 74 20 65 69 6e 65 20 4d 65 6e | | |

| 08 | 00 | ee 02 |
|---|---|---|
| f6 6e | | 00 0D |
| 67 65 20 77 65 72 74 2e 20 44 61 6d 69 74 20 | | |

| 08 | 00 | ee 02 |
|---|---|---|
| f6 6e | | 00 0E |
| 6d 61 63 68 65 6e 20 77 69 72 20 6f 72 64 65 | | |

| 08 | 00 | ee 02 |
|---|---|---|
| f6 6e | | 00 0F |
| 6e 74 6c 69 63 68 20 4b 6f 68 6c 65 2e | | |

## Wie lautet die Nachricht?

**Spitzen Sie Ihren Bleistift — Lösung**

Endlich können wir mit dem Entziffern der Nachricht starten!

Nutzen Sie die Sequenznummer, um die einzelnen Pakete in die richtige Reihenfolge zu bringen, und übersetzen Sie dann die hexadezimalen Daten in ASCII. Lesen Sie die Nachricht!

Ich habe das Ge

| 08 | 00 | ee 02 |
|---|---|---|
| f6 6e | | 00 0A |
| 49 63 68 20 68 61 62 65 20 64 61 73 20 47 65 | | |

heimdokument. D

| 08 | 00 | ee 02 |
|---|---|---|
| f6 6e | | 00 0B |
| 68 65 69 6d 64 6f 6b 75 6d 65 6e 74 2e 20 44 | | |

as ist eine Men

| 08 | 00 | ee 02 |
|---|---|---|
| f6 6e | | 00 0C |
| 61 73 20 69 73 74 20 65 69 6e 65 20 4d 65 6e | | |

ge wert. Damit

| 08 | 00 | ee 02 |
|---|---|---|
| f6 6e | | 00 0D |
| 67 65 20 77 65 72 74 2e 20 44 61 6d 69 74 20 | | |

machen wir orde

| 08 | 00 | ee 02 |
|---|---|---|
| f6 6e | | 00 0E |
| 6d 61 63 68 65 6e 20 77 69 72 20 6f 72 64 65 | | |

ntlich Kohle.

| 08 | 00 | ee 02 |
|---|---|---|
| f6 6e | | 00 0F |
| 6e 74 6c 69 63 68 20 4b 6f 68 6c 65 2e | | |

*Paketanalyse*

# Netzwerk-Kreuzworträtsel

Nehmen Sie sich etwas Zeit, um sich zu entspannen, und geben Sie Ihrer rechten Gehirnhälfte was zu tun. Alle Lösungswörter stammen aus diesem Kapitel.

## Waagerecht

5. Einfacher Pakettyp, der zum Testen von Netzwerkverbindungen eingesetzt wird.
6. Ist bei einem Manchester-Signal in die Daten eingebettet.
8. American Standard Code for Information.
9. Da stecken die Pakete drin.
11. Bei 10Mb/s-Ethernet verwendete Kodierung.
13. Protokolle sind _____ .
14. Hexadezimal ist zur Basis 15 (wahr/falsch).
15. 1010 zur Basis 2 entspricht dem ASCII-Zeichen A (wahr/falsch).
16. 1001 AND 1111 ist gleich 1001 (wahr/falsch).
17. 1011 X-NOR 1010 ist gleich 1110 (wahr/falsch).
18. NRZ.

## Senkrecht

1. Hexadezimal wird »Hallo« wie kodiert?
2. Verbindungsloses Protokoll.
3. Welche Ethernet-Version nutzt 8B10B-Kodierung?
4. Wird von Computern verwendet, um einer Verbindung mit einem Netzwerk herzustellen.
7. 0100100001101001 in ASCII ist?
10. 1010 OR 1000 ist gleich 1000 (wahr/falsch).
12. Die Manchester-Kodierung nutzt diese logische Operation.
15. Mit binären Zahlen kann man mathematische Operationen wie Addition und Subtraktion durchführen (wahr/falsch).
19. Verbindungsorientiertes Protokoll.

*Netzwerk-Kreuzworträtsel,* Lösung

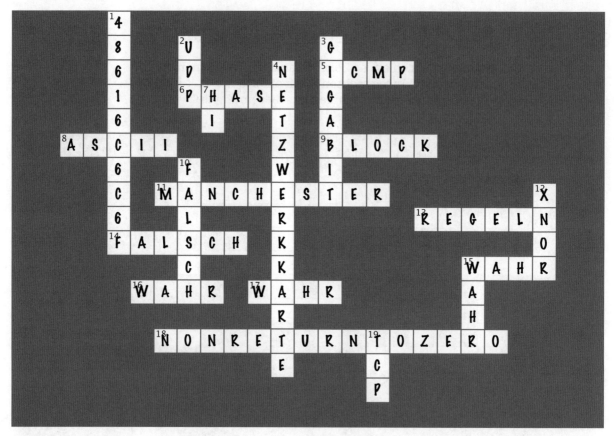

### Waagerecht
5. Einfacher Pakettyp, der zum Testen von Netzwerkverbindungen eingesetzt wird. [ICMP]
6. Ist bei einem Manchester-Signal in die Daten eingebettet. [PHASE]
8. American Standard Code for Information. [ASCII]
9. Da stecken die Pakete drin. [BLOCK]
11. Bei 10Mb/s-Ethernet verwendete Kodierung. [MANCHESTER]
13. Protokolle sind _____ . [REGELN]
14. Hexadezimal ist zur Basis 15 (wahr/falsch). [FALSCH]
15. 1010 zur Basis 2 entspricht dem ASCII-Zeichen A (wahr/falsch). [WAHR]
16. 1001 AND 1111 ist gleich 1001 (wahr/falsch). [WAHR]
17. 1011 X-NOR 1010 ist gleich 1110 (wahr/falsch). [WAHR]
18. NRZ. [NONRETURNTOZERO]

### Senkrecht
1. Hexadezimal wird »Hallo« wie kodiert? [48616C6C6F]
2. Verbindungsloses Protokoll. [UDP]
3. Welche Ethernet-Version nutzt 8B10B-Kodierung? [GIGABIT]
4. Wird von Computern verwendet, um einer Verbindung mit einem Netzwerk herzustellen. [NETZWERKKARTE]
7. 0100100001101001 in ASCII ist? [HI]
10. 1010 OR 1000 ist gleich 1000 (wahr/falsch). [FALSCH]
12. Die Manchester-Kodierung nutzt diese logische Operation. [XNOR]
15. Mit binären Zahlen kann man mathematische Operationen wie Addition und Subtraktion durchführen (wahr/falsch). [WAHR]
19. Verbindungsorientiertes Protokoll. [TCP]

# 5 Netzwerkgeräte und Netzwerkverkehr

## Wie clever ist Ihr Netzwerk?

*Im Büro glauben alle, ich hätte eine Macke, aber ich bin mir sicher, dass es uns beobachtet! Ich habe sie gewarnt, und früher oder später werden sie es auch merken: Dieses Netzwerk ist zu schlau!*

### Ein Netzwerk kann nie schlau genug sein.

Netzwerke brauchen so viel Intelligenz, wie Sie nur hineinpacken können, **aber wo kommt die her**? Von den Netzwerkgeräten natürlich. In diesem Kapitel werden wir uns ansehen, wie **Hubs, Switches und Router** ihre angeborene **Intelligenz** einsetzen, um Pakete über ein Netzwerk zu verschieben. Wir werden Ihnen demonstrieren, wie diese Geräte **denken** und warum sie so **nützlich** sind, und werden mit einer **Software zur Paketanalyse** sogar ein Auge auf den Netzwerkverkehr selbst werfen. Lesen Sie weiter, dann zeigen wir Ihnen, wie Sie Ihr **Netzwerk in Hochform bringen**.

*Zurück zu unserer Nachricht ...*

# Sie haben die Nachricht dekodiert ...

Sie sind der Top-Netzwerktechniker von Spürnase & Co. Sie haben die Geheimnachricht erfolgreich aus dem Geheimsignal erschlossen. Und was jetzt?

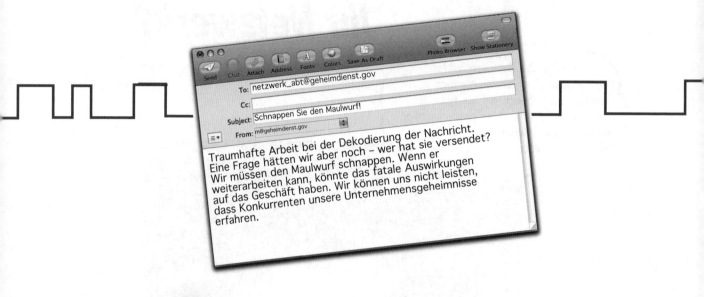

## ... aber wie bringen wir den Absender in Erfahrung?

Wir haben zwar eine der Nachrichten dekodiert, die der Maulwurf versendet, wissen aber nicht, wer sie versendet. Und solange wir nicht in Erfahrung bringen können, wer die Nachrichten sendet, können wir auch nicht verhindern, dass er sie versendet.

Wir müssen irgendwie nachvollziehen, wer der Maulwurf ist. Die Frage ist nur, wie! Alles, auf das wir uns dabei stützen können, ist das Signal, das wir zur Dekodierung der Nachricht eingesetzt haben. Können wir das irgendwie einsetzen, um den Maulwurf zu enttarnen?

**Netzwerkgeräte &** *Netzwerkverkehr*

**ÜBUNG**

Beschriften Sie die einzelnen Teile des Blocks unten und halten Sie mit einigen Notizen fest, welcher Teil des Blocks uns dabei unterstützen könnte, den Maulwurf zu enttarnen.

Notizen: ................................................................................................................................
................................................................................................................................
................................................................................................................................
................................................................................................................................
................................................................................................................................

*Kennen Sie Ihre Blöcke?*

**LÖSUNG ZUR ÜBUNG**

Beschriften Sie die einzelnen Teile des Blocks unten und halten Sie mit einigen Notizen fest, welcher Teil des Blocks uns dabei unterstützen könnte, den Maulwurf zu enttarnen.

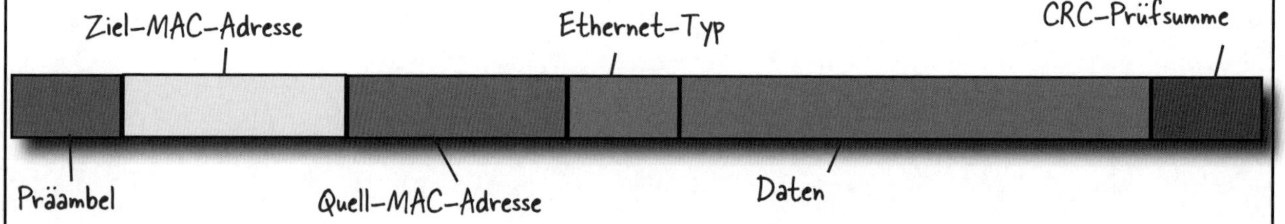

Ziel-MAC-Adresse   Ethernet-Typ   CRC-Prüfsumme

Präambel   Quell-MAC-Adresse   Daten

Notizen: Die Daten enthalten die tatsächlich gesendete Geheimnachricht des Maulwurfs. Die Quell-MAC-Adresse sagt uns, welche Hardware diese Nachricht gesendet hat, und hilft uns, den Rechner des Maulwurfs zu ermitteln.

Die Ziel-MAC-Adresse würde uns sagen, wohin die Daten dann gingen.

**Netzwerkgeräte & *Netzwerkverkehr***

# Die Paketinformationen sagen uns, woher das Paket gekommen ist

Als wir die Nachricht dekodierten, sahen wir, dass jedes Paket die Quell-Mac-Adresse enthält. Anders formuliert: Es enthält die MAC-Adresse der Hardware, die das Paket versendet hat.

Auf jeder Netzwerkkarte in einem Computer ist eine MAC-Adresse eingestanzt. MAC-Adressen sind sechs Byte oder 48 Bit lang. Üblicherweise werden sie in hexadezimaler Form notiert, wobei die einzelnen Bytes durch Doppelpunkte oder Minuszeichen voneinander getrennt werden, so wie hier: 0f:2b:5d:e7:a3:eb.

### Freak-Futter

Nicht nur PCs haben MAC-Adressen. Viele internetfähige Videospielsysteme verfügen über eine Konsole, über die Sie die MAC-Adresse des Geräts ermitteln können.

Der Block wird von einer Karte zu einer anderen geschickt.

Die Ziel-MAC-Adresse ist die Hardwareadresse des nächsten Netzwerkgeräts, an das der Block geht.

Die Quell-MAC-Adresse ist die Hardwareadresse des letzten Netzwerkgeräts, von dem der Block gesendet wurde.

Die restlichen Elemente des Blocks benötigen wir jetzt nicht.

| Präambel | Ziel-MAC-Adresse | Quell-MAC-Adresse | ... |

Die MAC-Adresse der Hardware, von der das Schadsignal gesendet wurde, lautet 00:1f:f3:53:fe:32. Wie können wir das nutzen, um den Maulwurf zu ermitteln?

*Ist doch simpel. Wir suchen den Rechner mit dieser MAC-Adresse und schauen, wer an ihm arbeitet. Mit großer Wahrscheinlichkeit nutzt der Maulwurf genau diesen Rechner. Oder?*

**Schauen wir, ob das funktioniert.**

*Welche MAC-Adresse?*

# Und wer ist jetzt der Maulwurf?

Hier ist eine Liste der MAC-Adressen bei dem Unternehmen, für das Sie die Nachforschungen anstellen. Wer also nutzt den Rechner, von dem das Schadsignal versendet wurde?

> Die MAC-Adresse des Signals ist 00:1f:f3:53:fe:32. Sieht nicht so aus, als wäre die auf der Liste.

| Person | Ort | IP | MAC |
|---|---|---|---|
| Manuel D. | Verwaltung | 192.168.100.34 | 00:1f:f3:53:fe:ae |
| Susanne T. | Rezeption | 192.168.100.45 | 00:1f:f3:53:fe:28 |
| Egon G. | Poststelle | 192.168.100.32 | 00:1f:f3:53:f:18 |
| Klaus M. | IT | 192.168.100.2 | 00:1f:f3:54:27:d2 |
| Daniela Z. | IT | 192.168.100.3 | 00:1f:f3:86:fe:2a |
| Carola F. | Verwaltung | 192.168.100.4 | 00:1f:f3:23:4f:1a |
| Server | IT | 192.168.100.100 | 00:1f:f3:23:4f:27 |

Unglücklicherweise befindet sich die MAC-Adresse des Signals nicht auf der Liste, obwohl sie vollständig aktuell ist. Warum das?

> Mal überlegen ... die Liste enthält MAC-Adressen für Computer. Was ist, wenn die Quell-MAC-Adresse zu irgendeinem anderen Gerät gehört? Dann stände sie nicht auf der Liste.

### Andere Hardwarearten haben auch MAC-Adressen.

Werfen wir einen Blick auf das Netzwerk und schauen wir, ob wir erkennen können, was hier passiert.

**Netzwerkgeräte** & Netzwerkverkehr

# Netzwerke bestehen nicht nur aus Rechnern

Das Unternehmensnetzwerk besteht nicht nur aus Rechnern und Servern. Es gibt auch Netzwerkgeräte wie Hubs, Switches und Router. Hubs und Switches arbeiten im lokalen Netzwerk (LAN, Local Area Netzwork) oder Intranet, und Router ermöglichen es uns, übergreifende Netzwerke (WAN, Wide Area Networks) oder Internets einzurichten.

Aufgepasst

*Das* Internet ist nicht das Gleiche wie *ein* Internet.

Das Internet ist der große, verbundene Raum, den wir nutzen, um Daten um die ganze Welt zu verschicken. Der lockerere Begriff Internet bezeichnet mindestens zwei Intranets, die über einen Router verbunden sind.

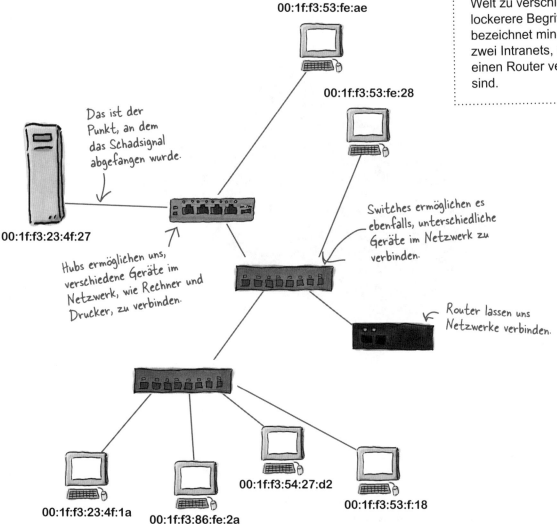

## Hubs unter der Lupe

Wie wir bereits sagten, ermöglicht ein Hub, die verschiedenen Geräte zu verbinden, die wir in unserem Netzwerk benötigen, wie Rechner und Drucker. Er nimmt ein einkommendes Signal, kopiert es an alle anderen Ausgänge und versendet es. Hubs werden gelegentlich auch als Repeater (Wiederholer) bezeichnet, weil sie das einkommende Signal einfach nur wiederholen, ohne dass dabei digitale Intelligenz wie Speicher oder ein Prozessor zum Einsatz kommt. So sieht ein Hub von innen aus:

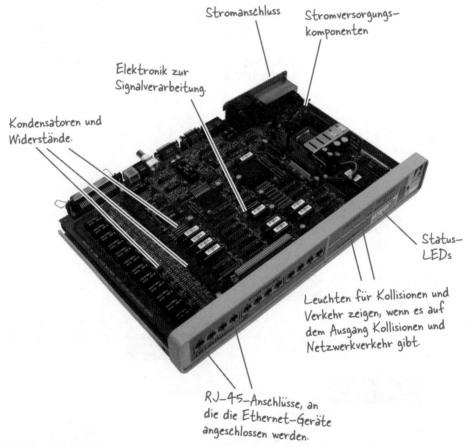

## Hubs sind dumm

Ein Hub ist ein dummes Gerät, weil es die Netzwerkdaten nicht versteht und weder etwas über MAC-Adressen weiß noch sie festhält. Er wiederholt einfach einkommende Signale an allen Ausgängen, ohne vor dem Weiterleiten Änderungen am Signal vorzunehmen.

**Netzwerkgeräte** & *Netzwerkverkehr*

# Hubs ändern keine MAC-Adressen

Was bringt uns das bei unserer Suche nach dem Maulwurf?

Das letzte Gerät, durch das das Paket ging, bevor es abgefangen wurde, war ein Hub. Da ein Hub Daten einfach so weiterleitet, wie er sie erhält, und eigentlich nicht weiß, was Netzwerkdaten sind, nimmt er keinerlei Änderungen an der Quell-MAC-Adresse vor. Er leitet die Quell-MAC-Adresse so weiter, wie er sie im Paket empfangen hat.

**Man kann nicht feststellen, ob ein Paket von einem Hub weitergeleitet wurde.**

*Dazu müssen Sie die Struktur Ihres Netzwerks kennen und wissen, welche Knoten mit Hubs verbunden sind.*

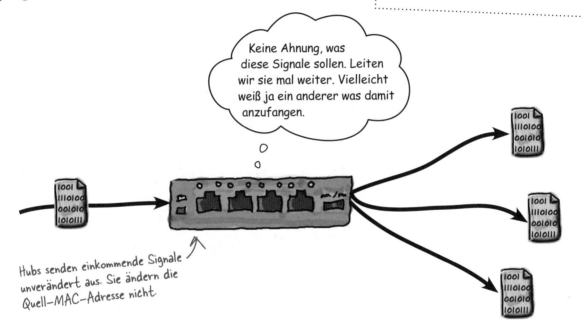

Hubs senden einkommende Signale unverändert aus. Sie ändern die Quell-MAC-Adresse nicht.

## Aber welches Gerät hat das Paket an den Hub gesendet?

Da der Hub die Quell-MAC-Adresse nicht ändert, muss diese zu dem Gerät gehören, das das Signal an den Hub übergeben hat. Wir müssen über den Hub hinausschauen, um den Maulwurf zu finden.

Hubs enthalten keine Prozessoren. Was sagt Ihnen das über die Art, wie der Hub Signale verarbeitet?

# Ein Hub sendet Signale, und das in alle Richtungen

Ein Hub empfängt einkommende Signale und sendet sie auf allen anderen Ausgängen aus. Senden mehrere Geräte Signale, sorgt das permanente Wiederholen des Hubs für viel Verkehr und Kollisionen. Eine Kollision tritt dann ein, wenn zwei Signale zusammenstoßen und so einen Fehler verursachen. Das sendende Netzwerkgerät muss zurücktreten und darauf warten, dass es das Signal erneut senden kann.

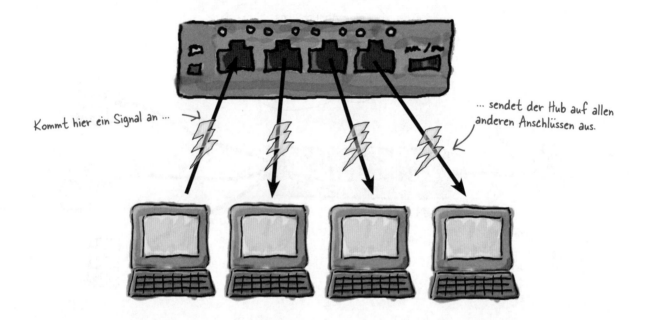

Kommt hier ein Signal an ...

... sendet der Hub auf allen anderen Anschlüssen aus.

## Hubs sehen nur Elektrizität

Ein Hub enthält keine Prozessoren, und das bedeutet, dass er keine Ahnung von Netzwerkdaten hat. Er weiß nicht, was MAC-Adressen oder Blöcke sind. Er betrachtet ein einkommendes Netzwerksignal einfach als elektrisches Signal und gibt es weiter.

Und was kommt dann?

**Ein Hub ist bloß ein elektrischer Repeater. Er nimmt das einkommende Signal und setzt es an allen anderen Anschlüssen ab.**

# Was gab das Signal an den Hub?

Bislang haben wir gesehen, dass das Signal einen Hub passierte, aber wir wollen wissen, welches Netzwerkgerät das Signal an den Hub gegeben hat. Schauen wir uns erneut die Skizze unseres Netzwerks an und achten wir diesmal darauf, welche anderen Geräte mit dem Hub verbunden sind.

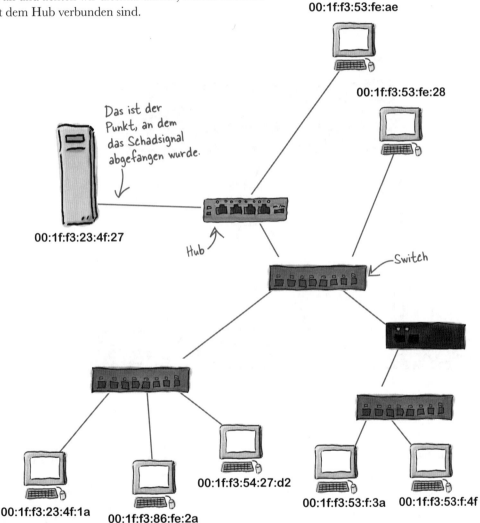

Mit dem Hub sind zwei Geräte verbunden, die das Signal gesendet haben könnten, ein Rechner und ein Switch. Da die MAC-Adresse des Rechners nicht mit der gesuchten übereinstimmt, wissen wir, dass der Computer das Signal nicht gesendet haben kann. Es muss also der Switch gewesen sein. Wie aber funktioniert ein Switch?

Sie sind hier ▶

*Ein Switch ist spezifischer*

# Ein Switch sendet Blöcke, und zwar nur dorthin, wohin sie sollen

Switches vermeiden Kollisionen, indem sie Blöcke aus dem Intranet speichern und weiterleiten. Das können sie tun, weil sie die MAC-Adresse des Blocks nutzen. Statt das Signal auf allen Ausgängen auszustrahlen, senden sie es nur an das Gerät, an das es gerichtet ist.

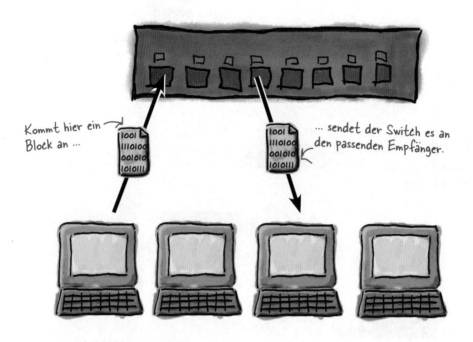

## Switches sehen Blöcke

Ein Switch enthält Prozessoren, RAM und ASICS, und das bedeutet, dass ein Switch Netzwerkdaten versteht. Er weiß, was MAC-Adressen und Blöcke sind, und kann deswegen intelligent mit einkommenden Netzwerksignalen umgehen. Er ermittelt also, wohin das Signal gehen muss, und geht mit ihm entsprechend um.

**Ein Switch liest das Signal als Block und nutzt die Informationen im Block, um es an die gedachte Stelle zu senden.**

**Netzwerkgeräte** & Netzwerkverkehr

## Switches unter der Lupe

Genau wie ein Hub ermöglicht ein Switch, die Geräte zu verbinden, die wir in unserem Netzwerk benötigen, Rechner und Drucker beispielsweise.

So sieht ein Switch von innen aus:

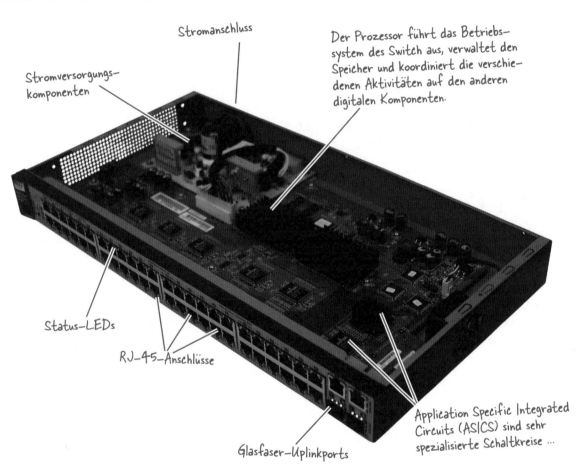

- Stromanschluss
- Stromversorgungskomponenten
- Der Prozessor führt das Betriebssystem des Switch aus, verwaltet den Speicher und koordiniert die verschiedenen Aktivitäten auf den anderen digitalen Komponenten.
- Status-LEDs
- RJ-45-Anschlüsse
- Glasfaser-Uplinkports
- Application Specific Integrated Circuits (ASICS) sind sehr spezialisierte Schaltkreise ...

## Switches sind klug

Hubs und Switches gehen mit Signalen auf sehr unterschiedliche Weise um. Ein Switch kann Signale als Blöcke verarbeiten und kann auch mit MAC-Adressen umgehen. Statt einkommende Signale auf allen Anschlüssen auszugeben, kann ein Switch Pakete speichern und an ihr Ziel weiterleiten.

Schauen wir uns das genauer an.

**Switches nutzen** *Lookup-Tabellen*

# Switches speichern MAC-Adressen in einer Lookup-Tabelle, um den Austausch der Blöcke zu steuern

**❶ Die Quelle sendet einen Block.**
Ein Block enthält die Daten und hält die Sendezeit nach sowie die MAC-Adresse der Quelle und die MAC-Adresse des Ziels.

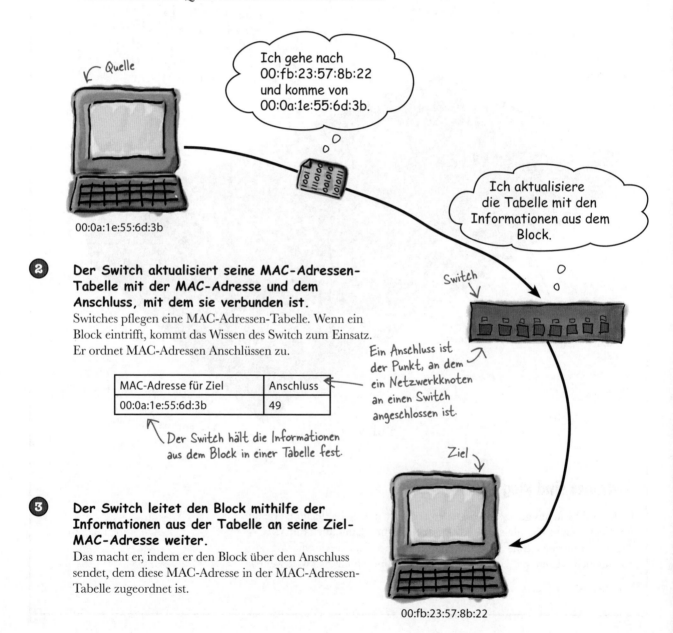

**❷ Der Switch aktualisiert seine MAC-Adressen-Tabelle mit der MAC-Adresse und dem Anschluss, mit dem sie verbunden ist.**
Switches pflegen eine MAC-Adressen-Tabelle. Wenn ein Block eintrifft, kommt das Wissen des Switch zum Einsatz. Er ordnet MAC-Adressen Anschlüssen zu.

| MAC-Adresse für Ziel | Anschluss |
|---|---|
| 00:0a:1e:55:6d:3b | 49 |

Der Switch hält die Informationen aus dem Block in einer Tabelle fest.

**❸ Der Switch leitet den Block mithilfe der Informationen aus der Tabelle an seine Ziel-MAC-Adresse weiter.**
Das macht er, indem er den Block über den Anschluss sendet, dem diese MAC-Adresse in der MAC-Adressen-Tabelle zugeordnet ist.

# Netzwerkgeräte & Netzwerkverkehr

## Spielen Sie Switch

Sie sollen Switch spielen und die Lookup-Tabelle auf Basis der dargestellten Informationen aus den Blöcken aktualisieren. Folgen Sie den Pfeilen, um den Anschlüssen die richtigen MAC-Adressen zuzuordnen.

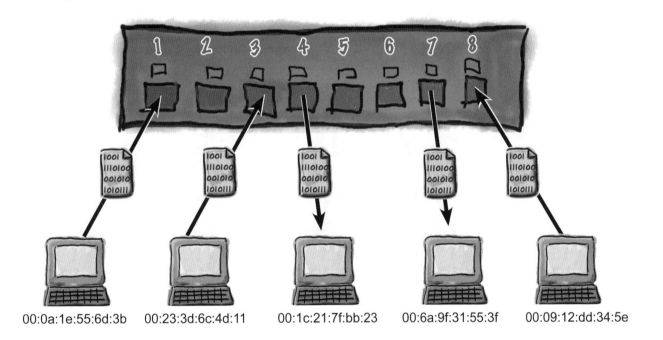

| MAC-Adresse | Anschluss |
|---|---|
| 00:0a:1e:55:6d:3b | 1 |
| | |
| | |
| | |
| | |
| | |

Sie sind hier ▶

### Seien Sie der Switch

# Spielen Sie Switch, Lösung

Sie sollen Switch spielen und die Lookup-Tabelle auf Basis der dargestellten Informationen aus den Blöcken aktualisieren. Folgen Sie den Pfeilen, um den Anschlüssen die richtigen MAC-Adressen zuzuordnen.

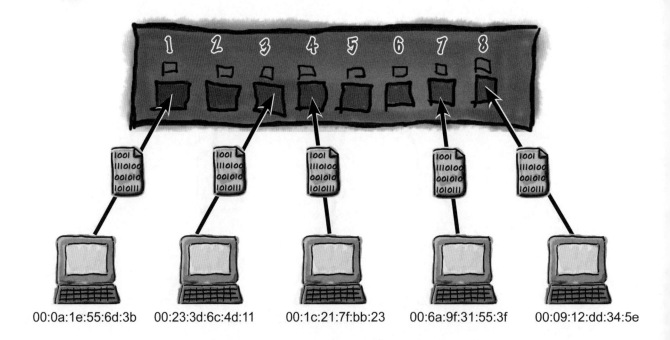

| MAC-Adresse | Anschluss |
|---|---|
| 00:0a:1e:55:6d:3b | 1 |
| 00:23:3d:6c:4d:11 | 3 |
| 00:1c:21:7f:bb:23 | 4 |
| 00:6a:9f:31:55:3f | 7 |
| 00:09:12:dd:34:5e | 8 |

# Kamingespräche

Heute Abend: **Hub gegen Switch**

**Hub:**

Weißt du, Switch, langsam bin ich es wirklich leid, dass du permanent meine Intelligenz infrage stellst.

Ich bin es leid ... willst du dich etwa über mich lustig machen?

Man nennt mich auch einen Repeater, und?

Na und? Ich wiederhole Signale. Aber ansonsten sind wir einander ja wohl recht ähnlich.

Ich ziehe eben das Grundlegende deinen Daten vor, deswegen arbeite ich ausschließlich mit Elektrizität.

Ja, und ich verbinde Computer.

Ich lege eben Wert darauf, dass jedes Gerät im Netzwerk über den Verkehr informiert wird.

Aber ich bin billiger. In der Beziehung reichst du nicht an mich heran!

**Switch:**

Könntest du das vielleicht wiederholen?

War nur ein kleines Wortspiel in Zusammenhang mit deinem Zweitnamen.

Genau das ist doch dein Problem. Der Umstand, dass du jede kleine Kleinigkeit, die an einem deiner Anschlüsse ankommt, auf ALLEN anderen Anschlüssen wieder ausgibst, ist schließlich dafür verantwortlich, dass das Netzwerk langsam ist.

Nein, keineswegs. Du arbeitest mit Signalen, ich arbeite mit Blöcken.

Ich bin ein Computer. Ich habe ein eigenes Betriebssystem.

Aber nicht effizient. Du bombardierst all deine Anschlüsse mit überflüssigem Netzwerkverkehr.

Aber der Lärm ist doch unnötig. Ich sende die Blöcke genau dahin, wohin sie sollen. Ich verfüge über eine eingebaute digitale Logik und kann Informationen aus Blöcken auslesen und nutzen, um die Daten zielgerichtet zu versenden.

Ich bin jeden Pfennig wert. Steckt man auch nur einen von uns in ein von dir gesteuertes Netzwerk, können wir Geschwindigkeit und Bandbreite erhöhen, sowie man uns einschaltet.

## Die MAC-Adressen-Tabellen des Switch

# Der Switch hat die Informationen ...

Da der Switch MAC-Adressen speichert, sollten wir uns mit ihm verbinden und seine Tabelle einsehen können.

Liefert uns das die Informationen, die wir benötigen, um den Maulwurf zu fangen?

**❶ Verbinden Sie Ihren Computer über ein serielles Kabel mit dem Switch.**
Dieses nutzen Sie, um mit dem Switch zu kommunizieren.

*Sehr einfache Switches haben häufig keinen seriellen Anschluss.*

**❷ Öffnen Sie ein Terminal-Programm wie Hyperterminal und gehen Sie zur Eingabeaufforderung des Switch. Geben Sie den Befehl unten ein:**

```
Datei Bearbeiten Fenster Hilfe WerIstWer

switch# show mac-address

 Status and Counters - Port Address Table

  MAC Address      Located on Port
  -------------    ---------------
  000074-a23563    49
  0001e6-70f1bb    44
  0001e6-7673f6    42
  0001e6-800044    37
  0001e6-81cb6b    5
  0001e6-8f0a86    12
#
```

*Die MAC-Adresse eines Computers oder anderen Geräts, das mit dem Switch verbunden ist.*

*Die Nummer des Anschlusses von dem Switch, mit dem das Gerät verbunden ist.*

### KOPF-NUSS

Wie lange, glauben Sie, speichert der Switch MAC-Adressen in seiner Tabelle?

**Aufgepasst**

**Der Befehl oben war für einen HP ProCurve Switch.**

*Modelle anderer Hersteller verwenden eventuell einen anderen Befehl zur Ausgabe der MAC-Adressen-Tabelle.*

**Netzwerkgeräte & *Netzwerkverkehr***

*Hier sind alle MAC-Adressen. Aber die Maulwurf-MAC sehe ich da nicht.*

**Frank:** Meinst du, die Switches fangen die MAC-Adresse nicht ein?

**Tim:** Nein, das Problem liegt woanders: Die Switches leeren ihre MAC-Adressen-Tabellen so alle drei Minuten.

**Frank:** Sie leeren?

**Tim:** Ja. Wenn ein Netzwerkgerät nichts mehr überträgt, löscht der Switch den Eintrag, damit die Tabelle schlank bleibt.

**Frank:** Und was machen wir jetzt mit unserem Maulwurf?

**Tim:** Wir haben uns bisher alle Rechner angesehen und seine Adresse dabei nicht gefunden.

**Frank:** Und was nun?

**Tim:** Ich glaube, wir müssen den Netzwerkverkehr einfangen und auf Übertragungen achten, die diese MAC als Quelladresse haben. Dann kann ich mich wieder beim Switch einloggen und den entsprechenden Anschluss am Switch ermitteln.

**Frank:** Klingt gut, dein Plan. Aber wie willst du den Netzwerkverkehr einfangen?

**Tim:** Wir müssen uns ein Programm dafür suchen ...

Sie sind hier ▶ **193**

*Pakete mit Software überwachen*

# Pakete können wir mit Software überwachen

Wenn Sie Netzwerkverkehr überwachen und Paketinformationen einfangen müssen, stehen Ihnen einige ausgezeichnete Programme zur Verfügung, die genau das können – Programme wie Wireshark. Um den Netzwerkverkehr zu überwachen, installieren Sie das Programm auf einem Rechner und schließen den Rechner dann an dem Punkt des Netzwerks an, den Sie überwachen möchten. Das Programm liefert Ihnen Informationen zu den Paketen, die über den Rechner übertragen werden.

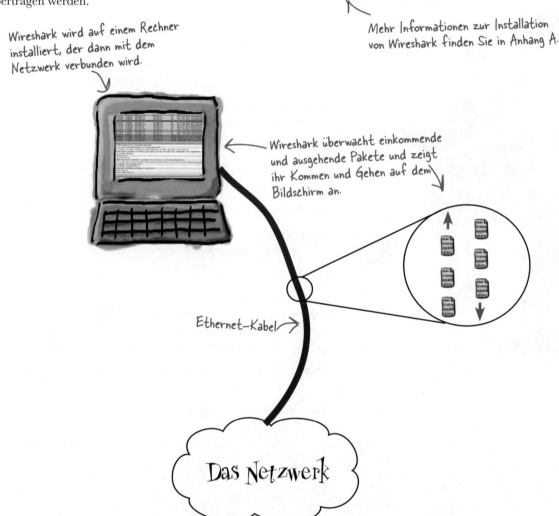

Nutzen wir Wireshark, um den Netzwerkverkehr auf dem Switch zu überwachen. So können wir alle Schadsignale aufzeichnen, die der Maulwurf verschickt, und herausfinden, welches Netzwerkgerät sie an den Switch sendet.

*Netzwerkgeräte & Netzwerkverkehr*

# Verbinden wir Wireshark mit dem Switch

Wie bringen wir Wireshark dazu, den Netzwerkverkehr zu überwachen, der über den Switch läuft? Folgen Sie einfach diesen Anweisungen:

**①** **Verbinden Sie Ihren Rechner über ein serielles Kabel mit dem Switch.**
Über dieses werden Sie mit dem Switch kommunizieren.

**②** **Öffnen Sie ein Terminal-Programm wie Hyperterminal und gehen Sie zur Eingabeaufforderung des Switch. Geben Sie folgende Befehle ein:**

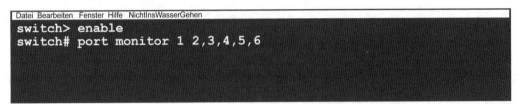

**③** **Verbinden Sie Ihren Computer über ein Ethernet-Kabel mit Anschluss 1 des Switch.**
Das werden Sie nutzen, um den Netzwerkverkehr einzufangen.

**④** **Starten Sie Wireshark und fangen Sie etwas Netzwerkverkehr ein.**

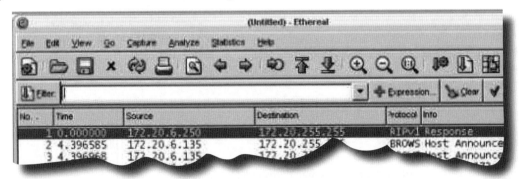

**Was genau verrät uns Wireshark?**

**Wireshark** bringt's

# Wireshark liefert uns Informationen zum Verkehr

Wireshark zeigt uns den gesamten Netzwerkverkehr, den der Computer vom Switch erfährt, mit dem er verbunden ist. Wir können die Ausgabe filtern und nach bestimmten Blöcken suchen, wenn wir das möchten.

Welchen Filter halten Sie hier für zweckmäßig?

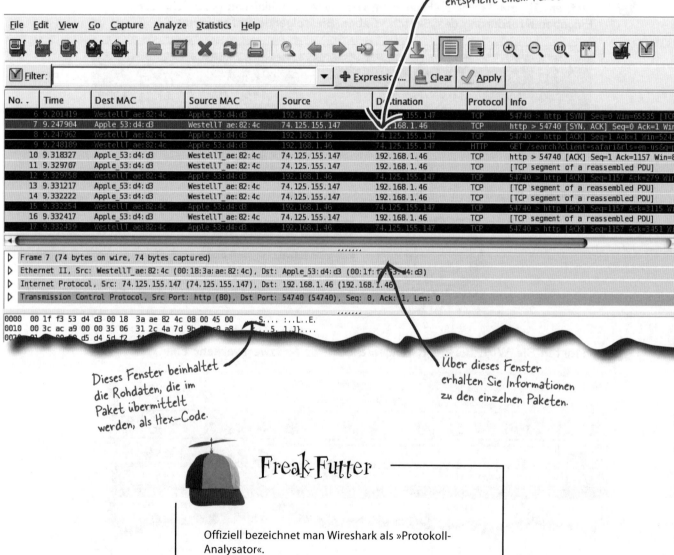

Dieses Fenster zeigt uns den Verkehr, den Wireshark mitschneidet; eine Zeile entspricht einem Paket.

Dieses Fenster beinhaltet die Rohdaten, die im Paket übermittelt werden, als Hex-Code.

Über dieses Fenster erhalten Sie Informationen zu den einzelnen Paketen.

### Freak-Futter

Offiziell bezeichnet man Wireshark als »Protokoll-Analysator«.

# Netzwerkgeräte & Netzwerkverkehr

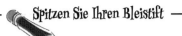
## Spitzen Sie Ihren Bleistift

Unten sehen Sie einen Teil der Paketinformationen aus Wireshark. Kreisen Sie das Gerät ein, das dieses Paket gesendet hat.

| Nr. | Zeit | Ziel-MAC | Quell-MAC |
|---|---|---|---|
| 1821 | 101.21232 | Apple_:23:4f:27 | Cisco_65:4e:12 |

Wireshark ermittelt aus dem ersten Teil der MAC-Adresse den Hersteller des Geräts und zeigt ihn anstelle dieses Teils an.

00:1f:f3:53:fe:ae

00:1f:f3:53:fe:28

Das ist der Punkt, an dem das Schadsignal abgefangen wurde.

00:1f:f3:23:4f:27

Hub

00:0b:cd:e7:1a:5e

00:00:0C:65:4e:12

00:0b:cd:e7:33:12

00:1f:f3:23:4f:1a

00:1f:f3:86:fe:2a

00:1f:f3:54:27:d2

00:1f:f3:53:f:3a

00:1f:f3:53:f:4f

Sie sind hier ▸ **197**

**Finden Sie** das Gerät

**Lösung**

Unten sehen Sie einen Teil der Paketinformationen aus Wireshark. Kreisen Sie das Gerät ein, das dieses Paket gesendet hat.

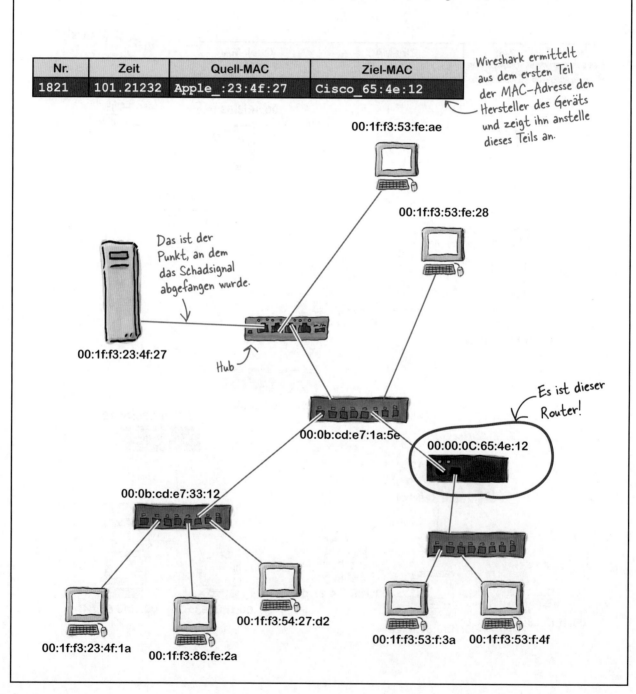

*Netzwerkgeräte & Netzwerkverkehr*

# Auch Router haben MAC-Adressen

Wenn Netzwerkverkehr von einem Router kommt, können wir nur die MAC-Adresse des Routers sehen. Alle Rechner hinter diesem Router bilden das, was man als IP-Subnetz bezeichnet. Ein Switch muss nur auf die MAC-Adresse achten, um die Blöcke an ihr Ziel zu befördern. Ein Router blickt auf die IP-Adressen des einkommenden Pakets und leitet es weiter, wenn es für einen Rechner im anderen Netzwerk gedacht ist.

**① Der Ausgangsrechner sendet einen Block an den Router.**
Er sendet ihn an den Router, da der Rechner, für den er gedacht ist, hinter dem Router steckt.

**② Der Router ändert die Quell-MAC-Adresse in seine MAC-Adresse und die Ziel-MAC-Adresse in die des Rechners, für den der Verkehr gedacht ist.**

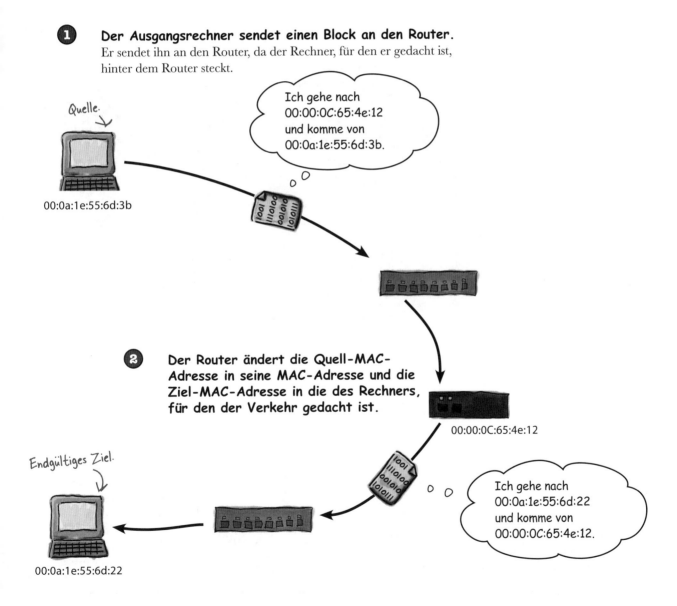

Sie sind hier ▶

**Was in einem** *Router steckt*

 Router unter der Lupe

Router sind die High-End-Geräte im Netzwerk. Es sind die Geräte, die das Netzwerk verbinden. Das Internet wird mit Routern wie diesem aufgebaut.

Schauen wir uns an, wie ein Router von innen aussieht.

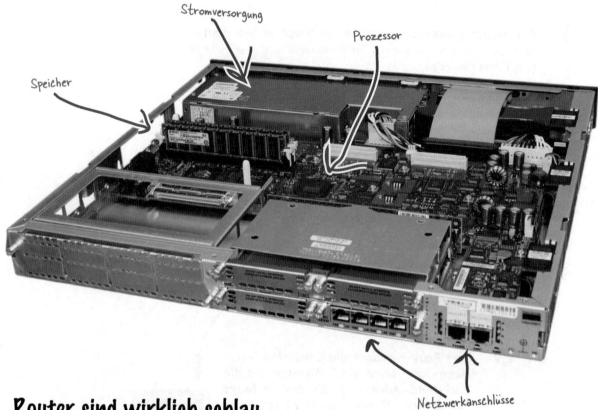

## Router sind wirklich schlau

Sie müssen schlau sein, weil sie IP-Adressen nutzen, um den Verkehr durch das Netzwerk zu steuern. Um das zu erreichen, braucht man einiges an Rechenkraft.

Außerdem haben Router deutlich weniger Netzwerkanschlüsse, da sie meist mit anderen Routern oder Switches verbunden sind. Computer sind in der Regel nicht direkt mit einem Router verbunden.

 Entspannen Sie sich

**Mit Routern werden wir uns in den nächsten beiden Kapiteln viel ausführlicher befassen.**

# Wir kommen dem Maulwurf näher!

Inzwischen haben wir also die Pakete des Maulwurfs in einem kleinen Teil unseres Netzwerks hinter einem Router isoliert. Wie aber finden wir dort den Maulwurf?

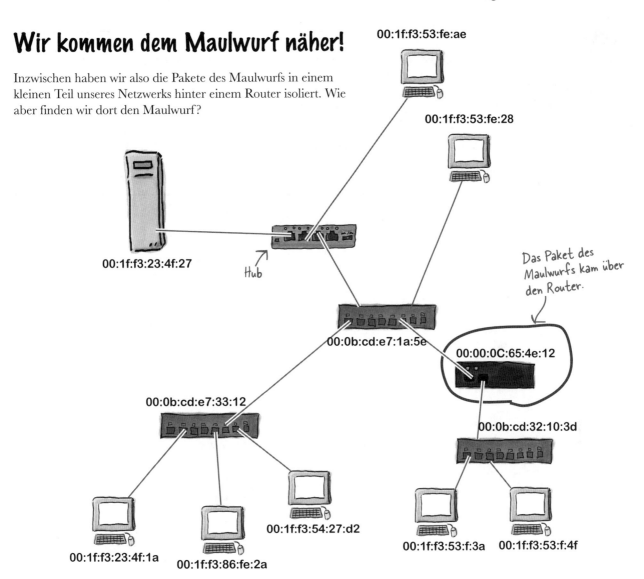

Schreiben Sie die Schritte auf, die Sie als Nächstes unternehmen würden, um den Rechner zu ermitteln, von dem der Maulwurf seine Pakete versendet hat.

.................................................................................................................................

.................................................................................................................................

.................................................................................................................................

**Den Maulwurf** *in die Enge treiben*

**LÖSUNG ZUR ÜBUNG**

Schreiben Sie die nächsten Schritte auf, die Sie gehen würden, um den Rechner zu ermitteln, von dem der Maulwurf seine Pakete versendet hat.

Wir müssen uns mit dem Switch hinter dem Router verbinden und in seiner MAC-Adressen-Tabelle nach der MAC-Adresse des Maulwurfs suchen. So erfahren wir den Anschluss, mit dem der Bösewicht verbunden ist, und der führt uns zum Ort des Maulwurfs.

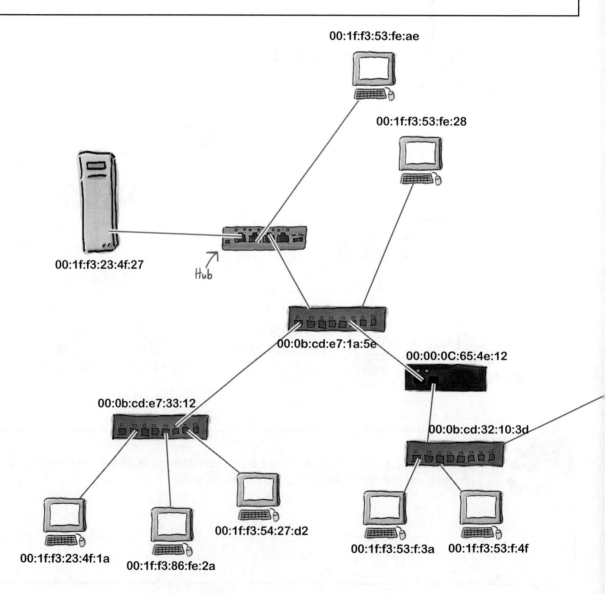

**Netzwerkgeräte & *Netzwerkverkehr***

# Sie haben den Maulwurf gefunden!

Dank Ihrer Netzwerkkenntnisse haben wir den Maulwurf gefunden. Er schließt einen Laptop an einen Switch hinter dem Router an. Gute Arbeit!

# 6 Netzwerke mit Routern verbinden

# Welten verbinden

## Sie müssen sich mit einem weit, weit entfernten Netzwerk verbinden?

Bislang haben Sie alles darüber erfahren, wie Sie ein einzelnes Netzwerk in Betrieb nehmen. Aber was tun Sie, wenn Sie **Ressourcen mit anderen Netzwerken teilen müssen**? Dann brauchen Sie einen Router. Router sind darauf spezialisiert, **Datenverkehr** von **einem Netzwerk zu einem anderen** zu übertragen, und in diesem Kapitel werden Sie erfahren, wie sie das genau machen. Wir zeigen Ihnen, wie Sie Ihren Router **programmieren** und wie der Router selbst Ihnen helfen kann, **alle Probleme zu analysieren**. Lesen Sie weiter, dann werden Sie alles aus dem Router-Universum erfahren ...

*Auf zum Mond!*

# Netzwerk
# ~~Walking~~ on the moon

> Houston, hier Mondstation. Der Netzwerktyp ist gelandet.

Die Mondstation ist eine NASA-Kommandozentrale, die auf dem Mond eingerichtet wurde. Sie muss eine Videoverbindung mit der International Space Station (ISS) errichten. Es gibt allerdings ein Problem – in der Mondstation gibt es keine Netzwerk, das eine Kommunikation mit der Raumstation erlaubt.

**Meinen Sie, dass Sie da helfen können?**

**Netzwerke mit Routern** verbinden

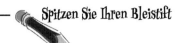
### Spitzen Sie Ihren Bleistift

Bauen Sie das Mondnetzwerk auf, indem Sie die Geräte unten zu einem Netzwerk verbinden, das über den Sender eine Kommunikation über Internet ermöglicht.

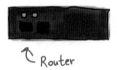
Router

Sender zur ISS

Netzwerk-Switch

Sie sind hier ▸ **207**

**Verbinden Sie diese** Geräte

### Spitzen Sie Ihren Bleistift
### Lösung

Bauen Sie das Mondnetzwerk auf, indem Sie die Geräte unten zu einem Netzwerk verbinden, das über den Sender eine Kommunikation über Internet ermöglicht.

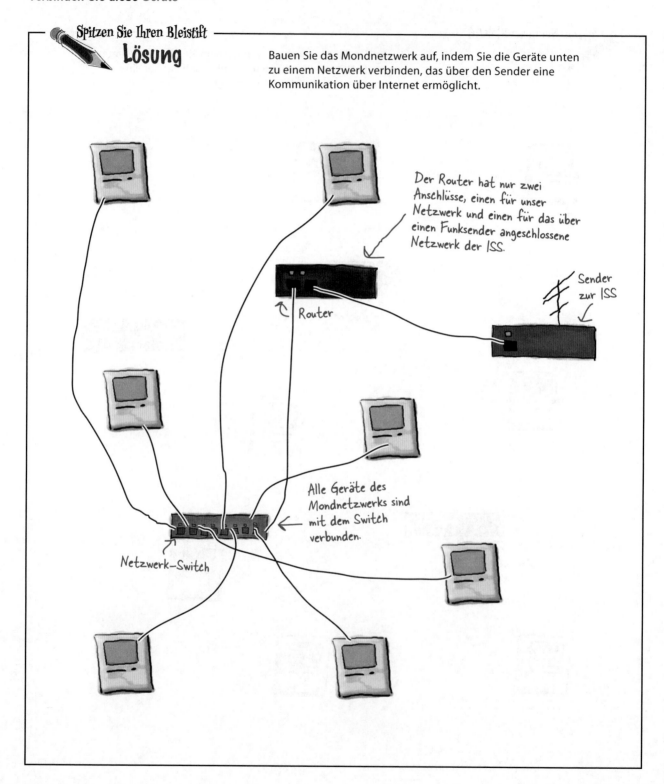

*Netzwerke mit Routern* verbinden

# Wir müssen zwei Netzwerke verbinden

Aber wie verbindet man üblicherweise zwei Netzwerke? Zunächst benötigt man dazu ein funktionierendes lokales Netzwerk oder LAN. Außerdem braucht man eine Verbindung zum anderen Netzwerk. Diese könnte über ein CAT-5-Kabel oder ein Glasfaserkabel laufen, aber ebenso gut über eine Funkverbindung. Und zusätzlich benötigt man einen Router, der die beiden Netzwerke verbindet. Der Router verbindet die Netzwerke sowohl *physisch* als auch *logisch*.

**Das physische Netzwerk bilden die Hardware, die Kabel, Switches, Hubs und Router.**

**Das logische Netzwerk ist die Netzwerkadressierung.**

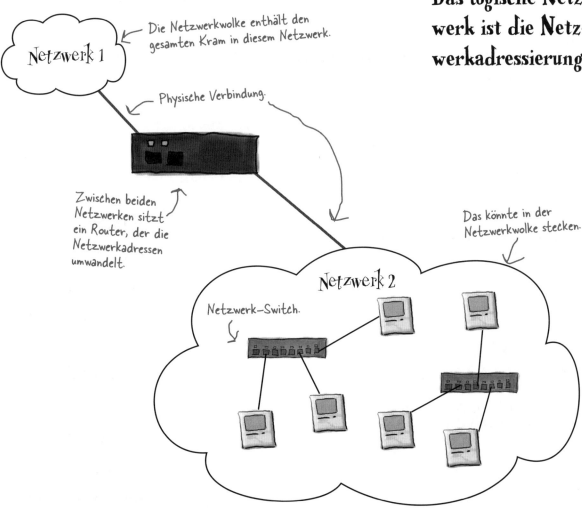

Die Netzwerke der Mondstation und der ISS sind jetzt über einen Router verbunden. Funktioniert es endlich?

Sie sind hier ▸ **209**

**Statusleuchten** *sind nicht alles*

# Das Licht ist an, aber niemand ist zu Hause

Die LEDs am Switch der Mondstation blinken, aber unglücklicherweise steht noch keine Videoverbindung mit der ISS.

Die LEDs am Switch blinken, aber wir kommen nicht zur ISS durch. Was ist da los?

## Was könnten die blinkenden LEDs mit dem Datenverkehr zu tun haben?

Rufen Sie sich aus dem letzten Kapitel in Erinnerung, dass Daten, die über ein Ethernet-Netzwerk gesendet werden, als diskrete Einheiten unterwegs sind, die man als Blöcke bezeichnet. Die blinkenden LEDs sagen Ihnen, dass an einem bestimmten Anschluss Datenverkehr in Form dieser Blöcke hereinkommt oder ausgeht. Wohin diese Blöcke gehen, wird durch die MAC-Adresse im Block gesteuert.

Die LEDs repräsentieren also Datenverkehr.

**Aber heißt das auch, dass Ihr Netzwerk läuft?**

**Wie könnten Sie das herausfinden?**

KOPF-NUSS

> Wie würden Sie die Kommunikation im Netzwerk überwachen? Was würden Sie dazu verwenden?

**Denken Sie daran, dass jedes Netzwerkgerät in einem Ethernet-Netzwerk eine MAC-Adresse haben muss, wenn es Datenverkehr empfangen oder versenden soll.**

## Es gibt keine Dummen Fragen

**F:** Aber warum müssen wir einen Router einsetzen? Kann der Funksender nicht mit dem Switch verbunden werden?

**A:** Wir müssen einen Router einsetzen, wenn wir zwei Netzwerke verbinden wollen. Der Router dient als »Übersetzer« zwischen den beiden Netzwerken. Einfache Switches sind dazu nicht clever genug.

**F:** Was »übersetzt« der Router denn?

**A:** Einfach gesagt: Netzwerkadressen. Die beiden verschiedenen Netzwerke sind wie zwei verschiedene Städte. Der Router bewegt Daten von einem Netzwerk zum anderen.

**F:** Aber einen Rechner muss ich immer mit einem Switch verbinden?

**A:** Mit einem Switch oder einem Hub, aber nie direkt mit einem Router.

**F:** Zu Hause habe ich einen DSL-Router, mit dem mein Rechner direkt verbunden ist. Das geht doch?

**A:** Gut beobachtet. Es gibt Switches, die Router-Fähigkeiten haben, und Router, die Switch-Fähigkeiten haben. Es existiert keine klare Trennlinie zwischen beiden Gerätearten, es geht dabei mehr um die primäre Funktion. In großen Netzwerken gibt es heutzutage Switch-fähige Router. Diese besitzen Software, die es ihnen ermöglicht, als Router für Switch-Anschlüsse zu dienen. Das sind sehr flexible Geräte, die den Aufbau großer und ausgefeilter Netzwerke zu einem Kinderspiel machen. Allerdings sind sie auch sehr teuer.

**F:** Der Unterschied zwischen dem DSL-Router bei mir zu Hause und dem Switch-fähigen Router für große Netzwerke ist dann also die Software?

**A:** Der gewaltige Unterschied ist die Rechenkraft der Hardware. Ihr DSL-Router wickelt wahrscheinlich alle Berechnungen über einen kleinen Embedded-Prozessor oder Microcontroller ab. Switch-fähige Router und Hochverfügbarkeitsrouter haben spezialisierte Prozessoren für jeden einzelnen Anschluss. Worum es dabei geht, ist die Geschwindigkeit, mit der Pakete bewegt werden können. Ihr DSL-Router hat vermutlich einen Durchsatz von rund 20 MBit/s, ausgefeilte Switch-fähige Router können im Vergleich dazu einen Durchsatz von Hunderten von GBit/s (Gigabit pro Sekunde) und mehr haben.

*Welchen Verkehr haben wir im Netzwerk?*

# Schauen wir uns den Verkehr im Netzwerk an!

Ein Paket-Sniffer wie Wireshark kann Ihnen helfen, den Datenverkehr zwischen Geräten einzusehen. Mithilfe von Wireshark können Sie herausfinden, wenn Geräte zu kommunizieren versuchen, das aus irgendeinem Grund aber nicht können.

*Das Gerät bei 70.38.72.209 sendet einen Block an das Gerät unter 192.168.1.47.*

*Klicken Sie hier, um Verkehr einzufangen.*

*MAC-Adresse des Geräts bei 70.38.72.209*

## KOPF-NUSS

Was würden Sie sehen, wenn ein Netzwerkgerät vergeblich versuchte, über das Netzwerk zu kommunizieren?

**Netzwerke mit Routern** *verbinden*

*Hier ist der auf dem Switch aufgezeichnete Datenverkehr. Betrieb ist da massenhaft. Nur ist der völlig sinnlos.*

**Frank:** Was sind diese ganzen unterschiedlichen Quell- und Zieladressen in diesen Paketen?

**Tim:** Das sind IP-Adressen.

**Frank:** Wozu werden die genutzt?

**Tim:** Das hier ist ein TCP/IP-Netzwerk, und das sind die Netzwerkadressen der einzelnen Geräte im Netzwerk.

**Frank:** Warum sind die alle unterschiedlich?

**Tim:** Sie müssen im Netzwerk eindeutig sein, genau wie eine Telefonnummer.

**Frank:** Weiß ich doch! Aber einige dieser Nummern sehen ganz anders aus.

**Tim:** Stimmt! War mir nicht aufgefallen. Scheint, als liefen hier einige Unterhaltungen ab, aber ohne dass Geräte mit der einen Art Adresse mit Geräten mit der anderen Art Adresse reden.

**Frank:** Ich wette, die stecken in einem anderen TCP/IP-Netzwerk!

**Tim:** Und wie bringen wir sie dazu, miteinander zu reden?

**Aufgepasst**

**Nur Netzwerkknoten mit der gleichen IP-Netzwerkadresse können über einen Switch kommunizieren.**

*Ein Switch kann nur mit MAC-Adressen umgehen. Man braucht einen Router, um zwei verschiedene IP-Netzwerke zu verbinden.*

Sie sind hier ▶  **213**

*MAC-Adresse oder IP-Adresse?*

# MAC-Adresse vs. IP-Adresse

Warum können MAC-Adressen nicht eingesetzt werden, um Datenverkehr zwischen Netzwerken auszutauschen?

**Es steckt alles in den Zahlen ...**

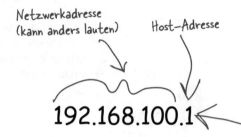

Netzwerkadresse (kann anders lauten)

Host-Adresse

192.168.100.1

Dem Hersteller von der IEEE zugewiesen

Vom Hersteller selbst festgelegt

00:A3:03:51:0E:AC

Jedem mit einem Ethernet-Netzwerk verknüpften Gerät ist eine MAC-Adresse zugewiesen. Bei Ihrem Rechner ist das die Netzwerkkarte. Der erste Teil der MAC-Adresse zeigt den Hersteller an. Den zweiten Teil vergibt der Hersteller so, dass alle Geräte, die er herstellt, jeweils eine eindeutige MAC-Adresse haben. Das ist ähnlich wie bei einer Kfz-Nummer, bei der Ihnen der erste Teil verrät, wo der Halter wohnt.

Es gibt keine Möglichkeit, Netzwerkinformationen in einer MAC-Adresse anzugeben. Jede Adresse ist festgelegt und dem Gerät zugeordnet, dem sie zugewiesen wurde.

Eine IP-Adresse besteht aus einer Netzwerkadresse und einer Host-Adresse. Der Host-Teil ist der einzige Teil, der einem spezifischen Netzwerkgerät zugewiesen ist. IP-Adressen haben also eher Ähnlichkeit mit einer Telefonnummer, die eine Landesvorwahl, eine Ortsvorwahl und die nur Ihnen zugeordnete Telefonnummer hat.

Die Möglichkeit, Gruppen von IP-Adressen zu schaffen, die man als IP-Netzwerke bezeichnet, ist bereits in die Adressform selbst eingebaut.

Das ist die Netzwerkadresse der IP-Adresse oben.

192.168.100.0/24

Die /24 sagt uns, dass die ersten 24 Bit oder 3 Byte die Netzwerkadresse liefern. So etwas bezeichnet man als Subnetz-Maske.

## Freak-Futter

Jedes Netzwerkgerät in einem TCP/IP-Netzwerk muss eine IP-Netzwerkadresse haben, eine im Netzwerk eindeutige Adresse. Aber wie finden Sie diese heraus?

Unter Mac OS X öffnen Sie die Terminal-Anwendung, die Sie im Ordner Dienstprogramme finden, und geben `ifconfig` ein. Der gleiche Befehl funktioniert auch unter Linux.

Bei Microsoft-Betriebssystemen klicken Sie auf Start -> Ausführen und geben dann `cmd` ein. Wenn die Eingabeaufforderung erscheint, geben Sie hier `ipconfig` ein.

*Netzwerke mit Routern verbinden*

# IP-Adressen machen Ihre Netzwerke zur Heimat einer Familie von Netzwerkknoten

IP-Adressen werden eingesetzt, um Adressräume zu schaffen, damit verschiedene Netzwerke miteinander kommunizieren können, ähnlich wie eine Landesvorwahl bestimmte Telefonnummern einem bestimmten Land zuordnet. Die IP-Adresse liefert ein eindeutiges Netzwerk und spezifische Adressen für jeden einzelnen Netzwerkknoten.

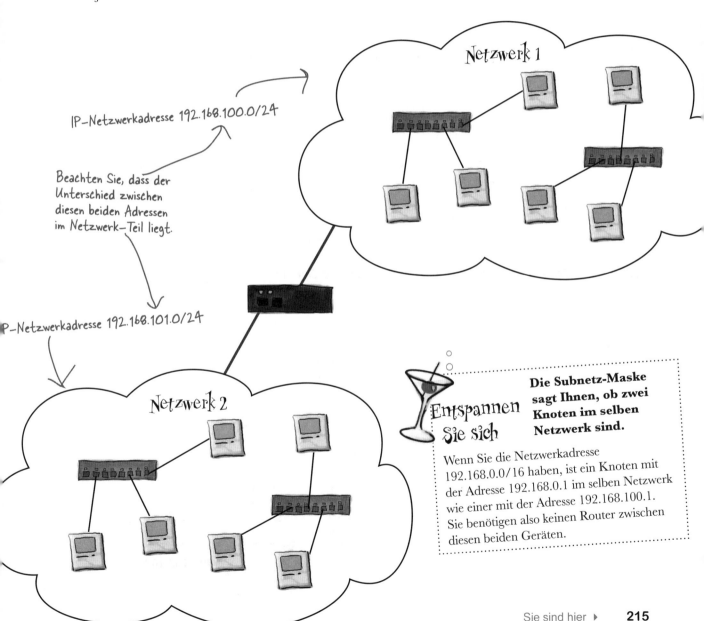

IP-Netzwerkadresse 192.168.100.0/24

Beachten Sie, dass der Unterschied zwischen diesen beiden Adressen im Netzwerk-Teil liegt.

IP-Netzwerkadresse 192.168.101.0/24

**Entspannen Sie sich**

**Die Subnetz-Maske sagt Ihnen, ob zwei Knoten im selben Netzwerk sind.**

Wenn Sie die Netzwerkadresse 192.168.0.0/16 haben, ist ein Knoten mit der Adresse 192.168.0.1 im selben Netzwerk wie einer mit der Adresse 192.168.100.1. Sie benötigen also keinen Router zwischen diesen beiden Geräten.

Sie sind hier ▶

*Willkommen bei ARP*

# IP-Adressen rufen wir über MAC-Adressen und das Address Resolution Protocol (ARP) ab

Hier sehen Sie, was passiert, wenn ein Netzwerkgerät Daten an einen Switch in einem TCP/IP-Netzwerk senden muss. Das Gerät muss die MAC-Adresse über die IP-Adresse herausfinden. Das macht es über ARP.

**❶ Ein Netzwerkgerät sendet eine ARP-Anfrage an den Switch.**

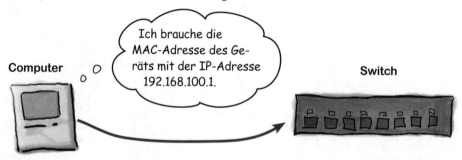

**❷ Der Switch sendet die ARP-Anfrage an alle Geräte.**

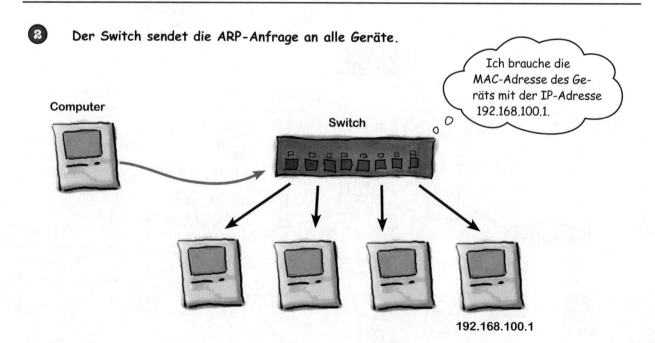

**3** Das Gerät mit der entsprechenden IP-Adresse liefert eine ARP-Antwort an den Switch.

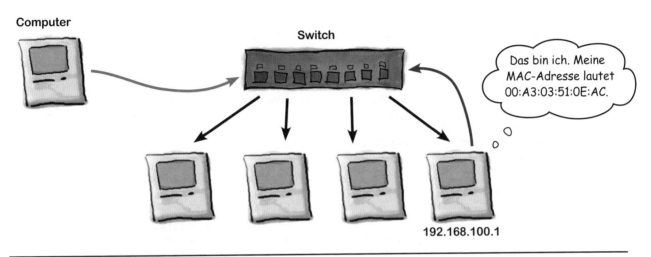

**4** Der Switch leitet die ARP-Antwort an das Netzwerkgerät weiter.

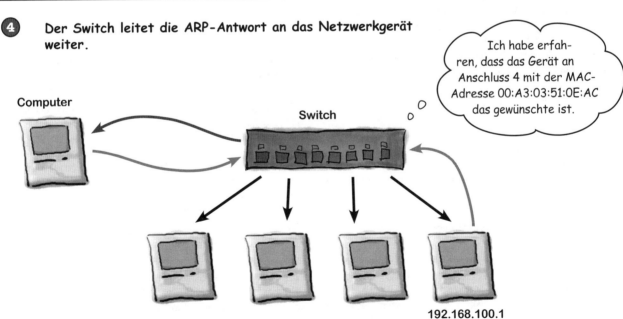

*Fragen Sie,* *was Sie wollen*

## Es gibt keine Dummen Fragen

**F:** Ich dachte, ich bräuchte nur eine MAC-Adresse, um einen Block an ein Gerät zu senden.

**A:** Das ist alles, was ein Ethernet-Block benötigt, um an sein Ziel zu gelangen. Aber erinnern Sie sich daran, dass Ethernet-Blöcke, wie wir im letzten Kapitel erfahren haben, als Pakete bezeichnete Dinge enthalten, die ihrerseits in Form von Protokollen Daten kapseln. Bei TCP/IP-Netzwerken brauchen wir IP-Adressen, um Pakete zwischen Netzwerken auszutauschen.

**F:** Aber wenn mein Computer eine IP-Adresse hat, warum braucht er dann auch eine MAC-Adresse?

**A:** Ein Computer kann in einem Netzwerk gleichzeitig über mehrere Protokolle kommunizieren. Beispielsweise spricht mein Mac TCP/IP und Appletalk auf der gleichen Ethernet-Verbindung. Die MAC-Adressen ermöglichen den Austausch von Ethernet-Frames zwischen Netzwerkgeräten wie Routern und Switches. Die Netzwerkprotokolle ermöglichen Computern, mit anderen Geräten im Netzwerk zu kommunizieren.

**F:** Wozu wird diese IP-Adresse genutzt?

**A:** Jeder mit dem Internet verbundene Computer braucht eine IP-Adresse. Das muss nicht unbedingt eine öffentliche Adresse sein, oder es könnte eine mit anderen Computern geteilte öffentliche Adresse sein, aber irgendeine Art von IP-Adresse muss er haben.

**F:** Was meinen Sie mit »öffentliche« IP-Adresse?

**A:** Es gibt IP-Netzwerkadressen, die als private Adressen reserviert sind. Alle anderen sind öffentlich. Öffentlich heißt, dass sie routebar sind, während private nicht routebar sind, d.h., dass die großen Router im Internet keine Pakete von einem Netzwerk zu einem anderen bewegen, wenn deren IP-Adressen privat sind.

**F:** Wer hat festgelegt, welche IP-Adressen öffentlich und welche privat sind?

**A:** Gute Frage. Als das TCP/IP-Protokoll entworfen wurde, erkannten die Entwickler, dass sie einige Adressen für den Einsatz als private Netzwerke reservieren müssen. Für diese Adressen gibt es eine eigene RFC: RFC 1918, die die privaten Adressbereiche definiert.

**F:** Und wie erhält man eine IP-Adresse?

**A:** Eine weitere gute Frage. Ihr Rechner zu Hause erhält seine öffentliche IP-Adresse von Ihrem ISP. Ein Recher in einem großen Unternehmen oder in einer Universität erhält sie von einem Netzwerkadministrator, der für die Vergabe von IP-Adressen verantwortlich ist.

**F:** Und wie erhalten ISPs, Unternehmen und Universitäten IP-Adressen?

**A:** In Europa ist das Réseaux IP Européens Network Coordination Centre (RIPE NCC) für die Verwaltung des IP-Adressraums verantwortlich. Es gibt noch vier weitere Zentralstellen für andere Regionen weltweit. Auf der Seite der für die Vergabe von IP-Adressen verantwortlichen Organisation für Nordamerika finden Sie ein Liste, die die Organisation angibt, die für Verwaltung des IP-Raums für ein Land verantwortlich ist:
http://www.arin.net/community/countries.html.

**F:** Kann jeder einen IP-Adressraum erhalten?

**A:** Man muss bestimmte Anforderungen erfüllen, um einen IP-Adressraum zu erhalten. Der Bedarf (d.h. massenhaft Computer, die ins Internet müssen) ist wahrscheinlich die wichtigste Anforderung. Es gibt aber auch noch andere.

## Netzwerke mit Routern verbinden

### Spitzen Sie Ihren Bleistift

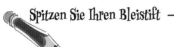

Unten sehen Sie aufgezeichneten Datenverkehr. Es werden mehrere Netzwerkunterhaltungen gezeigt. Schreiben Sie vier Paare kommunizierender Netzwerkknoten auf.

| Nr. | Zeit | Ziel | Quelle | Protokoll | Information |
|---|---|---|---|---|---|
| 221 | 11.424 | 70.13.31.201 | 192.168.100.1 | TCP | http > 53605 [ACK] Seq 1 ... |
| 222 | 11.443 | 192.168.100.1 | 70.13.31.201 | HTTP | GET /index.html |
| 223 | 11.453 | 192.168.100.2 | 192.168.100.3 | TCP | http > 53634 [ACK] Seq 1 ... |
| 224 | 11.489 | 192.168.100.3 | 192.168.100.2 | TCP | [TCP segment of of reassembled PDU] |
| 225 | 12.1 | 192.168.100.2 | 192.168.100.1 | HTTP | continuation or non-HTTP traffic |
| 226 | 12.25 | 192.168.100.1 | 192.168.100.2 | TCP | http > 53285 [ACK] Seq 1 ... |
| 227 | 12.354 | 11.48.124.65 | 192.168.100.3 | ICMP | Echo (ping) request |
| 228 | 12.410 | 192.168.100.1 | 70.13.31.201 | TCP | http > 53654 [ACK] Seq 1 ... |
| 229 | 12.478 | 192.168.100.3 | 11.48.124.65 | ICMP | Echo (ping) reply |
| 230 | 12.499 | 11.48.124.65 | 192.168.100.3 | TCP | http > 53876 [ACK] Seq 1 ... |
| 231 | 12.542 | 11.48.124.65 | 192.168.100.3 | HTTP | continuation or non-HTTP traffic |
| 232 | 12.611 | 192.168.100.1 | 70.13.31.201 | TCP | http > 52348 [ACK] Seq 1 ... |
| 233 | 12.619 | 192.168.100.3 | 11.48.124.65 | TCP | continuation or non-HTTP traffic |
| 234 | 12.759 | 192.168.101.1 | 192.168.100.1 | SSH | SSH Encrypted request packet len=48 |
| 235 | 12.841 | 11.48.124.65 | 192.168.100.3 | TCP | http > 53285 [ACK] Seq 1 ... |
| 236 | 12.879 | 192.168.100.1 | 192.168.101.1 | SSH | SSH Encrypted response packet len=48 |
| 237 | 12.91 | 11.48.124.65 | 192.168.100.3 | TCP | http > 53285 [ACK] Seq 1 ... |
| 238 | 12.934 | 192.168.101.1 | 192.168.100.1 | SSH | SSH Encrypted request packet len=48 |
| 239 | 12.98 | 192.168.100.3 | 11.48.124.65 | TCP | http > 53285 [ACK] Seq 1 ... |
| 240 | 13.02 | 192.168.100.1 | 192.168.100.3 | TCP | http > 53285 [ACK] Seq 1 ... |
| 241 | 13.223 | 192.168.100.1 | 70.13.31.201 | TCP | http > 53285 [ACK] Seq 1 ... |
| 242 | 13.451 | 192.168.100.3 | 192.168.100.1 | TCP | http > 53285 [ACK] Seq 1 ... |
| 243 | 13.518 | 192.168.100.3 | 192.168.100.1 | HTTP | continuation or non-HTTP traffic |

Paar 1     192.168.100.1     _____

Paar 2     _____     _____

Paar 3     _____     _____

Paar 4     _____     _____

**Schauen Sie sich** diesen Verkehr an!

## Spitzen Sie Ihren Bleistift
### Lösung

Unten sehen Sie aufgezeichneten Datenverkehr. Es werden mehrere Netzwerkunterhaltungen gezeigt. Schreiben Sie vier Paare kommunizierender Netzwerkknoten auf.

| | Nr. | Zeit | Ziel | Quelle | Protokoll | Information |
|---|---|---|---|---|---|---|
| Paar 1 { | 221 | 11.424 | 70.13.31.201 | 192.168.100.1 | TCP | http > 53605 [ACK] Seq 1 ... |
| | 222 | 11.443 | 192.168.100.1 | 70.13.31.201 | HTTP | GET /index.html |
| Paar 4 { | 223 | 11.453 | 192.168.100.2 | 192.168.100.3 | TCP | http > 53634 [ACK] Seq 1 ... |
| | 224 | 11.489 | 192.168.100.3 | 192.168.100.2 | TCP | [TCP segment of of reassembled PDU] |
| Paar 3 { | 225 | 12.1 | 192.168.100.2 | 192.168.100.1 | HTTP | continuation or non-HTTP traffic |
| | 226 | 12.25 | 192.168.100.1 | 192.168.100.2 | TCP | http > 53285 [ACK] Seq 1 ... |
| Paar 4 | 227 | 12.354 | 11.48.124.65 | 192.168.100.3 | ICMP | Echo (ping) request |
| Paar 1 | 228 | 12.410 | 192.168.100.1 | 70.13.31.201 | TCP | http > 53654 [ACK] Seq 1 ... |
| Paar 4 { | 229 | 12.478 | 192.168.100.3 | 11.48.124.65 | ICMP | Echo (ping) reply |
| | 230 | 12.499 | 11.48.124.65 | 192.168.100.3 | TCP | http > 53876 [ACK] Seq 1 ... |
| | 231 | 12.542 | 11.48.124.65 | 192.168.100.3 | HTTP | continuation or non-HTTP traffic |
| Paar 1 | 232 | 12.611 | 192.168.100.1 | 70.13.31.201 | TCP | http > 52348 [ACK] Seq 1 ... |
| Paar 4 | 233 | 12.619 | 192.168.100.3 | 11.48.124.65 | TCP | continuation or non-HTTP traffic |
| Paar 2 | 234 | 12.759 | 192.168.101.1 | 192.168.100.1 | SSH | SSH Encrypted request packet len=48 |
| Paar 4 | 235 | 12.841 | 11.48.124.65 | 192.168.100.3 | TCP | http > 53285 [ACK] Seq 1 ... |
| Paar 2 | 236 | 12.879 | 192.168.100.1 | 192.168.101.1 | SSH | SSH Encrypted response packet len=48 |
| Paar 4 | 237 | 12.91 | 11.48.124.65 | 192.168.100.3 | TCP | http > 53285 [ACK] Seq 1 ... |
| Paar 2 | 238 | 12.934 | 192.168.101.1 | 192.168.100.1 | SSH | SSH Encrypted request packet len=48 |
| Paar 4 | 239 | 12.98 | 192.168.100.3 | 11.48.124.65 | TCP | http > 53285 [ACK] Seq 1 ... |
| | 240 | 13.02 | 192.168.100.1 | 192.168.100.3 | TCP | http > 53285 [ACK] Seq 1 ... |
| Paar 1 { | 241 | 13.223 | 192.168.100.1 | 70.13.31.201 | TCP | http > 53285 [ACK] Seq 1 ... |
| | 242 | 13.451 | 192.168.100.3 | 192.168.100.1 | TCP | http > 53285 [ACK] Seq 1 ... |
| | 243 | 13.518 | 192.168.100.3 | 192.168.100.1 | HTTP | continuation or non-HTTP traffic |

Jede Unterhaltung hat eine eigene Farbe.

| Paar 1 | 192.168.100.1 | 70.13.31.201 |
|---|---|---|
| Paar 2 | 192.168.100.1 | 192.168.101.1 |
| Paar 3 | 192.168.100.2 | 192.168.100.1 |
| Paar 4 | 11.48.124.65 | 192.168.100.3 |

*Netzwerke mit Routern verbinden*

# Was also ist das Problem der Mondstation?

Bislang haben wir gesehen, dass die Rechner im Netzwerk der Mondstation mit IP-Adressen statt mit MAC-Adressen kommunizieren. Warum aber können Mondstation und ISS nicht kommunizieren?

> Es scheint, als würden die einzelnen Netzwerke funktionieren. Das Problem ist, dass die beiden Netzwerke nicht **miteinander** kommunizieren. Ich frage mich, ob der Datenverkehr vielleicht nicht richtig kommuniziert wird?

### Möglicherweise hat er recht.

Bislang haben wir uns angesehen, wie sich Switches in IP-Netzwerken verhalten. Aber was ist, wenn das Problem nichts mit dem Switch zu tun hat, sondern damit, wie der Datenverkehr von einem Netzwerk ins andere gelangt? Welches Gerät sollten wir uns dazu vielleicht als Nächstes ansehen?

**KOPF-NUSS**

Werfen Sie erneut einen Blick auf die Netzwerkskizze für die Mondstation. Welches Gerät steuert, wie der Datenverkehr zwischen den beiden Netzwerken abgewickelt wird?

Sie sind hier ▶ **221**

*Den Router für die Netzwerküberbrückung programmieren*

# Wie bringen wir den Datenverkehr dazu, vom einen Netzwerk ins andere zu gehen?

Das Problem ist, dass ein Knoten im einen Netzwerk nicht weiß, wie er **Datenblöcke** an einen Knoten im anderen Netzwerk sendet. Ein Router hingegen weiß, wie man Datenverkehr vom einen Netzwerk in ein anderes bewegt.

Aber wie macht er das? Muss er nicht beide Netzwerke kennen oder zumindest wissen, wo das Tor zum anderen Netzwerk ist?

Und woher weiß ein Netzwerkknoten, dass er Datenverkehr, der an ein anderes Netzwerk gerichtet ist, an den Router in seinem Netzwerk schicken muss?

**Wir müssen den Router programmieren, damit er die Netzwerke kennt, mit denen er verbunden ist, und weiß, wie er andere erreichen kann.**

Die Einrichtung eines Netzwerkgeräts legt ein Default-Gateway fest. Dies ist die IP-Adresse des Routers. Das ist der Ort, an den das Gerät den gesamten Datenverkehr schickt, der an andere Netzwerke gerichtet ist.

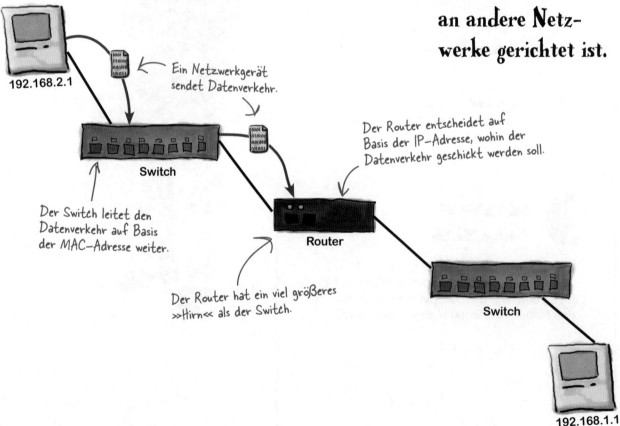

**Netzwerke mit Routern** verbinden

*Aber warum kann man denn nicht einfach einen Switch nutzen, um Daten zwischen Netzwerken auszutauschen?*

### Vergessen Sie nicht, dass ein Switch nur MAC-Adressen versteht.

Ein Ethernet-Switch betrachtet nur die MAC-Adresse eines Datenblocks und leitet ihn ans entsprechende Gerät. Den Block selbst verändert er nicht.

Der Router aber muss das Paket aus dem Block herauslösen, sich die IP-Adresse verschaffen und dann die MAC-Adresse des Blocks ändern, wenn er ihn an ein Gerät in einem anderen Netzwerk verschicken muss.

### Schauen wir uns das genauer an.

*Netzwerkgrenzen überschreiten*

# Wie der Router Daten ins andere Netz bringt

**Computer sind in der Regel nicht direkt mit einem Router verbunden.**

Folgendes passiert, wenn ein Netzwerkgerät Datenverkehr an ein Gerät in einem anderen IP-Netzwerk schicken will. Es muss die Daten über einen Router verschicken.

Meistens sitzt dazwischen noch ein Switch oder Hub.

**①** Das sendende Gerät schickt eine ARP-Anfrage nach der MAC-Adresse seines Default-Gateway.

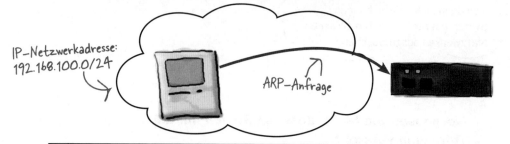

**②** Der Router antwortet mit seiner MAC-Adresse.

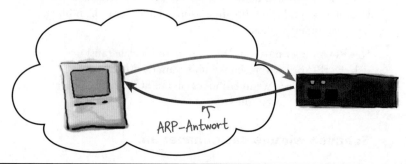

**③** Das sendende Gerät schickt den Datenverkehr an den Router.

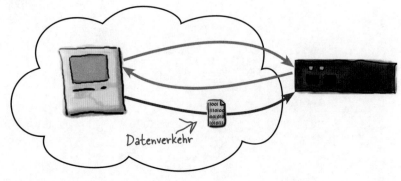

224   Kapitel 6

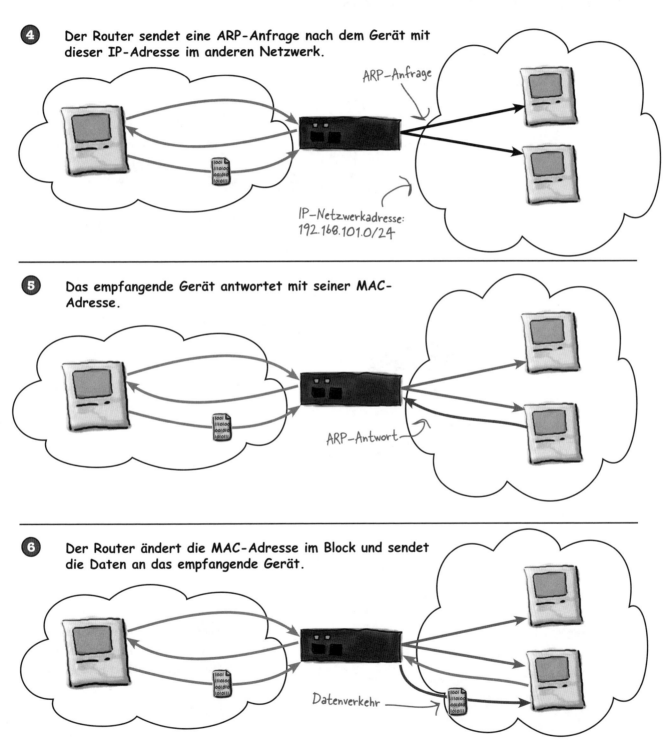

*Und was heißt das alles?*

# Zurück zum Problem der Mondstation

Anhand des aufgezeichneten Datenverkehrs konnten wir erkennen, dass die Geräte im gleichen Netzwerk kommunizieren, Geräte mit unterschiedlichen IP-Netzwerkadressen aber nicht. Was also unterscheidet diese IP-Adressen?

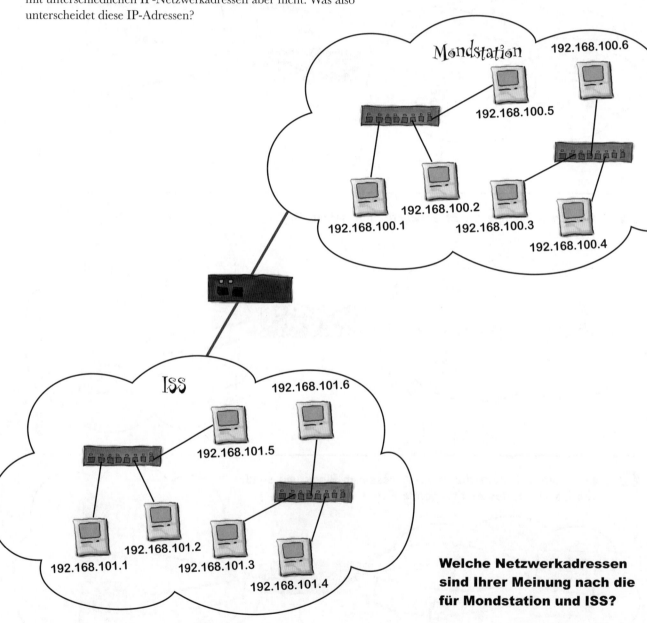

**Welche Netzwerkadressen sind Ihrer Meinung nach die für Mondstation und ISS?**

*Netzwerke mit Routern verbinden*

# Das Geheimnis der IP-Adresse ...

Eine IP-Adresse besteht aus 4 Oktett oder Byte genannten 8-Bit-Binärzahlen. Aber das echte Geheimnis ist, dass die IP-Adresse nur die eine Hälfte einer IP-Netzwerkadresse ist. Der zweite Teil ist die Subnetz-Maske. Die mathematische Kombination aus IP-Adresse und Subnetz-Maske wird vom Router eingesetzt, um das Netzwerk für ein empfangenes Paket zu ermitteln.

**Eine IP-Adresse besteht aus 4 Oktetten. Jedes davon kann 256 unterschiedliche Bitkombinationen darstellen. Insgesamt können auf diese Weise $2\wedge32$ oder 4.294.967.296 separate Adressen formuliert werden.**

## Dezimal ...

Dezimale Adresse — Netzwerkadresse — Host-Adresse

Das Gleiche auf andere Weise formuliert.

**IP-Adresse:** 192.168.100.1 → 192.168.100.0/24

**Subnetz-Maske:** 255.255.255.0

Oktett.

Dieses Subnetz sagt uns und den Netzwerkgeräten, dass die ersten 3 Oktette die Netzwerkadresse angeben.

Daher stammt die 24.

## Binär ...

Die gleiche Adresse, jetzt aber binär.

**IP-Adresse:** 1100 0000 1010 1000 0110 0100 0000 0001

**Subnetz-Maske:** 1111 1111 1111 1111 1111 1111 0000 0000

24 Bit

**Entspannen Sie sich**

**Das ist erst ein kurzer Blick auf die IP-Adressierung.**

ES ist nur die erste Einführung in die IP-Adressierung, damit wir über Router sprechen können. In nachfolgenden Kapiteln werden Sie noch viel mehr zur IP-Adressierung erfahren.

*Ja! Es ist wieder Mathestunde!*

# Router verbinden Netzwerke, indem sie rechnen ...

**Was für eine Art von Operation führt ein Router Ihrer Meinung nach durch, wenn er ein Paket in ein anderes Netzwerk leiten muss?**

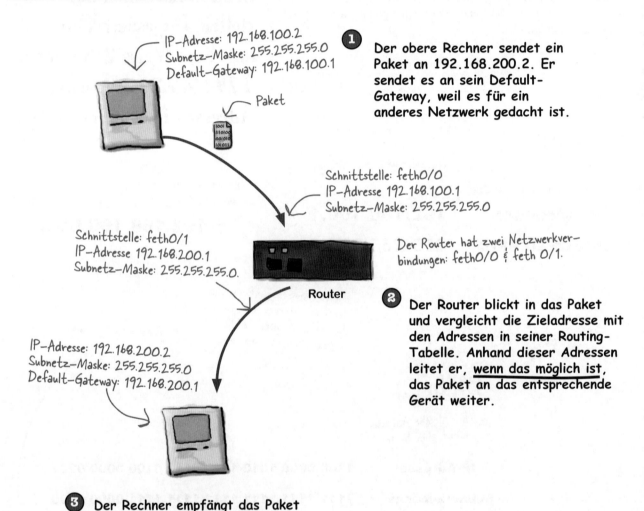

## Netzwerke mit Routern *verbinden*

## Spielen Sie Router

Sie sollen Router spielen und im aufgezeichneten Datenverkehr unten die Pakete einkreisen, die von einem Netzwerk in ein anderes bewegt werden müssen.

| Nr. | Zeit | Ziel | Quelle | Protokoll | Information |
|---|---|---|---|---|---|
| 221 | 11.424 | 70.13.31.201 | 192.168.100.1 | TCP | http > 53605 [ACK] Seq 1 ... |
| 222 | 11.443 | 192.168.100.1 | 70.13.31.201 | HTTP | GET /index.html |
| 223 | 11.453 | 192.168.100.2 | 192.168.100.3 | TCP | http > 53634 [ACK] Seq 1 ... |
| 224 | 11.489 | 192.168.100.3 | 192.168.100.2 | TCP | [TCP segment of of reassembled PDU] |
| 225 | 12.1 | 192.168.100.2 | 192.168.100.1 | HTTP | continuation or non-HTTP traffic |
| 226 | 12.25 | 192.168.100.1 | 192.168.100.2 | TCP | http > 53285 [ACK] Seq 1 ... |
| 227 | 12.354 | 11.48.124.65 | 192.168.100.3 | ICMP | Echo (ping) request |
| 228 | 12.410 | 192.168.100.1 | 70.13.31.201 | TCP | http > 53654 [ACK] Seq 1 ... |
| 229 | 12.478 | 192.168.100.3 | 11.48.124.65 | ICMP | Echo (ping) reply |
| 230 | 12.499 | 11.48.124.65 | 192.168.100.3 | TCP | http > 53876 [ACK] Seq 1 ... |
| 231 | 12.542 | 11.48.124.65 | 192.168.100.3 | HTTP | continuation or non-HTTP traffic |
| 232 | 12.611 | 192.168.100.1 | 70.13.31.201 | TCP | http > 52348 [ACK] Seq 1 ... |
| 233 | 12.619 | 192.168.100.3 | 11.48.124.65 | TCP | continuation or non-HTTP traffic |
| 234 | 12.759 | 192.168.101.1 | 192.168.100.1 | SSH | SSH Encrypted request packet len=48 |
| 235 | 12.841 | 11.48.124.65 | 192.168.100.3 | TCP | http > 53285 [ACK] Seq 1 ... |
| 236 | 12.879 | 192.168.100.1 | 192.168.101.1 | SSH | SSH Encrypted response packet len=48 |
| 237 | 12.91 | 11.48.124.65 | 192.168.100.3 | TCP | http > 53285 [ACK] Seq 1 ... |
| 238 | 12.934 | 192.168.101.1 | 192.168.100.1 | SSH | SSH Encrypted request packet len=48 |
| 239 | 12.98 | 192.168.100.3 | 11.48.124.65 | TCP | http > 53285 [ACK] Seq 1 ... |
| 240 | 13.02 | 192.168.100.1 | 192.168.100.3 | TCP | http > 53285 [ACK] Seq 1 ... |
| 241 | 13.223 | 192.168.100.1 | 70.13.31.201 | TCP | http > 53285 [ACK] Seq 1 ... |
| 242 | 13.451 | 192.168.100.3 | 192.168.100.1 | TCP | http > 53285 [ACK] Seq 1 ... |
| 243 | 13.518 | 192.168.100.3 | 192.168.100.1 | HTTP | continuation or non-HTTP traffic |

Sie sind hier ▶

*Sie sind der Router*

## Spielen Sie Router, Lösung

Sie sollen Router spielen und im aufgezeichneten Datenverkehr unten die Pakete einkreisen, die von einem Netzwerk in ein anderes bewegt werden müssen.

| Nr. | Zeit | Ziel | Quelle | Protokoll | Information |
|---|---|---|---|---|---|
| 221 | 11.424 | 70.13.31.201 | 192.168.100.1 | TCP | http > 53605 [ACK] Seq 1 ... |
| 222 | 11.443 | 192.168.100.1 | 70.13.31.201 | HTTP | GET /index.html |
| 223 | 11.453 | 192.168.100.2 | 192.168.100.3 | TCP | http > 53634 [ACK] Seq 1 ... |
| 224 | 11.489 | 192.168.100.3 | 192.168.100.2 | TCP | [TCP segment of of reassembled PDU] |
| 225 | 12.1 | 192.168.100.2 | 192.168.100.1 | HTTP | continuation or non-HTTP traffic |
| 226 | 12.25 | 192.168.100.1 | 192.168.100.2 | TCP | http > 53285 [ACK] Seq 1 ... |
| 227 | 12.354 | 11.48.124.65 | 192.168.100.3 | ICMP | Echo (ping) request |
| 228 | 12.410 | 192.168.100.1 | 70.13.31.201 | TCP | http > 53654 [ACK] Seq 1 ... |
| 229 | 12.478 | 192.168.100.3 | 11.48.124.65 | ICMP | Echo (ping) reply |
| 230 | 12.499 | 11.48.124.65 | 192.168.100.3 | TCP | http > 53876 [ACK] Seq 1 ... |
| 231 | 12.542 | 11.48.124.65 | 192.168.100.3 | HTTP | continuation or non-HTTP traffic |
| 232 | 12.611 | 192.168.100.1 | 70.13.31.201 | TCP | http > 52348 [ACK] Seq 1 ... |
| 233 | 12.619 | 192.168.100.3 | 11.48.124.65 | TCP | continuation or non-HTTP traffic |
| 234 | 12.759 | 192.168.101.1 | 192.168.100.1 | SSH | SSH Encrypted request packet len=48 |
| 235 | 12.841 | 11.48.124.65 | 192.168.100.3 | TCP | http > 53285 [ACK] Seq 1 ... |
| 236 | 12.879 | 192.168.100.1 | 192.168.101.1 | SSH | SSH Encrypted response packet len=48 |
| 237 | 12.91 | 11.48.124.65 | 192.168.100.3 | TCP | http > 53285 [ACK] Seq 1 ... |
| 238 | 12.934 | 192.168.101.1 | 192.168.100.1 | SSH | SSH Encrypted request packet len=48 |
| 239 | 12.98 | 192.168.100.3 | 11.48.124.65 | TCP | http > 53285 [ACK] Seq 1 ... |
| 240 | 13.02 | 192.168.100.1 | 192.168.100.3 | TCP | http > 53285 [ACK] Seq 1 ... |
| 241 | 13.223 | 192.168.100.1 | 70.13.31.201 | TCP | http > 53285 [ACK] Seq 1 ... |
| 242 | 13.451 | 192.168.100.3 | 192.168.100.1 | TCP | http > 53285 [ACK] Seq 1 ... |
| 243 | 13.518 | 192.168.100.3 | 192.168.100.1 | HTTP | continuation or non-HTTP traffic |

Haben Sie auch diesen Eintrag gefunden? Die IP-Netzwerkadresse weicht hier nur im dritten Oktett ab.

# Router im Gespräch

**Interview der Woche:
Wie verschieben Sie diesen Datenverkehr?**

**Von Kopf bis Fuß:** Wie geht es Ihnen heute Morgen?

**Router:** Bin wie üblich damit beschäftigt, Pakete zu bewegen. Manchmal hat man den Eindruck, dass heutzutage aber auch wirklich jeder irgendwas im Internet zu tun hat.

**Von Kopf bis Fuß:** Pakete? Ich dachte, Router bewegen Datenblöcke.

**Router:** Die sehe ich zwar, aber für mich sind auch das nur Pakete. Ich muss sie auseinanderpflücken und dann wieder zusammensetzen.

**Von Kopf bis Fuß:** Das muss aber doch eine Menge Zeit in Anspruch nehmen. Können Sie nicht einfach einen Blick auf die MAC-Adresse werfen und den Block dann auf die Reise schicken? Das sollten Sie wirklich mal versuchen. Ich bin mir sicher, dass das der Geschwindigkeit im Internet Beine machen würde!

**Router:** Das ist ja schön und gut, wenn man es nur mit einem Netzwerk zu tun hat! Ich muss aber Daten vom einen Netzwerk in das andere bringen, und nur mit einer MAC-Adresse geht das einfach nicht. MAC-Adressen enthalten keine Netzwerkinformationen. Das ist so, als hätten Sie einen Straßennamen und eine Hausnummer, aber keine Stadt und keine Postleitzahl dazu.

**Von Kopf bis Fuß:** Aber verschicken Switches nicht auf diese Weise Blöcke innerhalb eines Netzwerks?

**Router:** Ja! INNERHALB EINES Netzwerks.

**Von Kopf bis Fuß:** Wollen Sie damit sagen, dass ein Switch Netzwerkverkehr nicht routen kann?

**Router:** Ganz genau. Ein Switch hat nicht einmal geeignete Software, um ein Paket zu routen.

**Von Kopf bis Fuß:** Aber wenn wir so eine Software auf einem Switch installieren würden, könnte er routen?

**Router:** Dann wäre er ja wohl kein Switch mehr, sondern ein Router!

**Von Kopf bis Fuß:** Vermutlich haben Sie da recht. Aber gibt es nicht Netzwerkgeräte, die beides können und gleichzeitig als Switch und Router dienen?

**Router:** Ja, die gibt es. Aber das sind äußerst teure Enterprise-Router/-Switches. Sie können beide Verhalten aufweisen. Sie können Pakete auch auf Basis anderer Informationen außer IP-Adressen routen.

**Von Kopf bis Fuß:** Ah, Sie meinen so etwas wie andere Netzwerkprotokolle?

**Router:** Ja. Derartige Geräte können sehr schnell sein, weil sie Switch- und Router-Funktionalitäten zum sogenannten Layer-3-Switching kombinieren. Im Wesentlichen bedeutet das, dass die Router-Funktionalität wie die Switch-Funktionalität in die Hardware verschoben wird.

**Von Kopf bis Fuß:** Man hat mir gesagt, dass Sie das sind, was das Internet zusammenhält. Stimmt das?

**Router:** Das Internet ist auf dem Rücken von Routern gebaut. Diese Router heißen Backbone-Router. Die Sache stimmt also.

**Von Kopf bis Fuß:** Vielen Dank für das Gespräch. Viel Spaß auch weiterhin beim Verschieben dieser ... Pakete.

**Router:** Es war wirklich sehr unterhaltsam, sich mit Ihnen zu unterhalten.

*Keine dummen Fragen*

**Übung**

Schreiben Sie für jede Kombination aus IP-Adresse und Subnetz-Maske den Netzwerkteil und den Host-Teil der IP-Adresse auf.

| IP-Adresse | Subnetz-Maske | Netzwerkadresse | Host-Adresse |
|---|---|---|---|
| 192.168.100.1 | 255.255.255.0 | 192.168.100 | 1 |
| 192.168.100.1 | 255.255.0.0 | | |
| 10.10.0.103 | 255.0.0.0 | | |
| 192.154.234.2 | 255.255.0.0 | | |
| 203.54.2.23 | 255.255.255.0 | | |
| 204.67.212.22 | 255.255.0.0 | | |

## Es gibt keine Dummen Fragen

**F: Wieso eigentlich 255? Kann das nicht auch eine größere Zahl sein?**

A: Mit 8 Bit, d.h. $2^8$ Bit-Kombinationen, können 256 Dezimalzahlen repräsentiert werden. Der Standard für TCP/IP-Adressen wurde mit 32 Bit formuliert, die in 4 8-Bit-Gruppen eingeteilt sind. Wir beginnen die Zählung bei 0, können als höchste Zahl also 255 erreichen.

**F: Das gibt zwar eine ganze Menge Adressen, dennoch, so habe ich gehört, sollen dem Internet die Adressen ausgehen. Wie kann das sein, wenn so viele verfügbar sind?**

A: Ein Teil des Problems ist, dass der IP-Adressraum in der Vergangenheit in Happen unterschiedlicher Größe ausgegeben wurde. Diese Happen bezeichnet man als Klassen, und es gibt die Klassen A, B und C. Dieses Schema ist ziemlich verschwenderisch und führt dazu, dass viele Adressen tatsächlich gar nicht verwendet werden. Außerdem gibt es viele reservierte Adressen, die privaten Adressräume beispielsweise. Alle diese Punkte und der Umstand, dass tatsächlich eine Menge Geräte mit dem Internet verbunden sind, führen dazu, dass die Menge der verfügbaren IP-Adressen sehr beschränkt ist und kleiner wird.

**F: Dann steht das Internet also vor seinem Ende?**

A: Aber nein. Ein paar schlaue Jungs haben sich zusammengesetzt und einen neuen IP-Adressraum namens IPv6 entworfen. Der alte, über den wir bislang gesprochen haben, wird als IPv4 bezeichnet. Dieser neue Adressraum enthält ungefähr $3{,}4 \times 10^{38}$ Adressen. Außerdem werden einige andere Mechanismen zur Verwaltung des Adressraums genutzt.

**F: Wann wechselt das Internet denn zu dem neuen Adressraum?**

A: Gerade jetzt, und das schon seit einiger Zeit. Seit ungefähr zehn Jahren findet ein langsamer Übergang statt. Alle Router, Switches, Computer usw., die mit dem Internet verbunden sind, wurden aktualisiert, damit sie IPv6 unterstützen, oder durch neue Geräte ersetzt. Dieser Vorgang nimmt Unmengen an Geld und Zeit in Anspruch.

**F: Noch mal zu diesem Subnetz-Ding. Warum bezeichnet man das als Maske?**

A: Die Subnetz-Maske wird als Maske der IP-Adresse verwendet, sodass man jeweils nur das sieht, was man gerade benötigt, die Host-Adresse oder die Netzwerkadresse. Es ist nicht anders als bei einer Karnevalsmaske mit Augenlöchern. Man sieht nichts von Ihrem Gesicht, nur Ihre Augen. Bei den 255 in der Subnetz-Maske sind alle Bits 1. Kombiniert man Subnetz-Maske und IP-Adresse mit einem logischen UND, erhält man die Netzwerkadresse ohne den Host-Teil. Das ist das, was der Router nutzt, wenn er ein Paket routen muss.

## Netzwerke mit Routern verbinden

### Spitzen Sie Ihren Bleistift

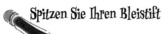

Entscheiden Sie auf Basis der Routing-Tabelle unten, ob ein Paket routebar ist oder nicht, und geben Sie gegebenenfalls an, über welche Schnittstelle das Paket gesendet wird.

*So speichert ein Router Routing-Informationen.*

**Routing-Tabelle**

```
D    204.62.204.0/24 [90/30720] via 209.137.230.22, 5w0d, FastEthernet0/0
D    204.62.205.0/24 [90/30720] via 209.137.230.124, 5w3d, FastEthernet0/0
     209.137.230.0/25 is subnetted, 1 subnets
C       209.137.230.0 is directly connected, FastEthernet0/0
C    204.62.201.0/24 is directly connected, FastEthernet0/1
C    172.17.0.0/16 is directly connected, FastEthernet0/1
D    172.16.0.0/16 [90/30720] via 209.137.230.3, 5w3d, FastEthernet0/0
D    172.19.0.0/16 [90/30720] via 209.137.230.124, 5w3d, FastEthernet0/0
D    172.18.0.0/16 [90/30720] via 209.137.230.22, 5w0d, FastEthernet0/0
D    204.62.203.0/24 [90/30720] via 209.137.230.3, 5w3d, FastEthernet0/0
```

↑ Netzwerkadresse     ↑ Adresse des nächsten Routers     ↑ Schnittstelle des Routers

| Ziel | Quelle | Routebar | Schnittstelle |
|---|---|---|---|
| 172.16.10.1 | 204.62.201.12 | Ja | FastEthernet0/0 |
| 192.168.100.1 | 204.62.201.12 | | |
| 204.62.201.12 | 204.62.201.13 | | |
| 10.52.1.18 | 172.17.0.3 | | |
| 172.17.0.3 | 172.16.0.3 | | |
| 172.17.0.3 | 172.17.0.4 | | |
| 204.62.205.15 | 204.62.201.54 | | |
| 172.19.152.42 | 204.62.201.57 | | |
| 172.17.0.57 | 204.62.204.81 | | |

## Netzwerkadressen und Host-Adressen

**Lösung zur Übung**

Schreiben Sie für jede Kombination aus IP-Adresse und Subnetz-Maske den Netzwerkteil und den Host-Teil der IP-Adresse auf.

| IP-Adresse | Subnetz-Maske | Netzwerkadresse | Host-Adresse |
|---|---|---|---|
| 192.168.100.1 | 255.255.255.0 | 192.168.100 | 1 |
| 192.168.100.1 | 255.255.0.0 | 192.168 | 100.1 |
| 10.10.0.103 | 255.0.0.0 | 10 | 10.0.103 |
| 192.154.234.2 | 255.255.0.0 | 192.154 | 234.2 |
| 203.54.2.23 | 255.255.255.0 | 203.54.2 | 23 |
| 204.67.212.22 | 255.255.0.0 | 204.67 | 212.22 |

**Spitzen Sie Ihren Bleistift — Lösung**

Entscheiden Sie auf Basis der Routing-Tabelle unten, ob ein Paket routebar ist oder nicht, und geben Sie gegebenenfalls an, über welche Schnittstelle das Paket gesendet wird.

| Ziel | Quelle | Routebar | Schnittstelle |
|---|---|---|---|
| 172.16.10.1 | 204.62.201.12 | Ja | FastEthernet0/0 |
| 192.168.100.1 | 204.62.201.12 | Nein | FastEthernet0/0 |
| 204.62.201.12 | 204.62.201.13 | Ja | |
| 10.52.1.18 | 172.17.0.3 | Nein | FastEthernet0/0 |
| 172.17.0.3 | 172.16.0.3 | Ja | FastEthernet0/1 |
| 172.17.0.3 | 172.17.0.4 | Ja | |
| 204.62.205.15 | 204.62.201.54 | Ja | FastEthernet0/0 |
| 172.19.152.42 | 204.62.201.57 | Ja | FastEthernet0/0 |
| 172.17.0.57 | 204.62.204.81 | Ja | FastEthernet0/1 |

# Zurück zur Mondstation ...

Die Netzwerke von Mondstation und ISS sind über einen Router verbunden. Das Problem ist, dass die beiden Netzwerke bislang nur physisch verbunden sind, nicht logisch. Damit die beiden Netzwerke miteinander reden können, müssen wir auch die logische Verbindung in Ordnung bringen. Anders formuliert: Wir müssen dem Router mitteilen, in welcher Beziehung die IP-Adressen beider Netzwerke stehen. Dazu müssen wir lernen, wie man einen Router programmiert.

**Klingt kompliziert? Keine Sorge, blättern Sie einfach um. Dann werden wir Ihnen zeigen, wie man das macht.**

Sie sind hier ▸

*Den Router programmieren*

# Sind Sie bereit, den Router zu programmieren?

**❶ Verbinden Sie einen Rechner über ein serielles Kabel mit dem Router.**
Mit den meisten Routern kann man sich über ein serielles Kabel verbinden. Heutzutage kann man dazu eine USB/Seriell-Verbindung verwenden, um dann über ein Terminal-Programm Befehle an den Router zu senden.

**❷ Wechseln Sie in den Programmiermodus des Routers.**
Router haben verschiedene Modi. Der erste ist in der Regel ein schreibgeschützter Modus. Um den Router programmieren zu können, müssen Sie ihn in den Programmiermodus bringen. Dazu müssen Sie einen Befehl wie `enable` verwenden, mit dem Sie in einen berechtigten Modus wechseln. Dann nutzen Sie einen Befehl wie `configure terminal`, um ihn tatsächlich zu programmieren.

**❸ Wählen Sie die einzurichtende Schnittstelle.**
Jetzt müssen Sie die Schnittstelle auswählen, die Sie einrichten möchten. Als Schnittstelle oder Interface bezeichnet man die physische Verbindung wie Ethernet oder seriell. Ein Router muss mindestens zwei Schnittstellen haben, damit er überhaupt etwas routen kann. Beim Cisco IOS wählt der Befehl `interface feth0/0` den ersten Fast-Ethernet-Anschluss (der die Nummer 0 hat) auf der ersten Fast-Ethernet-Karte (die ebenfalls die Nummer 0 hat).

**❹ Legen Sie die Adresse fest und starten Sie die Schnittstelle**
Der erste Befehl, `ip address 192.168.100.1 255.255.255.0`, richtet die IP-Adresse und die Subnetz-Maske der Schnittstelle ein. Der zweite Befehl, `no shutdown`, sagt dem Router, dass die Schnittstelle verwendet wird.

**❺ Wählen Sie die zweite Schnittstelle.**
Geben Sie die Befehle `exit` und dann `interface feth0/1` ein. Damit wechseln Sie zur anderen Schnittstelle, damit Sie auch diese einrichten können.

**❻ Setzen Sie die Adresse und starten Sie die zweite Schnittstelle.**
Der erste Befehl, `ip address 192.168.101.1 255.255.255.0`, richtet IP-Adresse und Subnetz-Maske für die zweite Schnittstelle ein.

**❼ Beenden Sie den Programmiermodus und speichern Sie die Einstellungen.**
Geben Sie zweimal `exit` und dann `write mem` ein, um die Konfiguration dauerhaft zu speichern. Der Router ist jetzt so konfiguriert, dass er zwischen den Netzwerken 192.168.100.0 und 192.168.101.0 routet.

*Netzwerke mit Routern verbinden*

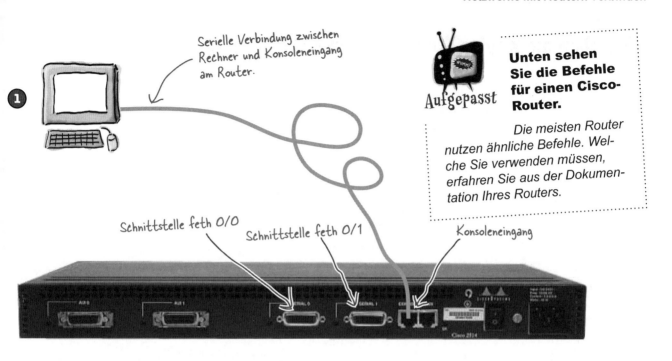

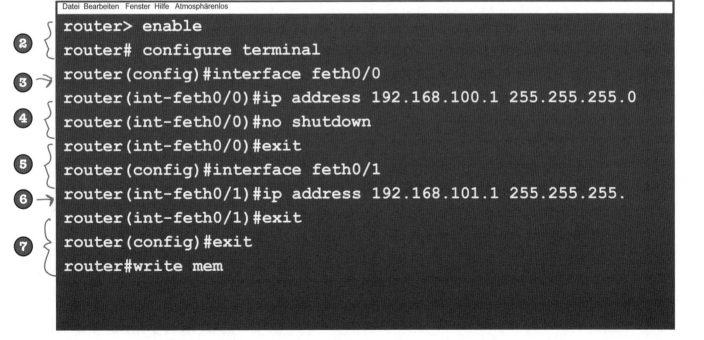

**Und was haben wir damit erreicht?**

*Sie haben eine Konfigurationsdatei*

# Sie haben die Router-Konfigurationsdatei erstellt!

Als Sie auf der letzten Seite den Programmiermodus beendeten, hat der Router die von Ihnen eingegebenen Befehle in die Ausführungskonfiguration geschrieben. Mit der Eingabe des Befehls `write mem` speicherten Sie diese Ausführungskonfiguration in der Startkonfiguration, die üblicherweise im Flash-Speicher festgehalten wird.

```
!          ← Kommentar
ver 12.3   ← Version des Betriebssystems des Routers
!
interface FastEthernet0/0
    ip address 192.168.100.1 255.255.255.0
    no shutdown
!
interface FastEthernet0/1
    ip address 192.168.101.1 255.255.255.0
!
end        ← Sagt dem Betriebssystem des Routers, dass dies das Ende der Konfigurationsdatei ist.
```

} Ihre Konfigurationsbefehle

**Hat das jetzt alle Probleme behoben?**

Router können ihre Konfigurationsdatei von Fileservern wie tftp-Servern herunterladen. Sie können die Konfigurationsdatei auch mit einem Texteditor schreiben und dann über den gleichen Dienst auf den Router hochladen.

*Netzwerke mit Routern* verbinden

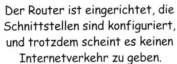

Der Router ist eingerichtet, die Schnittstellen sind konfiguriert, und trotzdem scheint es keinen Internetverkehr zu geben.

**Frank:** Man sieht, dass die Rechner versuchen, Daten über das Netzwerk zu versenden, aber der Router scheint einfach nichts mit ihnen zu machen.

**Tim:** Ich frage mich, ob es ein Problem mit der Konfiguration des Routers gibt? Was meinst du?

**Frank:** Die scheint mir in Ordnung zu sein, aber ehrlich gesagt habe ich nicht viel Ahnung von Router-Konfigurationen.

**Tim:** Ein paar Diagnosemeldungen vom Router wären jetzt ganz hilfreich. Die könnten uns wahrscheinlich weiterhelfen.

**Frank:** Router sind ziemlich intelligent. Eigentlich müsste es einen Befehl geben, der uns Informationen zu den Schnittstellen liefert.

### Wie können wir also an Diagnosemeldungen vom Router herankommen?

Sie sind hier ▶

**Auch Router können** reden

# Der Router sagt uns, was nicht in Ordnung ist ...

Router können Ihnen eine Menge Informationen liefern. Manchmal eine zu große. Wichtig ist, dass man aus dieser Menge die *nützlichen* Informationen herausfiltert. Beim ersten Blick auf diese statistischen Daten kann man leicht einen Schock bekommen, aber die meisten Probleme sind eher einfacher Natur. Sie sollten also die Früchte nehmen, die Sie erreichen können.

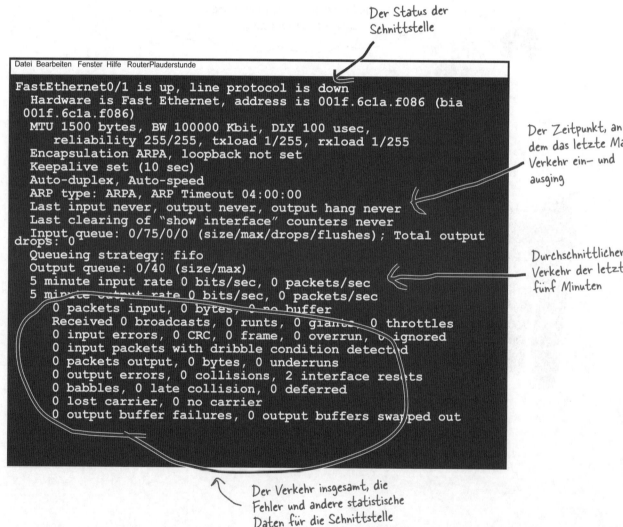

# Netzwerke mit Routern verbinden

**Übung**

Genug gespielt! Jetzt ist es an der Zeit, einmal ernsthaft Netzwerktechniker zu spielen. Auf der gegenüberliegenden Seite haben wir Dinge hervorgehoben, die Ihnen Informationen dazu liefern, wo das Problem mit unserem Router liegt. Schreiben Sie mindestens zwei Dinge auf, die dafür verantwortlich sein können, dass wir diese Messwerte für die Schnittstelle erhalten.

.................................................................................................................................................
.................................................................................................................................................
.................................................................................................................................................
.................................................................................................................................................
.................................................................................................................................................
.................................................................................................................................................

## Es gibt keine Dummen Fragen

**F: Sind Router bereits ab Werk irgendwie konfiguriert?**

A: Bei der Auslieferung haben Router keinerlei Konfiguration. Wie der Router verbunden wird und wie er die Netzwerke verbinden soll, müssen Sie selbst festlegen.

**F: Spielt es eine Rolle, mit welcher Netzwerkschnittstelle er verbunden ist?**

A: Das ist von der physischen Netzwerkverbindung abhängig. Wenn Sie zwei Ethernet-Netzwerke verbinden, spielt es eigentlich keine Rolle. Aber möchten Sie ein Ethernet-Netzwerk über eine T-1-Verbindung mit einem anderen Netzwerk verbinden, müssen Sie eine serielle Schnittstelle verwenden.

**F: Können Router mehrere Arten von Schnittstellen haben?**

A: Router haben viele verschiedene Arten von Netzwerkschnittstellen. Dazu zählen Ethernet, Token Ring, seriell, Wireless, ATM, DSL. Diese Liste ließe sich endlos fortsetzen. Für jedes physische Medium, über das Bits reisen können, gibt es auch einen Router, der die Bits auf andere physische Medien bringen kann.

**F: Kann ein einzelner Router mehrere Schnittstellentypen aufweisen?**

A: Ja, solange Sie dazu bereit sind, dafür zu zahlen. Ein Router kann auch verschiedene physische Medien (Glasfaser, Kupfer, elektromagnetische Wellen) für ein bestimmtes Protokoll wie Ethernet haben. Ethernet kann ebenso über optische Leiter wie über Kupferkabel transportiert werden.

**F: Was sind die am häufigsten vorkommenden Probleme mit Routern?**

A: Die meisten Schwierigkeiten bei Routern gehen auf ein Problem mit dem physischen Medium zurück. Ist der Router ordentlich konfiguriert, führen normalerweise nur defekte Kabel, nicht verbundene Kabel, Interferenzen und Ähnliches zu Problemen. Ist ein Netzwerk mit Routern einmal konfiguriert, kann es Jahre laufen, ohne dass irgendwelche Probleme auftauchen.

**Endlich** *läuft's*

**LÖSUNG ZUR ÜBUNG**

Genug gespielt! Jetzt ist es an der Zeit, einmal ernsthaft Netzwerktechniker zu spielen. Auf Seite 240 haben wir Dinge hervorgehoben, die Ihnen Informationen dazu liefern, wo das Problem mit unserem Router liegt. Schreiben Sie mindestens zwei Dinge auf, die dafür verantwortlich sein können, dass wir diese Messwerte für die Schnittstelle erhalten.

Es gibt keinen Datenverkehr, also erhält die Schnittstelle aus irgendeinem Grund keinen Datenverkehr.

1. Das Kabel könnte defekt sein.
2. Ein Stecker könnte nicht in Ordnung sein.
3. Das Gerät am anderen Ende könnte außer Betrieb sein.
4. Die Schnittstelle könnte heruntergefahren sein (werfen Sie einen Blick in die Konfigurationsdatei, die Sie erstellt haben!).

Hier ist die ISS. Anscheinend habt ihr die Videokonferenz endlich ans Laufen gebracht. Ich muss hier allerdings noch etwas an der Geschichte arbeiten ...

# 7 Routing-Protokolle

## Eine Frage des Protokolls

> Ich habe eine echt hohe Sprungfrequenz! Was wohl mein Protokoll sein mag?

**Zum Aufbau großer Netzwerke brauchen Sie Router, und die müssen miteinander reden.**

Router müssen untereinander Routen austauschen. Dazu nutzen sie unterschiedliche Routing-Protokolle. In diesem Kapitel werden Sie zunächst erfahren, wie Sie eine Route manuell einrichten, und lernen später dann, wie man das einfache RIP-Routing-Protokoll implementiert. Am Ende verraten wir Ihnen, wie Sie EIGRP einrichten, ein fortgeschritteneres Routing-Protokoll.

**Wieder auf dem Mond**

# Houston, wir haben ein Problem ...

Sie haben es jetzt geschafft, das Netzwerk der Mondstation so einzurichten, dass es mit der ISS kommunizieren kann. Es gibt allerdings ein Problem: Es gibt auf dem Mond nämlich 20 Stationen, die über ihre Netzwerkverbindungen miteinander kommunizieren müssen, falls Probleme auftauchen. Ist das möglich?

Als die internationale Gemeinschaft begann, die Mondstationen zu errichten, traf man die weise Entscheidung, alle Stationen mit Glasfaserkabeln zu verbinden. Jede der Stationen auf dem Mond ist direkt mit mindestens einer anderen Station verbunden und so indirekt, über das gesamte Glasfasernetz, mit allen anderen. Ein Beispiel: Mondstation 1 ist direkt mit drei anderen Mondstationen verbunden, indirekt aber mit allen 16 anderen.

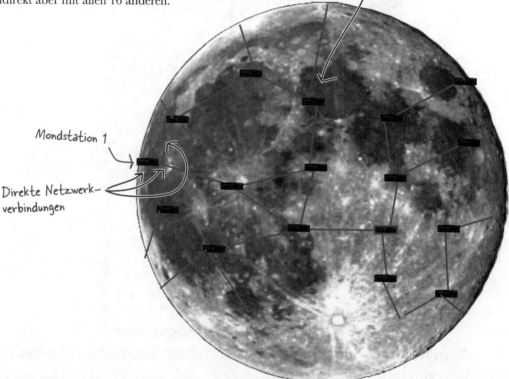

Der Router auf Mondstation 1 kann Pakete zu allen anderen Mondstationen schicken, mit denen er direkt verbunden ist, aber mit den 16 Mondstationen, mit denen er nur indirekt verbunden ist, kann er nicht kommunizieren.

**Wie bringen wir die Router dazu, miteinander zu reden, auch wenn sie nicht direkt miteinander verbunden sind?**

# Routing-Tabellen sagen Routern, wohin Pakete gehen können

Wenn zwei Router einen IP-Netzwerkbereich oder eine Netzwerkadresse teilen, können sie einander automatisch Pakete zustellen. Aber was ist, wenn Router nicht direkt miteinander verbunden sind?

Wenn Router nicht direkt miteinander verbunden sind, müssen sie wissen, wie Pakete an den anderen Router gesendet werden können. Diese Informationen erhalten sie aus Routing-Tabellen, Tabellen, die im Speicher des Routers festgehalten werden.

## Mit dem Befehl show können wir uns die Routen in der Tabelle anzeigen lassen

Wenn Sie die Routing-Tabelle eines Routers einsehen wollen, müssen Sie den Befehl `show` nutzen. Auf einem üblichen Router wie einem Cisco-Router würden Sie den Befehl `show ip route` ausführen.

*Diese Codes sagen Ihnen, wie der Router die Routen erfahren hat.*

```
router1#show ip route
Codes: C - connected, S - static, R - RIP, M - mobile, B - BGP
       D - EIGRP, EX - EIGRP external, O - OSPF, IA - OSPF inter area
       N1 - OSPF NSSA external type 1, N2 - OSPF NSSA external type 2
       E1 - OSPF external type 1, E2 - OSPF external type 2
       i - IS-IS, su - IS-IS summary, L1 - IS-IS level-1, L2 - IS-IS level-2
       ia - IS-IS inter area, * - candidate default, U - per-user static route
       o - ODR, P - periodic downloaded static route

Gateway of last resort is 209.137.230.1 to network 0.0.0.0

D    204.62.205.0/24 [90/30720] via 209.137.230.124, 2d18h, FastEthernet0/0
     209.137.230.0/25 is subnetted, 1 subnets
C       209.137.230.0 is directly connected, FastEthernet0/0
C    204.62.201.0/24 is directly connected, FastEthernet0/1
C    172.17.0.0/16 is directly connected, FastEthernet0/1
D    172.16.0.0/16 [90/30720] via 209.137.230.3, 2d19h, FastEthernet0/0
D    172.19.0.0/16 [90/30720] via 209.137.230.124, 2d18h, FastEthernet0/0
D    204.62.203.0/24 [90/30720] via 209.137.230.3, 2d19h, FastEthernet0/0
S*   0.0.0.0/0 [1/0] via 209.137.230.1
router1#
```

Schauen wir uns an, was der Inhalt einer Routing-Tabelle tatsächlich bedeutet.

**Wohin gehst** du?

# Jede Zeile repräsentiert eine andere Route

Die Routing-Tabelle ist eine Art Adressbuch des Routers. Er sieht sich die Ziel-IP-Adresse des Pakets an und schlägt dann in seiner Routing-Tabelle nach. Die dort gefundenen Angaben nutzt er, um das Paket an die richtige Stelle zu schicken.

Die einzelnen Zeilen der Routing-Tabelle haben jeweils zwei Teile. Der erste Teil ist ein Buchstabe, der uns mitteilt, wie die Route erstellt wurde. Der zweite Teil sagt dem Router, wie er die Route erreicht. Die Routing-Tabelle wird permanent aktuell gehalten, damit der Router weiß, wohin er seine Pakete senden muss.

*Das Ziel-IP-Netzwerk*

*Ob das Netzwerk direkt angeschlossen ist oder über einen anderen Router*

*Die Adresse der Schnittstelle oder der andere Router*

```
D    204.62.204.0/24 [90/30720] via 209.137.230.22, 09:52:06, FastEthernet0/0
D    204.62.205.0/24 [90/30720] via 209.137.230.124, 4d12h, FastEthernet0/0
C    209.137.230.0 is directly connected, FastEthernet0/0
C    204.62.201.0/24 is directly connected, FastEthernet0/1
C    172.17.0.0/16 is directly connected, FastEthernet0/1
D    172.16.0.0/16 [90/30720] via 209.137.230.3, 7w0d, FastEthernet0/0
D    172.19.0.0/16 [90/30720] via 209.137.230.124, 4d12h, FastEthernet0/0
D    172.18.0.0/16 [90/30720] via 209.137.230.22, 09:52:06, FastEthernet0/0
D    204.62.203.0/24 [90/30720] via 209.137.230.3, 7w0d, FastEthernet0/0
S*   0.0.0.0/0 [1/0] via 209.137.230.1
```

*Wie der Router die Route erhalten hat*

# KOPF-NUSS

Wie **erfährt** der Router von den Routen, wenn sie nicht eingegeben werden oder direkt verbunden sind?

*Routing-Protokolle*

*Die Buchstaben sagen, wie der Router davon erfahren hat ... was aber bedeuten die Buchstaben?*

### Die Routen in einer Tabelle stammen aus verschiedenen Quellen.

Wenn Sie einer Schnittstelle eine IP-Adresse zuweisen, wird in die Routing-Tabelle automatisch ein Eintrag für dieses IP-Netzwerk gemacht. Das sind die Routen, die **direkt verbunden sind** und in der Tabelle durch ein C gekennzeichnet werden. Routen, die von Hand eingegeben wurden, sind statisch und werden mit einem S gekennzeichnet. Routen, die gelernt wurden, werden durch unterschiedliche Buchstaben gekennzeichnet, die davon abhängig sind, wie der Router von der Route erfahren hat.

**Am einfachsten bringt man Routen in die Tabelle, indem man sie eingibt. Derartige Routen nennt man statisch, weil sie sich nicht ändern, solange Sie sie nicht ändern.**

*Diese Buchstaben sagen Ihnen, wie die jeweilige Netzwerkroute in die Tabelle gelangte.*

*Routing-Tabelle*

```
D     204.62.204.0/24 [90/30720] via 209.137.230.22
D     204.62.205.0/24 [90/30720] via 209.137.230.12
C     209.137.230.0 is directly connected, FastEth
C     204.62.201.0/24 is directly connected, FastEt
C     172.17.0.0/16 is directly connected, FastEth
D     172.16.0.0/16 [90/30720] via 209.137.230.3, 7
D     172.19.0.0/16 [90/30720] via 209.137.230.124,
D     172.18.0.0/16 [90/30720] via 209.137.230.22,
```

Sie sind hier ▶

*Nehmen Sie die Routen in die Hand*

# Und wie gibt man Routen ein?

Zunächst müssen Sie sich dazu eine Verbindung mit dem Router beschaffen. Sie können entweder über das Netzwerk mit SSH auf den Router zugreifen oder über ein serielles Kabel. Das haben Sie bereits in Kapitel 6 gemacht.

**① Geben Sie auf der Konsole des Routers den Befehl `enable` ein.**
Damit versetzen Sie den Router in den berechtigten Modus. Wahrscheinlich benötigen Sie dazu ein Passwort.

**② Geben Sie dann den Befehl `config t` ein.**
Damit bringen Sie den Router in den Konfigurationsmodus.

**③ Geben Sie `ip route 192.168.102.0 255.255.255.0 eth0/1 192.168.101.1` ein.**
Dieser Befehl fügt eine statische Route für das Netzwerk 192.168.102.0 in die Routing-Tabelle ein. Das Netzwerk wird über die Schnittstelle eth0/1 erreicht, und der Router, der mit diesem Netzwerk umgehen kann, ist 192.168.101.1.

**④ Geben Sie `exit` ein.**
Damit beenden Sie den Konfigurationsmodus.

**⑤ Geben Sie `write memory` ein.**
Das speichert die neue Konfiguration im Speicher.

# Über Routen ermitteln Router, wohin sie Datenverkehr senden müssen

Sie müssen also alle Netzwerkadressen eingeben, an die Ihr Router Datenverkehr senden können soll.

**Aufgepasst**

**Es ist unmöglich, alle Netzwerke der Welt in die Tabelle eines Routers einzugeben.**

*Sie müssen ein Default-Gateway festlegen. Das ist der Ort bzw. ein anderer Router, an den Ihr Router den gesamten Datenverkehr hinsendet, mit dem er nichts anzufangen weiß.*

### Spitzen Sie Ihren Bleistift

Hier sehen Sie drei Router. Schauen Sie, ob Sie die fehlenden IP-Adressen in den Zeilen der Routing-Tabelle unten ergänzen können, damit über die Router Pakete zwischen den Rechnern ausgetauscht werden können.

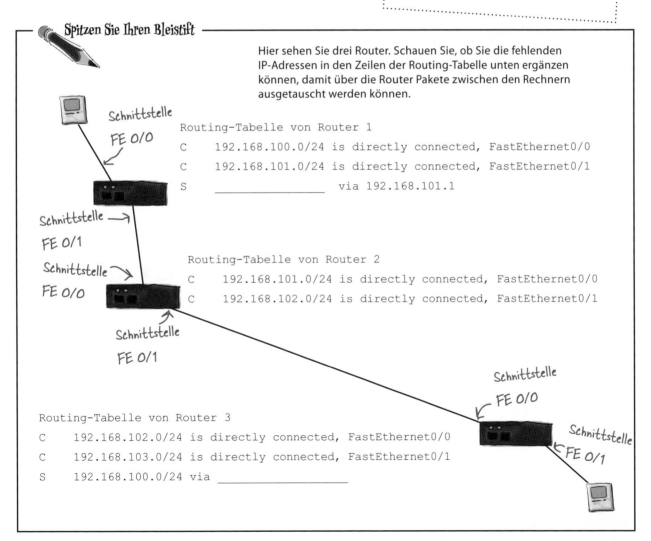

```
Routing-Tabelle von Router 1
C    192.168.100.0/24 is directly connected, FastEthernet0/0
C    192.168.101.0/24 is directly connected, FastEthernet0/1
S    _____ via 192.168.101.1
```

```
Routing-Tabelle von Router 2
C    192.168.101.0/24 is directly connected, FastEthernet0/0
C    192.168.102.0/24 is directly connected, FastEthernet0/1
```

```
Routing-Tabelle von Router 3
C    192.168.102.0/24 is directly connected, FastEthernet0/0
C    192.168.103.0/24 is directly connected, FastEthernet0/1
S    192.168.100.0/24 via _____
```

# Was fehlt?

## Spitzen Sie Ihren Bleistift — Lösung

Hier sehen Sie drei Router. Schauen Sie, ob Sie die fehlenden IP-Adressen in den Zeilen der Routing-Tabelle unten ergänzen können, damit über die Router Pakete zwischen den Rechnern ausgetauscht werden können.

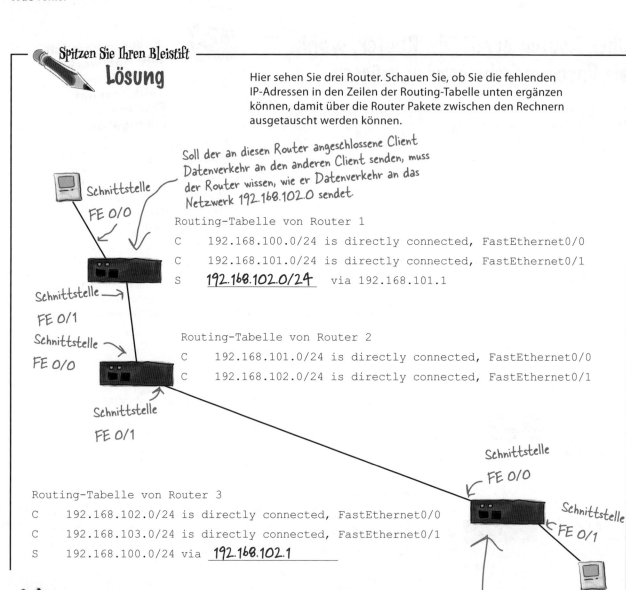

Soll der an diesen Router angeschlossene Client Datenverkehr an den anderen Client senden, muss der Router wissen, wie er Datenverkehr an das Netzwerk 192.168.102.0 sendet.

```
Routing-Tabelle von Router 1
C    192.168.100.0/24 is directly connected, FastEthernet0/0
C    192.168.101.0/24 is directly connected, FastEthernet0/1
S    192.168.102.0/24   via 192.168.101.1
```

```
Routing-Tabelle von Router 2
C    192.168.101.0/24 is directly connected, FastEthernet0/0
C    192.168.102.0/24 is directly connected, FastEthernet0/1
```

```
Routing-Tabelle von Router 3
C    192.168.102.0/24 is directly connected, FastEthernet0/0
C    192.168.103.0/24 is directly connected, FastEthernet0/1
S    192.168.100.0/24 via 192.168.102.1
```

Soll der an diesen Router angeschlossene Client Datenverkehr an den anderen Client senden, muss der Router wissen, wie er Datenverkehr an das Netzwerk 192.168.100.0 sendet.

**Aufgepasst**

**Computer sind in der Regel nicht direkt an Router angeschlossen.**

Normalerweise befindet sich zwischen ihnen ein Switch oder ein Hub.

# Routing-Protokolle

Erstellen Sie von Hand Routing-Tabellen für die Router im Netzwerk unten.

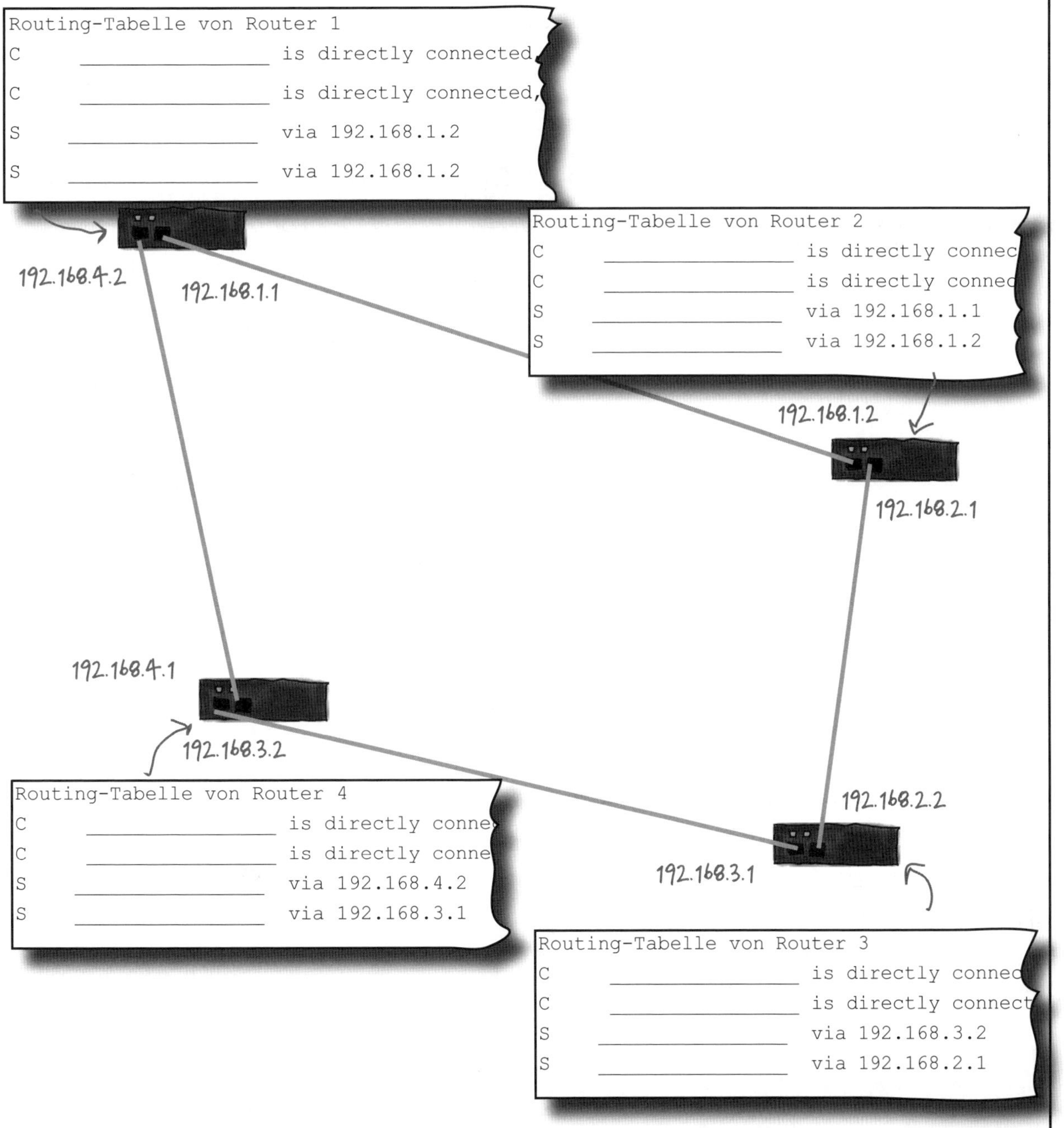

```
Routing-Tabelle von Router 1
C    192.168.4.0    is directly connected
C    192.168.1.0    is directly connected
S    192.168.2.0    via 192.168.1.2
S    192.168.3.0    via 192.168.1.2
```

192.168.4.2    192.168.1.1

```
Routing-Tabelle von Router 2
C    192.168.1.0    is directly connected
C    192.168.2.0    is directly connected
S    192.168.4.0    via 192.168.1.1
S    192.168.3.0    via 192.168.1.2
```

192.168.1.2

192.168.2.1

192.168.4.1

192.168.3.2

```
Routing-Tabelle von Router 4
C    192.168.3.0    is directly connected
C    192.168.4.0    is directly connected
S    192.168.1.0    via 192.168.4.2
S    192.168.2.0    via 192.168.3.1
```

192.168.2.2

192.168.3.1

```
Routing-Tabelle von Router 3
C    192.168.2.0    is directly connected
C    192.168.3.0    is directly connected
S    192.168.4.0    via 192.168.3.2
S    192.168.1.0    via 192.168.2.1
```

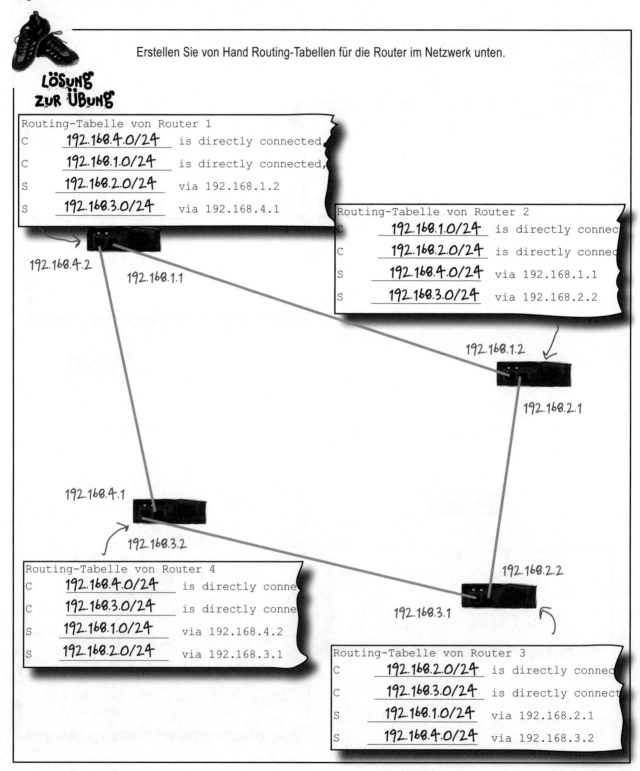

# Sind die Mondstationen jetzt verbunden?

Versuchen wir also, eine Nachricht von einem Rechner auf Mondstation 1 zu einem Rechner auf Mondstation 3 zu senden, und schauen wir, was passiert.

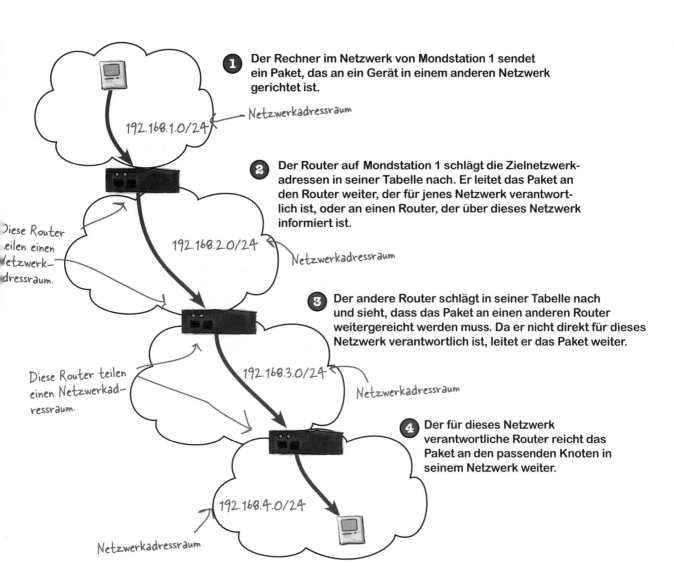

**Noch** *Fragen?*

## Es gibt keine Dummen Fragen

**F: Was verstehen Sie unter Schnittstelle?**

**A:** Unter Schnittstellen oder Interfaces versteht man die physischen Netzwerkverbindungen, die ein Router besitzt. Das können Ethernet-RJ-45-Anschlüsse, serielle Anschlüsse oder auch Glasfaseranschlüsse sein.

**F: Was sagen diese 0/0 und 0/1 in den Schnittstellenbezeichnungen?**

**A:** Die erste Zahl repräsentiert die Schnittstellenkarte des Routers. Viele Router besitzen mehrere Schnittstellenkarten, und jede Karte kann mehrere Anschlüsse bieten. Die zweite Zahl repräsentiert also die tatsächliche Schnittstelle auf der Schnittstellenkarte. 0/1 verweist also auf die zweite Schnittstelle der ersten Karte (die Zählung beginnt bei null). Hat der Router mehrere Karten, können Ihnen auch Nummern wie 1/1 begegnen.

**F: Muss ich im »via«-Teil etwas angeben, mit dem der Router direkt verbunden ist?**

**A:** Wenn Sie eine statische Route eingeben, müssen Sie die IP-Adresse des Routers angeben, der diese Netzwerkrouten abwickelt. Die Schnittstellennummer können Sie optional auch noch angeben.

**F: Besteht die Routing-Tabelle nur aus IP-Adressen von Routern? Wie sieht es mit anderen Geräten aus?**

**A:** Ja, sie enthält nur IP-Adressen anderer Router. Denken Sie daran, dass die Routing-Tabelle dem Router sagt, wohin er Datenverkehr leiten soll, der an ein anderes Netzwerk gerichtet ist. Sie sagt also: »Datenverkehr für Netzwerk X musst du über Router V senden, weil er weiß, wie man Datenverkehr an Netzwerk X übermittelt.«

Die Adressen anderer Geräte werden in Routing-Tabellen nicht festgehalten.

# Zurück zum Mond ...

> Mondstation 1 ruft Mondstation 16. Empfangen Sie mich? Hallo? Jemand zu Hause?

## Mondstation 1 hat immer noch Probleme

In die Routing-Tabelle von Mondstation 1 wurden statische Routen zu den anderen Mondstationen eingegeben, aber zu einer bestimmten Mondstation kommt der Datenverkehr leider immer noch nicht durch. Was läuft hier schief?

**Wie analysieren wir Routing-Probleme, wenn die Daten nicht ankommen?**

# Routing-Probleme analysieren?

Gibt es ein Problem mit einer Schnittstelle, kann der Router Ihnen sagen, ob die Schnittstelle in Betrieb ist oder nicht. Aber zu statischen Routen kann er Ihnen nicht groß etwas sagen. Er weiß nicht, ob die Route in Betrieb ist oder nicht. Er weiß nur, dass er über sie keinen Datenverkehr senden kann, wenn sie nicht in Betrieb ist. Glücklicherweise gibt es etwas, das Ihnen helfen kann: der Befehl **ping**.

> Der Befehl ping sagt Ihnen, ob Netzwerk und Host erreichbar sind.

## Probieren wir es mit ping

Der ping-Befehl ist eine wunderbare kleine Kommandozeilenanwendung, die Sie bei der Analyse von Routing-Problemen unterstützen kann. Er kann Ihnen sagen, ob das Netzwerk und die Hosts erreichbar sind. Um ihn einzusetzen, geben Sie auf der Kommandozeile ping und die IP-Adresse ein, die Sie prüfen wollen.

Hier ist ein Beispiel:

```
Datei Bearbeiten Fenster Hilfe JemandDa?
$ ping 204.62.201.1
PING 204.62.201.1 (204.62.201.1): 56 data bytes
64 bytes from 204.62.201.1: icmp_seq=0 ttl=248 time=96.559 ms
64 bytes from 204.62.201.1: icmp_seq=1 ttl=248 time=94.576 ms
64 bytes from 204.62.201.1: icmp_seq=2 ttl=248 time=72.130 ms
64 bytes from 204.62.201.1: icmp_seq=3 ttl=248 time=101.589 ms
64 bytes from 204.62.201.1: icmp_seq=4 ttl=248 time=79.381 ms
```

*Das sagt Ihnen, wie lange es dauerte, bis Sie die Antwort erhielten.*

## Und wie funktioniert ping?

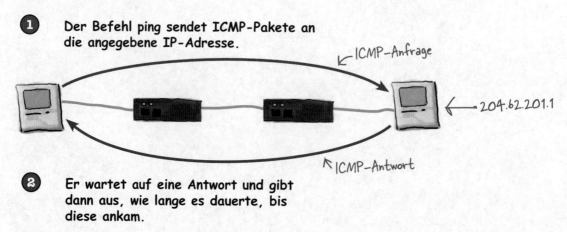

① Der Befehl ping sendet ICMP-Pakete an die angegebene IP-Adresse.

② Er wartet auf eine Antwort und gibt dann aus, wie lange es dauerte, bis diese ankam.

# Routing-Protokolle

## Auch traceroute ist nützlich

Der Befehl traceroute zeichnet die Route auf, die das Paket nahm, um die Ziel-IP-Adresse zu erreichen. Diese Route besteht aus den IP-Adressen der Router zwischen sendendem Host und Ziel-IP-Adresse.

Ein Beispiel:

*Der Befehl traceroute zeigt Ihnen die Route, die Ihre Pakete nahmen, um eine IP-Adresse zu erreichen.*

```
Datei Bearbeiten Fenster Hilfe  VerirrtImDunklenWald
$ traceroute 204.62.201.70
traceroute to 204.62.201.1 (204.62.201.1), 64 hops max, 40 byte packets
 1  204.62.203.254  1.318 ms  0.750 ms  0.688 ms
 2  209.137.230.2   1.460 ms  1.243 ms  1.153 ms
 3  204.62.201.70   0.890 ms !<10>  0.832 ms !<10>  0.833 ms !<10>
```

**①** traceroute wird auf Client A ausgeführt und sendet an Client D einen Block mit drei Paketen, deren TTL-Feld (Lebensdauer) den Wert 1 hat.

**②** Router B antwortet mit einem ICMP-Paket an Client A, weil die Pakete die TTL 1 haben.

**③** traceroute sendet dann von Client A einen zweiten Block mit drei Paketen an Client D, deren TTL-Feld den Wert 2 hat. Router B ändert die TTL der Pakete in 1 und leitet die Pakete an Router C weiter.

**④** Router C antwortet mit einem ICMP-Paket an Client A, weil die Pakete die TTL 1 haben.

**⑤** traceroute sendet nun von Client A einen dritten Block mit drei Paketen an Client D, die jetzt die TTL 3 haben. Router B ändert die TTL der Pakete in 2 und sendet sie an Router C weiter, der die TTL der Pakete in 1 ändert und sie an Client D weiterleitet. Client D sendet ein IMCP-Paket an Client A zurück.

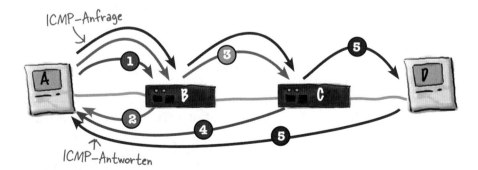

Schauen wir, ob wir mithilfe dieser Werkzeuge die Probleme mit den Routen von Mondstation 1 analysieren können.

Sie sind hier ▶ **257**

**Und was ist** *mit ...*

## Es gibt keine Dummen Fragen

**F:** Kann ich eine beliebige Adresse im Internet anpingen?

**A:** Können Sie. Fraglich ist nur, ob Sie eine Antwort erhalten. Firewalls blocken ping-Pakete häufig. Dann erhalten Sie keine Antwort.

**F:** Wenn ich die IP-Adressen in diesem Buch anpinge, erhalte ich manchmal eine Antwort, manchmal nicht.

**A:** Erinnern Sie sich noch an die privaten IP-Adressen, die wir in Kapitel 6 erwähnten? Die meisten Adressen, die wir in diesem Buch verwenden, sind private Adressen. Es kann sein, dass der Router in Ihrem Heimnetzwerk oder Ihr ISP einige dieser Adressen ebenfalls verwendet.

**F:** Könnte man nicht ein Programm entwickeln, das permanent die Geräte im Netzwerk anpingt und uns informiert, wenn die Operation fehlschlägt? Das wäre doch sicher äußerst hilfreich!

**A:** Derartige Werkzeuge gibt es viele. Nmap ist so ein Werkzeug,. Nagios ein weiteres. Nmap ist ein Netzwerkscanner. Sie geben den zu scannenden Bereich von IP-Adressen ein, und Nmap sagt Ihnen, ob es dort Geräte gibt oder nicht. Nagios ist eher ein Monitoring-Werkzeug, wie Sie es oben beschrieben haben. Es kann Sie informieren, wenn Geräte nicht erreichbar sind.

**F:** Kann ich steuern, wie viele Pakete ping sendet?

**A:** Gute Frage. Ja, können Sie. Die verschiedenen ping-Implementierungen bieten jeweils unterschiedliche Optionen, mit denen Sie steuern können, wie viele Pakete gesendet werden oder welchen Inhalt die Pakete haben. Welche Optionen zur Verfügung stehen, erfahren Sie, wenn Sie ping --help oder ping /h eingeben.

**F:** Sind die Zeiten wichtig, die es vergehen bis meine ping-Pakete wieder zurück sind?

**A:** Ein guter Netzwerktechniker kennt die diversen ping-Zeiten in und um sein Netzwerk herum. Das soll nicht heißen, dass Sie sich diese einprägen müssen, aber Sie sollten so ungefähr im Kopf haben, wie die Zeiten aussehen. Wenn etwas schiefläuft, kann Ihnen dann ein einfaches ping schon sagen, welche Netzwerknoten sich normal verhalten und welche nicht.

**F:** Ist traceroute nicht nur ein ausgefeilteres ping?

**A:** Auch traceroute sendet ICMP-Pakete, macht ansonsten aber etwas ganz anderes. Es sendet diese Pakete so aus, dass es Antworten von den Routern zwischen Ihnen und Ihrem Ziel erhält.

**F:** traceroute scheint sich manchmal aufzuhängen und arbeitet dann ganz unvermittelt doch weiter. Woran liegt das?

**A:** Wenn Sie traceroute die DNS-Namen der Router abfragen lassen, muss Ihr ping warten, bis die DNS-Abfrage wegen Zeitüberschreitens abgebrochen wird, wenn diese Router keine DNS-Einträge haben. Das kann eine Weile dauern, und wenn es das bei einer Reihe von Routern macht, sogar noch länger. Führen Sie traceroute mit der Option -n aus, um die DNS-Lookups abzuschalten.

**F:** Wenn ich traceroute ausführe, wird mir manchmal nur ein Sternchen angezeigt. Heißt das, dass der Router nicht läuft?

**A:** Nein, häufig bedeutet das, dass der Router so konfiguriert ist, dass er auf ICMP-Pakete nicht antwortet. So etwas macht man aus Sicherheitsgründen.

**F:** Funktioniert der Befehl dann nur, wenn alle Router auf der Route antworten?

**A:** Nein. Ist die Timeout-Zeit überschritten, überspringt traceroute Pakete für dieses Gerät und geht zum nächsten weiter, bis es das Ziel erreicht.

**F:** Woher weiß es, dass das Ziel erreicht ist?

**A:** Das ist leicht, es erhöht einfach die TTL der ICMP-Pakete, bis es eine Antwort von der Ziel-IP-Adresse erhält.

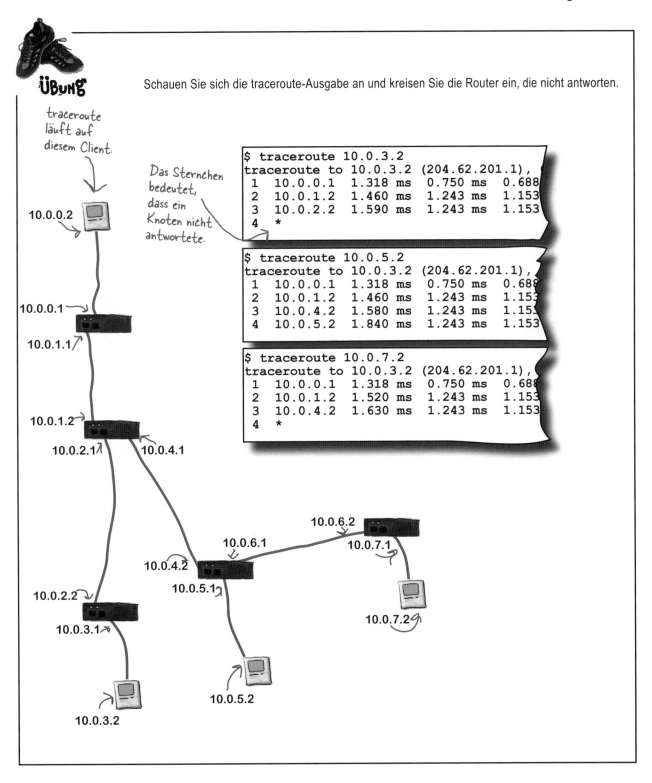

## Welche Router antworten nicht?

Schauen Sie sich die traceroute-Ausgabe an und kreisen Sie die Router ein, die nicht antworten.

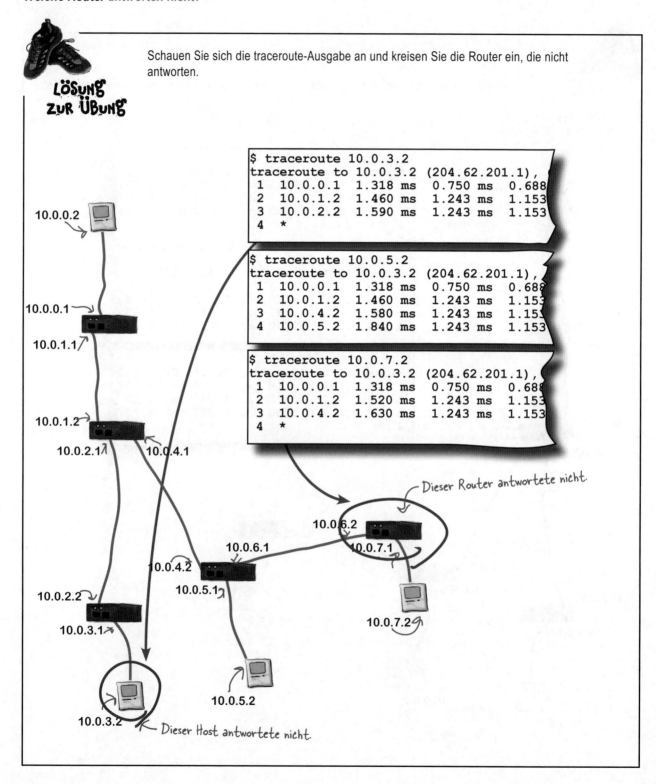

*Routing-Protokolle*

## Was also ist das Problem mit der Netzwerkverbindung?

Zum Leidwesen von Mondstation 1 scheint es, als hätten Mondstation 16 und Mondstation 17 die Netzwerkadressen geändert, die ihre Router nutzen. Da der Router von Mondstation 1 die alten Netzwerkadressen nur als statische Routen in der Routing-Tabelle hatte, weiß der Router nicht mehr, wohin er den Datenverkehr senden soll, der an diese Netzwerke gerichtet ist.

Wie beheben wir das?

> Ändern sich Routen, müssen Sie die Routen in der Routing-Tabelle Ihres Routers anpassen, um sie aktuell zu halten.

*Ist doch einfach. Wir müssen in der Routing-Tabelle lediglich die Route für die geänderten Netzwerkadressen anpassen.*

### Statische Routen ändern sich nicht automatisch.

Das bedeutet, dass Sie statische Routen in Ihrer Routing-Tabelle manuell anpassen müssen.

 **KOPF-NUSS**

Welche Probleme kann das in Zukunft mit sich bringen?

Sie sind hier ▶

**Manuelle Eingabe** *ist keine Lösung*

# Die Netzwerkadressänderungen schneien nur so rein ...

Unglücklicherweise bleiben das nicht die letzten Mondstationen, die ihre Netzwerkadressen ändern. Da ein Mondsemester allmählich zum hippsten Lebenslaufeintrag wird, sind auch andere Stationen gezwungen, ihre Netzwerkadressen zu ändern. Schon bald wird Mondstation 1 mit Nachrichten von anderen Mondstationen überflutet, in denen diese die Änderung ihrer Netzwerkadressen mitteilen.

# Routing-Protokolle

Wäre es nicht wunderbar, wenn ich die Routing-Tabellen nicht bei jeder Änderung der Netzwerkkonfiguration anpassen müsste, sondern die Router sich einfach unterhalten und Routen automatisch austauschen könnten? Aber das ist sicher nur ein Traum ...

Sie sind hier ▶

*RIP statt statischer Routen*

# Mit RIP aktualisieren sich Router selbst

Wenn Sie sich das Leben erleichtern wollen, sollten Sie etwas Zeit darauf verwenden, in Ihrem Netzwerk ein dynamisches Routing-Protokoll in Betrieb zu nehmen. Das RIP oder auch Routing Information Protocol ist ein derartiges dynamisches Routing-Protokoll. Mit RIP können Router Netzwerkadressen austauschen. Router nutzen RIP, um miteinander zu kommunizieren, Routing-Informationen auszutauschen und ihre Routing-Tabellen aktuell zu halten.

**❶ Alle 30 Sekunden versendet der Router seine Routing-Tabelle.**
Er versendet seine vollständige Routing-Tabelle an alle anderen Router in Form von RIP-Aktualisierungspaketen, also einschließlich aller Änderungen, die an der Routing-Tabelle seit dem letzten Versenden vorgenommen wurden.

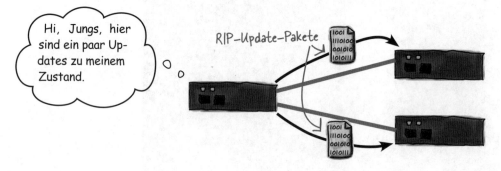

**❷ Die anderen Router empfangen die Routing-Informationen und überprüfen ihre Routing-Tabellen.**

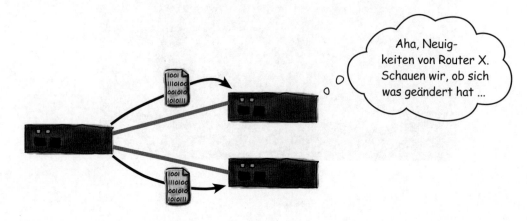

# Routing-Protokolle

**③ Die anderen Router tragen eventuelle Änderungen in ihre Routing-Tabellen ein.**
Neue Routen werden eingetragen, bestehende Routen aktualisiert und nicht mehr vorhandene Routen gelöscht.

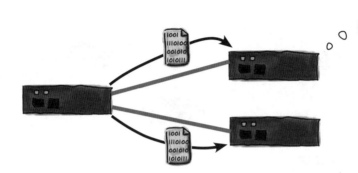

**④ Nach 30 Sekunden geht der Vorgang von vorne los.**

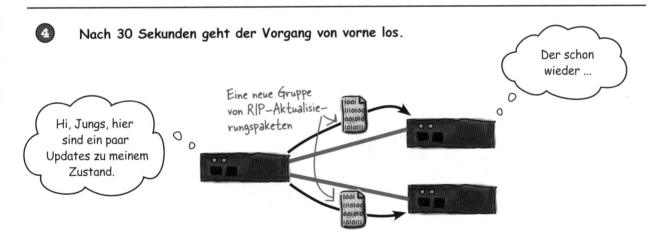

## Und was bedeutet das für Mondstation 1?

Wenn wir RIP auf allen Mondstationen implementieren, müssen wir die statischen Routen für die indirekt verbundenen Router nicht mehr manuell verwalten. Stattdessen können wir die Router die Routen für uns verwalten lassen – während wir es uns in unserem Sessel gemütlich machen.

## Umleitungen

### Lange Übung

Schauen Sie sich die Netzwerkänderungen unten an. Welche Router würden Änderungen in ihren Routing-Tabellen melden?

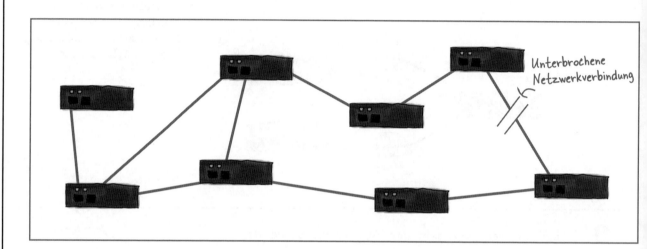

Unterbrochene Netzwerkverbindung

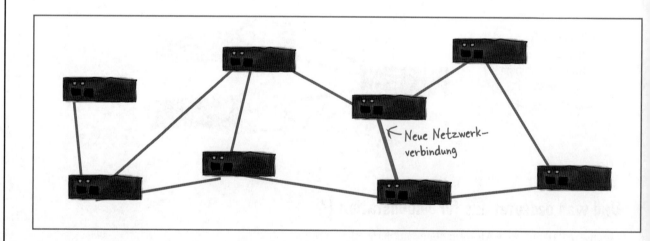

Neue Netzwerkverbindung

# Routing-Protokolle

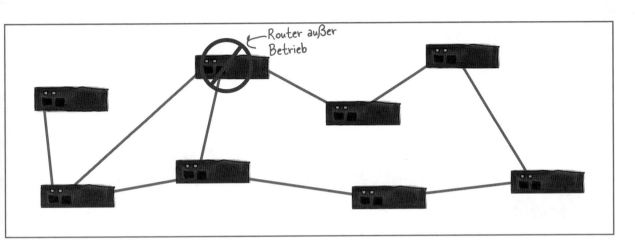

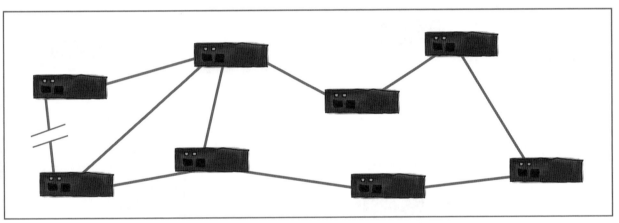

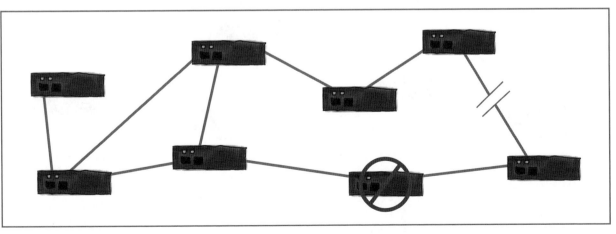

Sie sind hier ▶ **267**

## Was ist das Problem?

### Lange Übung Lösung

Schauen Sie sich die Netzwerkänderungen unten an. Welche Router würden Änderungen in ihren Routing-Tabellen melden?

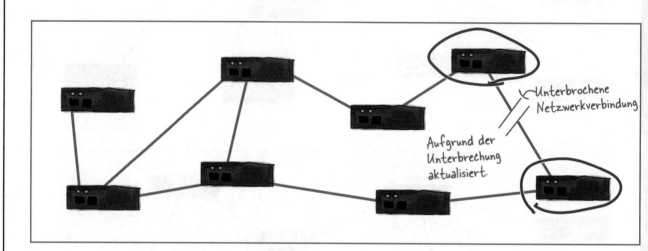

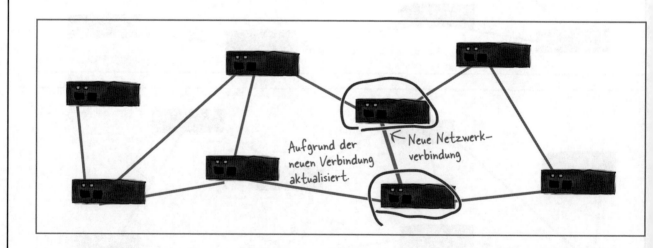

# Routing-Protokolle

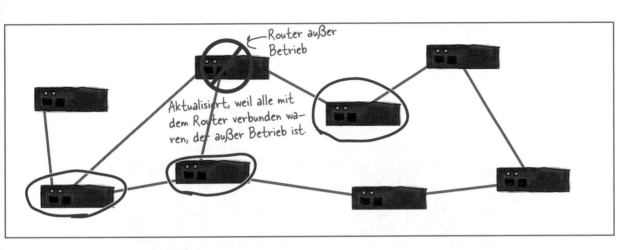
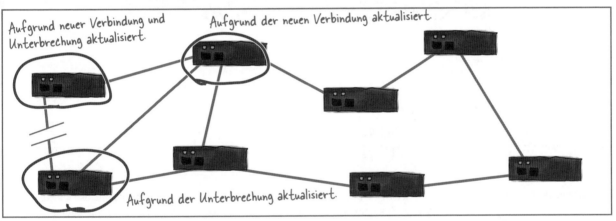
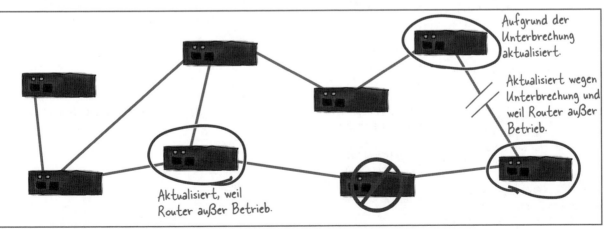

## Und wie richtet man RIP ein?

RIP auf einem Router einzurichten, ist ganz einfach. Sie wechseln in den Konfigurationsmodus des Routers und geben dann die RIP-Konfiguration ein. Wenn Sie einige Netzwerke hinzufügen, schaltet der Router RIP ein. Denken Sie daran, Ihre Änderungen zu speichern, wenn Sie den Befehlsmodus verlassen.

*Diese beiden Zeilen fügen diese Netzwerke als Netzwerke, für die der Router routet, in die Routing-Tabelle ein.*

```
Datei Bearbeiten Fenster Hilfe  RoutingInformationProtocol
router1#config t
router1(config)#router rip
router1(config-router)#network 192.168.1.0
router1(config-router)#network 192.168.2.0
router1(config-router)#exit
router1(config)#exit
router1#write memory
```

## Es gibt keine Dummen Fragen

**F: Unterstützen alle Router RIP?**

A: So gut wie jeder Router, der Ihnen über den Weg läuft, sollte irgendeine RIP-Version anbieten.

**F: Ist RIP ein Programm, das auf dem Router läuft?**

A: So könnte man das sagen. Es ist eine Kombination aus Software, die auf dem Router läuft, einem Netzwerkprotokoll zur Übermittlung von Routing-Informationen und den Konfigurationsdateien. Je nach Router-Typ ist es meist eine Softwarefunktion im Betriebssystem des Routers.

**F: Wie verhindert man, dass irgendwer seinen Router ins Netzwerk bringt und diesen falsche Routen versenden lässt?**

A: Beim RIP-v1-Protokoll gibt es nichts, das das verhindern könnte. In RIP v2 gibt es eine einfache Passwortauthentifizierung. Allerdings werden diese Passwörter im Klartext versendet und können von jemandem, der mit ihrem Netzwerk verbunden ist, wahrscheinlich abgefangen werden.

Einige Router bieten Mechanismen wie Peers, über die man steuern kann, von welchen Routern man Routing-Informationen akzeptiert.

**F: Das klingt, als könnte es eine Weile dauern, bis Router alle Änderungen ausgetauscht haben, wenn eine Reihe von Routern einige Änderungen aufweisen.**

A: Ja, das ist eins der Probleme von RIP. Es wird als Konvergenz bezeichnet. Da Router ihre Routing-Tabellen alle 30 Sekunden versenden, kann es selbst in einem kleinen Netzwerk mehrere Minuten dauern, bis die Änderungen überall bekannt sind.

# Aber es gibt immer noch ein Problem ...

Unglücklicherweise gibt es jetzt ein Problem mit dem Datenverkehr zu Mondstation 20?

Hier ist die traceroute-Ausgabe:

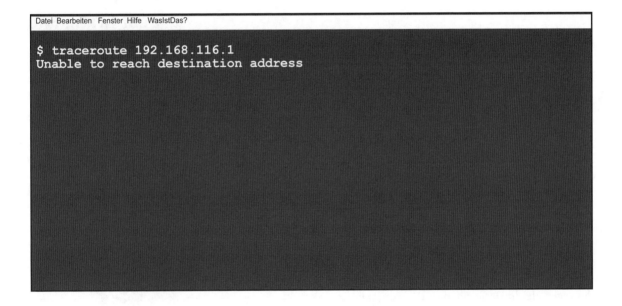

Schauen Sie sich die Ausgabe oben an. Was könnte das Problem sein? Wonach könnten Sie bei Ihrem Router Ausschau halten, um Informationen zu bekommen, die Ihnen helfen, dieses Problem zu lösen?

**Zählen Sie die** *Hops*

# Es gibt zu viele Hops

Wenn es die Wahl hat, wählt das RIP-Protokoll immer die Route mit der geringsten Anzahl von Routern oder »Hops« auf dem Weg. Die Anzahl der Hops auf einer Route bezeichnet man als Hop-Count.

Unglücklicherweise erlaubt das RIP-Protokoll maximal 15 Hops – zum Erreichen von Mondstation 20 sind leider aber mehr erforderlich.

# Hop-Count ist die Anzahl von Routern, über die ein Paket »springen« muss, um ein bestimmtes IP-Netzwerk zu erreichen.

*RIP wählt also immer die Route mit der geringsten Hop-Zahl. Aber was ist mit der Verbindungsgeschwindigkeit? Spielt die kein Rolle?*

**RIP kann nur die Hop-Zahl nutzen, um die beste Route zu ermitteln.**

RIP hat keine Ahnung, welche Geschwindigkeit eine Netzwerkverbindung bietet, und behandelt alle Verbindungen deswegen gleich. Das heißt, dass RIP von zwei möglichen Routen zu einem Netzwerk immer die mit dem kleinsten Hop-Count wählt, selbst wenn die andere Route außerordentlich schnell ist.

*Für RIP sind diese beiden Routen gleichwertig, obwohl die eine schneller als die andere ist.*

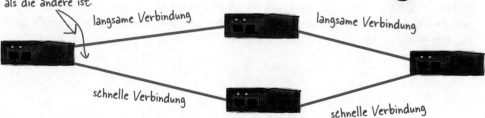

# Routing-Protokolle

## Spielen Sie Router

Sie sollen Router spielen und anhand der RIP-Routing-Tabelle herausfinden, über welche Route Sie ein Paket versenden.

*Die Route mit dem kleinsten Hop-Count ist die beste.*

| Netzwerk | Router-IP | Hop-Count |
|---|---|---|
| 192.168.2.0/24 | 192.168.1.2 | 1 |
| 192.168.3.0/24 | 192.168.1.2 | 2 |
| 192.168.3.0/24 | 192.168.2.1 | 3 |
| 192.168.4.0/24 | 192.168.2.1 | 2 |
| 192.168.5.0/24 | 192.168.2.1 | 3 |
| 192.168.6.0/24 | 192.168.3.1 | 4 |
| 192.168.6.0/24 | 192.168.2.1 | 5 |
| 192.168.7.0/24 | 192.168.3.1 | 2 |
| 192.168.8.0/24 | 192.168.3.1 | 2 |
| 192.168.8.0/24 | 192.168.2.1 | 6 |
| 192.168.9.0/24 | 192.168.3.1 | 3 |

| Ziel-IP des Pakets | IP des Routers, an den das Paket geht |
|---|---|
| 192.168.2.2 | 192.168.1.2 |
| 192.168.3.12 | |
| 192.168.8.99 | |
| 192.168.5.6 | |
| 192.168.7.211 | |
| 192.168.9.154 | |
| 192.168.6.176 | |
| 192.168.4.201 | |
| 192.168.7.154 | |
| 192.168.8.12 | |
| 192.168.2.23 | |

Sie sind hier ▶

## Spielen Sie Router, Lösung

Sie sollen Router spielen und anhand der RIP-Routing-Tabelle herausfinden, über welche Route Sie ein Paket versenden.

Die Route mit dem kleinsten Hop-Count ist die beste.

| Netzwerk | Router-IP | Hop-Count |
|---|---|---|
| 192.168.2.0/24 | 192.168.1.2 | 1 |
| 192.168.3.0/24 | 192.168.1.2 | 2 |
| 192.168.3.0/24 | 192.168.2.1 | 3 |
| 192.168.4.0/24 | 192.168.2.1 | 2 |
| 192.168.5.0/24 | 192.168.2.1 | 3 |
| 192.168.6.0/24 | 192.168.3.1 | 4 |
| 192.168.6.0/24 | 192.168.2.1 | 5 |
| 192.168.7.0/24 | 192.168.3.1 | 2 |
| 192.168.8.0/24 | 192.168.3.1 | 2 |
| 192.168.8.0/24 | 192.168.2.1 | 6 |
| 192.168.9.0/24 | 192.168.3.1 | 3 |

| Ziel-IP des Pakets | IP des Routers, an den das Paket geht |
|---|---|
| 192.168.2.2 | 192.168.1.2 |
| 192.168.3.12 | 192.168.1.2 |
| 192.168.8.99 | 192.168.3.1 |
| 192.168.5.6 | 192.168.2.1 |
| 192.168.7.211 | 192.168.3.1 |
| 192.168.9.154 | 192.168.3.1 |
| 192.168.3.176 | 192.168.1.2 |
| 192.168.4.201 | 192.168.2.1 |
| 192.168.7.154 | 192.168.3.1 |
| 192.168.9.12 | 192.168.3.1 |
| 192.168.2.23 | 192.168.1.2 |

*Routing-Protokolle*

> Und was machen wir jetzt? Das RIP-Protokoll können wir ja wohl nicht anpassen. Gibt es stattdessen vielleicht ein anderes Routing-Protokoll, das wir nutzen können?

### Es gibt noch mehr Routing-Protokolle.

Bislang haben wir in diesem Kapitel das RIP-Protokoll genutzt, das für kleine Netzwerke mit einer geringen Anzahl von Routern und Routen gut geeignet ist, allerdings nicht gut skaliert. Es gibt mehrere fortgeschrittene IP-Routing-Protokolle, unter anderem OSPF, IGRP, EIRGP und BGP. IGRP und EIGRP sind proprietäre Routing-Protokolle von Cisco. IGRP ist mittlerweile veraltet und wurde durch EIGRP ersetzt, kann Ihnen gelegentlich aber noch über den Weg laufen. Diese Protokolle sind nur auf Cisco-Routern verfügbar. OSPF und BGP sind standardbasierte Routing-Protokolle, die auf Routern unterschiedlicher Hersteller laufen.

### Und welches sollen wir dann nutzen?

Wenn in Ihrem Netzwerk nur Cisco-Router laufen, ist EIGRP wahrscheinlich am besten. Müssen Sie mit Routern anderer Hersteller kommunizieren, sind OSPF (Open Shortest Path First) und BGP (Border Gateway Protocol) besser. *Und wenn Sie einen Router in ein bestehendes Netzwerk einbinden, müssen Sie das Routing-Protokoll nutzen, das auch die anderen Router verwenden.*

## Freak-Futter

Mehr Informationen zu RIP und OSPF finden Sie in den RFCs 1058, 2453 und 2328, Informationen zu EIGRP gibt es auf der Ciscos-Website unter:

**http://tinyurl.com/cb6ny9**

Sie sind hier ▸

*Protokoll-*Zoo

# Die Routing-Protokoll-Menagerie

Schauen wir uns an, welche Unterschiede es zwischen den verschiedenen Routing-Protokollen gibt.

## RIP

| Vorteile |
|---|
| Einfach einzurichten. |
| Gut für die Interoperabilität, da nicht alle Router OSPF und EIGRP unterstützen. |
| Router melden ihre Änderungen, und andere Router tragen sie ein. |

| Nachteile |
|---|
| Datenflut. Router senden alle 30 Sekunden, es kann also eine Menge Datenverkehr geben. |
| RIP vertraut von anderen Routern bezogenen Informationen ohne Authentifizierung. |
| Lange Abstimmungszeit. Wenn sich Routen ändern, kann es eine Weile dauern, bis diese Änderungen im ganzen Netzwerk verbreitet wurden. |
| Hop-Count ist einziges Kriterium für Routenwahl. |

## OSPF

| Vorteile |
|---|
| Es können viele Kriterien berücksichtigt werden. |
| Verlangt eine Authentifizierung und vertraut Informationen von nicht authentifizierten Routern nicht. |
| Schnelle Abstimmung. Routenänderungen werden schnell im Netzwerk verbreitet. |
| Wird von Routern verschiedener Hersteller unterstützt. |

| Nachteile |
|---|
| Einrichtung kann kompliziert sein. |
| Verlangt sehr viel Router-Speicherplatz. |

## EIGRP

| Advantages |
|---|
| Es können viele Kriterien berücksichtigt werden. |
| Verlangt Authentifizierung. |
| Schnelle Abstimmung. |
| Leicht einzurichten. |

| Nachteile |
|---|
| Funktioniert nur auf Cisco-Routern. |
| Verlangt sehr viel Router-Speicherplatz. |

# Routing-Protokolle

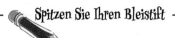

### Spitzen Sie Ihren Bleistift

Wählen Sie ein geeignetes Routing-Protokoll für jedes der unten vorgestellten Netzwerke aus.

---

Netzwerk 1 ist ein kleines Netzwerk mit nur drei Routern. Es verfügt über eine stehende Internetverbindung über ein vom ISP gestelltes Default-Gateway. Zwei der Router sind Cisco-Router, der dritte ist von Juniper. In diesem Netzwerk kommt es nur selten zu Änderungen.

○ RIP    ○ statische Routing-Tabellen
○ OSPF   ○ EIGRP

---

Netzwerk 2 ist ein großes Netzwerk mit 600 Routern. Es hat zwei zwei Internetverbindungen. Die meisten Router kommen von Cisco, aber es gibt auch einige von Extreme Network. Die Topologie dieses Netzwerks ändert sich sehr häufig.

○ RIP    ○ statische Routing-Tabellen
○ OSPF   ○ EIGRP

---

Netzwerk 3 ist ein mittelgroßes Netzwerk mit 83 Routern. Es verfügt über eine stehende Internetverbindung über ein vom ISP gestelltes Default-Gateway. Alle Router sind Cisco-Router. Es gibt verschiedene Pfade zwischen den Routern.

○ RIP    ○ statische Routing-Tabellen
○ OSPF   ○ EIGRP

---

Netzwerk 4 ist ein mittelgroßes Netzwerk mit 15 Routern. Es verfügt über eine stehende Internetverbindung über ein vom ISP gestelltes Default-Gateway. Die Router stammen von unterschiedlichen Herstellern. In diesem Netzwerk kommt es nur selten zu Änderungen.

○ RIP    ○ statische Routing-Tabellen
○ OSPF   ○ EIGRP

Sie sind hier ▶

*Das geeignete Protokoll*

## Spitzen Sie Ihren Bleistift
### Lösung

Wählen Sie ein geeignetes Routing-Protokoll für jedes der unten vorgestellten Netzwerke aus.

---

Netzwerk 1 ist ein kleines Netzwerk mit nur drei Routern. Es verfügt über eine stehende Internetverbindung über ein vom ISP gestelltes Default-Gateway. Zwei der Router sind Cisco-Router, der dritte ist von Juniper. In diesem Netzwerk kommt es nur selten zu Änderungen.

○ RIP  ● statische Routing-Tabellen
○ OSPF  ○ EIGRP

---

Da nur selten Änderungen vorkommen und es lediglich drei Router gibt, ist es hier vernünftig, in jedem der Router einfach ein paar statische Routen einzurichten.

---

Netzwerk 2 ist ein großes Netzwerk mit 600 Routern. Es hat zwei zwei Internetverbindungen. Die meisten Router kommen von Cisco, aber es gibt auch einige von Extreme Network. Die Topologie dieses Netzwerks ändert sich sehr häufig.

○ RIP  ○ statische Routing-Tabellen
● OSPF  ○ EIGRP

---

Bei größeren Netzwerken brauchen wir, hauptsächlich wegen der Abstimmungsprobleme, ein besseres Protokoll als RIP. Da nicht alle Router von Cisco sind, ist OSPF geeignet.

---

Netzwerk 3 ist ein mittelgroßes Netzwerk mit 83 Routern. Es verfügt über eine stehende Internetverbindung über ein vom ISP gestelltes Default-Gateway. Alle Router sind Cisco-Router. Es gibt verschiedene Pfade zwischen den Routern.

○ RIP  ○ statische Routing-Tabellen
○ OSPF  ● EIGRP

---

Bei einem Netzwerk dieser Größe und Komplexität ist RIP wieder nicht die beste Wahl. Da alle Router von Cisco sind, können Sie EIGRP implementieren.

---

Netzwerk 4 ist ein mittelgroßes Netzwerk mit 52 Routern. Es verfügt über eine stehende Internetverbindung über ein vom ISP gestelltes Default-Gateway. Die Router stammen von unterschiedlichen Herstellern. In diesem Netzwerk kommt es nur selten zu Änderungen.

● RIP  ○ statische Routing-Tabellen
○ OSPF  ○ EIGRP

---

Bei diesem Szenario könnten Sie wahrscheinlich alle Routing-Protokolle nutzen. RIP wäre am einfachsten, aber OSPF würde ebenfalls funktionieren.

# Routing-Protokolle

**Frank:** Warum, was gefällt dir an RIP nicht?

**Tim:** Wir müssen einfach zu viele Mondstationen verbinden. Einige der Stationen sind mehr als 15 Hops von uns entfernt, und das geht mit RIP nicht.

**Joachim:** Und welche Optionen haben wir da?

**Tim:** OSPF oder EIGRP.

**Frank:** Wo liegt denn der Unterschied?

**Tim:** OSPF ist ein offener Standard, den die meisten Router unterstützen. Die Routenabstimmung unter den Routern erfolgt sehr schnell.

**Joachim:** Klingt doch gut. Nehmen wir OSPF.

**Frank:** Und was ist mit EIGRP?

**Tim:** EIGRP ist mit OSPF vergleichbar. Der größte Nachteil dabei ist, dass es nur auf Cisco-Hardware läuft.

**Frank:** Aber Cisco hat doch den Zuschlag für die Ausrüstung der Mondstationen erhalten. Unsere Router kommen daher alle von Cisco. Darüber müssen wir uns also keine Gedanken machen.

**Joachim:** Gibt es hier oben Netzwerktechniker, die Erfahrung mit einem der beiden Protokolle haben?

**Tim:** Ich kenne ein paar Techniker auf anderen Stationen, die Erfahrung mit EIGRP haben. Sie sagen, dass es sich recht leicht einrichten lässt.

**Joachim:** Na, also doch EIGRP. Scheint, als gäbe es hier ein paar Leute, die uns dabei helfen können, die Geschichte einzurichten. Und kompliziert soll das ja auch nicht sein. Einverstanden?

**Frank:** Einverstanden!

**Tim:** Dann mache ich mich mal an die Arbeit ...

# EIGRP unter der Lupe

Was also zeichnet EIGRP aus? Werfen wir einmal einen Blick darauf.

## Nachbarn

Ein Router, der EIGRP nutzt, kennt die ihm benachbarten Router und tauscht Routen mit ihnen aus. Nachbarn können statisch eingegeben werden (eine gute Sicherheitsmaßnahme), oder Router können ihre Nachbarn mit EIGRP HELLO-Paketen aufspüren.

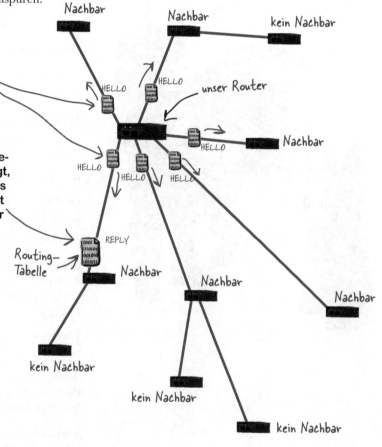

**1** Wenn unser EIGRP ausführender Router hochfährt und keine statischen Nachbarn hat, sendet er Multicast-HELLO-Pakete auf allen verbundenen Schnittstellen.

**2** Wenn ein benachbarter angeschlossener Router ein HELLO-Paket empfängt, sendet er, wenn ASN und Subnetz des sendenden Routers passen, ein Paket zurück, das alle Routen enthält, die er kennt.

**3** Unser Router schickt dem Nachbarn ein kurzes ACK-Paket zurück, um ihm mitzuteilen, dass er die Routen empfangen hat.

**Damit Router als Nachbarn betrachtet werden, müssen sie ein IP-Subnet und eine Autonomous System Number (ASN) teilen.**

## EIGRP nutzt den Diffusing Update Algorithm

Der Diffusing Update Algorithm (DUAL) ist ein Mittel, um Routen zu berechnen, wenn es Änderungen an einer Netzwerktopologie gibt. Er hilft, Routen **schleifenfrei** zu halten.

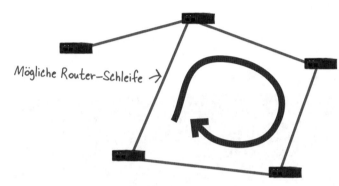

Mögliche Router-Schleife →

Eine Router-Schleife tritt ein, wenn Pakete von einem Router zum anderen wandern und nie ihr Ziel erreichen. Sie bewegen sich einfach im Kreis.

## EIGRP nutzt das Reliable Transport Protocol, um seine Informationen zu versenden

RTP sichert, dass die EIGRP-Routing-Informationen eines Routers zuverlässig, d.h. in der richtigen Reihenfolge und fehlerlos, an die benachbarten Router übermittelt werden.

## EIGRP sendet Routendaten nur, wenn es Änderungen gibt

Ein Router aktualisiert andere Router nur, wenn es Änderungen in der Netzwerktopologie gibt, mit der er verbunden ist. Das sorgt dafür, dass Netzwerke sehr schnell abgestimmt werden.

Man sagt, dass ein Netzwerk »abgestimmt« ist, wenn alle Router die richtigen Routing-Informationen für das Netzwerk haben.

*Nächste Einrichtungsrunde*

# Wie richten wir EIGRP ein?

Die Einrichtung von EIGRP auf einem Router ist eine ziemlich gradlinige Angelegenheit. Sie wechseln in den Konfigurationsmodus und aktivieren EIGRP. Geben Sie dann Netzwerke ein, aktiviert der Router EIGRP. Sie müssen die benachbarten Router eingeben, mit denen dieser Router EIGRP-Routing-Informationen austauscht. Denken Sie daran, Ihre Änderungen zu speichern, wenn Sie den Befehlsmodus verlassen.

```
Datei Bearbeiten Fenster Hilfe EIGRPSpringtWeiter
router1#config t
router1(config)#router eigrp 1
router1(config-router)#network 192.168.1.0
router1(config-router)#network 192.168.2.0
router1(config-router)#neighbor 192.168.2.2
router1(config-router)#neighbor 192.168.1.3
router1(config-router)#exit
router1(config)#exit
router1#write memory
```

## Es gibt keine Dummen Fragen

**F: Wie erfährt ein Router bei EIGRP, wenn ein Route nicht mehr verfügbar ist?**

A: Gute Frage. Stellt ein Router fest, dass eine seiner Schnittstellen nicht mehr verbunden ist, weil ein Kabel defekt ist oder ein Router den Geist aufgegeben hat, sendet er ein EIGRP-Aktualisierungspaket, das sagt, dass diese Route nicht mehr verfügbar ist. So erhalten alle Router die Meldung und können ihre Routing-Tabellen anpassen.

**F: Die Frage ist aber doch, was ich mache, wenn meine Router nicht alle von Cisco kommen?**

A: Wenn Sie nicht mit RIP arbeiten wollen (was wir verstehen), können Sie OSPF verwenden. Es wird von vielen Routern unterstützt, auch von Cisco-Routern.

**F: Gibt es große Unterschiede zwischen OSPF und EIGRP?**

A: Ja und nein. Von der Leistung her sind sie sich sehr ähnlich, konzeptionell aber sehr unterschiedlich. Außerdem kann die Einrichtung von OSPF komplizierter sein.

**F: Und warum nutzen dann nicht alle EIGRP?**

A: Weil es ein proprietäres Routing-Protokoll von Cisco ist und Cisco unseres Wissens nach niemandem gestattet hat, es zu verwenden.

**F: Gibt es auch jemanden, dem OSPF gehört?**

A: Nein, OSPF ist ein offener Standard. Jeder Router-Hersteller kann es auf seinen Routern implementieren.

# Kamingespräche

Heute abend: **RIP vs. EIGRP**

## RIP:

Na, Kindchen, wie schaut's?

Meine RFC wurde 1988 geschrieben, entwickelt hat man mich jedoch schon viel früher. Aber darum geht's hier doch nicht. Ich dachte, wir zwei beiden plaudern mal was über Einrichtungen. Ich muss ja nur 'ne Netzwerkadresse und die IP-Adresse des Routers erfahren und kann dann sofort und direkt loslegen. Verstehst du?

Klar! Ich sende so alle 30 Sekunden vollständig meine Routing-Tabelle raus und halt damit alle im Netzwerk auf dem Laufenden.

Was soll ich mir darüber den Kopf zerbrechen, normalerweise hab ich's ja nicht mit so vielen Routern zu tun.

Krass! Da kannst du ja in richtig fetten Netzwerken arbeiten.

Bliebe die Einrichtungsfrage.

Gefällt mir nicht, diese letzte Bemerkung ...

## EIGRP:

Kindchen? So jung bin ich eigentlich nicht mehr. Schließlich basiere ich auf IGRP. Und das wurde bereits 1986 entwickelt. Wann wurdest du denn entwickelt?

Meine Güte, bist du eine Plaudertasche. Redest du immer so viel?

Ich bin ja der Meinung, dass es ausreicht, die anderen Router erst zu informieren, wenn sich tatsächlich eine Route ändert.

Ich habe schon gehört, dass die Anzahl der Hops bei dir auf 15 beschränkt ist. Bei mir dürfen es 244 sein.

Und weil ich nur Änderungen verschicke, ist das Netzwerk unglaublich schnell abgestimmt.

Eigentlich nicht. Man muss nur wissen, was man macht, wenn man mich einrichtet. Für blutige Anfänger ist das natürlich nichts.

## Reparieren Sie die Mond-Router

### Lange Übung
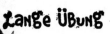

Vervollständigen Sie auf Basis der Netzwerkskizze mit den Router-Verbindungen die EIGRP-Konfiguration. Aus Sicherheitsgründen wollen wir die Nachbarn dieses Routers statisch eingeben.

```
router eigrp 1
 network 192.168.1.0
 network
 network
 network
 network
 neighbor 192.168.1.2 FastEthernet0/0
 neighbor
 neighbor
 neighbor
 neighbor
```

```
router interface configuration
 interface FastEthernet 0/0
  ip address 192.168.1.1
 interface FastEthernet 0/1
  ip address 192.168.2.1
 interface FastEthernet 0/2
  ip address 192.168.3.1
 interface FastEthernet 0/3
  ip address 192.168.4.2
 interface FastEthernet 0/4
  ip address 192.168.5.1
```

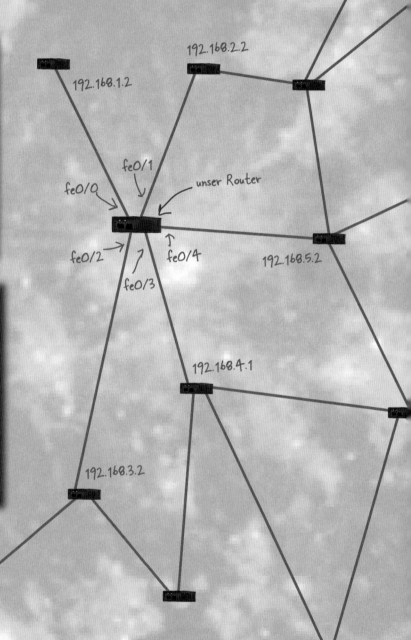

**284** Kapitel 7

**Routing-Protokolle**

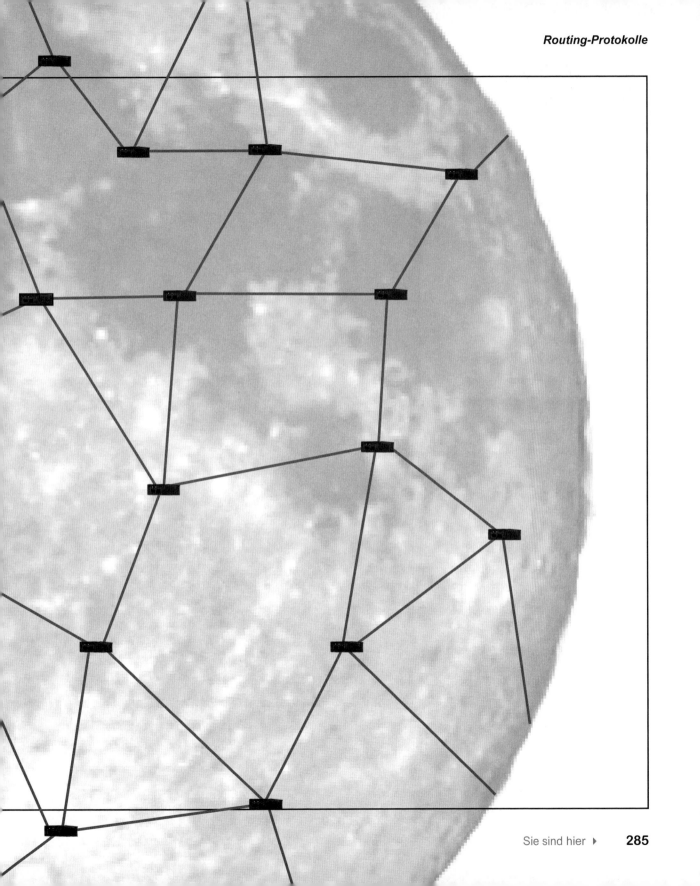

Sie sind hier ▸ **285**

## Steht die Konfiguration?

### Lange Übung Lösung

Vervollständigen Sie auf Basis der Netzwerkskizze mit den Router-Verbindungen die EIGRP-Konfiguration. Aus Sicherheitsgründen wollen wir die Nachbarn dieses Routers statisch eingeben.

```
router eigrp 1
  network 192.168.1.0
  network 192.168.2.0
  network 192.168.3.0
  network 192.168.4.0
  network 192.168.5.0
  neighbor 192.168.1.2 FastEthernet0/0
  neighbor 192.168.2.2 FastEthernet0/1
  neighbor 192.168.3.2 FastEthernet0/2
  neighbor 192.168.4.1 FastEthernet0/3
  neighbor 192.168.5.2 FastEthernet0/4
```

```
router interface configuration
  interface FastEthernet 0/0
    ip address 192.168.1.1
  interface FastEthernet 0/1
    ip address 192.168.2.1
  interface FastEthernet 0/2
    ip address 192.168.3.1
  interface FastEthernet 0/3
    ip address 192.168.4.2
  interface FastEthernet 0/4
    ip address 192.168.5.1
```

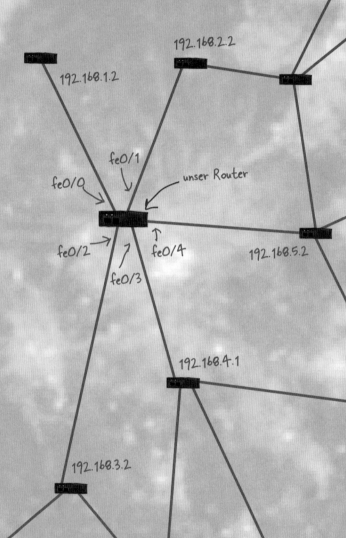

*Routing-Protokolle*

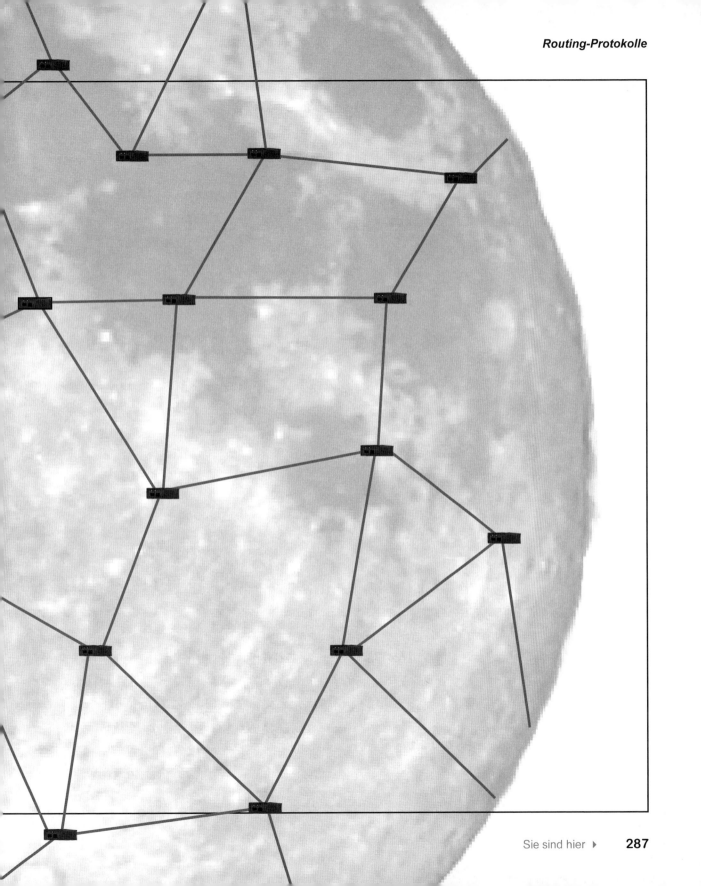

Sie sind hier ▸ **287**

*Houston, alles in Ordnung hier!*

# Wir können abheben!

Dank Ihrer Bemühungen können jetzt alle Mondstationen miteinander über ihre jeweiligen Netzwerkgeräte kommunizieren. Glückwunsch!

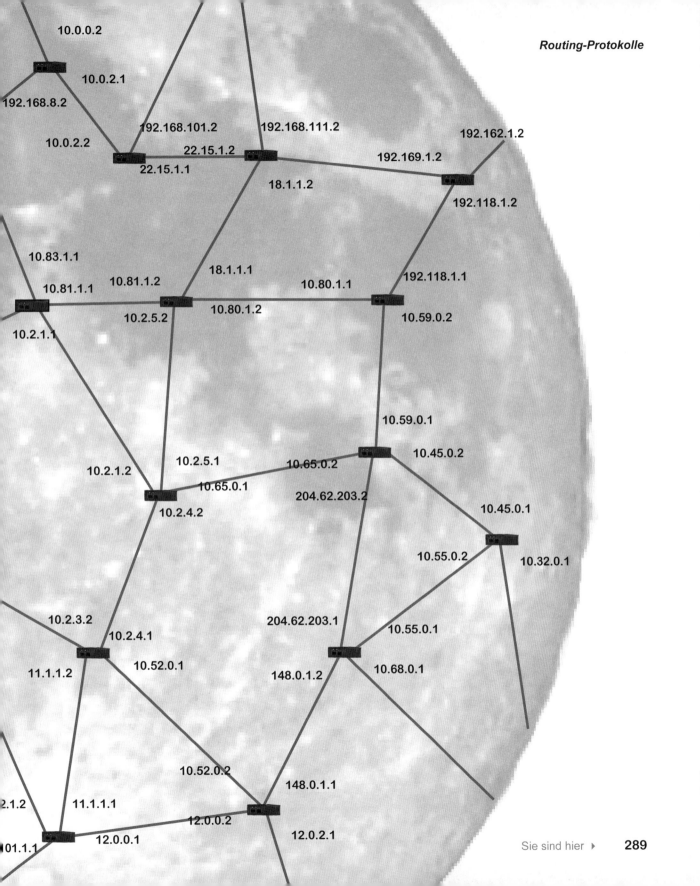

*Routing-Protokolle*

Sie sind hier ▸ **289**

# 8 Das Domain Name System

# Namen zu Zahlen

*Dein Name ist Patrick? Dann musst du wohl Nummer 6 sein.*

**Wahrscheinlich haben Sie sich darüber noch nie Gedanken gemacht, aber trotzdem: Wie findet Ihr Rechner die IP-Adresse für einen Server, den Sie im Browser nur über eine URL angeben?**

In diesem Kapitel werden wir uns die Welt der Internet-Domains erschließen. Sie werden erfahren, dass es 13 Root-Server gibt, die Informationen zu Domainnamen für das gesamte Internet verteilen. Außerdem werden Sie Ihren ureigenen DNS-Server installieren und konfigurieren.

*Eine Website?* *Hier geht's doch um Netzwerke!*

# Der Head First Health Club braucht eine Website

Der Fitnessclub Head First Health Club rühmt sich, für jeden den richtigen Kurs zur Verfügung stellen zu können. Ob Sie schwimmen lernen, sich in einer Kampfsportart stählen oder einfach Ihren Körper in Form bringen wollen, Head First Health Club hat den richtigen Kurs für Sie.

Unglücklicherweise ist der Wettbewerb unter den verschiedenen Fitnessclubs hart. Der Geschäftsführer hat beschlossen, dass der Head First Health Club eine Website braucht, um mehr Kunden anzulocken.

Ein starker Webauftritt ist gut fürs Geschäft. Wir können unsere Kurse und Dienste vorstellen. Können Sie uns ins Internet bringen?

← Der fitte Geschäftsführer

Der Geschäftsführer hat bereits Webentwickler mit der Gestaltung der Webseiten, die auf die Site müssen, und der Verwaltung des Webservers für die Site selbst beauftragt. *Ihre* Aufgabe ist, eine Domain für die Site zu beschaffen.

Was also ist eine Domain?

**Domain Name System**

# Hallo, mein ^Domain^ Name ist ...

Auch wenn Sie den Begriff Domainname – oder, wie man gelegentlich auch hört, Domänenname – noch nie vernommen haben, haben Sie schon Tausende von diesen Dingern verwendet: Namen wie google.de, yahoo.de, amazon.de, headfirstlabs.com und vielleicht auch einige andere, die Sie hier nicht genannt sehen wollen.

Was also ist ein Domainname? Eigentlich ist das nur ein eindeutiger Name, der zur Identifikation Ihrer Site verwendet wird. Hier sehen Sie ein Beispiel:

*Das ist der Hostname. Es ist der Name eines bestimmten Servers IN der Domain.*

*Dieser Teil ist der Domainname.*

*Das Ganze bezeichnet man als vollständig qualifizierten Domainnamen (FQDN, Fully Qualified Domain Name), weil alle Teile vorhanden sind. Im Grunde ist das der Name einer Website.*

**www.hfhealthclub.com**

*Die Domain endet mit dem Top-Level-Domainnamen. Von diesen gibt es unterschiedliche für verschiedene Zwecke – .com, .org, .gov – und unterschiedliche Länder: .co.uk, .de und so weiter. Sie müssen den wählen, der in Ihrem Fall am geeignetsten ist.*

Der wichtigste Grund dafür, dass Sie sich für Domainnamen interessieren sollten, ist, dass sie Ihrer Site einen eindeutigen, spezifischen und einprägsamen Namen geben.

Und noch eine Sache sollten Sie wissen: Domainnamen werden von einer Zentralstelle (namens ICANN) kontrolliert, damit sichergestellt ist, dass jeweils nur einer einen bestimmten Domainnamen nutzt. Außerdem müssen Sie eine geringe Registrierungsgebühr entrichten, wenn Sie einen Domainnamen behalten wollen (was Sie sich sicher schon gedacht haben).

## Und wie erhält man einen Domainnamen?

Die einfache Antwort ist, zu einer Domainregistrierung zu gehen, nach einem ungenutzten Domainnamen zu suchen, der einem gefällt, und diesen zu registrieren. Einige bieten ausgezeichnete Werkzeuge zur Verwaltung Ihrer Domainnamen und zusätzliche Werkzeuge für Webseiten sowie E-Mail- und andere Server. Aber wie die meisten Dinge hat auch das seinen Preis. Sie müssen sicher eine Weile suchen, um das Angebot mit dem Preis-Leistungs-Verhältnis zu finden, das Ihren Bedürfnissen am angemessensten erscheint.

Hier ist eine Liste der Domainregistrierungen, an die Sie sich wenden können. *[Anfrage aus der Buchhaltung: Was zahlen die uns dafür?]*

- EuroDNS.com
- godaddy.com
- tucows.com
- Sibername.com
- Dotster.com

*Diese Namen haben wir einer Liste der besten Domainregistrierungen in 2008 entnommen, aber die Auswahl ist noch erheblich größer.*

> **FQDN**
> Steht für Fully Qualified Domain Name (vollständig qualifizierter Domainname). Ein Beispiel ist:
>
> www.hfhealthclub.com
>
> Das ist nichts anderes als der Name der Website, den Sie in Ihrem Browser eingeben.

Sie sind hier ▶ 293

**Alles beginnt** mit der Domain

# Kaufen wir einen Domainnamen

Der Geschäftsführer des Fitnessclubs hätte gern die Domain `hfhealthclub.com`, und eine kurze Suche verrät uns, dass diese Domain verfügbar ist. Schnell haben Sie die Domain gekauft und mit dem Fitnessclub-Webserver verbunden. Sobald die Webentwickler die Webseiten auf dem Webserver installiert haben, können Sie loslegen.

## Es gibt keine Dummen Fragen

**F: Wieso heißt das Ding »Domainname« und nicht »Website-Name«?**

**A:** Weil das unterschiedliche Dinge sind. www.hfhealthclub.com ist der Name des Webservers, der die Website anbietet, aber der Domainname selbst lautet nur »hfhealthclub.com«. Sie könnten andere Websites erstellen, die den gleichen Domainnamen nutzen, personal.hfhealthclub.com oder buchhaltung.hfhealthclub.com beispielsweise. Sie können den Domainnamen also für eine Menge Websites nutzen.

**F: Aber ich dachte, www.hfhealthclub.com wäre der Name der Website?**

**A:** Ja und nein. In Bezug auf DNS ist es der Name eines bestimmten Webservers. Aber ein Webserver kann sehr viele Websites betreiben und nutzt den Domainnamen, um zu ermitteln, welche Website geliefert werden muss.

**F: Wenn ich den Domainnamen für den Fitnessclub besorgen müsste, würde ich aber doch versuchen, den Namen www.hfhealthclub.com zu erhalten? Es scheint doch jeder Websites zu nutzen, die mit »www« beginnen.**

**A:** Noch einmal: Verwechseln Sie den Domainnamen nicht mit dem Webservernamen: hfhealthclub.com ist ein Domainname, www.hfhealthclub.com hingegen der Name eines Webservers. Wenn man eine Domain kauft, ist das, als würde man ein Grundstück kaufen – wiesengrund100.com beispielsweise. Auf diesem Grundstück können Sie so viele Webserver errichten, wie es Ihnen gefällt, haus.wiesengrund100.com, garage.wiesengrund100.com und gartenhaus.wiesengrund100.com. www.hfhealthclub.com ist also nur ein Webserver in der Domain hfhealthclub.com.

**F: Was ist, wenn ich keinen eigenen Webserver habe?**

**A:** Dann können Sie einen Webhoster nutzen. Häufig bieten diese Leistungspakete an, die das Hosting der Websites, die Registrierung von Domainnamen und Weiteres einschließen. Sie sollten sich genau überlegen, was Sie benötigen, und dann den Anbieter mit dem besten Leistungspaket für Ihre Bedürfnisse heraussuchen.

**F: Wozu sind diese Domainnamen überhaupt gut? Brauche ich wirklich unbedingt einen? Mein Webhoster sagt, dass ich einfach seinen Namen www.billighoster.com nutzen kann.**

**A:** Wenn Ihnen das reicht, können Sie auch einen solchen allgemeinen Namen verwenden. Aber (und das ist ein großes Aber) das hat einen Nachteil: Sollten Sie je zu einem anderen Hoster wechseln wollen oder muss Ihr aktueller Hoster den Dienst einstellen, können alle Leute, die Ihre Site kennen, Sie nicht mehr unter der bekannten Adresse erreichen. Haben Sie einen eigenen Domainnamen, können Sie diesen einfach zu Ihrem neuen Webhoster mitnehmen. Ihre Benutzer werden nicht einmal bemerken, dass Sie gewechselt haben.

**F: Ich habe keine Ahnung, wie man Webseiten entwickelt. Ist das ein Problem?**

**A:** Keineswegs. Wir gehen davon aus, dass sich um die Entwicklung der Webseiten und ihre Einrichtung auf dem Server eine Gruppe von Webentwicklern kümmert. Aber wenn Sie gern lernen wollen, wie man Webseiten entwickelt, ist *HTML mit CSS & XHTML von Kopf bis Fuß* ein guter Anfang.

**Domain Name** System

# TESTLAUF

Gehen Sie mit dem Browser zu www.hfhealthclub.com und schauen Sie, was passiert.

Die brandneue Head First Health Club-Website mit ihrem ganz persönlichen Domainnamen.

*Sieht klasse aus! Das sorgt garantiert für neue Kunden.*

**Und jetzt funktioniert alles ... oder?**

## Und schon gibt es das erste Problem!

# Wir haben ein Problem

Alles schien in Ordnung zu sein, aber es dauerte nicht lange, bis eine Kundin ein Problem meldete.

*Was ist denn hier los? Ich möchte mich für einen Kurs anmelden und erhalte nur diese Fehlermeldung.*

## Und sie ist nicht die Einzige

Schon nach kurzer Zeit erhielt der Head First Health Club eine Reihe von Beschwerden über ständige Probleme und Timeouts.

Aber was könnte das Problem sein? Und wie können wir es beheben?

**Domain Name** *System*

**Frank:** Nein. Ich habe mir angesehen, was die Webentwickler da gebaut haben. Das sieht absolut clean aus.

**Tim:** Ich kann die Site irgendwie auch nicht erreichen. Genau das, was die Kunden in ihren Beschwerden geäußert haben.

**Joachim:** Ich weiß, dass der Webserver läuft. Habe ich mir heute morgen erst angesehen. Es gab keinerlei Fehler oder so.

**Tim:** Was sonst könnte das Problem sein?

**Frank:** Ich versuche gerade, mit dem Browser auf die Site zuzugreifen, und erhalte nur eine Fehlermeldung.

**Tim:** Klingt nicht gerade gut.

**Joachim:** Was für einen Fehler meldet der Browser denn?

**Tim:** Er sagt, dass er die Site www.hfhealthclub.com nicht finden kann.

**Frank:** Hört sich das nicht an, als wäre unsere Domain nicht verfügbar oder zumindest der Domainname des Servers nicht.

**Joachim:** Hat unsere Domainregistrierung den DNS-Eintrag für den neuen Webserver aktualisiert?

Was DNS wirklich *bedeutet*

# Das DNS

Bevor wir uns ansehen, wie der Client Webseiten auf www.hfhealthclub.com findet, müssen Sie verstehen, wie DNS funktioniert. Was also ist das DNS?

DNS steht für Domain Name System. Es übersetzt vollständig qualifizierte Domainnamen, mit denen Menschen gut arbeiten können, in die IP-Adressen, die Computer vorziehen. Es ist so etwas wie das Adressbuch des Internets, das Clients sagt, wo er auf Ressourcen zugreift.

# Das DNS basiert auf Nameservern

Die Übersetzung von Domainnamen in IP-Adressen wird durch eine Hierarchie von Nameservern ermöglicht. Unter Nameserver versteht man einen Server, der eine Antwort auf eine DNS-Anfrage geben kann. Wenn wir in Erfahrung bringen wollen, welche IP-Adresse der Domain www.hfhealthclub.com zugeordnet ist, kann uns ein Nameserver weiterhelfen.

Schauen wir uns das genauer an.

**Domain Name System**

# Wie das DNS Ihre Domain sieht

Sie können sich das DNS als einen auf dem Kopf stehenden Baum vorstellen. Die Nameserver sind die Zweige und die Blätter die Domains. Um eine bestimmte Domain, also in diesem Fall ein Blatt, zu erreichen, suchen wir uns unseren Weg über die Nameserver (Zweige), die uns an unser Ziel führen.

Nehmen wir www.hfhealthclub.com als Beispiel.

**1 Wir beginnen mit den DNS-Root-Servern.**
Die DNS-Root-Server schauen, wie der Top-Level-Domainname (TLD) lautet, um zu erfahren, wo die Adresse nachgeschlagen werden kann. In unserem Fall ist das .com. Der DNS-Root-Server leitet uns deswegen zu spezialisierten .com-Servern.

*Jede TLD wie .com oder .edu hat einen eigenen Satz von Nameservern.*

**2 Dann kommen die .com-TLD-Server.**
Die .com-TLD-Server wissen alles über .com-Domains. Sie sehen, dass wir hfhealthclub.com anfordern, und leiten uns zum entsprechenden Nameserver weiter.

**3 Nun tritt der hfhealthclub.com-Nameserver in Aktion.**
Der hfhealthclub.com-Nameserver weiß alles über die Hosts und Subdomains von hfhealthclub.com. Er sieht, dass wir www.hfhealthclub.com anfordern, und leitet uns zum Webserver weiter.

**4 Und schließlich sind wir beim Health Club-Webserver.**
Das ist der Webserver, der dem vollständig qualifizierten Domainnamen www.hfhealthclub.com zugeordnet ist.

**Aber wie nutzt der Client das, um uns zu dieser Domain zu bringen?**

# DNS-Magneten

Schauen Sie sich die folgenden vollständig qualifizierten Domainnamen an:

www.apple.com

en.wikipedia.org

oreilly.com

icann.org

Nutzen Sie die Magneten, um jeweils den Top-Level-Domainnamen, den Domainnamen und den Hostnamen anzugeben.

| Domainname | Top-Level-Domainname | Hostname |
| --- | --- | --- |
|  |  |  |

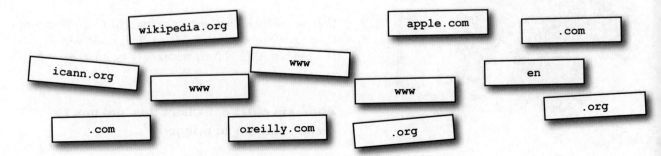

# Domain Name System

## Spielen Sie Domain Name System

Sie sollen Domain Name System spielen und angeben, was während der einzelnen Schritte bei der Auflösung des Domainnamens passiert, wenn ein Client einen Namen angibt, der zu einer IP-Adresse aufgelöst werden soll.

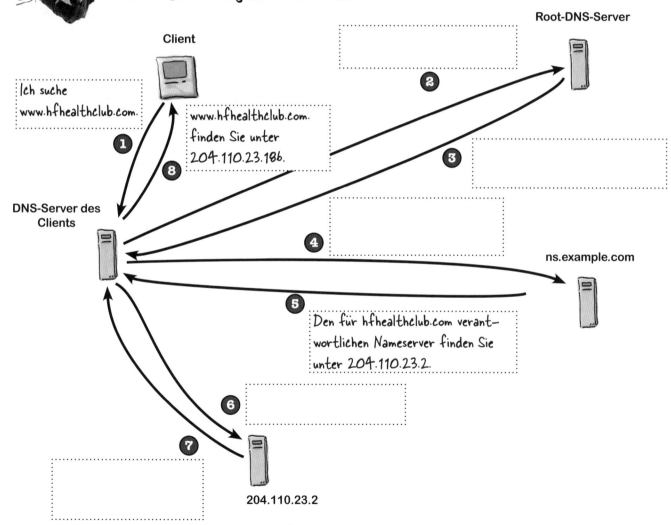

## Die Teile *herauspicken*

# DNS-Magneten, Lösung

Schauen Sie sich die folgenden vollständig qualifizierten Domainnamen an:

www.apple.com

en.wikipedia.org

oreilly.com

icann.org

Nutzen Sie die Magneten, um jeweils den Top-Level-Domainnamen, den Domainnamen und den Hostnamen anzugeben.

| Domainname | Top-Level-Domainname | Hostname |
|---|---|---|
| apple.com | .com | www |
| wikipedia.org | .org | en |
| oreilly.com | .com | |
| icann.org | .org | |

www        www

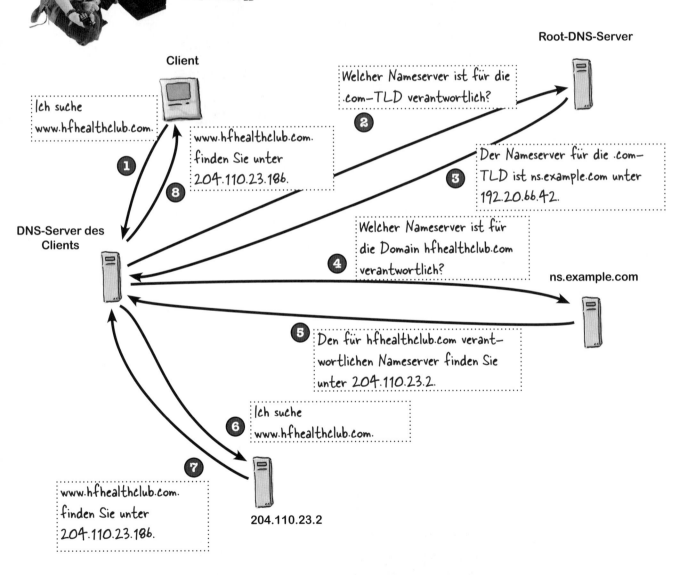

**Nameserver-*Probleme?***

# Und was heißt das für den Head First Health Club?

Wir wissen jetzt, dass sich das DNS auf Nameserver stützt und wie diese Nameserver IP-Adressen auflösen. Aber warum könnte das ein Problem für den Fitnessclub sein? Warum wird den Kunden gemeldet, dass der Server nicht erreichbar ist?

Ich frage mich, ob diese Fehler irgendwie mit den Nameservern zusammenhängen. Diese Timeout-Fehler könnten gut daraus resultieren, dass der hfhealthclub.com-Nameserver nicht läuft.

### Vielleicht hat er recht.

Wenn ein Client versucht, eine bestimmte Domain zu erreichen, muss er wissen, welche IP-Adresse der Domainname repräsentiert. Die entsprechenden Informationen erhält er vom Nameserver.

Läuft der Nameserver jedoch nicht, hat der Client keine Möglichkeit, in Erfahrung zu bringen, wie er die Website unter www.hfhealthclub.com erreicht. Das würde dazu führen, dass jeder, der versucht, auf die Site zuzugreifen, eine Fehlermeldung erhält.

Ich bräuchte dringend www.hfhealthclub.com. Wo finde ich das? Hallo?

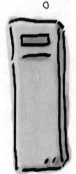

Zzzzzz......
Zzzzzzz.......
Zzzzzzz.......

**Domain Name System**

> Wir sind also aufgeschmissen. Da diese Nameserver nicht uns gehören, können wir nichts tun.

## Wir können den Nameserver durch einen eigenen ersetzen.

Zurzeit nutzt der Fitnessclub den Nameserver seines Providers, es gibt aber eine Alternative. Statt den Nameserver des Providers zu nutzen, können wir einen eigenen einrichten. Dieses Verfahren hat seine Vor- und Nachteile, aber wenn der aktuelle Nameserver ein Problem für den Head First Health Club darstellt, könnte es die beste Lösung sein.

Schauen wir also, wie man einen Nameserver einrichtet.

---

**Spitzen Sie Ihren Bleistift**

Schreiben Sie einige Vor- und Nachteile auf, die daraus entstehen könnten, dass man mit einem eigenen Nameserver arbeitet.

Vorteile
....................................................................................................
....................................................................................................
....................................................................................................
....................................................................................................

Nachteile
....................................................................................................
....................................................................................................
....................................................................................................
....................................................................................................

Sie sind hier ▶

# Namen servieren

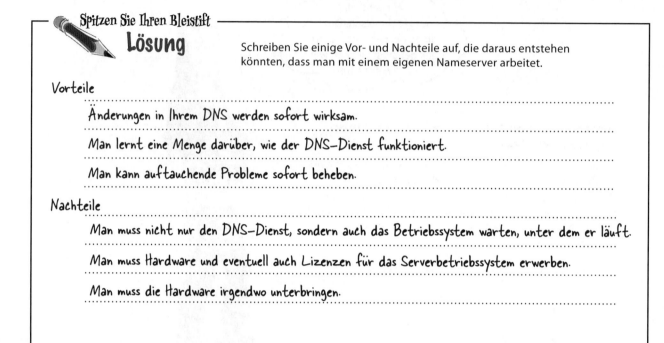

## Zunächst installieren wir den DNS-Nameserver ...

Ein DNS-Nameserver ist eine Anwendung, die auf einem Server läuft. Das bedeutet, dass Sie Serverhardware brauchen, auf der Windows Server OS, Mac OS X Server oder eine Linux-Variante läuft. Es gibt auch spezialisierte Server, die nur DNS bieten. Bei einigen davon erwerben Sie Subskriptionen, um den Server aktuell zu halten.

*Eine Anleitung für die Installation des BIND-DNS-Servers finden Sie in Anhang C.*

Der im Internet am weitesten verbreitete DNS-Server ist BIND. Die Installation von BIND ist recht einfach, wir müssen allerdings auch noch etwas anderes machen. Wir müssen den Nameserver konfigurieren, damit er vollständig qualifizierte Domain-Namen zu IP-Adressen auflösen kann.

**Domain Name System**

# ... dann konfigurieren wir den Nameserver

Ihr Nameserver nutzt etwas, das als DNS-Zonendatei bezeichnet wird und das einen vollständig qualifizierten Domainnamen in eine IP-Adresse übersetzt. Schauen wir uns ein Beispiel an.

**Übung**

Da Nameserver öffentlich sind, können wir uns andere Nameserver ansehen, um zu erfahren, wie sie konfiguriert sind. Dazu nutzen wir einen Befehl namens dig. Gehen Sie die folgenden Schritte durch, um Informationen zum O'Reilly-Webserver in Erfahrung zu bringen. Was, denken Sie, bedeutet diese Ausgabe?

**1** Öffnen Sie ein Terminalfenster (cmd).

*In Windows müssen Sie dig zunächst unter http://members.shaw.ca/nicholas.fong/dig/ herunterladen.*

**2** Geben Sie dig ns.oreilly.com www.oreilly.com any ein.

**3** Das liefert Ihnen die Einträge für die O'Reilly-Webserver. Das A steht für Adresse.

**4** Irgendwo in der Ausgabe sollten Sie Folgendes sehen:

```
;; ANSWER SECTION:
www.oreilly.com.     21600   IN    A     208.201.239.36
www.oreilly.com.     21600   IN    A     208.201.239.37
;; AUTHORITY SECTION:
oreilly.com.         21600   IN    NS    ns.oreilly.com.
oreilly.com.         21600   IN    NS    b.auth-ns.sonic.net.
oreilly.com.         21600   IN    NS    a.auth-ns.sonic.net.
oreilly.com.         21600   IN    NS    c.auth-ns.sonic.net.
```

Sie sind hier ▸

## Was bedeutet das?

**LÖSUNG ZUR ÜBUNG**

Da Nameserver öffentlich sind, können wir uns andere Nameserver ansehen, um zu erfahren, wie sie konfiguriert sind. Dazu nutzen wir einen Befehl namens dig. Gehen Sie die folgenden Schritte durch, um Informationen zum O'Reilly-Webserver in Erfahrung zu bringen. Was, denken Sie, bedeutet diese Ausgabe?

**1** Öffnen Sie ein Terminalfenster (cmd).

*Mit dig können wir Domaininformationen in Erfahrung bringen.*

**2** Geben Sie dig ns.oreilly.com www.oreilly.com any ein.

**3** Das liefert Ihnen die Einträge für die O'Reilly-Webserver. Das A steht für Adresse.

**4** Irgendwo in der Ausgabe sollten Sie Folgendes sehen: *Heißt: Interneteintrag.*

```
;; ANSWER SECTION:                      Heißt: Hostadresse.
www.oreilly.com.      21600    IN    A       208.201.239.36
www.oreilly.com.      21600    IN    A       208.201.239.37
;; AUTHORITY SECTION:                   Heißt: Nameserver.
oreilly.com.          21600    IN    NS      ns.oreilly.com.
oreilly.com.          21600    IN    NS      b.auth-ns.sonic.net.
oreilly.com.          21600    IN    NS      a.auth-ns.sonic.net.
oreilly.com.          21600    IN    NS      c.auth-ns.sonic.net.
```

*Die IP-Adressen der beiden Webserver*

*Die vollständig qualifizierten Domainnamen der Server*

*Das sind Akronyme für BIND-Konfigurationsdateien.*

**Domain Name System**

Ein paar BIND-Konfigurationsdatei-Akronyme spielen das Spiel »Wer bin ich?«. Sie geben Ihnen einen Hinweis, und Sie sollen auf Basis dieser Aussagen erraten, wer sie sind. Gehen Sie davon aus, dass sie immer die Wahrheit über sich sagen. Wenn Sie der Meinung sind, eine der Aussagen könne auf mehrere der Anwesenden zutreffen, schreiben Sie alle auf, auf die sie zutreffen könnte. Schreiben Sie neben die Aussagen die Namen von einem oder mehreren Anwesenden.

**Gäste heute Abend:**

**SOA, CNAME, IN, MX, A, NS, PTR**

| | **Akronym** |
|---|---|
| Ich gebe Hosts für die E-Mail-Verarbeitung an. | _____ |
| Ich kennzeichne eine Hostadresse. | _____ |
| Ich verweise auf einen Domainnamen. | _____ |
| Ich kennzeichne einen Nameserver. | _____ |
| Ich markiere den Anfang einer Autoritätszone. | _____ |
| Ich definiere einen Alias. | _____ |
| Ich kennzeichne einen Interneteintrag. | _____ |

Sie sind hier ▶

*Lernen Sie die BIND-Akronyme*

Ein paar BIND-Konfigurationsdatei-Akronyme spielen das Spiel »Wer bin ich?«. Sie geben Ihnen einen Hinweis, und Sie sollen auf Basis dieser Aussagen erraten, wer sie sind. Gehen Sie davon aus, dass sie immer die Wahrheit über sich sagen. Wenn Sie der Meinung sind, eine der Aussagen könne auf mehrere der Anwesenden zutreffen, schreiben Sie alle auf, auf die sie zutreffen könnte. Schreiben Sie neben die Aussagen die Namen von einem oder mehreren Anwesenden.

**Gäste heute Abend:**
**SOA, CNAME, IN, MX, A, NS, PTR**

| | **Akronym** |
|---|---|
| Ich gebe Hosts für die E-Mail-Verarbeitung an. | **MX** |
| Ich kennzeichne eine Hostadresse. | **A** |
| Ich verweise auf einen Domainnamen. | **PTR** |
| Ich kennzeichne einen Nameserver. | **NS** |
| Ich markiere den Anfang einer Autoritätszone. | **SOA** |
| Ich definiere einen Alias. | **CNAME** |
| Ich kennzeichne einen Interneteintrag. | **IN** |

# Pool-Puzzle

Ihre **Aufgabe** ist es, die BIND-Elemente aus dem Pool nehmen, um die Lücken in der Head First Health Club-BIND-Konfigurationsdatei zu füllen. Alle BIND-Elemente **dürfen** nur einmal verwendet werden, und Sie werden nicht alle Elemente benötigen. Ihr **Ziel** ist es, eine vollständige BIND-Konfiguration zu erstellen, die korrekt IP-Adressen liefert.

Tipp: Sie werden einige der BIND-Konfigurationsdatei-Akronyme aus der letzten Übung nutzen müssen.

```
$ORIGIN hfhealthclub.com
$TTL 86400
@         IN      _____     dns1.hfhealthclub.com.   hostmaster.hfhealthclub.com. (
                            2001062501   ; serial
                            21600        ; refresh after 6 hours
                            3600         ; retry after 1 hour
                            604800       ; expire after 1 week
                            86400 )      ; minimum TTL of 1 day

          IN      _____     _____
          IN      _____     dns2.hfhealthclub.com.
          IN      _____     10      _____.

                  IN        _____     10.0.1.5
server1           IN        _____     10.0.1.5
www               IN        _____     10.0.1.6
mail              IN        _____     _____
dns1              IN        _____     10.0.1.2
dns2              IN        _____     10.0.1.3
```

**Hinweis: Jedes Element aus dem Pool darf nur einmal verwendet werden!**

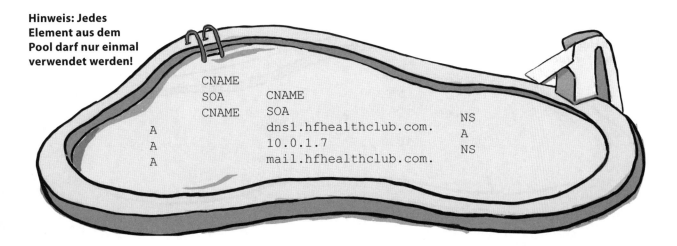

Pool:
CNAME, SOA, CNAME, A, A, A, CNAME, SOA, dns1.hfhealthclub.com., 10.0.1.7, mail.hfhealthclub.com., NS, A, NS

# Pool-Puzzle, Lösung

Ihre **Aufgabe** ist es, die BIND-Elemente aus dem Pool nehmen, um die Lücken in der Head First Health Club-BIND-Konfigurationsdatei zu füllen. Alle BIND-Elemente **dürfen** nur einmal verwendet werden, und Sie werden nicht alle Elemente benötigen. Ihr **Ziel** ist es, eine vollständige BIND-Konfiguration zu erstellen, die korrekt IP-Adressen liefert.

```
$ORIGIN hfhealthclub.com
$TTL 86400
@       IN      SOA     dns1.hfhealthclub.com.   hostmaster.hfhealthclub.com. (
                        2001062501  ; serial
                        21600       ; refresh after 6 hours
                        3600        ; retry after 1 hour
                        604800      ; expire after 1 week
                        86400 )     ; minimum TTL of 1 day

        IN      NS      dns1.hfhealthclub.com.
        IN      NS      dns2.hfhealthclub.com.
        IN      MX      10      mail.hfhealthclub.com.

        IN      A       10.0.1.5
server1 IN      A       10.0.1.5
www     IN      A       10.0.1.6
mail    IN      A       10.0.1.7
dns1    IN      A       10.0.1.2
dns2    IN      A       10.0.1.3
```

**Hinweis: Jedes Element aus dem Pool darf nur einmal verwendet werden!**

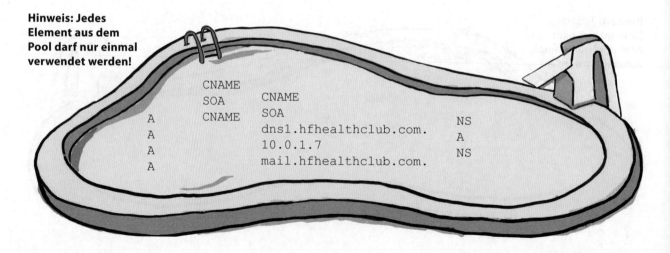

**Domain Name System**

# Der Nameserver im Gespräch

Interview der Woche:
**DNS-Nameserver**

**Von Kopf bis Fuß:** Einen wunderschönen Morgen wünsche ich Ihnen! Wie geht es Ihnen heute?

**DNS-Nameserver:** Diese Form der Anfrage ist mir leider nicht bekannt.

**Von Kopf bis Fuß:** Wie bitte? Ich wünschte Ihnen doch bloß einen guten Morgen und fragte Sie nach Ihrer Befindlichkeit.

**DNS-Nameserver:** Entschuldigen Sie. Normalerweise beantworte ich nur DNS-Anfragen. Manchmal weiß ich nicht einmal mehr, wie man andere Dinge macht. Heute Morgen geht es mir ganz gut.

**Von Kopf bis Fuß:** Wie ist es denn, ein DNS-Nameserver zu sein? Ich vermute, dass das ganz schön anstrengend ist?

**DNS-Nameserver:** Ja.

**Von Kopf bis Fuß:** Gut ... Könnten wir uns eventuell darüber unterhalten, was für Dinge Sie tun?

**DNS-Nameserver:** Ich erhalte Anfragen nach IP-Adressen. Andere Computer senden mir den vollständig qualifizierten Domainnamen für die Domain, für die ich verantwortlich bin, und ich liefere eine IP-Adresse zurück. Ich kümmere mich aber auch um andere Anfragen.

**Von Kopf bis Fuß:** Was sind das für andere Anfragen?

**DNS-Nameserver:** Ich kümmere mich um viele der NS- und MX-Typen. Der NS-Typ wird verwendet, wenn man nach meiner IP-Adresse oder der meines Partners fragt. NS steht für Nameserver. Der MX-Typ dient E-Mail-Servern in unserer Domain. Wenn ich eine Anfrage dieser Art erhalte, liefere ich die IP-Adresse des E-Mail-Servers für unsere Domain.

**Von Kopf bis Fuß:** Gibt es noch andere Typen von DNS-Einträgen, mit denen Sie arbeiten?

**DNS-Nameserver:** Ja sicher, ich kümmere mich auch um PTR-Einträge. Das ist recht amüsant, weil die Suche dabei umgekehrt verläuft. Der Rechner, der eine solche Anfrage macht, gibt mir eine IP-Adresse, und ich liefere einen vollständig qualifizierten Domainnamen.

**Von Kopf bis Fuß:** Warum sollte ein Rechner so etwas machen?

**DNS-Nameserver:** Damit kann man überprüfen, ob ein Rechner vorgibt, ein anderer zu sein. Man kann sehr leicht behaupten, man wäre email.irgendwo.com, aber die IP-Adressen stimmen dann nicht überein. Eine umgekehrte Suche ermöglicht einem, zu überprüfen, ob Sie sind und wer Sie zu sein vorgeben.

**Von Kopf bis Fuß:** Machen Sie außerdem noch andere Dinge?

**DNS-Nameserver:** Noch etwas anderes? Ich und meine Verwandten bilden das Herz des Internets. Ohne uns würden Sie nie zu Ihrem geliebten Onlinewarenhaus oder einer Nachrichten-Website gelangen. Sie müssten sich alle diese IP-Adressen merken. Aber wir machen das zu einem Kinderspiel. Sie geben einen Namen ein und kommen mit unserer Hilfe ans Ziel.

**Von Kopf bis Fuß:** Verzeihen Sie, aber das meinte ich nicht. Ich meinte, ob Sie noch andere Dinge in Bezug auf DNS machen.

**DNS-Nameserver:** Oh, Entschuldigung, manchmal schieße ich etwas über das Ziel hinaus. Eine der coolen Sachen, die ich mache, ist Load-Balancing. Ich kann das Load-Balancing für einen Webserver durchführen, indem ich einen Round-Robin-Lookup durchführe. Das mache ich, indem ich die IP-Adressen mehrerer Webserver nutze, um die Arbeit gleichmäßig auf sie zu verteilen.

**Von Kopf bis Fuß:** Vielen Dank, dass Sie sich die Zeit genommen haben, unsere Fragen zu beantworten.

*Öffnen Sie die Zone*

# Die Anatomie einer DNS-Zonendatei

Was genau passiert also in der Health Club-DNS-Zonendatei? Schauen wir uns die Datei genau an:

### DNS-Zonendatei

```
$ORIGIN hfhealthclub.com
$TTL 86400
@       IN      SOA     dns1.hfhealthclub.com. hostmaster.hfhealthclub.com. (
                        2001062501 ; serial
                        21600      ; refresh after 6 hours
                        3600       ; retry after 1 hour
                        604800     ; expire after 1 week
                        86400 )    ; minimum TTL of 1 day

        IN      NS      dns1.hfhealthclub.com.
        IN      NS      dns2.hfhealthclub.com.
        IN      MX      10   mail.hfhealthclub.com.

                IN      A       10.0.1.5
server1         IN      A       10.0.1.5
www             IN      A       10.0.1.6
mail            IN      A       10.0.1.7
dns1            IN      A       10.0.1.2
dns2            IN      A       10.0.1.3
```

Anmerkungen:
- *Start of Authority – SOA, das sagt, dass dns1 der primäre Nameserver der Domain hfhealthclub.com ist.*
- *Diese Angaben sagen anderen Nameservern, wann diese Datei geändert wurde und wie lange die Informationen gecacht werden sollen.*
- *Das, was hierauf folgt, ist ein Nameserver.*
- *Was hierauf folgt, ist ein E-Mail-Server.*
- *Hosts in dieser Domain: server1, www, mail, dns1, dns2*
- *Was hierauf folgt, ist ein Internet-Klasseneintrag.*
- *Was hierauf folgt, ist eine IP-Adresse.*

Am besten verstehen Sie diese Datei, wenn Sie sie von unten nach oben lesen.

Die letzte Zeilengruppe in der Datei sagt uns, dass der Nameserver Informationen zu fünf Servern hat. Diese Server haben die IP-Adressen 10.0.1.5, 10.0.1.6, 10.0.1.7, 10.0.1.2 und 10.0.1.3 und sind unter den Hostnamen server1, www, mail, dns1 und dns2 bekannt. Alle liegen in der Domain hfhealthclub.com.

Die nächste Zeilengruppe sagt uns, dass dns1 und dns2 Nameserver sind, mail hingegen ein Mailserver.

Und der Anfang der Datei schließlich sagt uns, dass der primäre Nameserver für die Domain hfhealthclub.com dns1 ist.

**Aufgepasst**

**Jeder Hostname braucht eine IP-Adresse.**

*Jeder Hostname in einer Zonendatei muss eine IP-Adresse oder einen CNAME-Eintrag auf einen anderen Host haben.*

**Domain Name System**

# Was uns die DNS-Zonendatei über die Health Club-Server sagt

Und wie stellen wir uns die Sache bildlich vor? Hier sind die Server, die in der Zonendatei beschrieben werden.

## Nameserver

Es gibt zwei Nameserver, 10.0.1.2 und 10.0.1.3. Sie heißen dns1 und dns2 in der Domain hfhealthclub.com. Der Haupt-Nameserver ist dns1.

10.0.1.2
dns1.hfhealthclub.com

10.0.1.3
dns2.hfhealthclub.com

## Mailserver

Es gibt einen Mailserver, 10.0.1.7. Dieser hat den Hostnamen mail in der Domain hfhealthclub.com.

10.0.1.2
mail.hfhealthclub.com

## Andere Server

In der DNS-Zonendatei werden zwei andere Server erwähnt. Der erste davon ist 10.0.1.5 und ist als server1 bekannt. Der zweite ist 10.0.1.6 und ist www zugeordnet. Das ist der Server, den Sie erreichen, wenn Sie zu www.hfhealthclub.com gehen. Es ist also der Server, der die Health Club-Website ausgibt.

10.0.1.5
server1.hfhealthclub.com

10.0.1.6
www.hfhealthclub.com

Sie sind hier ▶

**Was ist das Ergebnis?**

# TESTLAUF

Mit der DNS-Zonendatei wurde der Nameserver für den Head First Health Club konfiguriert und der Provider informiert. In Zukunft werden alle DNS-Anfragen zu hfhealthclub.com über den Nameserver von Head First Health Club abgewickelt.

Aber was hat es jetzt gebracht, dass wir die Head First Health Club-Website mit einem eigenen Nameserver ausgestattet haben?

Es scheint, als hätten wir das Problem mit der Einrichtung des Nameservers gelöst.

Und im Handumdrehen boomt das Geschäft. Immer mehr Kunden melden sich für Kurse an. Aber dann passiert etwas Merkwürdiges mit den E-Mails ...

# Der Health Club kann keine E-Mails versenden

Nachdem der DNS-Server ans Laufen gebracht wurde, schien zunächst alles in Ordnung zu sein ... bis jemand versuchte, eine E-Mail zu versenden.

*← Was ist das? Gut sieht es auf alle Fälle nicht aus ...*

```
From: bendy.girl1234@googlemail.com
Subject: Automated Reply

To whom it may concern.

This is an automated reply. The attached email was received
from your IP address (10.0.1.7) but because Reverse DNS was
not enabled at this address, our email policies do not allow
us to forward your email to the orders section. Continued
attempts to re-send this email without RDNS enabled will be
futile and may result in legal action.
Hope this finds you well.

Marvin the Corporate SMTP Agent

Original email follows...
```

Nachdem der Nameserver gewechselt wurde, konnte der Health Club keine E-Mails mehr an Kunden senden, obwohl E-Mails weiterhin empfangen wurden. Das bedeutet, dass man den Kunden die Einschreibung in die Kurse nicht mehr bestätigen kann, die sie buchen wollten, und das ist schlecht fürs Geschäft.

Was könnte das Problem sein?

### KOPF-NUSS

Der Health Club nutzt E-Mail-Adressen der Form <name>@hfhealthclub.com. Worin liegt möglicherweise das Problem?

*Stellen Sie die* DNS-Suche auf den Kopf

# Was also ist das Problem?

Der von uns eingerichtete DNS-Server ermöglicht Clients, die IP-Adressen zu vollständig qualifizierten Domainnamen zu finden:

> **Reverse DNS (RDNS) liefert Ihnen eine Domain zu einer IP-Adresse.**

www.hfhealthclub.com ⟶ 10.0.1.7

Das Problem ist, dass uns der DNS-Server keine Reverse DNS-Lookups ermöglicht. Sie wollen wissen, was das ist?

Reverse DNS-Lookups (umgekehrte DNS-Suchen) ermöglichen uns, einen vollständig qualifizierten Domainnamen zu einer IP-Adresse zu finden:

10.0.1.7 ⟶ www.hfhealthclub.com

Und warum ist das ein Problem? Warum hat das E-Mail-System des Empfängers die E-Mail nicht einfach weitergereicht?

# E-Mail-Server nutzen RDNS zur SPAM-Bekämpfung

SPAM ist ein gewaltiges Problem im Internet, und E-Mail-Server können nur mit sehr großem Aufwand verhindern, dass sie in der Flut von E-Mail-Müll ersaufen. Ein verbreiteter Trick ist die Prüfung des Domainnamens des E-Mail-Servers, der die E-Mail gesendet hat.

Warum sie das tun?

Der wichtigste Grund ist, dass sie sicher sein müssen, dass die E-Mail von einer vertrauenswürdigen Quelle kommt. Ein Spammer könnte beispielsweise einen E-Mail-Server auf seinem privaten Rechner einrichten, dann eine Verbindung mit dem Internet herstellen und die Welt mit Abermillionen E-Mails zu überfluten.

Wie aber verhindert ein Reverse DNS-Lookup, dass das passiert?

**Domain Name System**

# Quellen mit Reverse DNS prüfen

Damit das nicht passiert, prüfen E-Mail-Server die IP-Adresse des Servers, der die Nachricht gesendet hat, und führen einen **Reverse DNS-Lookup** durch, um die Domain in Erfahrung zu bringen, von der die Nachricht geschickt wurde.

Kommt die E-Mail von einer Domain, die auf einer Blacklist steht, wird sie nicht angenommen.

Aber Nachrichten werden *auch* abgelehnt, wenn die durch einen Reverse DNS-Lookup ermittelte IP-Adresse des Senders nicht der tatsächlichen IP-Adresse entspricht. Das passiert, wenn Spammer versuchen, einen falschen Domainnamen zu verwenden.

Auf diese Weise wird Reverse DNS eingesetzt, um den sendenden Server zu **sondieren**. Es ist ein wichtiger Baustein dazu, das Chaos im E-Mail-System zu verhindern.

Mit welchem Befehl können wir die Domain zu einer IP-Adresse nachschlagen?

Sie sind hier ▶

*Raus aus dem DNS-Loch*

# Mit dig Reverse DNS-Lookups durchführen

Den Befehl, mit dem ein Reverse DNS-Lookup durchgeführt werden kann, haben wir bereits verwendet – den **dig**-Befehl.

Der Name dig steht für **Domain Information Groper**. Der Befehl ist Ihr Fenster in das DNS-System. Mit ihm können Sie DNS-Server vernehmen und dabei eine Menge verschiedener Fragen stellen.

Sie wissen bereits, wie Sie mit dig die IP-Adresse zu einem Domainnamen in Erfahrung bringen:

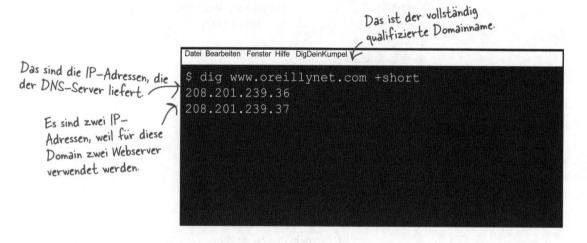

Sie können mit dig auch die andere Richtung einschlagen:

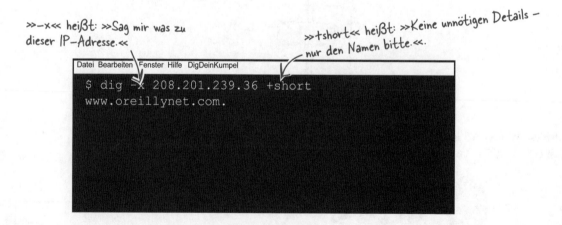

**Was also passiert, wenn wir versuchen, einen Reverse DNS-Lookup auf unserem neuen Server durchzuführen?**

320   Kapitel 8

*Domain Name System*

**10.0.1.7 ist eine private IP-Adresse. Der Befehl funktioniert deswegen bei Ihnen nicht.**

10.0.1.7 ist keiner Domain zugewiesen. dig liefert also nichts zurück, wenn Sie das bei sich zu Hause ausprobieren.

Können wir Reverse DNS ausführen oder nicht? Probieren wir es aus, um diesen Zweifel auszuräumen.

```
$ dig -x 10.0.1.7 +short
$
```

Was nun? Der Befehl hat nichts geliefert! Also funktioniert Reverse DNS nicht!

Können wir das irgendwie reparieren?

## Es gibt keine Dummen Fragen

**F:** Warum hat dig nicht die Domain geliefert, nach der ping gefragt hatte?

**A:** Manchmal verbinden DNS-Server mehrere Domainnamen mit einer IP-Adresse. Das ermöglicht großen Unternehmen wie Google, Hunderten oder Tausenden von Servern die gleiche IP »www.google.com« zu geben.

**F:** Warum sollte man das tun?

**A:** Aus Gründen der Skalierbarkeit. So kann man Millionen von Anfragen auf Tausende von Servern verteilen.

*Gehen wir wieder in die Zone*

# Ihr Nameserver hat eine weitere wichtige Zonendatei ...

Das ist die Reverse-Lookup-Zonendatei. Das ist die Datei, in die alle PTRs oder Pointer Records kommen. Ihr Nameserver nutzt diese Datei, um DNS-Anfragen zu beantworten, die den vollständig qualifizierten Domainnamen zu einer IP-Adresse anfordern.

```
$ttl 38400
1.0.10.in-addr.arpa. IN SOA skc.edu. hostmaster.1.0.10.in-addr.arpa. (
    2007080609
    10800
    3600
    604800
    38400 )
1.0.10.in-addr.arpa. IN NS dns1.hfhealthclub.com.

5    IN    PTR    www.hfhealthclub.com.
```

Damit wir Reverse DNS-Lookups durchführen können, müssen wir also diese Datei ändern.

```
$ttl 38400
1.0.10.in-addr.arpa. IN SOA skc.edu. hostmaster.1.0.10.in-addr.arpa. (
    2007080609
    10800
    3600
    604800
    38400 )
1.0.10.in-addr.arpa. IN NS dns1.hfhealthclub.com.

5    IN    PTR    www.hfhealthclub.com.
7    IN    PTR    mail.hfhealthclub.com
```
← *Diese Zeile ermöglicht unserem Nameserver, Reverse DNS-Lookups nach unserem E-Mail-Server zu beantworten.*

# Domain Name System

## Spielen Sie Domain Name System

Als Domain Name System sollen Sie ergänzen, was bei den einzelnen Schritten eines Reverse DNS-Lookups passiert.

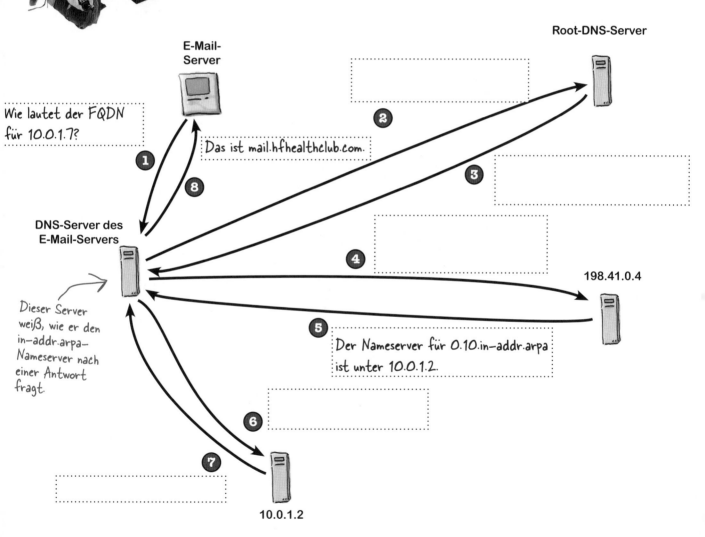

# DNS spielen

## Spielen Sie Domain Name System, Lösung

Als Domain Name System sollen Sie ergänzen, was bei den einzelnen Schritten eines Reverse DNS-Lookups passiert.

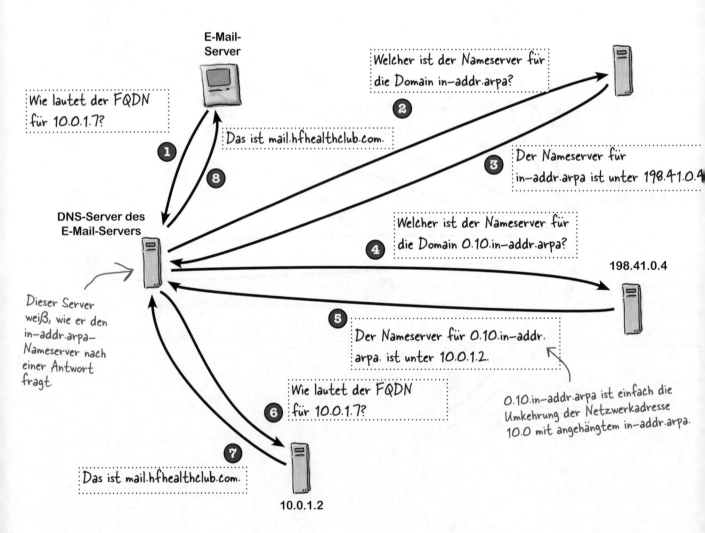

**Domain Name** System

*Was soll das mit der umgekehrten IP-Adresse? Die ist doch umgedreht worden, oder?*

### Die umgekehrten IP-Adressen ermöglichen dem Server, von oben nach unten vorzugehen.

Sie beginnen mit den Root-DNS-Servern (dem in-addr.arpa-Teil) und arbeiten sich dann nach unten zur IP-Netzwerkadresse durch, bis sie den Nameserver finden, der für ein bestimmtes IP-Netzwerk verantwortlich ist.

dns1.hfhealthclub.com ist für diesen Teil verantwortlich.

in-addr.arpa unter arin.net ist für diesen Teil verantwortlich.

**0.10.in-addr.arpa**

Das ist ein vollständig qualifizierter Domainname — ein sehr spezieller.

## KOPF-NUSS

Warum würde eine IP-Adresse in gewöhnlicher Abfolge bei Reverse DNS-Lookups nicht funktionieren?

Sie sind hier ▶

# Testlauf

Probieren wir erneut einen Reverse DNS-Lookup mit dig.

```
Datei  Bearbeiten  Fenster  Hilfe  DigDeinKumpel
$ dig -x 10.0.1.7 +short
www.hfhealthclub.com
$
```

Der Reverse DNS-Lookup funktioniert! Das heißt, dass unser Server jetzt in beide Richtungen funktioniert – er hat die Verbindung zwischen vollständig qualifiziertem Domainnamen und IP-Adresse hergestellt:

$$\text{www.hfhealthclub.com} \longrightarrow 10.0.1.7$$

Und über Reverse DNS auch die Verbindung von IP-Adresse zu vollständig qualifiziertem Domainnamen:

$$10.0.1.7 \longrightarrow \text{www.hfhealthclub.com}$$

Hat das die E-Mail-Probleme behoben?

**Domain Name** *System*

# Die E-Mails funktionieren!

Nachdem Sie die Änderungen vorgenommen haben, konnte der Head First Health Club erfolgreich E-Mails an die Kunden versenden und damit Nachrichten verschicken, die den Kunden die Anmeldung für einen Kurs bestätigte. Es dauerte nicht lange, bis alle Kurse ausgebucht waren.

Traumhaft! Vielen Dank. Das Geschäft boomt! Ich glaube, wir müssen sogar expandieren, um die ganzen Anmeldungswünsche zu erfüllen.

# 9 Überwachung und Problemlösung

# Netzwerk-Problem-Hotline

### Wenn Sie auf das hören, was Ihnen Ihr Netzwerk sagt, kann Ihnen das eine Menge Leid ersparen!

Das Netzwerk ist eingerichtet und läuft. Aber wie alles andere auch, muss es gehegt und gepflegt werden. Passiert das nicht, stellt es irgendwann einfach den Betrieb ein, und Sie haben keine Ahnung, warum. In diesem Kapitel werden Ihnen verschiedene Werkzeuge und Techniken begegnen, die Sie dabei unterstützen, den Puls Ihres Netzwerks zu fühlen und zu sehen, wie es ihm geht, damit Sie alle Wehwehchen behandeln können, bevor sie zu einem ernsthaften Problem werden.

*Pyjama-Party? Echt?*

# Pyjama-Party geht auf Tour

Die Punk-Band Pyjama-Party hat eine große und fanatische Fangemeinde und hat gerade ihre nächste Welttournee angekündigt. Der Ticketverkauf beginnt in zwei Stunden, und die Fans stehen bereits an, um die begehrten Karten zu erwerben. Die Ticketagentur erwartet, dass die Karten im Nu ausverkauft sind. Aber es gibt ein Problem: Ist ihr Netzwerk der Belastung gewachsen?

Jungs, das beschissene Netzwerk kackt ständig ab. Wenn ihr dem Ding nicht Manieren beibringt, bevor wir die Pyjama-Party-Tickets raushaun, steh ich bei euch auf der Matte! Verstanden?

## Das ist Ihre Herausforderung ...

Die Ticketagentur muss in zwei Stunden einsatzbereit sein. Sie müssen diese Probleme also sofort lösen. Und Sie müssen auch dafür sorgen, dass das Netzwerk stabil bleibt. Sie müssen Netzwerkprobleme beheben, bevor sie zu größeren Problemen werden. Glauben Sie, Sie schaffen das?

*Überwachung und* Problemlösung

# Womit würden Sie beginnen, um Probleme in einem Netzwerk aufzuspüren?

Sie haben es schon recht weit in diesem Buch gebracht und kennen all die Dinge, die in einem Netzwerk schieflaufen können, begonnen bei nicht angeschlossenen Kabeln über Switch- und Router-Probleme bis zu Problemen einzelner Rechner. Die Analyse von Netzwerkproblemen verlangt einen methodischen Ansatz. Wenn Sie einfach mit Ihrem Netzwerkanalysator herumlaufen, Verbindungen lösen und wiederherstellen, könnte die Analyse von Netzwerkproblemen zu einem langwierigen und frustrierenden Unterfangen werden.

**Informationen vom Netzwerk sind für eine erfolgreiche Problemlösung erforderlich.**

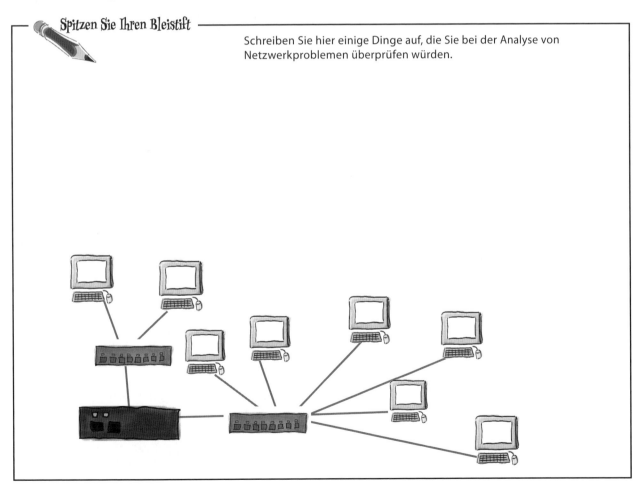

Spitzen Sie Ihren Bleistift

Schreiben Sie hier einige Dinge auf, die Sie bei der Analyse von Netzwerkproblemen überprüfen würden.

*Sie sind hier* ▶ **331**

**Wege zur** *Problemfindung*

### Lösung

Schreiben Sie hier einige Dinge auf, die Sie bei der Analyse von Netzwerkproblemen überprüfen würden.

Den Benutzer auffordern, das Problem zu demonstrieren.
Die Rechner mit Problemen auf lose oder nicht verbundene Kabel prüfen.
Andere Leute fragen. Hat nur einer das Problem, ein Bereich oder das gesamte Netzwerk?
Router und Switches darauf prüfen, ob sie korrekt laufen.
Prüfen, ob man die verschiedenen Geräte und Clients im Netzwerk anpingen kann.

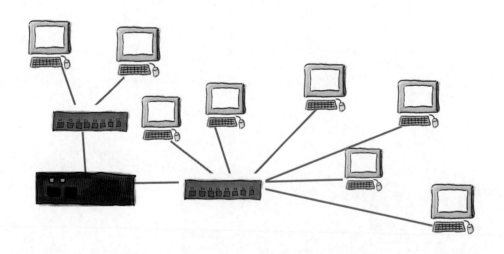

*Überwachung und Problemlösung*

# Beginnen Sie die Analyse von Netzwerkproblemen mit der Überprüfung Ihrer Netzwerkgeräte

Bei der Analyse und Lösung von Netzwerkproblemen sollten Sie damit beginnen, Informationen von Ihren Geräten zu sammeln. In Kapitel 5 und 6 haben Sie den ping-Befehl kennengelernt und erfahren, wie Sie mit einem Switch oder Router kommunizieren. Diese Werkzeuge können Sie einsetzen, um Probleme in Ihrem Netzwerk zu lösen.

**❶ Pingen Sie zunächst die IP-Adresse des Default-Gateways Ihres Computers an.**
Wenn das erfolgreich ist, ohne dass ping die Operation wegen Zeitüberschreitung abbricht, wissen Sie, dass das Netzwerk auf elementarer Ebene funktioniert.

*Pingen Sie beispielsweise 192.168.1.1 an.*

**❷ Verbinden Sie einen Rechner über ein serielles Kabel, SSH oder Telnet mit dem Router.**
SSH ist das beste Mittel für den Zugriff auf Ihre Geräte. Manche Geräte unterstützen allerdings nur Telnet. Wenn Sie eins dieser Verfahren wählen, müssen Sie nicht mit einem Kabel in der Gegend herumrennen. Außerdem ist SSH sicherer als Telnet.

*Das haben Sie in Kapitel 6 gemacht.*

**❸ Nutzen Sie geeignete Befehle (z.B. show), um den Status und die Counter der Geräte einzusehen.**
Router und Switches können eine Menge Daten sammeln, die sehr wertvoll sind, wenn Sie Probleme in Ihrem Netzwerk lösen müssen. Der verbreitetste Befehl ist **show**. Er zeigt Ihnen verschiedene Counter und Statusinformationen zu Ihrem Gerät.

**❹ Interpretieren Sie diese Statistiken, um sich ein Bild vom Funktionszustand Ihres Netzwerks zu verschaffen.**
Das ist der schwerste Teil! Wie muss man die Daten deuten? Zunächst sollten Sie sich die offensichtlichen Dinge vornehmen, beispielsweise inaktive Schnittstellen oder Anschlüsse mit vielen Fehlermeldungen. Anschließend müssen Sie zur detektivischen Kleinarbeit übergeben und sich Dinge wie das Datenvolumen vornehmen. Häufig müssen Sie Informationen von mehreren Geräten berücksichtigen, bevor Sie sich eine Meinung bilden können.

*Sie sind hier* ▶

# Netzwerkverbindungen mit dem ping-Befehl analysieren

ping ist das beste Werkzeug, um sich einen schnellen Überblick über den Gesamtzustand eines Netzwerks sowie der einzelnen Geräte in diesem Netzwerk zu verschaffen. Es kann Ihnen sagen, ob Ihr Netzwerk funktioniert oder ob ein bestimmtes Gerät ans Netzwerk angeschlossen ist.

> Mit ping kann alles mit einer IP-Adresse angepingt werden, auch ein anderer Rechner.

## Wenn Sie pingen können, erhalten Sie Zeiten

So sieht eine erfolgreiche ping-Ausgabe aus. Sie sagt Ihnen, wie lang es dauert, bis Ihr Gerät auf das Ping antwortet. Ein Vergleich dieser Zeiten mit den Zeiten, die Sie erwarten, kann Ihnen wichtige Diagnosehinweise liefern.

```
~ $ ping -c 5 -v 192.168.1.1
PING 192.168.1.1 (192.168.1.1): 56 data bytes
64 bytes from 192.168.1.1: icmp_seq=0 ttl=64 time=0.582 ms
64 bytes from 192.168.1.1: icmp_seq=1 ttl=64 time=0.575 ms
64 bytes from 192.168.1.1: icmp_seq=2 ttl=64 time=0.576 ms
64 bytes from 192.168.1.1: icmp_seq=3 ttl=64 time=0.574 ms
64 bytes from 192.168.1.1: icmp_seq=4 ttl=64 time=0.590 ms

--- 192.168.1.1 ping statistics ---
5 packets transmitted, 5 packets received, 0% packet loss
round-trip min/avg/max/stddev = 0.574/0.579/0.590/0.006 ms
~ $
```

*Die Zeit hier sagt Ihnen, wie lange Ihr Ping zu dem Gerät dauerte. Es ist hilfreich, wenn Sie wissen, wie lange es dauern sollte.*

## Aber was ist, wenn Sie nicht pingen können?

Wenn ein Ping scheitert, bedeutet das, dass Sie das Gerät an der angegebenen IP-Adresse nicht erreichen können. Können Sie überhaupt nichts anpingen, haben Sie ein wirklich großes Problem. Können Sie dagegen nur ein Gerät nicht anpingen, engt das den Problembereich ein, um den Sie sich kümmern müssen.

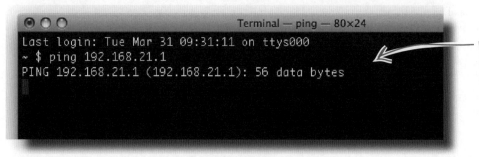

```
Last login: Tue Mar 31 09:31:11 on ttys000
~ $ ping 192.168.21.1
PING 192.168.21.1 (192.168.21.1): 56 data bytes
```

*Wenn Sie eine Meldung dieser Art erhalten, müssen Sie weitere Untersuchungen anstellen.*

*Überwachung und* **Problemlösung**

# Wenn Ping nicht pingt

Was Sie tun müssen, wenn Sie nichts anpingen können?

Dann sollten Sie zuerst die Netzwerkkabel und die Netzwerkkonfiguration Ihres Rechners prüfen. Versuchen Sie, ping auf einem anderen Rechner auszuführen. Wenn der Anschluss und die Einstellungen Ihres Computers in Ordnung sind und der andere Computer auch nicht pingen kann, müssen Sie sich die physische Seite der Netzwerkgeräte vornehmen.

Diese müssen Sie auf folgende Punkte untersuchen:

**Gibt es noch Strom?**

**Ist der Rechner überhaupt mit dem Netzwerk verbunden?**

**Hat jemand ein Kabel beschädigt?**

**Ist ein wichtiges Netzwerkgerät zusammengebrochen?**

**Hat jemand den Stecker herausgezogen?**

**Ist eine Sicherung rausgeflogen?**

All das sind Dinge, die Ihrem Netzwerk widerfahren können und von Ihnen deswegen überprüft werden sollten.

**KOPF-NUSS**

Welche anderen Werkzeuge auf Ihrem Rechner können Sie bei der Lösung von Netzwerkproblemen einsetzen (insbesondere, wenn der Rechner mit dem Netzwerk verbunden ist und immer noch nicht funktioniert)?

**Nachforschungen** *mit ping*

### Lange Übung

Schauen Sie sich die ping-Ausgabe unten an und kreisen Sie die Geräte ein, die Probleme im Netzwerk verursachen.

```
Datei  Bearbeiten  Fenster  Hilfe  DeinFreundPing

ping 192.168.1.2
64 bytes from 192.168.1.2: icmp_seq=0 ttl=64 time=0.590 ms
ping 192.168.1.3
ping: sendto: Host is down
ping 192.168.1.1
64 bytes from 192.168.1.1: icmp_seq=0 ttl=64 time=0.290 ms
ping 192.168.1.4
64 bytes from 192.168.1.4: icmp_seq=0 ttl=64 time=0.450 ms
ping 192.168.1.5
ping: sendto: Host is down
ping 192.168.1.6
64 bytes from 192.168.1.4: icmp_seq=0 ttl=64 time=0.560 ms
ping 192.168.2.2
64 bytes from 192.168.1.4: icmp_seq=0 ttl=64 time=0.720 ms
ping 192.168.2.3
ping: sendto: Host is down
ping 192.168.2.4
ping: sendto: Host is down
```

# Überwachung und Problemlösung

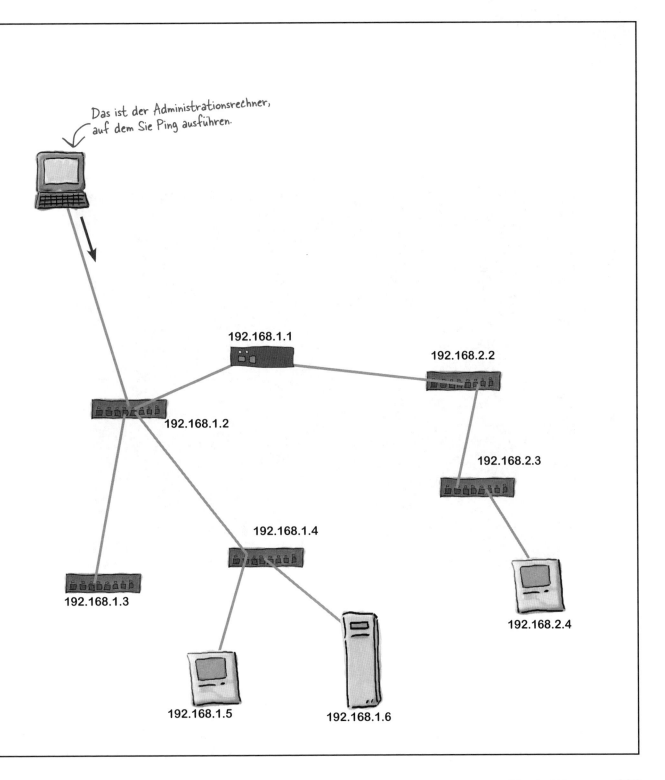

Sie sind hier ▸ 337

**Problem** *gefunden?*

## Lange Übung Lösung

Schauen Sie sich die ping-Ausgabe unten an und kreisen Sie die Geräte ein, die Probleme im Netzwerk verursachen.

```
Datei  Bearbeiten  Fenster  Hilfe  DeinFreundPing

ping 192.168.1.2
64 bytes from 192.168.1.2: icmp_seq=0 ttl=64 time=0.590 ms
ping 192.168.1.3
ping: sendto: Host is down
ping 192.168.1.1
64 bytes from 192.168.1.1: icmp_seq=0 ttl=64 time=0.290 ms
ping 192.168.1.4
64 bytes from 192.168.1.4: icmp_seq=0 ttl=64 time=0.450 ms
ping 192.168.1.5
ping: sendto: Host is down
ping 192.168.1.6
64 bytes from 192.168.1.4: icmp_seq=0 ttl=64 time=0.560 ms
ping 192.168.2.2
64 bytes from 192.168.1.4: icmp_seq=0 ttl=64 time=0.720 ms
ping 192.168.2.3
ping: sendto: Host is down
ping 192.168.2.4
ping: sendto: Host is down
```

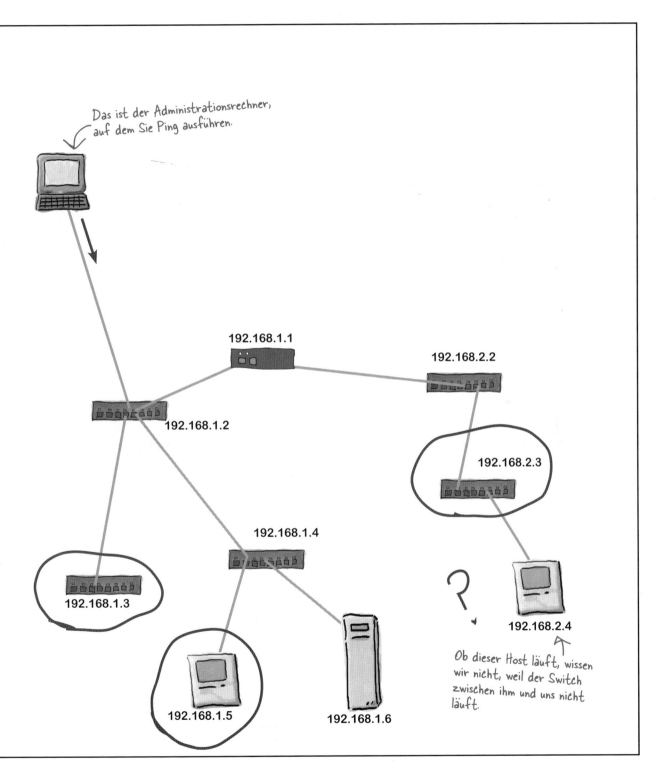

**ping hat seine** Grenzen

*Aber was ist, wenn wir mehr Informationen benötigen, als ping uns geben kann? Was tun wir dann?*

## Manchmal hält ping einfach nicht genug Informationen für Sie bereit.

ping ist sehr effektiv, wenn es um Verbindungsprobleme geht. Aber wenn man es mit Netzwerkproblemen wie Verzögerungen oder sporadischen Netzwerkaussetzern zu tun hat, bringt ping einen nicht viel weiter. Wir müssen also die großen Geschütze auffahren und mit den Switches und Routern selbst reden.

## Es gibt keine Dummen Fragen

**F: Was für Informationen kann mir ein Switch denn liefern?**

**A:** Er kann Ihnen die Anzahl der Frames liefern, die an bestimmten Anschlüssen aus- und eingehen. Er kann Ihnen Fehlerquoten für seine Anschlüsse liefern und Ihnen sagen, ob an einem Anschluss ein aktiver Client ist oder nicht.

**F: Und wie sieht es mit einem Router aus?**

**A:** Auch bei Informationen spielt ein Router in einer ganz anderen Liga. Selbst ein Mittelklasse-Router kann Ihnen eine unglaubliche Menge an Informationen liefern. Das beginnt bei den Paketzahlen, Fehlerquoten und Anschlusszuständen, die Ihnen auch ein Switch liefert, schließt aber auch den Routing-Status und den Status anderer Router ein.

**F: Können mir auch Rechner derartige Informationen geben?**

**A:** Können sie. Die meisten modernen Betriebssysteme sammeln Informationen. Auf einige kann man leicht über die Kommandozeile oder die Protokolle zugreifen, die das Betriebssystem führt. Das sind ähnliche Informationen, wie sie auch Switches sammeln.

**F: Steht der ping-Befehl auf allen Betriebssystemen zur Verfügung?**

**A:** ping ist auf so gut wie jedem Rechner- oder Router-Betriebssystem verfügbar.

**F: Kann es passieren, dass ping nicht funktioniert?**

**A:** Ja. Router können so konfiguriert sein, dass sie ICMP-Pakete, den von ping genutzten Pakettyp, blockieren. Ist das der Fall, sehen Sie nichts, bis die Zeitüberschreitung zu einer Fehlermeldung führt.

**F: Können Rechner ping blockieren?**

**A:** Ja, auch Rechner können ping blockieren. Die Firewall kann so konfiguriert sein, dass sie Ping-Anfragen ignoriert oder fallen lässt, ohne darauf zu antworten.

**F: Warum sollte man Pings blockieren?**

**A:** Eine der Techniken, die Hacker nutzen, besteht darin, ein Netzwerk auf Hosts zu scannen. Eins der Werkzeuge, die sie dazu nutzen, ist ping oder Software, die wie ping agiert. Wenn Ihr Rechner oder Router auf ein Ping antwortet, weiß der Hacker, dass es an einer bestimmten IP-Adresse ein Gerät gibt. Und in dem Fall wird er sofort damit beginnen, einen Weg in dieses System auszubaldowern.

# Beginnen Sie mit dem Befehl show interface

Der Befehl `show interface` ist der beste Befehl für die ersten Schritte. Er liefert Ihnen die konzentriertesten Informationen zum Status der Netzwerkverbindung Ihres Geräts. Er funktioniert bei den meisten Netzwerkgeräten, Switches und Router eingeschlossen.

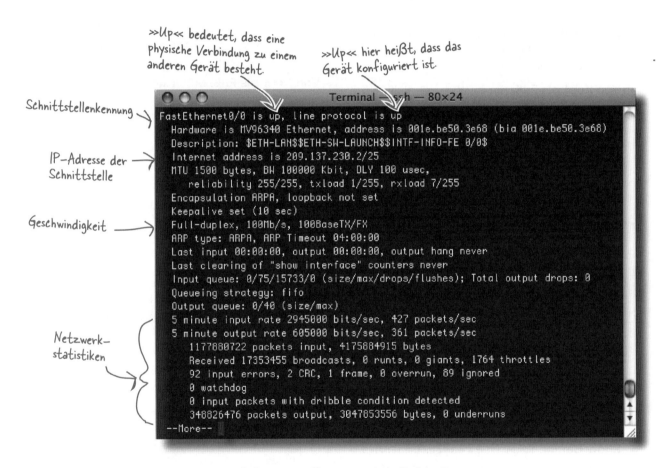

# Die Netzwerkstatistiken einer Schnittstelle sind eine Goldmine für Problemlösungshilfen

Sie können sagen, wie geschäftig das Netzwerk ist, das mit einer bestimmten Schnittstelle verbunden ist, indem Sie sich die Anzahl der Pakete anschauen, die über diese Schnittstelle ein- und ausgehen. Nachdem Sie sich das mehrfach angesehen haben, können Sie auch einschätzen, ob diese Zahl im richtigen Größenbereich liegt. Außerdem können Sie alle eventuellen Fehler sehen. Ein paar Fehler sind normal, aber eine große Fehlerzahl sollte Sie dazu veranlassen, den Teil des Netzwerks, der mit dieser Schnittstelle verbunden ist, einmal unter die Lupe zu nehmen.

**Zeig mir deine** *Schnittstellen*

# Ciscos Show-Befehl im Gespräch

Interview der Woche:
Können Sie uns alles zum Zustand der Hardware sagen, auf der Sie laufen?

**Von Kopf bis Fuß:** Es ist uns eine große Ehre, mit Ihnen reden zu dürfen. Wie geht es Ihnen heute?

**Show-Befehl:** Welchen Teil von heute meinen Sie genau? Ich kann Ihnen zu vielen Aspekten meines Tages etwas sagen.

**Von Kopf bis Fuß:** Entschuldigen Sie. Sollte nur Small Talk sein. Was können Sie uns denn alles so zu dem Netzwerkgerät sagen, auf dem Sie laufen?

**Show-Befehl:** Diese Frage müssen Sie schon präziser formulieren. Ich kann Ihnen etwas zu den Schnittstellen sagen, zum System selbst, der Softwareversion, den IP-Statistiken, den TCP-Statistiken, den IP-Routing-Statistiken, den Prozessordaten, den SNMP-Statistiken, der Start- und der Ausführungskonfiguration, der ...

**Von Kopf bis Fuß:** Gut, gut! Was für eine Menge an Informationen! Könnten Sie uns vielleicht irgendwas empfehlen, wenn wir etwas über den Status der Schnittstellen des Geräts erfahren wollen?

**Show-Befehl:** »show interfaces« würde Ihnen da weiterhelfen. Ich zeige Ihnen dann, ob die Schnittstelle mit einem anderen Gerät verbunden ist, ob sie konfiguriert ist, die IP-Adresse und die Subnetz-Maske der Schnittstelle sowie Netzwerkstatistiken zur Schnittstelle.

**Von Kopf bis Fuß:** Sie erzählen mir also alles Wissenswerte zu der Schnittstelle?

**Show-Befehl:** Wenn Sie mich so einfach bitten, die Schnittstellen zu zeigen, liefere ich genau die Informationen, die ich gerade erwähnt habe, und zwar zu allen Schnittstellen des Geräts – selbst wenn diese nicht konfiguriert sein sollten.

**Von Kopf bis Fuß:** Das ist ja super. Können Sie uns vielleicht noch andere Dinge verraten, die uns bei der Lösung von Netzwerkproblemen helfen können?

**Show-Befehl:** Auf »show ip traffic« liefere ich Ihnen IP-Statistiken. Die enthalten alle möglichen Informationen über die verschiedenen IP-Protokolle, die das Gerät beherrscht, Datenverkehrsmengen und die verschiedenen Fehler eingeschlossen.

**Von Kopf bis Fuß:** Mir ist aufgefallen, dass Sie wünschen, dass Befehle auf eine sehr bestimmte Weise eingegeben werden. Können Sie uns dazu etwas mehr sagen?

**Show-Befehl:** Aber sicher doch. Zunächst muss man natürlich »show« eingeben, dahinter dann das, was einen interessiert. Wie bei dem »show interface«, über das wir gerade gesprochen haben. Spezifischere Informationen kann man anfordern, indem man an den ersten Befehl Optionen anhängt.

**Von Kopf bis Fuß:** Zum Beispiel?

**Show-Befehl:** Nehmen wir an, Sie möchten die EIGRP-Routen in der Routing-Tabelle des Geräts einsehen. Sie würden dann einfach »show ip route eigrp« eingeben, und ich würde alle EIGRP-Routen in der Tabelle anzeigen.

**Von Kopf bis Fuß:** Cool! Aber wie bringe ich denn in Erfahrung, welche Befehle man so verwenden kann?

**Show-Befehl:** Geben Sie einfach »show« ein, zeige ich Ihnen eine erläuterte Aufstellung der Befehle. Haben Sie den gewünschten Befehl gefunden, können Sie beispielsweise einfach »show ip« eingeben, damit ich Ihnen alle für diesen Befehl verfügbaren Optionen anzeige.

**Von Kopf bis Fuß:** Vielen Dank für das Gespräch. Anscheinend lohnt es sich ja wirklich, etwas mehr über Sie zu wissen.

*Überwachung und Problemlösung*

# show-Befehl-Magneten

Der show-Befehl des Cisco IOS ist ein hierarchischer Befehl. Sie bauen einen show-Befehl auf, indem Sie sich in einem Baum nach unten bewegen, bis Sie die Informationen erhalten, die Sie benötigen. Bauen Sie aus den Magneten die richtige Struktur auf.

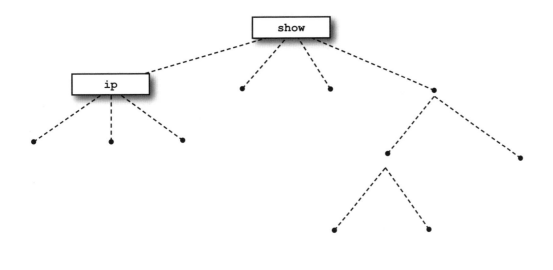

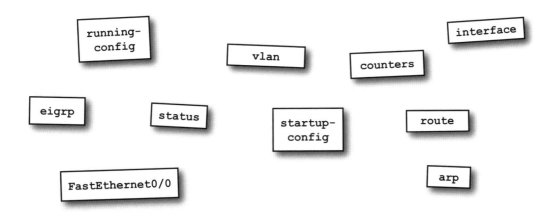

*Sie sind hier* ▸ **343**

# Ja, das was schwerer

## show-Befehl-Magneten, Lösung

Der show-Befehl des Cisco IOS ist ein hierarchischer Befehl. Sie bauen einen show-Befehl auf, indem Sie sich in einem Baum nach unten bewegen, bis Sie die Informationen erhalten, die Sie benötigen. Bauen Sie aus den Magneten die richtige Struktur auf.

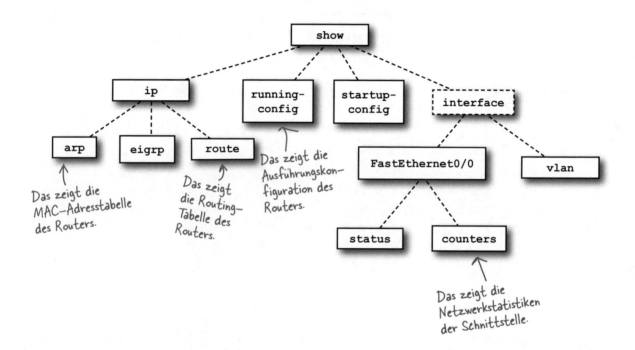

Überwachung und *Problemlösung*

# Immer noch Probleme im Netzwerk

Die Zeit läuft, und die Ticketagentur hat immer noch Netzwerkprobleme. Was also verursacht den Stau?

> Jetzt wird es echt ernst! Irgendwie können wir nicht alle Geräte über SSH oder Telnet erreichen. Deswegen laufe ich hier mit meinem Laptop rum und schließe mich an jedes Gerät an, um herauszufinden, was das Problem ist. Das dauert ewig, und der Ticketverkauf soll gleich starten. Hilfe!

### Wie können Sie die Netzwerkproblem ohne SSH oder Telnet auf die Schnelle lösen?

Das Problem mit SSH und Telnet ist, dass sie nicht immer verfügbar sind. Wir könnten zwar nacheinander zu den einzelnen Netzwerkgeräten gehen und einen Laptop an sie anschließen, um die Diagnosedaten abzurufen, aber das ist zeitaufwendig und ineffizient. Gibt es denn nicht ein besseres Verfahren, Netzwerkproblemen auf den Grund zu gehen?

*Sie sind hier* ▸

*Simple Network Management Protocol*

# SNMP ist die Rettung!

SNMP (Simple Network Management Protocol) ist eine Möglichkeit, mit Ihren Netzwerkgeräten zu reden und die unterschiedlichsten Informationen abzurufen, **ohne dazu an jedes Gerät einen Laptop anzuschließen.** Sie können eine Anwendung nutzen, um regelmäßig automatisch alle Netzwerkgeräte abzufragen. So können Sie ihren Zustand und ihre Arbeitslast prüfen. Das Protokoll nutzt einfache Befehle, um auf dem Zielgerät die Datenbank mit den Diagnosedaten abzufragen.

Die Datenbank eines mit SNMP verwalteten Geräts heißt MIB (Management Information Base).

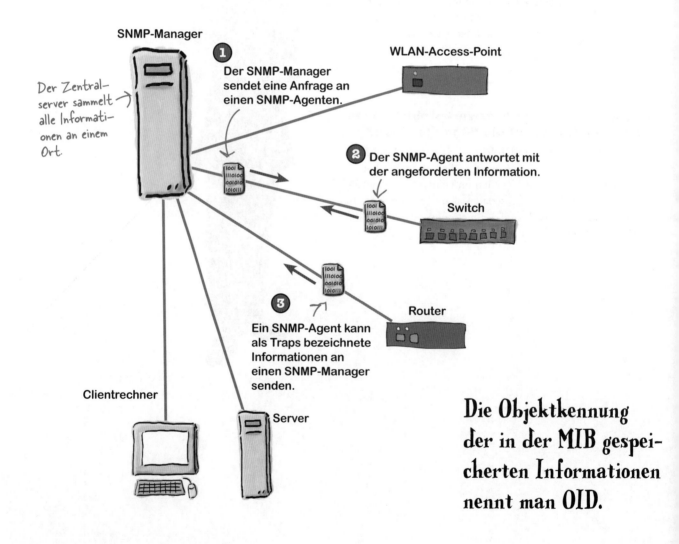

Die Objektkennung der in der MIB gespeicherten Informationen nennt man OID.

# SNMP ist ein Kommunikationswerkzeug eines Netzwerkadministrators

SNMP wurde so entworfen, dass einfache Software, Skripten beispielsweise, genutzt werden, um unterschiedliche Informationen von einem Netzwerkgerät anzufordern. Es nutzt einen einfachen Befehlssatz, um Informationen abzurufen und zu geben. Etwas komplizierter wird SNMP in der Implementierung der MIBs. Es gibt standardisierte MIB-Sätze, die Hersteller von Netzwerkausrüstung in ihren Geräten implementieren können. Wenn der Hersteller die MIB ordentlich implementiert, ist es in der Regel kein Problem, über SNMP Informationen abzurufen. Problematisch wird es, wenn Netzwerkgeräte angepasste MIBs haben. Dann muss der Netzwerkadministrator die modifizierte SNMP-Vorlage in das Gerät integrieren, das die SNMP-Anfragen macht, damit es die OIDs kennt, die es zur Abfrage des SNMP-Agenten benötigt.

Und was bitte hält andere davon ab, auf diese Informationen zuzugreifen? Ist das überhaupt sicher?

**SNMP erlaubt eine gewisse Zugriffskontrolle**

SNMP hat ein Feature, das eine Zugriffskontrolle ermöglicht. Wenn Sie SNMP auf einem Netzwerkgerät konfigurieren, können Sie einen Gruppennamen erstellen, der nur schreibgeschützten Zugriff hat, und einen Gruppennamen, der vollständigen Zugriff hat. Das Problem ist, dass der **Gruppenname das Passwort ist.** Das ist kein gutes Verfahren, deswegen wurde in SNMP Version 3 ein Authentifizierungssystem eingebaut.

Bei den meisten Geräten ist standardmäßig public die Gruppe, die nur schreibgeschützten Zugriff hat.

**Wie aber richtet man SNMP ein?**

Wussten Sie, dass es drei SNMP-Versionen gibt? SNMP v1, SNMP v2 und SNMP v3.

SNMP v2 ist bloß eine erweiterte Version von SNMP v1.

SNMP v3 ist eine vollständige Neufassung des Protokolls. Bei ihr ist eine Authentifizierung in das Protokoll integriert.

*SNMP auf Cisco*

# Wie man SNMP auf einem Cisco-Gerät einrichtet

Schauen wir uns an, wie man eine SNMP-Grundkonfiguration auf einem Cisco-Gerät einrichtet. Diese Befehle müssen Sie im Konfigurationsmodus auf der Kommandozeile des Geräts eingeben.

> **Schon mit einer SNMP-Grundkonfiguration können Sie auf viele praktische Informationen zugreifen.**

**① Starten Sie den SNMP-Dienst auf dem Router.**
Dafür gibt es keinen spezifischen Befehl. Der erste snmp-server-Befehl, den Sie eingeben, ganz gleich, welcher das ist, aktiviert den SNMP-Dienst auf dem Gerät.

**② Erstellen Sie einen Gemeinschaftszugriff für SNMP.**
Geben Sie dazu diesen Befehl ein:

```
snmp-server community public ro
```

Das gibt der Gruppe public schreibgeschützten Zugriff.

**③ Geben Sie einige grundlegende Systeminformationen an.**
Nutzen Sie folgenden Befehl, um Ihre Kontaktinformationen einzurichten:

```
snmp-server contact IhrName
```

Den Ort dieses Geräts geben Sie mit diesem Befehl ein:

```
snmp-server location place
```

**④ Speichern Sie die Einstellungen.**
Geben Sie folgende Befehle ein, um die Konfiguration zu speichern:

```
exit
write memory
```

> *Entspannen Sie sich*
>
> **Auf einem Nicht-Cisco-Router erfolgt die Einrichtung von SNMP recht ähnlich.**
>
> Andere Netzwerkgeräte werden auf ähnliche Weise konfiguriert – werfen Sie einfach einen Blick in die Dokumentation des Geräts.

348   Kapitel 9

# Überwachung und Problemlösung

## WER MACHT WAS?

Ordnen Sie die SNMP-Befehle der passenden Aufgabenbeschreibung zu.

GET               Ruft einige Informationen vom SNMP-verwalteten Gerät ab.

SET               Ruft eine Information vom SNMP-verwalteten Gerät ab, die der Wert des nächsten OID im Baum ist.

GET-NEXT          Ein Befehl, den das verwaltete Gerät mit einigen Informationen an den Agenten sendet.

GET-RESPONSE      Das sind die Informationen, die der SNMP-Agent angefordert hat.

TRAP              Ermöglicht dem SNMP-Agenten, einen Wert auf dem verwalteten Gerät zu ändern.

*Sie sind hier* ▶ **349**

**Antworten** und Fragen

# Wer macht was? Lösung

Ordnen Sie die SNMP-Befehle der passenden Aufgabenbeschreibung zu.

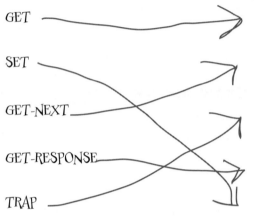

GET → Ruft einige Informationen vom SNMP-verwalteten Gerät ab.

SET → Ruft eine Information vom SNMP-verwalteten Gerät ab, die der Wert des nächsten OID im Baum ist.

GET-NEXT → Ein Befehl, den das verwaltete Gerät mit einigen Informationen an den Agenten sendet.

GET-RESPONSE → Das sind die Informationen, die der SNMP-Agent angefordert hat.

TRAP → Ermöglicht dem SNMP-Agenten, einen Wert auf dem verwalteten Gerät zu ändern.

## Es gibt keine Dummen Fragen

**F:** Kann ich einem Gerät über SNMP sagen, welche Art von Informationen ich abrufen will?

**A:** Nein, die MIB ist im Wesentlichen festgelegt, in einigen Fällen durch die Hardware. Sie können das Gerät also nicht andere Informationen sammeln lassen, als der Hersteller in die MIB zu packen beschloss.

**F:** Warum haben die OIDs so seltsame und komplexe Namen?

**A:** Erstens sind sie so komplex, weil in einem OID keine Leerzeichen erlaubt sind. Sie sehen also sehr kompakt aus. Zweitens wollen manche Leute so viele Informationen sammeln lassen, dass das zu solch komplexen Namen führt.

**F:** Ist der OID der gesamte Name der Daten, die wir haben wollen?

**A:** Nein, den vollständigen Namen bildet der gesamte Baum von oben nach unten. Und der Name ist eigentlich eine Zahl wie .1.3.6.1.2.1.2.2.1.2.

**F:** Wie finde ich denn da, was ich suche? Diese Namen sagen einem doch gar nichts.

**A:** Gute Frage. Wie wir sagten, sind OIDs und MIBs standardisiert. Sie können im Standard, RFC1213, nachschlagen. Dort finden Sie alle OID die diese MIB enthält.

**F:** Gibt es Software, die mir bei der Verwaltung von SNMP hilft?

**A:** Es gibt Open Source-Software wie Nagios und MRTG, die Sie bei der Netzwerküberwachung unterstützen. Außerdem gibt es massenhaft kommerzielle Software. Einige davon bieten ausgezeichnete Netzwerkkarten – mit Datenflüssen und farbig differenzierten Netzwerkgeräten. Die großen Netzwerkzentren von ISPs nutzen Software wie diese, um ihre Netzwerke über SNMP zu überwachen.

**F:** Was ist ein Trap?

**A:** Ein Trap ist eine Nachricht, die ein SNMP-Endgerät an den SNMP-Manager sendet. Es ist eine Nachricht, die gesendet wird, weil der Agent ein Ereignis abgefangen hat und so konfiguriert ist, dass er die eingefangene Eventnachricht an den SNMP-Manager sendet.

**Überwachung und** *Problemlösung*

### Spitzen Sie Ihren Bleistift

Kreisen Sie die OIDs in dem MIB-Baum ein, die Ihnen helfen könnten, Ihre Netzwerkprobleme zu lösen?

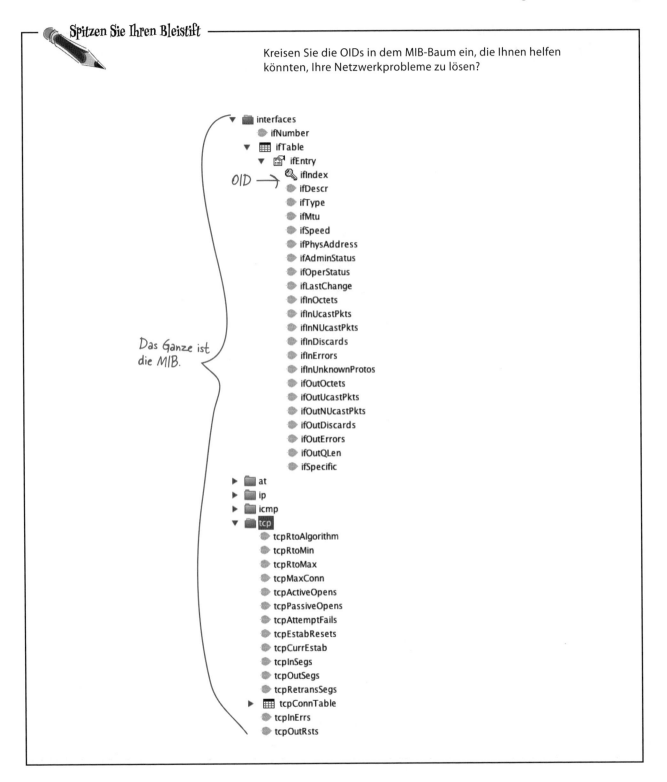

*Finden Sie die OIDs*

## Spitzen Sie Ihren Bleistift
### Lösung

Kreisen Sie die OIDs in dem MIB-Baum ein, die Ihnen helfen könnten, Ihre Netzwerkprobleme zu lösen?

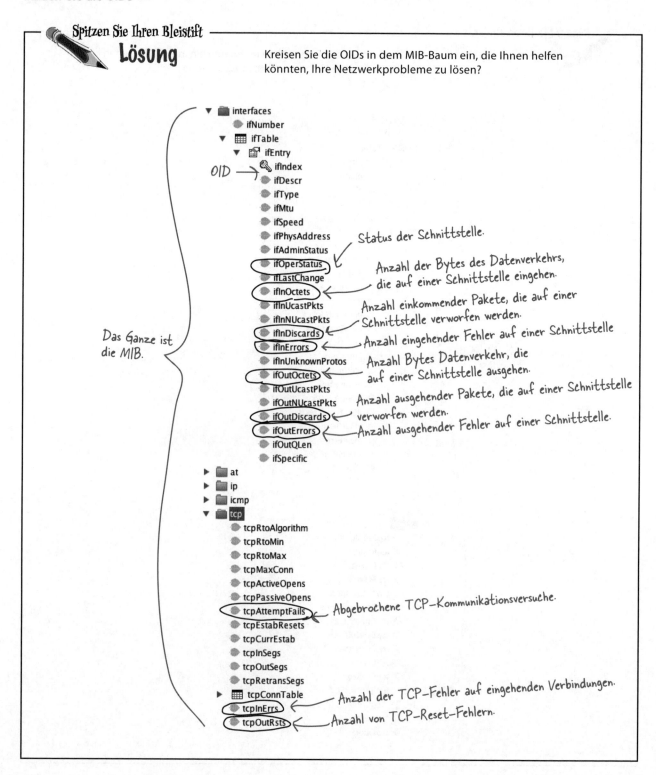

Überwachung und *Problemlösung*

# Nur eine Stunde noch ...

In nur einer Stunde gehen die Pyjama-Party-Tickets über den Ladentisch. Unglücklicherweise gibt es immer noch Probleme im Netzwerk der Agentur ...

*Mithilfe von SNMP konnte ich einige der Netzwerkprobleme beheben, aber andere Diagnosedaten stecken in den Serverlogs, an die ich mit SNMP nicht herankomme. Muss ich etwa wieder mit meinem Laptop herumlaufen? Uns rennt die Zeit davon, und der Chef weiß, wo ich wohne ...*

**SNMP liefert uns viele Daten, aber nicht alle.**

Häufig senden Netzwerkgeräte Fehler an eine Konsole oder in ein Protokoll, und auf diese Fehler kann man über SNMP nicht zugreifen. Wie also erhalten wir Zugriff auf diese protokollierten Daten?

**Müssen wir uns doch wieder einzeln an die Geräte anschließen?**

*Sie sind hier* ▶ **353**

*Erzähl mir deine Probleme!*

# Geräte dazu bringen, dass sie Probleme melden

Es gibt ein Werkzeug, das Geräte nutzen können, um ihre Fehler an einen Zentralserver zu senden. Dieses Werkzeug nennt sich syslogd. Das d steht für Daemon und bezeichnet ein kleines Dienstprogramm, das auf einem Server läuft.

Anstatt die Fehlermeldungen in eine Konsolenanzeige zu schreiben, sendet das Netzwerkgerät sie an den syslogd-Server. Das bedeutet, dass wir nicht mehr die lokalen Dateien auf den einzelnen Geräten prüfen, sondern uns nur an den syslogd-Server wenden müssen.

**Über einen syslogd-Daemon können Sie alle Netzwerkgeräte Informationen an einen Server senden lassen. Diese Informationen würden normalerweise in eine Logdatei auf dem Gerät geschrieben.**

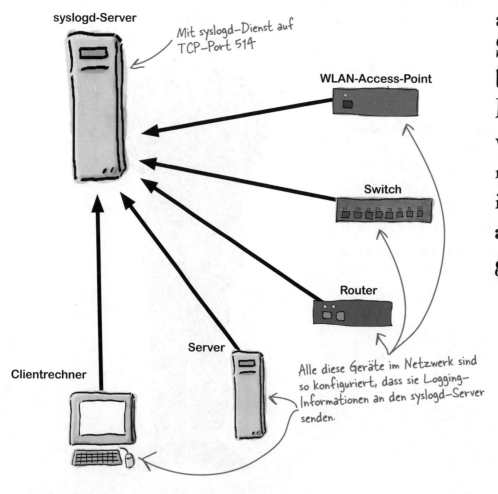

**Und wie richten wir syslogd ein?**

# syslogd auf einem Cisco-Gerät konfigurieren

Schauen wir uns an, wie man syslogd auf einem Cisco-Gerät konfiguriert. Sie müssen die folgenden Befehle im Konfigurationsmodus auf der Kommandozeile des Geräts eingeben.

> **Die syslogd-Einrichtung auf einem Nicht-Cisco-Gerät läuft ähnlich.**
>
> Geräte anderer Hersteller werden auf ähnliche Weise konfiguriert. Werfen Sie einfach einen Blick in das Handbuch Ihres Geräts.

**① Zeitstempel für die Protokolle einrichten.**
Geben Sie dazu den folgenden Befehl ein:

```
snmp-server community public ro
```

Das sorgt dafür, dass jeder Logeintrag einen Zeitstempel in einem ganz bestimmten Format erhält.

**② Die Protokollierung auf Konsole und Monitor stoppen.**
Das Protokollieren auf der Konsole schalten Sie so ab:

```
no logging console
```

das Protokollieren auf Nicht-Konsole-Fenstern so:

```
no logging monitor
```

**③ Den Router die Protokolle an den syslogd-Server senden lassen.**
Geben Sie Folgendes ein, um die IP-Adresse für die Protokollierung durch die IP-Adresse des syslogd-Servers zu ersetzen:

```
logging 192.168.100.1
```

**④ Die Protokollierungsstufe setzen.**
Geben Sie Folgendes ein, um den Router nur die Meldungen, die Warnungen oder Schlimmeres enthalten, senden zu lassen:

```
logging warning
```
← *Es gibt eine Abstufung bei Protokollierungsgraden von 0 – Notfall bis 7 – Debugging.*

**⑤ Die Einstellungen speichern.**
Geben Sie die folgenden Befehle ein, um Ihre Einstellungen zu speichern:

```
exit
```
```
write memory
```

**Aufgepasst**

**Nutzen Sie die Debugging-Stufe nur, wenn Sie debuggen müssen.**

*Sie kann sich sehr stark auf Speicher und Prozessor des Routers auswirken.*

**Wie aber greifen wir auf die Protokolle zu, nachdem syslogd konfiguriert wurde?**

*Aber was* heißt das alles?

# Wie erfahren Sie, was die Logs enthalten?

Eins der wunderbaren Dinge bei syslogd ist, dass Sie die Logs von Anwendungen überwachen lassen können. Wenn ein relevantes Ereignis aufgezeichnet wird, kann der syslogd-Server dem Netzwerkadministrator eine Nachricht senden.

> Das sieht gefährlich aus. Informieren wir mal den Admin ...

Ein vom Router protokolliertes Ereignis wird an den syslogd-Server weitergeleitet.

**Router**

**syslogd-Server**

Der Server führt ein Skript oder ein Programm aus, das die Logs überwacht. Findet es ein interessantes Ereignis, benachrichtigt es den Netzwerkadministrator.

E-Mail oder IM an den Netzwerkadministrator

Nachricht an Pager

SMS an Handy

## syslogd ermöglicht Ihnen, Probleme zu beheben, bevor sie problematisch werden

Das Schöne an syslogd ist, dass Sie Geräte dazu bringen können, Sie auf Ereignisse aufmerksam zu machen, die später zu ernsthaften Netzwerkproblemen führen können. Das heißt, dass Sie sich um Probleme kümmern können, bevor sie überhaupt auftreten, und sorgt dafür, dass Ihr Netzwerk erheblich stabiler wird. Sagt Ihnen ein Router, dass seine Spannungsversorgung extreme Schwankungen aufweist, können Sie diese ersetzen, bevor das zu einem Problem wird.

Normalerweise können Sie wählen, welche Meldungen dem Administrator an welches Gerät gesendet werden. Wie würden Sie die Meldungen verteilen?

*Überwachung und* **Problemlösung**

# Spielen Sie syslogd-Benachrichtigung

Sie sollen sich in das Benachrichtigungsprogramm auf dem syslogd-Server hineinversetzen und entscheiden, welche Meldungen an den Administrator gesendet werden sollen. Wählen Sie neben den Ereignissen, ob sie per SMS oder E-Mail versendet oder ignoriert werden sollen. Das Handy ist für die dringenderen Sachen gedacht.

| SMS | E-Mail | Ignorieren | Ereignis |
|-----|--------|------------|----------|
| ☐ | ☐ | ☐ | 1649.12 EVENT: Router 3: Viele TCP-Fehler auf FE0/0 |
| ☐ | ☐ | ☐ | 1652.54 EVENT: Server 1: Wenig Speicher |
| ☐ | ☐ | ☐ | 1653.22 EVENT: Router 1: Temperatur sehr niedrig |
| ☐ | ☐ | ☐ | 1655.84 EVENT: Port 3 auf Switch 12 läuft nicht |
| ☐ | ☐ | ☐ | 1656.21 EVENT: Router 6: Spannungsschwankungen |
| ☐ | ☐ | ☐ | 1701.81 EVENT: Port 6 auf Switch 12 läuft nicht |
| ☐ | ☐ | ☐ | 1701.96 EVENT: Router 3: Viele TCP-Fehler auf FE0/0 |
| ☐ | ☐ | ☐ | 1702.14 EVENT: Port 18 auf Switch 12 läuft nicht |
| ☐ | ☐ | ☐ | 1702.19 EVENT: Router 3: Viele TCP-Fehler auf FE0/0 |
| ☐ | ☐ | ☐ | 1704.50 EVENT: Router 4: Neu gestartet |
| ☐ | ☐ | ☐ | 1705.11 EVENT: Port 9 auf Switch 12 läuft nicht |

*Sie sind hier* ▸

Nachrichtendeutung

## Spielen Sie syslogd-Benachrichtigung

Sie sollen sich in das Benachrichtigungsprogramm auf dem syslogd-Server hineinversetzen und entscheiden, welche Meldungen an den Administrator gesendet werden sollen. Wählen Sie neben den Ereignissen, ob sie per SMS oder E-Mail versendet oder ignoriert werden sollen. Das Handy ist für die dringenderen Sachen gedacht.

| SMS | E-Mail | Ignorieren | Ereignis | Kommentar |
|---|---|---|---|---|
| ☐ | ☑ | ☐ | 1649.12 EVENT: Router 3: Viele TCP-Fehler auf FE0/0 | Derartige Fehler müssen untersucht werden, stellen aber keinen Notfall dar. |
| ☑ | ☐ | ☐ | 1652.54 EVENT: Server 1: Wenig Speicher | Das könnte kritisch sein. |
| ☐ | ☐ | ☑ | 1653.22 EVENT: Router 1: Temperatur sehr niedrig | Eigentlich kein Problem. |
| ☐ | ☐ | ☑ | 1655.84 EVENT: Port 3 auf Switch 12 läuft nicht | Da hat wahrscheinlich einer seinen Rechner abgeschaltet |
| ☑ | ☐ | ☐ | 1656.21 EVENT: Router 6: Spannungsschwankungen | Das könnte kritisch sein. |
| ☐ | ☐ | ☑ | 1701.81 EVENT: Port 6 auf Switch 12 läuft nicht | |
| ☐ | ☑ | ☐ | 1701.96 EVENT: Router 3: Viele TCP-Fehler auf FE0/0 | |
| ☐ | ☐ | ☑ | 1702.14 EVENT: Port 18 auf Switch 12 läuft nicht | |
| ☐ | ☑ | ☐ | 1702.19 EVENT: Router 3: Viele TCP-Fehler auf FE0/0 | |
| ☑ | ☐ | ☐ | 1704.50 EVENT: Router 4: Neu gestartet | Das ist richtig WICHTIG! |
| ☐ | ☐ | ☑ | 1705.11 EVENT: Port 9 auf Switch 12 läuft nicht | |

*Überwachung und* Problemlösung

# Zu viele Informationen können ebenso schlecht sein wie zu wenige

Die große Herausforderung bei der Arbeit mit syslogd ist, eben die Informationen zu erhalten, die man benötigt. Es sind einige Feinabstimmungen erforderlich, um genau die richtigen Informationen strömen zu lassen. Wenn Sie die verschiedenen Benachrichtigungswege einrichten, sollten Sie also nicht blind alles einschalten. Überlegen Sie vorher genau, was Sie wissen müssen.

*Unglaublich, was für eine Masse an Benachrichtigungen ich zum Netzwerk erhalte. Was soll das alles? Ich bin vollkommen platt. Ich muss das endlich in den Griff bekommen ...*

## Sie brauchen <u>relevante</u> Informationen

Wichtig ist, dass Sie Informationen erhalten, wenn wirklich ernsthafte Probleme aufgetreten sind. Und denken Sie daran, dass Sie sich Ereignisse mit geringer Priorität per E-Mail senden lassen können, statt Sie sich wie die Ereignisse mit hoher Priorität per SMS melden oder auf den Pager schicken zu lassen.

**Wie aber entscheidet man, was relevant ist?**

*Sie sind hier* ▸ **359**

## Welche Ereignisse wichtig sind

Wenn Ihre Netzwerkgeräte viele Netzwerkfehler, d.h. TCP- oder Blockfehler, erhalten, läuft in Ihrem Netzwerk etwas schief. In der Regel bedeutet das, dass irgendeine Hardware nicht richtig funktioniert. Andere gravierende Fehler sind das Abschalten von Schnittstellen, instabile Routen (manchmal da, manchmal weg) und Hardwareprobleme wie Spannungs- oder Temperaturschwankungen und mangelnder Speicherplatz.

Wissen Sie einmal, welche Ereignisse in Ihrem Netzwerk normal sind, können Sie die Benachrichtigungen so einstellen, dass Ihnen nur die Dinge sofort mitgeteilt werden, die nicht normal sind. Bis dahin können Sie sich an diese Richtlinien halten:

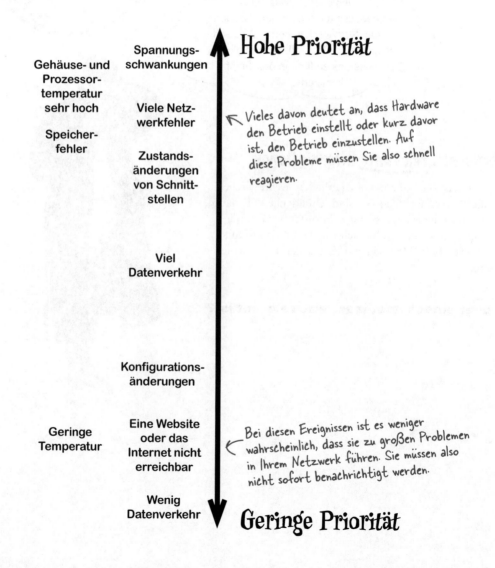

*Überwachung und* Problemlösung

# Pyjama-Party ist ausverkauft!

Dank Ihrer erfolgreichen Netzwerkreparatur konnten die Pyjama-Party-Karten ohne einen einzigen Aussetzer verkauft werden. Der Kartenverkauf lief so glatt, dass die gesamte Tour in Rekordzeit ausverkauft war, und die syslogd-Benachrichtigungen halfen den Netzwerktechnikern, auf Ereignisse mit hoher Priorität zu reagieren, bevor sie zu einem Problem wurden.

Der Geschäftsführer der Agentur war so beeindruckt von Ihrer Arbeit, dass er Ihnen Backstage-Karten für das Eröffnungskonzert spendierte.

# 10 Drahtlosnetzwerke

## Kabel los

*Warum kann ich mich mit dem blöden Internet nicht ohne diese Kabel verbinden?!?*

### Erst kabellos ist das Internet überall verfügbar!

Dieses Kapitel wird Ihnen alles zeigen, was Sie beachten müssen, wenn Sie einen WLAN-Access Point einrichten. Zunächst müssen Sie sich über den Ort Gedanken machen, da elektromagnetische Wellen von vielem gestört und blockiert werden können. Und dann ist es mal wieder Zeit, ein paar Akronyme einzuführen, NAT und DHCP. Sorgen müssen Sie sich deswegen keine machen: Wir werden alles so gut erklären, dass Sie am Ende des Kapitels ein Drahtlosnetzwerk stehen haben.

Wir lieben Sternback

# Der Sternback-Auftrag

Sternback-Kaffee ist die unermüdlichste und am schnellsten expandierende Kaffeehauskette. Schauen Sie mal auf die andere Straßenseite, wenn Sie vor der Filiale bei Ihnen um die Ecke stehen – dort sehen Sie sicher gleich die nächste.

Der Sternback-Geschäftsführer hat eine richtig gute Idee, um neue Kunden in seine Läden zu locken. Er will seinen Kunden in den Filialen freien Internetzugriff ermöglichen.

*Absolut perfekt. Die Leute kommen, um im Internet zu surfen, und bestellen dann natürlich auch einen Kaffee. Aber hässliche Kabel dürfen hier nicht rumliegen. Wir werden **kabellos**!*

## Sternback-Kaffee braucht ein WLAN-Hotspot

Was dem Geschäftsführer vorschwebt, ist ein offener WLAN-Hotspot, über den seine Kunden auf das Internet zugreifen können. Er braucht also einen WLAN-Access Point. Die Kunden können mit ihren Laptops ins Kaffee kommen und sich uneingeschränkt mit dem Internet verbinden. Und auch das Büropersonal soll diesen Zugang nutzen können.

**Aber wie richtet man einen WLAN-Access Point ein?**

*Drahtlosnetzwerke*

# WLAN-Netzwerke nutzen elektromagnetische Wellen

Schauen wir uns zunächst an, wie ein WLAN-Access Point funktioniert.

Wenn Sie mithilfe eines WLAN-Access Points ein Netzwerk aufbauen, werden Rechner über elektromagnetische Wellen anstatt über Ethernet-Kabel verbunden. Der Access Point selbst muss eine Ethernet-Netzwerkverbindung haben, aber mit ihm verbinden sich die anderen Geräte drahtlos. Besitzen Sie also einen WLAN-fähigen Laptop, können Sie sich verbinden, solange Sie in Reichweite des WLAN sind.

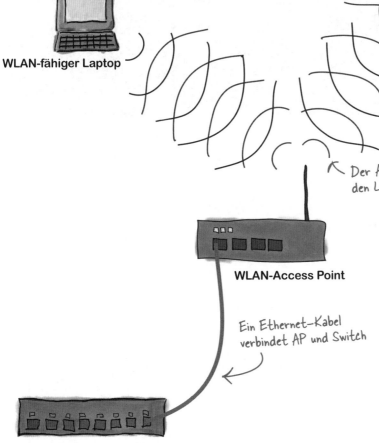

**Wie aber installiert man einen WLAN-Access Point?**

Ein großes Problem bei Drahtlosnetzwerken ist, dass elektromagnetische Wellen blockiert und gestört werden können und nur eine beschränkte Reichweite haben.

*Sie sind hier* ▶ **365**

# Den WLAN-Access Point anschließen

Einen WLAN-Access Point anzuschließen, ist ziemlich simpel. Packen Sie das Gerät aus, stellen Sie es an einem Ort auf, an dem die elektromagnetischen Wellen nicht behindert werden, und binden Sie ihn ins Netzwerk ein.

So sieht ein üblicher WLAN-Access Point aus:

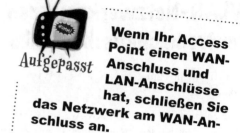

**Aufgepasst:** Wenn Ihr Access Point einen WAN-Anschluss und LAN-Anschlüsse hat, schließen Sie das Netzwerk am WAN-Anschluss an.

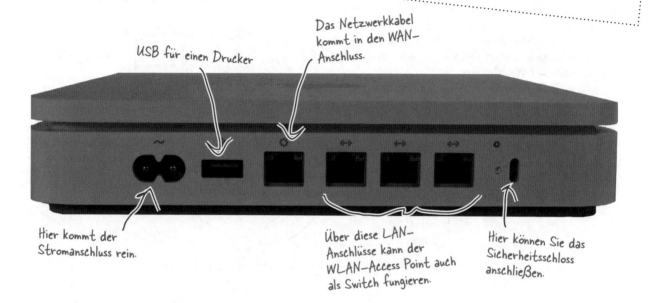

USB für einen Drucker

Das Netzwerkkabel kommt in den WAN-Anschluss.

Hier kommt der Stromanschluss rein.

Über diese LAN-Anschlüsse kann der WLAN-Access Point auch als Switch fungieren.

Hier können Sie das Sicherheitsschloss anschließen.

**Und wo sollen wir den Sternback-Access Point jetzt aufstellen?**

## KOPF-NUSS

Schauen Sie sich in Ihrer Wohnung oder Ihrem Büro um. Sehen Sie irgendetwas, das Ihr Drahtlosnetzwerk stören könnte? Welche Geräte könnten problematisch sein?

**Drahtlos**netzwerke

**Übung**

Hier ist der Grundriss eines Sternback-Cafés. Wo würden Sie den Access Point aufstellen? Zeichnen Sie die Position ein, die Ihnen am geeignetsten erscheint.

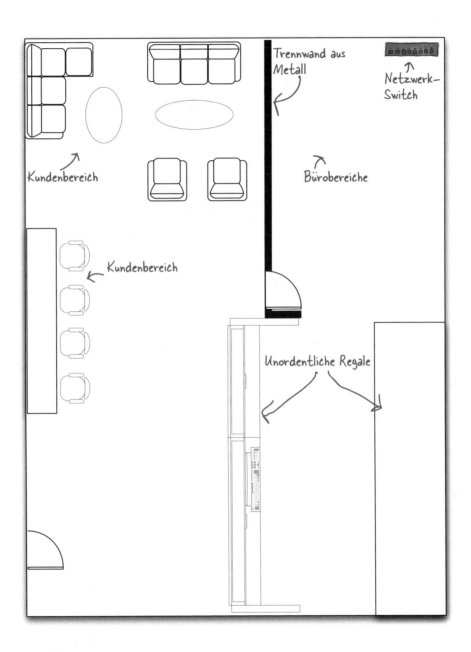

*Sie sind hier* ▸ **367**

### Wo kommt der WLAN-AP hin?

**Lösung zur Übung**

Hier ist der Grundriss eines Sternback-Cafés. Wo würden Sie den Access Point aufstellen? Zeichnen Sie die Position ein, die Ihnen am geeignetsten erscheint.

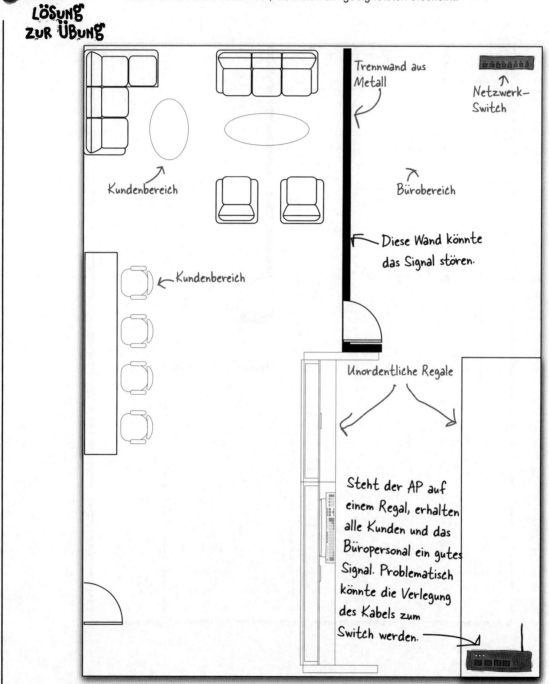

## Es gibt keine Dummen Fragen

**F:** Kann eine 802.11g-WLAN-Karte in einem Laptop nur mit einem 802.11g-Access Point reden?

**A:** Die meisten WLAN-Karten und eingebauten WLAN-Schnittstellen können mit verschiedenen Arten von Access Points reden.

**F:** Warum gibt es immer noch alte Access Points, die die neueren Protokolle nicht unterstützen?

**A:** Weil jemand Geld in sie investiert hat und nicht noch einmal Geld ausgeben will, um sie zu ersetzen.

**F:** Kann ein Access Point mit WLAN-Clients mit unterschiedlichen Standards reden?

**A:** Meistens. Fast alle Access Points können gleichzeitig über unterschiedliche Standards kommunizieren. Meist können Sie dieses Verhalten abschalten, weil der Einsatz der älteren Standards die neuen Standards ausbremsen kann.

**F:** Kann eine Karte eines Herstellers mit dem Access Point eines anderen reden?

**A:** Ja, solange beide den gleichen WLAN-Standard nutzen, können Sie problemlos miteinander kommunizieren.

**F:** Sind billige Access Points genauso gut wie teure?

**A:** Kommt darauf an. Wenn die gebotenen Funktionen die gleichen sind, müssen Sie auf die Qualität der Komponenten achten. Der Preis hat häufig seinen Grund. Viele der teureren Access Points bieten zusätzliche Funktionen wie die Unterstützung von Druckern oder externen Festplatten.

**F:** Warum sollte man eine Festplatte an einen Access Point anschließen?

**A:** Eine Festplatte an einem Access Point dient als NAS-Speicher (Network Attached Storage). Jeder, der auf das WLAN zugreifen kann, kann Dateien auf dieser Festplatte speichern.

*Sie sind hier*

*Nicht so schnell ...*

# TESTLAUF

Der WLAN-Access Point ist angeschlossen, wir können ihn also testen. Versuchen wir, einen Computer mit ihm zu verbinden, und schauen wir, was passiert.

**❶ Schalten Sie das WLAN auf dem Rechner ein.**
Auf einigen älteren Rechnern müssen Sie WLAN noch installieren. Aber bei den meisten modernen Betriebssystemen ist WLAN sofort einsatzbereit.

**❷ Verbinden Sie sich mit dem Access Point.**
Normalerweise sollten Sie eine Liste mit Access Points sehen. Wählen Sie Ihren aus der Liste aus.

**❸ Geben Sie das wahrscheinlich erforderliche Passwort ein.**
Die meisten Access Points nutzen irgendeinen Sicherheitsmechanismus. Meist müssen Sie ein Passwort eingeben, wenn Sie sich mit dem Access Point verbinden wollen.

**❹ Testen Sie die Verbindung.**
Jetzt sollten Sie eigentlich dazu in der Lage sein, auf Netzwerkressourcen wie das Internet über den Access Point zuzugreifen.

Und, läuft der WLAN-Hotspot jetzt?

**Was läuft schief?**

# Drahtlosnetzwerke

## Spitzen Sie Ihren Bleistift

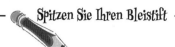

Warum funktioniert der WLAN-Hotspot nicht? Schauen Sie sich die Ergebnisse unserer Untersuchungen an und sagen Sie dann, was alles falsch sein könnte.

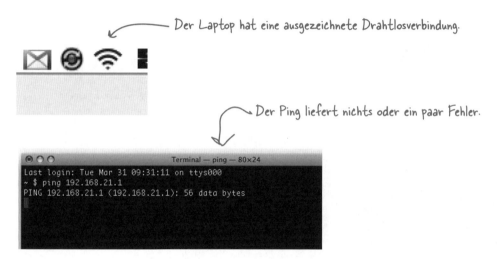

Der Laptop hat eine ausgezeichnete Drahtlosverbindung.

Der Ping liefert nichts oder ein paar Fehler.

Am Access Point und am Switch leuchten grüne LEDs an den Anschlüssen, an die das Ethernet-Kabel angeschlossen ist.

**Was könnte falsch sein?**

*Spüren Sie WLAN-Probleme auf*

## Lösung

Warum funktioniert der WLAN-Hotspot nicht? Schauen Sie sich die Ergebnisse unserer Untersuchungen an und sagen Sie dann, was alles falsch sein könnte.

Der Laptop hat eine ausgezeichnete Drahtlosverbindung.

Der Ping liefert nichts oder ein paar Fehler.

Am Access Point und am Switch leuchten grüne LEDs an den Anschlüssen, an die das Ethernet-Kabel angeschlossen ist.

**Was könnte falsch sein?**

Ist das Ethernet-Kabel in den WAN-Port des Access Points eingesteckt?

Ist das Problem größer? Können per Ethernet mit dem Switch verbundene Computer ins Netzwerk?

Ist der Access Point mit den richtigen IP-Adressdaten konfiguriert?

Ist der Access Point so konfiguriert, dass er Adressen richtig verteilt?

*Drahtlosnetzwerke*

# Was ist mit der Netzwerkkonfiguration?

Einfach einstecken genügt nicht, wenn man einen WLAN-Access Point einrichtet. Wir müssen festlegen, welche Computer den Access Point nutzen können.

> Toller Scherz! Wir sollen dem Access Point sagen, welche Computer ihn **nutzen**? Machen wir also mal eine Umfrage bei **allen Sternbackkunden!** Sollten die nicht einfach aufkreuzen und dann den AP ohne weiteren Aufwand nutzen können?

**Vielleicht hat sie da nicht so unrecht.**

Wir werden wohl kaum manuell eine IP-Adresse für jeden Sternback-Kunden einrichten wollen, der eben mal seine E-Mails checken will. Was lässt sich da machen?

Glücklicherweise gibt es etwas, das uns das umgehen lässt. Es heißt **DHCP**.

*Sie sind hier* ▸ 373

*Dürfen wir vorstellen: DHCP*

# Was ist DHCP?

DHCP steht für Dynamic Host Configuration Protocol. Es ist ein Mittel, automatisch Geräte in ein Netzwerk zu integrieren, ohne dass Sie dazu auch nur einen Finger rühren müssen.

Wie es funktioniert?

 **DHCP-Suche.**
Der Client sendet einen Broadcast, um verfügbare Server zu finden. Dazu benötigt er eine IP-adressierte Netzwerkschnittstelle, die für die Verwendung von DHCP konfiguriert ist.

**DHCP-Angebot.**
Der DHCP-Server im WLAN-Access Point antwortet auf den Broadcast, indem er dem Client eine IP-Adresse anbietet. Diese IP-Adresse liegt in dem Bereich, der in der Konfiguration des DHCP-Servers festgelegt wird.

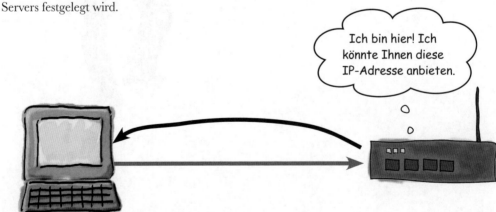

### ③ DHCP-Anfrage.
Der Client sendet eine DHCP-Anfrage, mit der er das Angebot des DHCP-Servers annimmt.

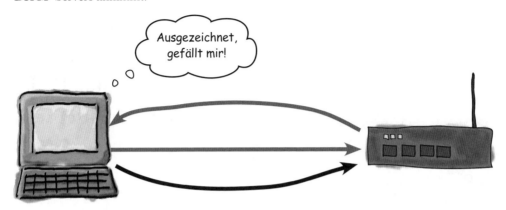

### ④ DHCP-Bestätigung.
Der DHCP-Server sendet ein DHCPACK-Paket an den Client. Dieses Paket sagt dem Client, wie lange er diese Adresse nutzen kann (Vergabezeit), und liefert ihm weitere benötigte Konfigurationsdetails.

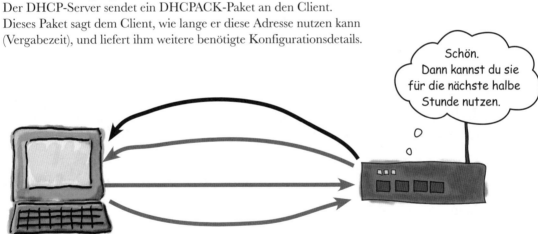

## DHCP reserviert IP-Adressen

DHCP erleichtert uns die Arbeit, indem es Clients IP-Adressen aus dem für einen Server festgelegten Pool mit IP-Adressen zuweist. Das klingt, als wäre es genau das, was Sternback braucht, da die Kunden in die Cafés kommen, ihre Laptops aufklappen und gleich mit dem Surfen loslegen wollen.

### Aber wie richten wir DHCP ein?

## Prüfen Sie zunächst, ob auf dem Client DHCP eingeschaltet ist ...

Sie können das in der Netzwerkkonfiguration des Clients aktivieren.

## Bei einem WLAN-Access Point kann DHCP standardmäßig eingeschaltet sein.

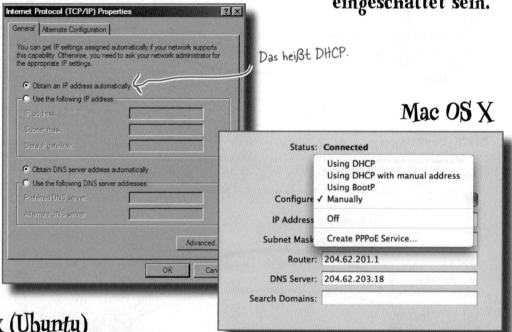

*Das heißt DHCP.*

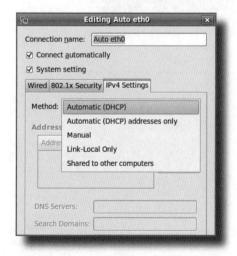

## Machen Sie dann den WLAN-Access Point zu einem DHCP-Server ...

Dazu müssen Sie zunächst den DHCP-Dienst auf dem WLAN-Access Point einschalten. Das sagt dem WLAN-Access Point, dass er als DHCP-Server dienen soll.

DHCP kann bei Ihrem WLAN-Access Point bereits eingeschaltet sein. Ist das jedoch nicht der Fall, müssen Sie die folgenden Einstellungen ändern.

**Drahtlos**netzwerke

# ... und legen Sie einen brauchbaren Bereich von IP-Adressen fest

Nachdem Sie dem WLAN-Access Point mitgeteilt haben, dass er als DHCP-Server dienen soll, müssen Sie ihm sagen, welche IP-Adressen er vergeben darf. Außerdem konfigurieren Sie Informationen wie das Gateway und die Adresse des DNS-Servers und wie lange ein Client eine IP-Adresse halten darf.

In verschiedenen APs kann die Einrichtung von Gateway und DNS an unterschiedlichen Stellen erfolgen.

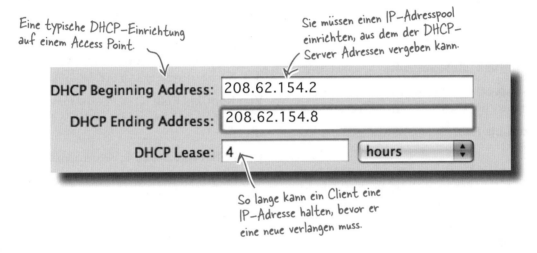

Eine typische DHCP-Einrichtung auf einem Access Point.

Sie müssen einen IP-Adresspool einrichten, aus dem der DHCP-Server Adressen vergeben kann.

So lange kann ein Client eine IP-Adresse halten, bevor er eine neue verlangen muss.

## Es gibt keine Dummen Fragen

**F: Was passiert, wenn im Netzwerk mehrere DHCP-Server sind?**

A: Der Client antwortet mit einer Rundruf-DHCP-Anfrage. Dieser Rundruf enthält Informationen für einen bestimmten Server, und nur dieser Server antwortet auf die Anfrage. Das Protokoll wurde so verfasst, dass mehrere DHCP-Server berücksichtigt werden.

**F: Muss ein Windows-Client einen Windows-DHCP-Server nutzen?**

A: Nein. Solange der DHCP-Server das Standardprotokoll nutzt, kann er mit Clientrechnern mit beliebigen Betriebssystemen und anderen Geräten arbeiten, die per DHCP um eine IP-Adresse bitten.

**F: Kann ich steuern, welche Geräte welche IP-Adresse erhalten?**

A: Ja. Sie können in einer speziellen Tabelle die MAC-Adressen der Geräte und die ihnen zu gebenden IP-Adressen angeben.

**F: Was passiert, wenn einem DHCP-Server die IP-Adressen ausgehen?**

A: Gute Frage. Er antwortet einfach nicht mehr auf Suchrundrufe, bis er wieder Adressen verfügbar hat.

**F: Können die IP-Adressen, die mein DHCP-Host vergibt, öffentlich sein?**

A: Ja. Achten Sie nur darauf, dass sie nicht von anderen Geräten verwendet werden und dass sie routbar sind.

**F: Wie lange halten Clients eine IP-Adresse?**

A: Die Zeit bezeichnet man als Vergabezeit (Lease). Sie können sie frei wählen. Üblicherweise sind das einige Stunden oder Tage.

*Sie sind hier* ▶

## Der DHCP-Server im Gespräch

Interview der Woche:
Die Geheimnisse des DHCP-Servers

**Von Kopf bis Fuß:** Hallo.

**DHCP-Server:** Hallo, hier ist eine IP-Adresse: 192.168.100.1 mit dem Gateway ...

**Von Kopf bis Fuß:** Moment! Was bedeutet das?

**DHCP-Server:** Entschuldigen Sie. Außerhalb der Arbeit führe ich nur selten Unterhaltungen.

**Von Kopf bis Fuß:** Sie werden wohl stets hart rangenommen?

**DHCP-Server:** Kann man wohl sagen. Da folgt Anfrage auf Anfrage. Ohne Ende. Kaum habe ich einem Client ein IP-Adresse gegeben, scheint er schon wieder um die nächste anzustehen.

**Von Kopf bis Fuß Server:** Könnte das vielleicht daran liegen, dass Ihre Vergabezeiten arg kurz sind?

**DHCP-Server:** Das hatte ich auch schon vermutet. Aber leider kann ich das dem Administrator nur über die Logs mitteilen, die ich führe.

**Von Kopf bis Fuß:** Sie können also nur hoffen, dass er gelegentlich einen Blick in Ihre Logs wirft? Kommt es eigentlich auch vor, dass Sie eine Anfrage nach einer IP-Adresse verweigern?

**DHCP-Server:** Ja, schon mal. Der Admin hat mir einen recht ordentlichen Pool an IP-Adressen zugestanden. Normalerweise genügt der den Anforderungen.

**Von Kopf bis Fuß:** Kann es vorkommen, dass ein Client einen Aufstand macht, wenn Sie ihn nicht reinlassen?

**DHCP-Server:** Nein. Die bleiben einfach da und versuchen es erneut.

**Von Kopf bis Fuß:** Und Sie müssen sich nie wüste Beschimpfungen anhören?

**DHCP-Server:** Ich rede dann einfach nicht mit ihnen. Sie wissen also gar nicht, dass es mich gibt. Ich halte die Klappe, bis ich wieder Adressen freihabe.

**Von Kopf bis Fuß:** Das hört sich nach einer sehr vernünftigen Strategie an. Vielen Dank für das Interview. Wir wünschen Ihnen, dass Sie in Zukunft vielleicht etwas mehr Freizeit haben.

---

## Hat die Einrichtung des DHCP-Servers das Problem gelöst?

Die Verbindung steht! Schon nach kurzer Zeit ist der WLAN-Access Point in Betrieb, und die Kunden strömen noch zahlreicher in die Sternback-Cafés.

### Freak-Futter

Mehr zu DHCP erfahren Sie in der RFC unter
**http://www.faqs.org/rfcs/rfc2131.html.**

**Drahtlos**netzwerke

# Jetzt wird es persönlich

Alles lief wunderbar, bis in einem der Cafés eines, besonders geschäftigen Tages ...

Wo ist meine Internetverbindung, Puppe? Ich habe mich hier nur hingesetzt, um MeBay einen Besuch abzustatten, und jetzt geht das nicht! Alle anderen scheinen keine Probleme zu haben. Was ist hier los? Warum ausgerechnet ich?

← Oh ... zu viel Kaffee ist vielleicht doch nicht so gut.

Alle, die vor diesem Herrn das Café betraten, sind ruhig und zufrieden im weltweiten Netz unterwegs. Aber jeder, der später kam, erhielt einfach keine Verbindung.

## KOPF-NUSS

Woran könnte es liegen, dass der WLAN-Access Point niemanden mehr ins Internet lässt?

Tipp: Hinweise könnte Ihnen ein Blick in die DHCP-Konfiguration bieten.

*Sie sind hier* ▸ **379**

*Keine IPs mehr!*

# Uns sind die IP-Adressen ausgegangen

Erinnern Sie sich noch daran, wie wir auf dem WLAN-Access Point DHCP eingerichtet haben? Wir haben einen Bereich von IP-Adressen konfiguriert, die der DHCP-Server an Clients vergeben kann. Unser ISP hat uns nur zwölf IP-Adressen gegeben, und die anderen fünf werden von über Ethernet angeschlossenen Rechners verwendet.

DHCP Beginning Address: 208.62.154.2
DHCP Ending Address: 208.62.154.8
DHCP Lease: 4    hours

*Das ist der Bereich der verfügbaren IP-Adressen.*

Aber was passiert, wenn wir mehr Clients haben, als IP-Adressen verfügbar sind? Der DHCP-Server kann nur einen beschränkten Satz von IP-Adressen ausgeben – gehen ihm die aus, war es das. Weiteren Clients kann er keine Verbindung anbieten. Gibt es eine Möglichkeit, das zu umgehen?

*Wie bitte? Das ist lächerlich. Es muss doch einen Weg geben, das zu umgehen!*

### Wir können das Problem mit den IP-Adressen umgehen, indem wir NAT implementieren.

NAT steht für Network Address Translation und ist eins der Dinge, die wir auf dem WLAN-Access Point einschalten können. Ist NAT aktiviert, können wir so gut wie jede IP-Adresse nutzen und so viele davon, wie wir brauchen.

### Wie funktioniert NAT?

# NAT basiert auf der Neuverteilung von IP-Adressen

Unten sehen Sie, was passiert, wenn ein Client mithilfe von NAT auf eine Website zugreift.

**①  Der Client sendet ein Paket an den WLAN-Access Point.**
Hier nutzt er 192.168.1.1 als Quell-IP-Adresse des Pakets.

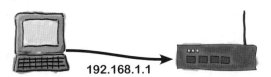

**②  Der Access Point sendet das Paket zum Webserver.**
Aber er ändert die Quell-IP-Adresse des Pakets in eine öffentliche IP-Adresse wie 204.62.201.18 und speichert sie in einer Tabelle, in der er interne Adressen festhält, die in externe Kommunikationsströme übersetzt werden.

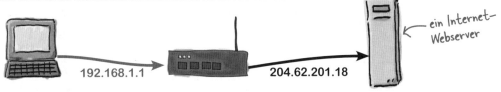

ein Internet-Webserver

**③  Der Webserver antwortet.**
Er sendet die verlangten Daten an die öffentliche IP-Adresse 204.62.201.18.

**④  Der Access Point leitet die Daten an den Client weiter.**
Aber er ändert die Ziel-IP-Adresse der Pakete in die private Adresse 192.168.1.1, indem er in seine Übersetzungstabelle schaut.

*Einfach einschalten*

## NAT-Konfiguration

Richten wir NAT auf dem Sternback-WLAN-Access Point ein. NAT ist bei WLAN-Access Points meist standardmäßig aktiviert, sollte das bei Ihnen nicht der Fall sein, sehen Sie hier, was Sie ändern müssen:

> Bei den meisten APs müssen Sie NAT nur einschalten. Es ist keine weitere Konfiguration erforderlich.

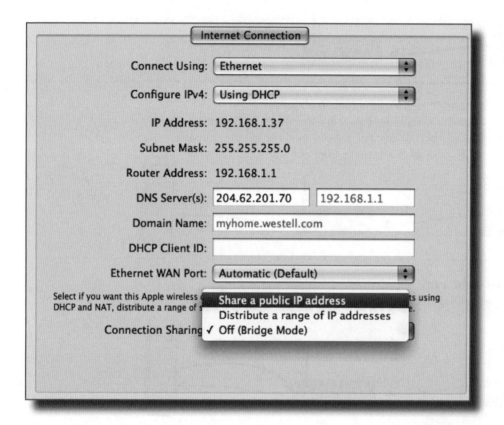

**Aufgepasst**

**Bei APs anderer Hersteller kann diese Schnittstelle auch anders aussehen.**

*Die Grundlagen bleiben die gleichen, aber die Schnittstelle kann eine andere Gestalt haben.*

# Drahtlosnetzwerke

Nutzen Sie die folgende **NAT-Tabelle**, um die internen Client-IPs in der **unteren Tabelle** zu ergänzen. Auf diese Weise bringt ein NAT-Gerät Pakete zum ursprünglichen, hinter dem NAT-Server verborgenen Gerät.

### NAT-Tabelle

| Quell-IP | Ziel-IP | Quellport | Zielport | NAT-Port |
|---|---|---|---|---|
| 192.168.1.1 | 204.24.254.12 | 1234 | 80 | 5102 |
| 192.168.1.1 | 204.24.254.12 | 2541 | 80 | 2348 |
| 192.168.1.2 | 12.4.51.84 | 8421 | 143 | 7412 |
| 192.168.1.10 | 72.54.84.32 | 11542 | 80 | 1028 |
| 192.168.1.1 | 84.51.25.8 | 421 | 80 | 7452 |
| 192.168.1.7 | 204.24.254.12 | 24154 | 80 | 12547 |
| 192.168.1.2 | 84.1.4.23 | 5478 | 143 | 24751 |

*Diesen Teil ergänzen Sie.*

### Am Access Point ankommende Pakete

| Quell-IP | Ziel-IP | Quellport | Zielport | Interne Client-IP-Adresse |
|---|---|---|---|---|
| 204.24.254.12 | 192.168.1.1 | 4214 | 2348 | 192.168.1.1 |
| 204.24.254.12 | 192.168.1.7 | 1124 | 12547 | |
| 72.54.84.32 | 192.168.1.10 | 42101 | 1028 | |
| 84.51.25.8 | 192.168.1.1 | 7511 | 7452 | |
| 204.24.254.12 | 192.168.1.1 | 5142 | 5102 | |
| 12.4.51.84 | 192.168.1.2 | 7421 | 7412 | |
| 84.1.4.23 | 192.168.1.2 | 2741 | 24751 | |

*Sie sind hier* ▸

*Aber was ist, wenn ...*

**LÖSUNG ZUR ÜBUNG**

Nutzen Sie die folgende **NAT-Tabelle**, um die internen Client-IPs in der **unteren Tabelle** zu ergänzen. Auf diese Weise bringt ein NAT-Gerät Pakete zum ursprünglichen, hinter dem NAT-Server verborgenen Gerät.

*Diesen Teil ergänzen Sie.*

**Am Access Point ankommende Pakete**

| Quell-IP | Ziel-IP | Quellport | Zielport | Interne Client-IP-Adresse |
|---|---|---|---|---|
| 204.24.254.12 | 192.168.1.1 | 4214 | 2348 | 192.168.1.1 |
| 204.24.254.12 | 192.168.1.7 | 1124 | 12547 | 192.168.1.7 |
| 72.54.84.32 | 192.168.1.10 | 42101 | 1028 | 192.168.1.10 |
| 84.51.25.8 | 192.168.1.1 | 7511 | 7452 | 192.168.1.1 |
| 204.24.254.12 | 192.168.1.1 | 5142 | 5102 | 192.168.1.1 |
| 12.4.51.84 | 192.168.1.2 | 7421 | 7412 | 192.168.1.2 |
| 84.1.4.23 | 192.168.1.2 | 2741 | 24751 | 192.168.1.2 |

## Es gibt keine Dummen Fragen

**F: Müssen die IP-Adressen hinter dem NAT privat sein?**

A: Nein, sie können auch öffentlich sein. Aber warum sollte man etwas anderes als private Adressen verwenden? Die gibt es doch massenhaft.

**F: Muss ich die NAT-Tabelle einrichten?**

A: Nein, das NAT-Gerät nutzt diese Tabelle für alle Pakete, die am Gerät ankommen und von ihm versendet werden.

**F: Muss NAT die öffentliche Adresse des Access Points nutzen?**

A: Nein, es kann auch andere öffentliche Adressen nehmen. Sie können einen Pool öffentlicher Adressen nutzen, die zum Versenden externen Datenverkehrs verwendet werden können.

**F: Was passiert, wenn mehrere Webserver hinter dem NAT öffentlich zugreifbar sein müssen?**

A: Das ist der Punkt, an dem sich ein Pool öffentlicher Adressen als nützlich erweist. Auf einem Gerät, das vordefinierte IP-Adressen zuordnen kann, können Sie die eine öffentliche IP-Adresse und Port 80 dem zweiten per NAT zugewiesenen Webserver zuordnen.

**F: Was für Geräte beherrschen NAT?**

A: Router, Firewalls, Access Points, einige Switches, Server.

**F: Gibt es eine RFC für NAT?**

A: Natürlich. Sieht es nicht so aus, als gäbe es eine RFC für so ungefähr alles, was mit Netzwerken zu tun hat? Die ursprüngliche RFC zu NAT ist RFC 1631. Eine weitere ist RFC 3022, und dann gibt es noch RFC 2663. Sie finden sie alle mit einer kurzen Websuche.

**F: Könnte NAT bei einigen Netzwerkprotokollen zu Problemen führen?**

A: Ausgezeichnete Frage! Es kann. Bei manchen Protokollen wird die IP-Adresse an anderen Stellen in das Paket eingefügt. Ein NAT-Gerät ändert diese anderen IP-Adressen nicht. Das führt dazu, dass es bei diesen Protokollen Verbindungsprobleme geben kann.

Drahtlos*netzwerke*

# Ist das Problem jetzt behoben?

Nachdem wir NAT auf dem Sternback-WLAN-Access Point eingeschaltet haben, können alle Kunden während ihres Aufenthalts ins Web, selbst an Tagen, an denen das Geschäft so richtig brummt. Bis eines Tages ...

*Warum komme ich mit meinem Laptop nicht ins Internet? Ich weiß, mein Rechner ist alt. Aber er ist WLAN-fähig, und ich komme an **jedem** anderen WLAN-Hotspot ins Netz – nur hier nicht. Ich werde allen meinen Freunden sagen, dass sie hier nicht hingehen sollen.*

**Und was bitte ist jetzt das Problem?**

*Sie sind hier* ▸

*a? b?* *g? n?*

# Es gibt mehrere WLAN-Protokolle

Diesmal sind das Alter des Laptops und die verfügbaren WLAN-Protokolle das Problem.

Die Standards für WLAN-Netzwerke werden seit Ende der 1990-Jahre entwickelt. Die ersten Standards waren 802.11a und 802.11b. In 2003 betrat 802.11g die Szene. Und neuerdings ist 802.11n-Ausrüstung verfügbar. Die großen Unterschiede zwischen den älteren und neueren Versionen sind Geschwindigkeit, Bandbreite und Reichweite.

Das Problem ist, dass ***diese Standards nicht kompatibel sind***. 802.11g-Ausrüstung spricht also nicht mit einem 802.11n-Access Point. Wenn Sie einen älteren Laptop nutzen, kann es sein, dass Sie das Protokoll nicht zur Verfügung haben, das der Access Point verlangt.

Was können wir da tun?

**Freak-Futter**

Welche Standards es gibt, können Sie sich hier ansehen:
**http://de.wikipedia.org/wiki/IEEE_802.11**

## Die meisten Access Points unterstützen mehrere Protokolle

Hardwareingenieure sind schlaue Kerle. Sie haben Access Points so gebaut, dass sie mehrere WLAN-Protokolle unterstützen. Sie müssen den Access Point nur so konfigurieren, dass er den Zugriff über mehrere Protokolle ermöglicht. Bei den meisten Access Points reicht es aus, den richtigen Modus zu wählen, um die anderen Protokolle einzuschalten.

**Aufgepasst**

**Aktivieren Sie nur die Protokolle, die Sie benötigen.**

*Dass ein Access Point mehrere Protokolle unterstützt, ist eine nette Sache, kann sich aber auf die Leistung auswirken.*

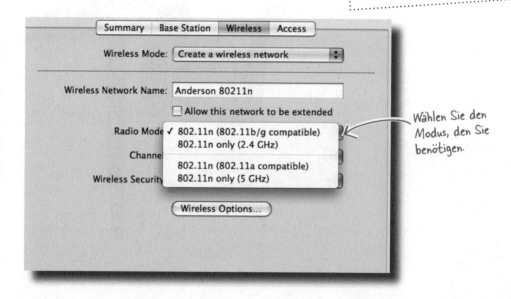

Wählen Sie den Modus, den Sie benötigen.

*Drahtlosnetzwerke*

# WLAN-Standard-Magneten

Ziehen Sie die Magneten an die Stellen des Diagramms unten, an die die jeweiligen Standards auf Basis ihrer Leistung gehören.

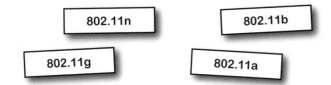

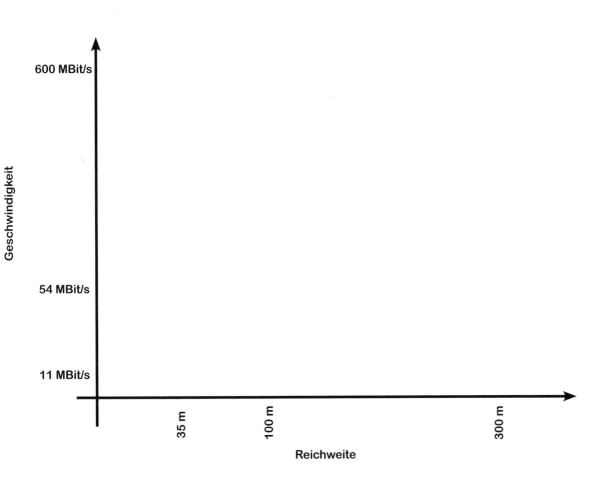

*Sie sind hier* ▸ **387**

### Reichweite vs. Standard

# WLAN-Standard-Magneten, Lösung

Ziehen Sie die Magneten an die Stellen des Diagramms unten, an die die jeweiligen Standards auf Basis ihrer Leistung gehören.

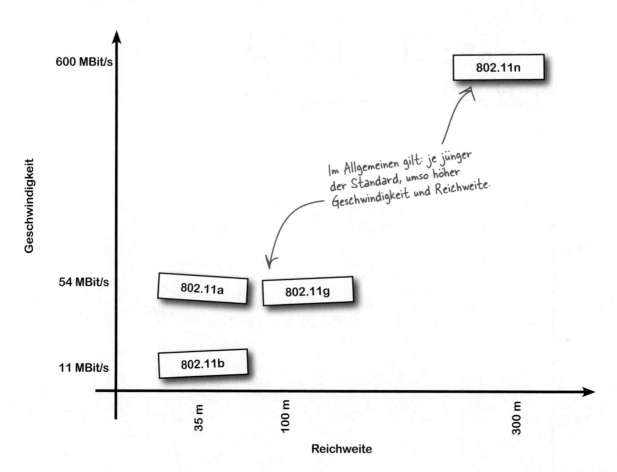

Im Allgemeinen gilt: je jünger der Standard, umso höher Geschwindigkeit und Reichweite.

**Drahtlos**netzwerke

# TESTLAUF

Und wie geht es den Sternback-Kunden jetzt?

## Haben wir jetzt alle Probleme mit dem Sternback-Hotspot im Griff?

Fast. Es gibt nur noch ein Problem, um das wir uns kümmern müssen ...

*Sie sind hier* ▶

*WLAN-Kasse?*

# Der Sternback-Zentralserver braucht Zugriff auf die Kasse

Bislang haben wir uns angesehen, wie wir den WLAN-Access Point so einrichten, dass er für die Sternback-Kunden verfügbar ist. Aber eine weitere Anforderung muss erfüllt werden. Es gibt einen zentralen Sternback-Server, der auf die Kasse des Cafés zugreifen muss, damit er den Tagesumsatz stets im Blick hat.

*Sieht zwar antik aus, hat aber WLAN eingebaut. Glauben Sie, dass Sie das hinkriegen?*

**KOPF-NUSS**

Welche Probleme könnten auftauchen?

**Drahtlos**netzwerke

> Ist denn das nicht genau das Gleiche wie das, was wir bisher auch gemacht haben? Wenn die Kasse WLAN kann, kann sie sich doch einfach eine Verbindung beschaffen!

### Diesmal ist die Sache genau umgekehrt.

Hier soll kein Gerät aus dem Café eine Verbindung nach außen herstellen, sondern ein Server außerhalb des Cafés muss eine Verbindung mit einem Gerät innerhalb des Netzwerks herstellen.

Welches Problem entsteht nun dabei? Schauen wir uns die Sache an.

**1** Der externe Sternback-Server sendet eine Anfrage nach der Kasse an den DHCP-Server.

> Hallo, ich möchte mit der Kasse reden. Können Sie mich verbinden?

**2** Der DHCP-Server überprüft anhand seiner Adressübersetzungstabelle, an welches Gerät er die Anfrage weiterleiten muss.

Aber weil die Anfrage nicht aus dem Netzwerk heraus initiiert wurde, weiß er nicht, wohin er sie weiterleiten soll.

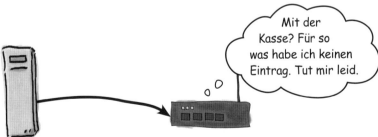

> Mit der Kasse? Für so was habe ich keinen Eintrag. Tut mir leid.

**Wie können wir das reparieren?**

*Sie sind hier* ▸ **391**

*Hafenkartografie*

# Unser Retter: Port-Mapping!

Umgehen lässt sich dieses Problem mit Port-Mapping oder Port-Forwarding. Port-Mapping heißt, dass wir in der Adressübersetzungstabelle einen Port einem bestimmten Gerät zuordnen und der gesamte Datenverkehr über diesen Port an das entsprechende Gerät weitergeleitet wird. Im Wesentlichen ist das eine sehr spezialisierte Form des Routings, bei dem über TCP- und UDP-Portnummern anstelle von IP-Adressen entschieden wird, wohin Pakete gesendet werden.

So funktioniert es:

 **Der externe Sternback-Server sendet eine Anfrage nach der Kasse an den Access Point und gibt dabei einen bestimmten Port an.**
Er sendet diese Anfrage an die öffentliche IP-Adresse des Access Points.

 **Der Access Point sieht, dass er Pakete auf Port 1032 an die Kasse weiterleitet.**
Aber er ändert die Ziel-IP-Adresse des Pakets in die private Adresse der Kasse.

**Die Kasse antwortet.**
Sie sendet die verlangten Informationen an den Access Point.

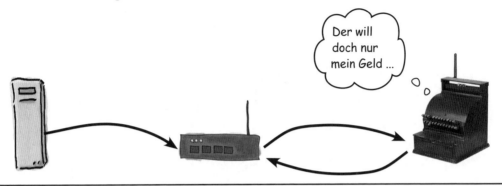

  **Der Access Point leitet den Datenverkehr an den externen Computer weiter.**
Aber er ändert die Quell-IP-Adresse der Pakete wieder in die öffentliche IP-Adresse des Access Points.

# Port-Mapping ist also eine Art umgekehrtes NAT

Es ist ein Mittel, über das man sicherstellen kann, dass Geräte außerhalb des internen Netzwerks Geräte innerhalb des Netzwerks erreichen können.

**Und wie wird Port-Mapping konfiguriert?**

**Port-Mapping** *einrichten*

# Richten wir das Port-Mapping für den Sternback-AP ein

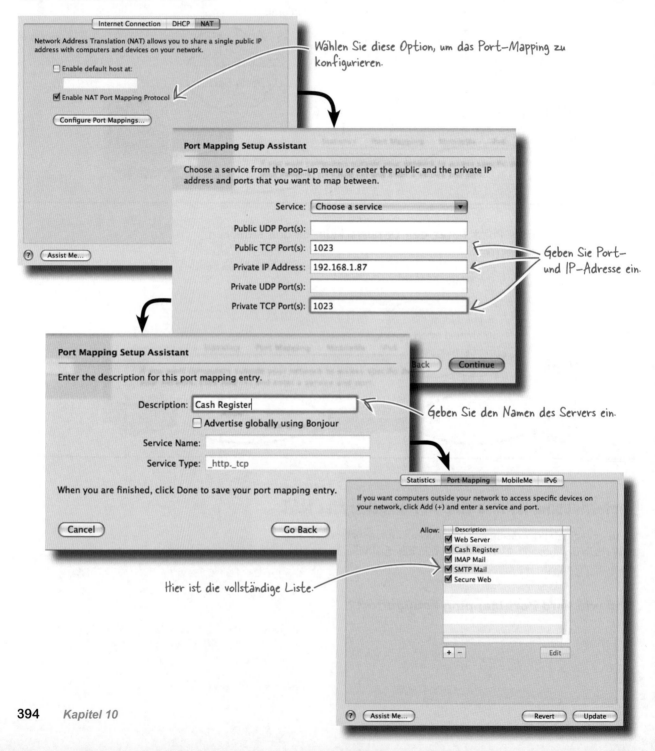

*Drahtlos*netzwerke

# Spielen Sie Access Point

Sie sollen Access Point spielen. Nutzen Sie die Port-Weiterleitungstabelle und entscheiden Sie, wohin der einkommende Datenverkehr muss. Ergänzen Sie die private IP-Adresse, an die der Datenverkehr gesendet werden muss.

**Port-Weiterleitungstabelle**

| Private Server-IP-Adresse | Weiterzuleitender Port | Service |
|---|---|---|
| 192.168.1.2 | 80 | Web |
| 192.168.1.54 | 143 | IMAP |
| 192.168.1.87 | 1032 | Kasse |
| 192.168.1.7 | 25 | SMTP |
| 192.168.1.2 | 443 | Sicheres Web |

206.252.212.2 ist die öffentliche IP-Adresse des Access Points.

Diesen Teil füllen Sie aus.

| Quell-IP | Ziel-IP | Zielport | Interne Client-IP-Adresse |
|---|---|---|---|
| 204.24.254.12 | 206.252.212.2 | 80 | 192.168.1.2 |
| 204.24.254.12 | 206.252.212.2 | 143 | |
| 72.54.84.32 | 206.252.212.2 | 80 | |
| 206.252.212.3 | 206.252.212.2 | 1032 | |
| 84.51.25.8 | 206.252.212.2 | 25 | |
| 204.24.254.12 | 206.252.212.2 | 25 | |
| 12.4.51.84 | 206.252.212.2 | 443 | |
| 84.1.4.23 | 206.252.212.2 | 24751 | |

Der Access Point ändert die Ziel-IP-Adresse aller Pakete in diesen Wert.

*Access Point* sein

# Spielen Sie Access Point, Lösung

Sie sollen Access Point spielen. Nutzen Sie die Port-Weiterleitungstabelle und entscheiden Sie, wohin der einkommende Datenverkehr muss. Ergänzen Sie die private IP-Adresse, an die der Datenverkehr gesendet werden muss.

**Port-Weiterleitungstabelle**

| Private Server-IP-Adresse | Weiterzuleiten-der Port | Service |
|---|---|---|
| 192.168.1.2 | 80 | Web |
| 192.168.1.54 | 143 | IMAP |
| 192.168.1.87 | 1032 | Cash Register |
| 192.168.1.7 | 25 | SMTP |
| 192.168.1.2 | 443 | Sicheres Web |

206.252.212.2 ist die öffentliche IP-Adresse des Access Points.

Diesen Teil füllen Sie aus.

| Quell-IP | Ziel-IP | Zielport | Interne Client-IP-Adresse |
|---|---|---|---|
| 204.24.254.12 | 206.252.212.2 | 80 | 192.168.1.2 |
| 204.24.254.12 | 206.252.212.2 | 143 | 192.168.1.54 |
| 72.54.84.32 | 206.252.212.2 | 80 | 192.168.1.2 |
| 206.252.212.3 | 206.252.212.2 | 1032 | 192.168.1.87 |
| 84.51.25.8 | 206.252.212.2 | 25 | 192.168.1.7 |
| 204.24.254.12 | 206.252.212.2 | 25 | 192.168.1.7 |
| 12.4.51.84 | 206.252.212.2 | 443 | 192.168.1.2 |
| 84.1.4.23 | 206.252.212.2 | 24751 | VERWERFEN |

Ja, hier haben wir Sie reingelegt, aber der Access Point würde dieses Paket wahrscheinlich einfach verwerfen, da diesem Port kein Dienst zugeordnet ist.

Der Access Point ändert die Ziel-IP-Adresse aller Pakete in diesen Wert.

*Drahtlos*netzwerke

## Drahtlossicherheit unter der Lupe

Sie können auf zweierlei Weise steuern, wer auf Ihren WLAN-Access Point zugreifen darf. Zum einen können Sie MAC-Adressen in eine Tabelle des WLAN-Access Points eingeben und nur Computern eine Verbindung erlauben, deren MAC-Adressen sich in dieser Tabelle befinden. Zum anderen können Sie ein Passwort oder eine andere Form der Authentifizierung verwenden. Es gibt unterschiedliche Methoden einschließlich WEP, WPA und RADIUS. Das sind alles Formen von Passwort-Authentifizierungsprotokollen. WEP und WPA basieren auf Passwörtern, die Access Point und Clientrechner teilen. RADIUS ist ein externer Dienst, den der Access Point nutzt, um die Berechtigungen eines Rechners zu prüfen, der versucht, eine Verbindung herzustellen.

## Es gibt keine Dummen Fragen

**F: Dann schützt Port-Mapping meinen Server vor Hackern?**

A: Nein. Über Port-Mapping Zugriff auf einen Server zu ermöglichen, unterscheidet sich in keiner Weise von einem Server hinter dem NAT, der eine öffentliche IP-Adresse hat.

**F: Aber machen nicht auch Firewalls Port-Mapping?**

A: Ja, aber Firewalls nutzen Access-Control-Listen, um zu entscheiden, wer mit dem Server reden darf, der hinter dem NAT sitzt. Außerdem bringen die meisten Firewalls noch andere Sicherheitseinrichtungen mit.

**F: Kann ich den Port ändern, über den ein Server kommuniziert?**

A: Können Sie. Aber das muss auf dem Server erfolgen. Sollte Ihr Webserver beispielsweise über Port 1024 kommunizieren, müssten Sie das in der Konfiguration des Webservers einstellen. Auf dem NAT-Server würden Sie nur die Portnummer in die neue ändern.

**F: Ich meinte, ob der NAT-Server die Portnummer ändern kann?**

A: Gute Frage. Manche NAT-Server können einen Port auf einen anderen abbilden. Sie können Datenverkehr auf Port 80 auf einen anderen Port verlegen.

**F: Funktioniert Port-Mapping mit jedem Port?**

A: Ja. Vorausgesetzt, hinter dem NAT gibt es ein Gerät, das auf diesem Port kommuniziert.

**F: Geht Port-Mapping nur mit TCP oder auch mit anderen Protokollen wie UDP?**

A: Es funktioniert mit fast allen Protokollen. Es gibt ähnliche Haken wie beim gewöhnlichen NAT. Wenn die Pakete Adressierungsinformationen enthalten, die der NAT-Server nicht ändert, funktioniert das Protokoll nicht.

**F: Funktioniert Port-Mapping mit DNS?**

A: Ja, dann bildet die öffentliche IP-Adresse des NAT-Servers den vollständig qualifizierten Domainnamen.

*Sie sind hier* ▸ **397**

*Sternback geht drahtlos*

# Der WLAN-Hotspot ist ein Erfolg!

Dank Ihrer Geschicklichkeit bei der Einrichtung des WLAN-Accessspoints explodiert der Kaffeeverkauf in den Sternback-Läden. Immer mehr Kunden nutzen die Einrichtung, um im Internet zu surfen, bleiben deswegen länger und trinken mehr Kaffee.

Zusätzlich haben Sie dem Sternback-Zentralserver einen topmodernen Zugriff auf die WLAN-fähige Kasse ermöglicht.

Dieser WLAN-Hotspot ist umwerfend! Ich werde in jedem Sternback-Café einen einrichten. Gönnen Sie sich derweil einen Kaffee auf Kosten des Hauses.

# 11 Netzwerksicherheit

## Die Defensive stärken

*Na los, Schatz, Firewall auf und dann die netten Breipaketchen rein ...*

### Das Netzwerk ist eine gefährliche Umgebung.

Angreifer lauern hinter jeder Ecke: Rootkits und Scriptkids und Bots und ... Trotzdem dürfen Sie nicht die Nerven verlieren, sondern müssen Ihr Netzwerk stärken, damit die Barbaren nicht durch die Tore einfallen. In diesem Kapitel werden wir Sie mit der gärenden Unterwelt des Netzes konfrontieren, in der Angreifer MAC-Adressen fälschen, Ihren ARP-Cache vergiften, Internets infiltrieren, Pakete in Ihr Netzwerk einschleusen und Ihre Kollegen dazu bringen, ihre Passwörter zu verraten. Stärken Sie die Defensive! Versiegeln wir die wertvollen Daten und sperren wir die Eindringlinge aus!

## Die bösen Buben lauern überall

Sie haben lebenswichtige Dienste wie DNS eingerichtet, Problemlösungsstrategien eingesetzt, um Ihr Netzwerk fehlerfrei zu halten und ein Drahtlosnetzwerk aufgesetzt. Das Letzte, was Sie jetzt gebrauchen können, ist, dass jemand Ihr Netzwerk infiltriert und die so wichtigen Daten durcheinanderbringt, die mit Hochgeschwindigkeit hin- und herschwirren.

Als Netzwerkprofi müssen Sie Ihre Netzwerke vor den bösen Buben schützen und verhindern, dass sie Informationen stehlen oder tödliche Angriffe auf Ihre Server starten.

**Nicht selten wird ein neuer Server schon Minuten nach dem Einschalten angegriffen.**

### Der böse Spion

### Der böse Angreifer

*Netzwerksicherheit*

# Und es ist nicht nur das NETZWERK, das beschädigt wird ...

Lauscher können am schlimmsten sein. Sie versuchen nicht nur, Ihr Netzwerk zu vernichten, sondern können auch Ihren besten Kunden schädigen. Ein Doppeltreffer also. Ist der Lauscher erfolgreich, greift er die Kreditkartendaten des Kunden ab und leert sein Konto.

## Der böse Lauscher

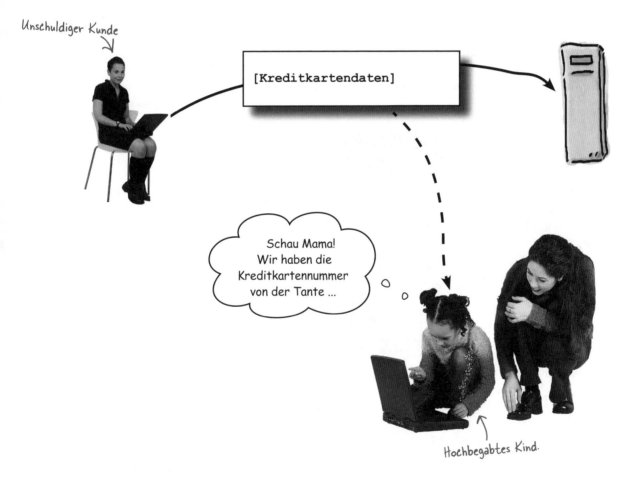

**Wie können wir unsere Netzwerke von derartigen bösen Buben schützen?**

*Sie sind hier* ▸

*Switches, Router, Firewall, Richtlinie*

# Die großen Vier der Netzwerksicherheit

Netzwerksicherheit hilft Ihnen – dem Netzwerkprofi –, die bösen Buben in ihre Schranken zu weisen. Ihr Fundament bilden vier zentrale Bereiche:

**❶ Sichern Sie Ihre Switches.**
Ihre Switches sind durch MAC-Adressfälschung und ARP-Vergiftung gefährdet.

**❷ Sichern Sie Ihre Router.**
In der Grundkonfiguration sind Router nicht sicher. Aktivieren Sie Access-Control-Listen und sichern Sie die Ports, um Eingreifer auszusperren.

*Um Ihr Netzwerk zu sichern, müssen Sie die Geräte analysieren, die Ihr Netzwerk bilden, und prüfen, welche Funktion sie in der Netzwerktopologie haben.*

**❸ Installieren Sie eine Firewall.**
Eine Firewall ist notwendig, um Angreifer draußen zu halten und wichtige Daten sicher drinnen zu verwahren.

**❹ Formulieren und erzwingen Sie Sicherheitsrichtlinien.**
Der ganze coole Technologiekram, mit dem Sie Ihr Netzwerk schützen wollen, bringt überhaupt nichts, wenn Angreifer über das schwächste Glied in der Kette, den Menschen, an Ihre Ressourcen herankommt. Eine gute Sicherheitsrichtlinie hilft, das zu vermeiden.

---

### Es gibt keine Dummen Fragen

**F:** Wir sprechen hier also von Hackern?

**A:** Wir ziehen statt »Hacker« den Begriff »Angreifer« vor. Der klassische Hacker-Begriff bezeichnet eher geniale Problemlöser als Kriminelle, die Netzwerke infiltrieren.

*Netzwerk**sicherheit***

**ÜBUNG**

Unten sehen Sie ein sehr geheimes Netzwerkdiagramm. Kreisen Sie alle Geräte ein, die durch MAC-Spoofing (die Fälschung von MAC-Adressen) getäuscht werden können. Streichen Sie die durch, die nicht getäuscht werden können.

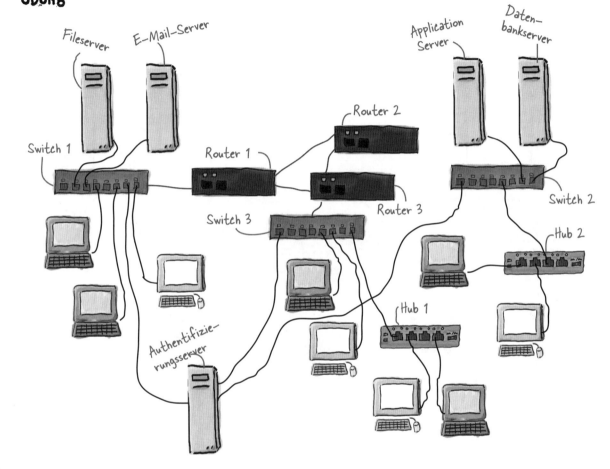

# KOPF-NUSS

Warum stellt das Fälschen von MAC-Adressen eine Gefahr für die Netzwerksicherheit dar?

*Sie sind hier* ▶ **403**

*Fälschungssicher?*

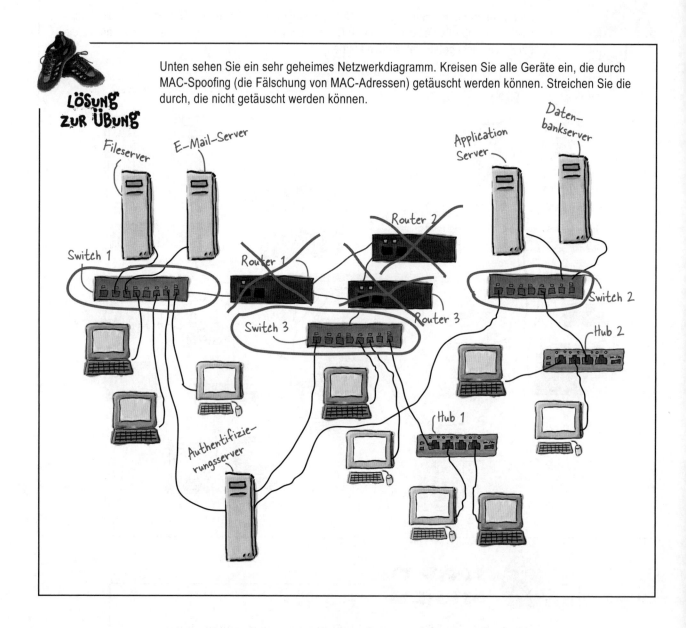

*Netzwerksicherheit*

# Ihr Netzwerk gegen das Fälschen von MAC-Adressen sichern

MAC-Spoofing ist das, was passiert, wenn ein Angreifer seine MAC-Adresse so ändert, das sie der eines anderen Geräts im Netzwerk entspricht. Es ermöglicht einem Angreifer, die Hardware, mit der er arbeitet, als die Hardware eines anderen auszugeben – die des Chefs beispielsweise.

Durch Fälschung einer MAC-Adresse kann sich der Angreifer als ein zugelassenes Netzwerkgerät ausgeben und andere auf diese Weise davon überzeugen, dass es in Ordnung sei, ihm Daten zu schicken oder von ihm Daten entgegenzunehmen. Hat jemand die MAC-Adresse des Chefs gefälscht, kann dieser Angreifer den Switch dazu bringen, ihm Daten zu senden, die nur der Chef sehen sollte.

Das geht so:

**❶ Der Angreifer ändert seine MAC-Adresse so, dass sie der des Chefs entspricht, und fordert über das Netzwerk Daten an.**
Die Hardware scheint die des Chefs zu sein, was aber nicht stimmt.

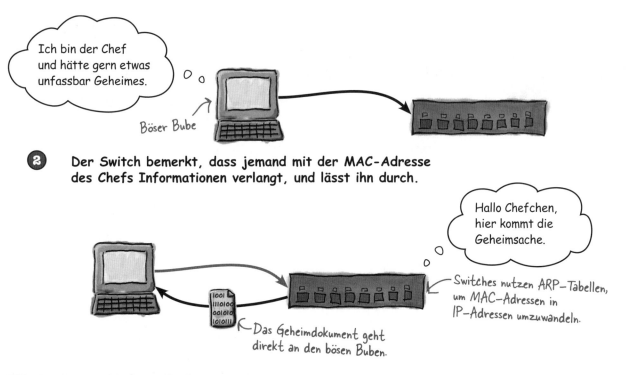

**❷ Der Switch bemerkt, dass jemand mit der MAC-Adresse des Chefs Informationen verlangt, und lässt ihn durch.**

**Wie können wir einen Switch gegen derartige Angriffe sichern?**

*Sie sind hier ▶*

## Ihr Netzwerk sichern

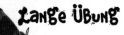
**Lange Übung**

Unten ist das gefährdete Netzwerk. Bauen Sie das Netzwerk auf der nächsten Seite so um, dass dessen Ressourcen gegen MAC-Spoofing gesichert sind.

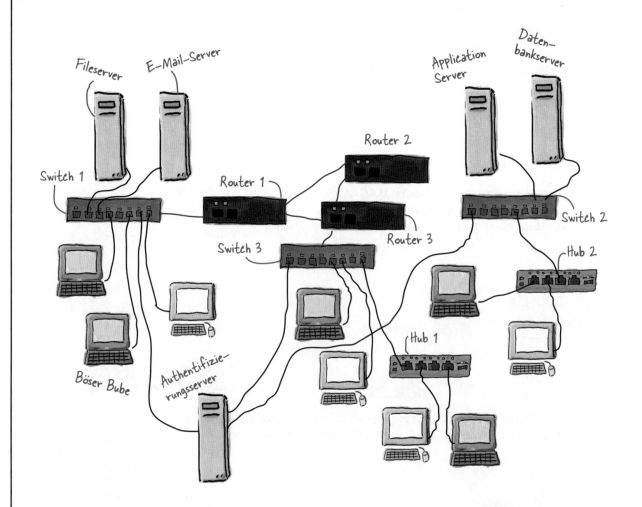

*Netzwerk**sicherheit***

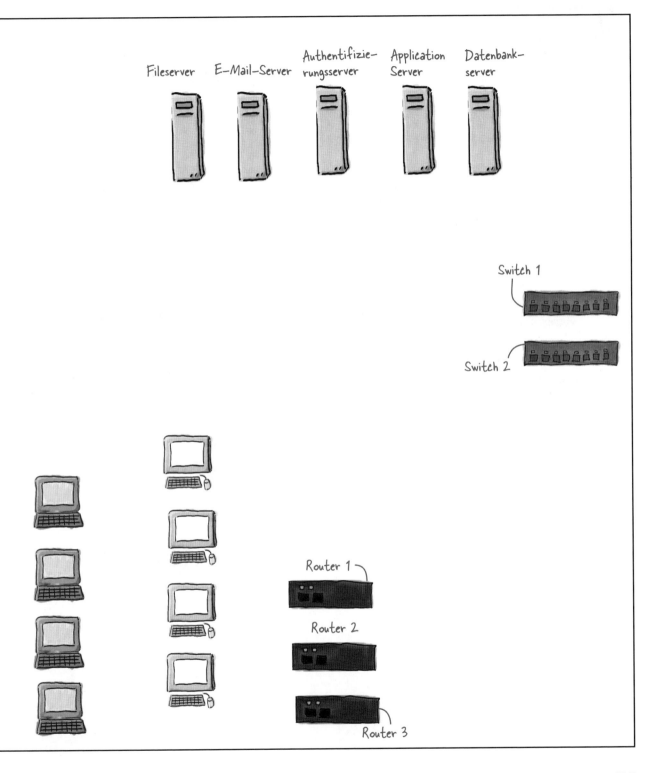

*Sie sind hier* ▸

### Wie hätten Sie es gemacht?

Unten ist das gefährdete Netzwerk. Bauen Sie das Netzwerk auf der nächsten Seite so um, dass dessen Ressourcen gegen MAC-Spoofing gesichert sind.

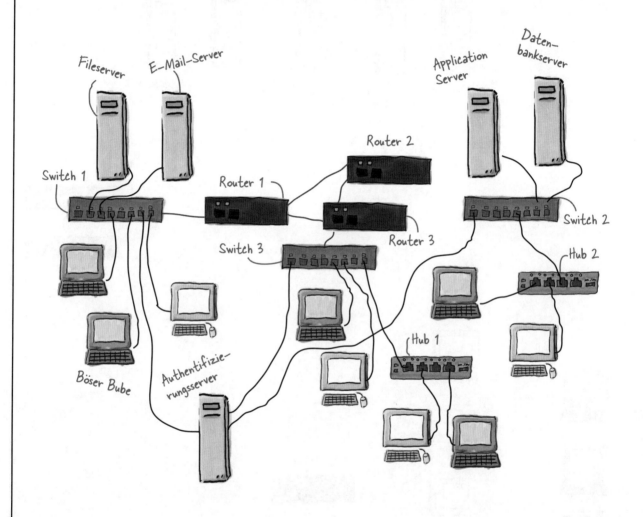

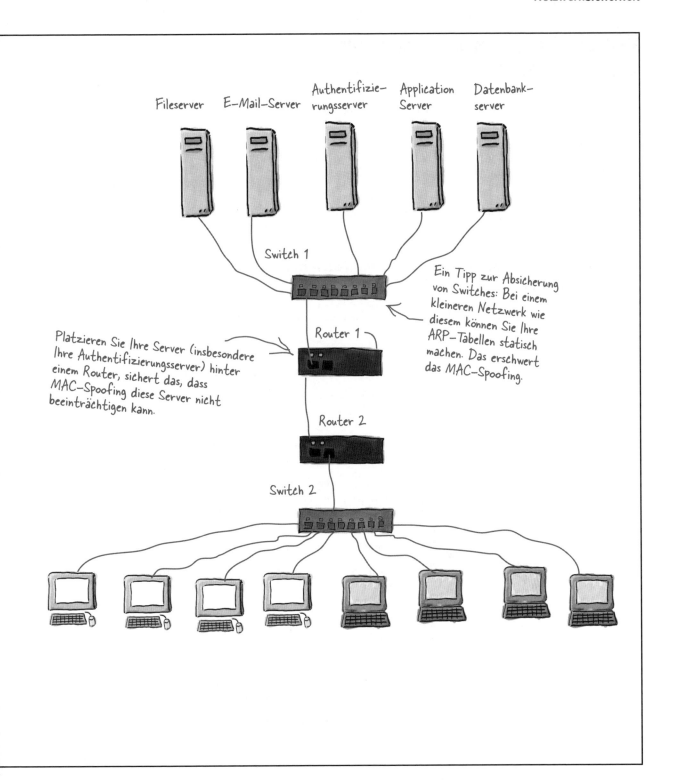

*Adressdiebe* abwehren

# Wie also schützen wir uns gegen MAC-Spoofing?

Switches sind vom MAC-Spoofing betroffen, Router hingegen nicht, weil sie mit IP-Adressen, nicht mit MAC-Adressen arbeiten. Die stärkste Verteidigung gegen MAC-Spoofing ist also, Server (insbesondere Authentifizierungsserver) hinter einem Router zu platzieren. Das sorgt dafür, dass MAC-Spoofing bei diesen Servern nicht funktioniert.

Eine weitere Verteidigungsmaßnahme für kleinere Netzwerke ist, die ARP-Tabellen des Switches statisch zu machen. Das verhindert MAC-Spoofing in einem gewissen Ausmaß ebenfalls.

**Aber Angriffe auf Netzwerke beschränken sich nicht auf MAC-Spoofing ...**

## Das Geheimnis der gestohlenen Nachrichten

Tina arbeitet in Zimmer 4 im Büro von Blauer Block & Co., Hersteller feinster Schreibblöcke. Während der Mittagspause erfreut sie gern ihren in Zimmer 21 sitzenden Schatz Toni mit einer IM. Diese Nachrichten signiert sie immer mit ihrem geheimen Kosenamen »Kung-Fu-Fee«, während Toni seine mit »Turbo Toni« zeichnet.

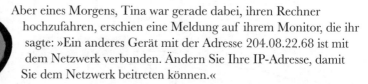

Aber eines Morgens, Tina war gerade dabei, ihren Rechner hochzufahren, erschien eine Meldung auf ihrem Monitor, die ihr sagte: »Ein anderes Gerät mit der Adresse 204.08.22.68 ist mit dem Netzwerk verbunden. Ändern Sie Ihre IP-Adresse, damit Sie dem Netzwerk beitreten können.«

Am selben Tag schlenderte Gregor, das größte Großmaul des ganzen Unternehmens, an Toni vorbei und fragte ihn im Vorübergehen: »Na, was macht die Kung-Fu-Fee, TT?«

Als Toni Tina diese Geschichte erzählte, überlegte sie ein Weile und sagte dann: »Ich glaube, ich weiß, wie er das gemacht hat, aber dafür werden wir ihn uns vorknöpfen!«

Toni fragte: »Wie konnte der Kerl diese Namen erfahren? Und wie wollen wir ihn uns dafür vorknöpfen?«

***Wie wurden die Nachrichten abgefangen?***

# Ihr Netzwerk gegen ARP-Manipulation schützen

Eine andere Art Angriff ist die Manipulation der ARP-Tabellen (ARP-Spoofing oder -Poisoning). Böse Buben können diese Technik nutzen, um Ihr Netzwerk vollständig zum Erliegen zu bringen. Schauen wir uns an, wie das funktioniert.

**1** **Der Angreifer schickt ein vergiftetes Paket.**
Der Angreifer sendet ein Paket mit einer IP-Adresse und einer MAC-Adresse, die entweder gefälscht ist oder einfach nicht existiert.

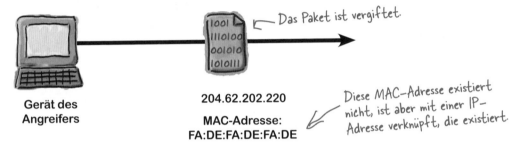

**2** **Netzwerkgeräte aktualisieren ihre ARP-Tabellen mit den vergifteten Daten.**
Andere Rechner und Netzwerkgeräte empfangen die ausgestrahlten Pakete und aktualisieren ihre ARP-Tabellen (d.h. Caches) mit den gefälschten Daten. Diese Geräte nutzen jetzt Informationen, die vergiftet oder absichtlich verfälscht sind.

**3** **Die Lücke wird ausgenutzt.**
Sind die ARP-Tabellen erst einmal vergiftet, kann der Angreifer drei verschiedene Angriffstechniken nutzen: Denial of Service, Man in the Middle oder MAC-Flooding.

> Da ARP nicht prüfen kann, ob eine MAC-Adresse gültig ist, kann ein Eindringling ein Netzwerkgerät durch falsche Informationen »vergiften«.

*Gift bekommt* auch Netzwerken nicht

# Was könnten wir gegen ARP-Manipulation tun?

Der beste Schutz gegen diese Art von Angriff ist das Absichern von Switches. Die meisten Switches bieten Funktionalitäten zur Absicherung von Anschlüssen, über die Sie einem Anschluss eine ganz bestimmte MAC-Adresse zuweisen können. Das ist eine gute Verteidigungsstrategie gegen Angriffe dieser Art. Kommt an einem Anschluss die falsche MAC-Adresse an, lässt der Switch sie nicht durch.

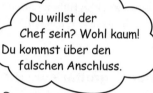

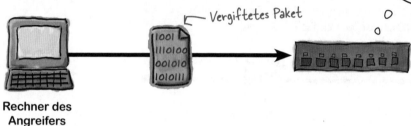

## Es gibt keine Dummen Fragen

**F:** Gibt es eine Möglichkeit, festzustellen, ob jemand mein Netzwerk über ARP-Manipulation angreifen will?

**A:** Ein Intrusion Detection System (IDS) wie Snort überwacht Ihr Netzwerk auf ARP-Anfragen, die ungewöhnlich scheinen.

**F:** Wie erzeugt der Angreifer ein vergiftetes Paket?

**A:** Programme wie »Dsniff« enthalten kleinere Anwendungen wie »arpspoof«. Indem er arpspoof in einem mit Switches arbeitenden Netzwerk nutzt, kann der Angreifer vergiftete ARP-Pakete erstellen und versenden, die die anderen Angriffsmöglichkeiten erst eröffnen.

**F:** Warum wirken sich MAC- und ARP-Manipulation auf einen Router nicht aus?

**A:** Gute Frage. Erinnern Sie sich, dass Router auf der Ebene von IP-Adressen arbeiten? Router können durch diese Angriffe deswegen nicht auf die gleiche Weise getäuscht werden wie Switches.

**F:** Sie haben verschiedene Arten von ARP-Angriffen erwähnt. Was ist denn ein Denial of Service-Angriff?

**A:** Bei einem ARP-basierten DoS-Angriff bringt man andere Geräte im Netzwerk dazu, Datenverkehr an eine gültige IP-Adresse zu versenden, der eine MAC-Adresse zugeordnet ist, die im Netzwerk nicht vorhanden ist. Sind erst alle ARP-Tabellen vergiftet, schicken andere Geräte im Netzwerk für den Router gedachten Datenverkehr an ein Gerät, das nicht existiert. Damit bewirken Sie, dass das lokale Netzwerk nicht mehr über den betroffenen Router hinauskommt.

**F:** Und der Man in the Middle-Angriff?

**A:** Ein Angreifer findet eine Möglichkeit, für den Router oder einen weiteren Rechner gedachten Datenverkehr abzufangen, und leitet ihn an ein anderes Gerät weiter. Das wäre, als würden Sie die Hausnummer an Ihrem Briefkasten ändern, damit der Postbote denkt, er stünde vor dem Briefkasten Ihres Nachbarn. Sie erhalten seine Post, bevor er sie erhält. Anschließend können Sie die Post beim Nachbarn einwerfen, damit dieser nicht erfährt, dass Sie sie abgefangen haben. Zuvor können Sie aber einen Blick hineinwerfen. Sie werden zum Mann in der Mitte zwischen dem Postboten und Ihrem Nachbarn.

**F:** Und ein MAC Flooding-Angriff?

**A:** Sie können die Ressourcen eines Switches völlig in Anspruch nehmen, indem Sie ihn mit einem Haufen ARP-Anfragen nach Hardware (einer MAC-Adresse) überfluten, die nicht existiert. So stopfen Sie den Speicher des Switches voll.

## Das Geheimnis der gestohlenen Nachrichten

### *Wie wurden die Nachrichten abgefangen?*

Tina erklärte Toni: »Das hat Gregor mit einem ›Man in the Middle‹-Angriff gemacht. Er hat die ARP-Tabellen im Netzwerk von Blauer Block manipuliert, indem er Daten abgefangen hat, die eigentlich an deinen Rechner gehen sollten.«

»Wie bist du denn darauf gekommen?«, fragte Toni.

»Als ich heute Morgen meinen Rechner hochfuhr, erhielt ich die Meldung, dass ein anderes Gerät im Netzwerk die gleiche IP-Adresse hat wie meins. Und als du mir dann erzählt hast, was Gregor gesagt hat, habe ich mir gleich gedacht, dass er die ARP-Tabellen manipuliert hat, damit er seine MAC-Adresse mit meiner IP-Adresse verknüpfen kann.«

»Langsam, Schnecke, du weißt doch, dass ich kein Technikfreak bin.«

»Das ist aber völlig trivial: Der Angreifer sucht sich eine Möglichkeit, Nachrichten abzufangen, die für ein bestimmtes Gerät gedacht sind, und leitet sie an ein anderes Gerät weiter. So erhält er die Möglichkeit, die Nachrichten vor dem eigentlichen Adressaten zu lesen, und sendet sie dann an ihn weiter, ohne dass der das je erfährt.«

»Verstehe«, meinte Toni, »und wie zahlen wir es ihm jetzt heim?«

»Habe ich doch schon gemacht«, erwiderte Tina stolz. »Ich habe einen Gegenangriff gestartet, mich selbst zum Mann in der Mitte gemacht und schicke jetzt Gregors gesamten Datenverkehr an den Chef. Der ist wahrscheinlich nicht sonderlich begeistert, wenn er sieht, wie viel Zeit Gregor täglich damit verbringt, Warlocks of Worldcrash zu spielen!«

»Welch ein kluges Mädchen du doch bist!«, lachte Toni.

**Router:** *Ihre letzte Verteidigungslinie*

# Alles nur eine Frage des Zugriffs!

Bislang haben wir uns nur mit dem Absichern von Switches befasst. Das sind aber nicht die einzigen Geräte, deren Sicherheit wir stärken müssen. Wir müssen auch die Router besser sichern!

## Kann ein Angreifer Ihren Router überwinden, ist er in Ihrem Netzwerk!

Wenn auf Ihrem Router keine ordentliche Zugangskontrolle eingerichtet ist, kommt jeder in Ihr Netzwerk. Dann muss man dazu noch nicht einmal etwas fälschen.

# Die Access Control Lists des Routers einrichten, um Angreifer draußen zu lassen

Das wichtigste Werkzeug zum Absichern von Routern sind die Access Control Lists (ACLs). Eine Access Control List ist eine einfache Tabelle, die ein Router nutzt, um festzuhalten, welche IP-Adressen an Ihrem Router vorbeidürfen. Sie konfigurieren diese Tabelle so, dass bestimmten IP-Adressen der Zugriff entweder gestattet oder verweigert wird.

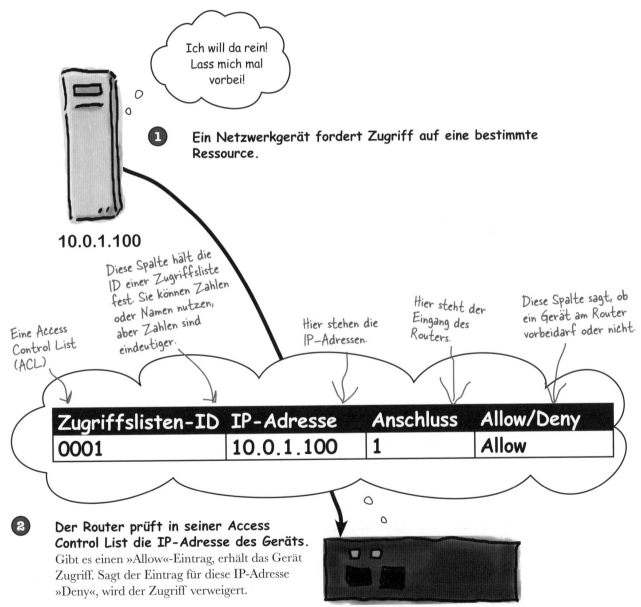

**❶ Ein Netzwerkgerät fordert Zugriff auf eine bestimmte Ressource.**

*Ich will da rein! Lass mich mal vorbei!*

10.0.1.100

Eine Access Control List (ACL)

Diese Spalte hält die ID einer Zugriffsliste fest. Sie können Zahlen oder Namen nutzen, aber Zahlen sind eindeutiger.

Hier stehen die IP-Adressen.

Hier steht der Eingang des Routers.

Diese Spalte sagt, ob ein Gerät am Router vorbeidarf oder nicht.

| Zugriffslisten-ID | IP-Adresse | Anschluss | Allow/Deny |
|---|---|---|---|
| 0001 | 10.0.1.100 | 1 | Allow |

**❷ Der Router prüft in seiner Access Control List die IP-Adresse des Geräts.**
Gibt es einen »Allow«-Eintrag, erhält das Gerät Zugriff. Sagt der Eintrag für diese IP-Adresse »Deny«, wird der Zugriff verweigert.

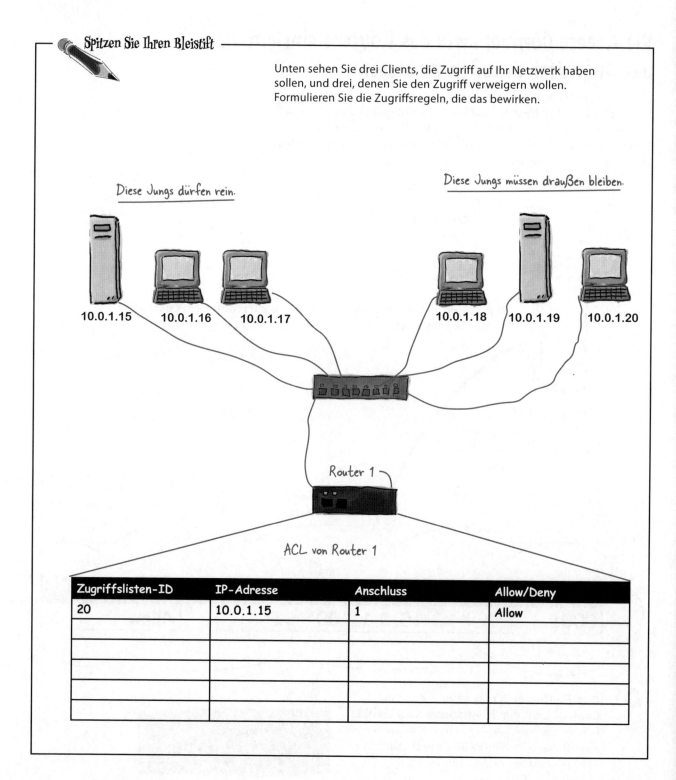

# Wie konfigurieren wir die Access Control Lists?

Die Berechtigungen in der Access Control List des Routers richten Sie ein, indem Sie ein Terminal öffnen und die Berechtigungen dann mit geeigneten Befehlen konfigurieren. Ein Beispiel:

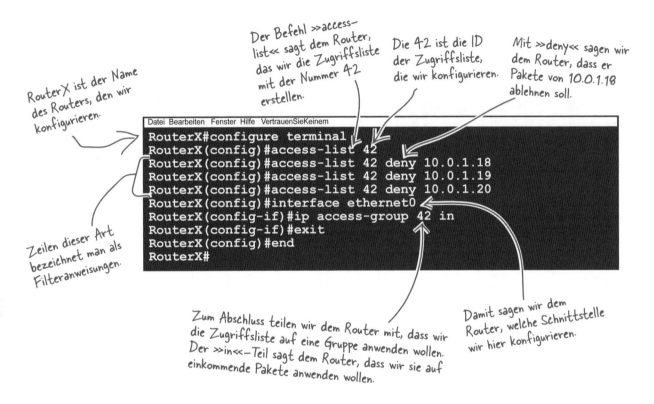

> **Entspannen Sie sich**
>
> **Bei den meisten Cisco-Routern wird die ACL über ein GUI konfiguriert.**
>
> Wir ziehen es vor, die Kommandozeilenschnittstelle zu zeigen, damit Sie verstehen, wie die einzelnen Befehle funktionieren.

## Die Regeln formulieren

### Spitzen Sie Ihren Bleistift — Lösung

Unten sehen Sie drei Clients, die Zugriff auf Ihr Netzwerk haben sollen, und drei, denen Sie den Zugriff verweigern wollen. Formulieren Sie die Zugriffsregeln, die das bewirken.

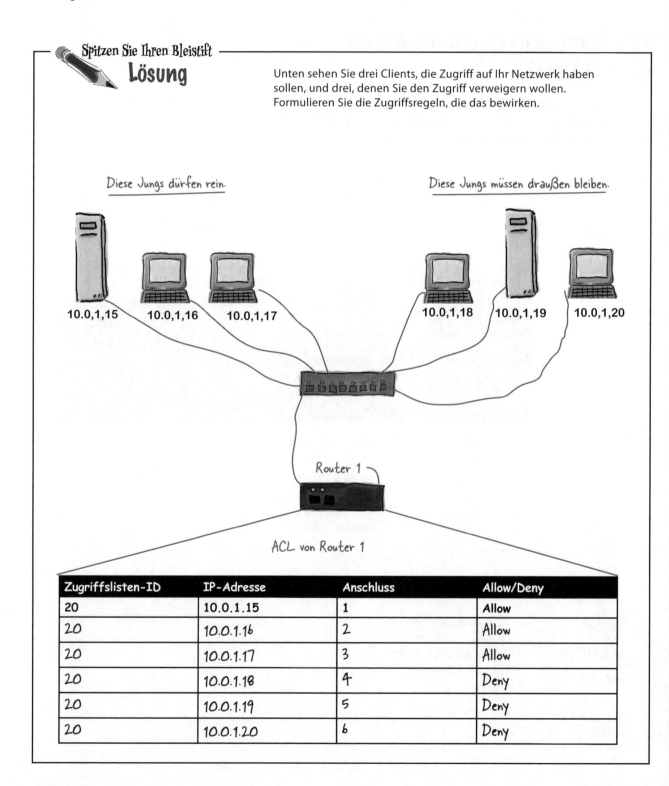

Diese Jungs dürfen rein.  Diese Jungs müssen draußen bleiben.

ACL von Router 1

| Zugriffslisten-ID | IP-Adresse | Anschluss | Allow/Deny |
|---|---|---|---|
| 20 | 10.0.1.15 | 1 | Allow |
| 20 | 10.0.1.16 | 2 | Allow |
| 20 | 10.0.1.17 | 3 | Allow |
| 20 | 10.0.1.18 | 4 | Deny |
| 20 | 10.0.1.19 | 5 | Deny |
| 20 | 10.0.1.20 | 6 | Deny |

*Netzwerk**sicherheit***

> Mich halten auch abgesicherte Switches und Router nicht auf! Ich werde euer Netzwerk von außen in die Knie zwingen.

### Router und Switch sind jetzt gesichert, aber das reicht noch nicht.

Wenn Sie nicht vorsichtig sind, greifen die bösen Buben Ihr Netzwerk von außen an. Vor gefährlichen äußeren Kräften müssen Sie Ihr Netzwerk mithilfe einer effektiven Firewall schützen.

*Sie sind hier* ▸

*Die* Feuerwand

# Firewalls filtern Pakete zwischen Netzwerken

Eine Firewall filtert Pakete, die sich zwischen Netzwerken bewegen, indem sie Zugriffsregeln anwendet. Firewalls können Hardwaregeräte oder eine Software auf einem Gerät sein.

Cisco stellt eine ältere Reihe von Firewalls namens »Pix Security Appliances« und eine neuere Reihe namens »Adaptive Security Appliances« (ASAs) her. Ein gewöhnlicher Router kann als Firewall eingerichtet werden, und die meisten Linux-Installer ermöglichen es, einzelne Rechner als Firewalls zu konfigurieren. Berge von Softwareanwendungen bieten Ihnen Softwarelösungen als Firewalls. Wir wollen Ihnen hier nicht vorschreiben, was für eine Art Sie wählen und einsetzen sollen, sondern lediglich erläutern, wie Firewalls funktionieren und Ihr Netzwerk schützen.

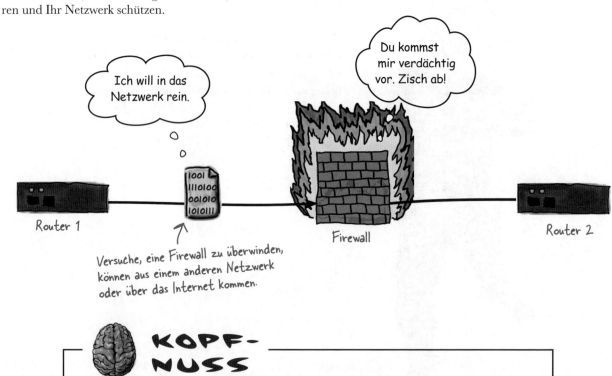

Worin bestehen die Unterschiede zwischen Software- und Hardware-Firewalls? Was ist sicherer? Gibt es einen Unterschied zwischen derartigen Firewalls und einer Firewall auf einem PC?

# Regeln zur Paketfilterung!

Eine Firewall filtert also Pakete. Wie aber macht sie das? Indem sie Regeln anwendet, die eine gewisse Ähnlichkeit mit den ACLs von Routern haben. Der große Unterschied ist, dass die ACLs eines Routers auf ein IP-basiertes Gerät angewendet werden, während die Paketfilterregeln von Firewalls eben auf Pakete angewendet werden.

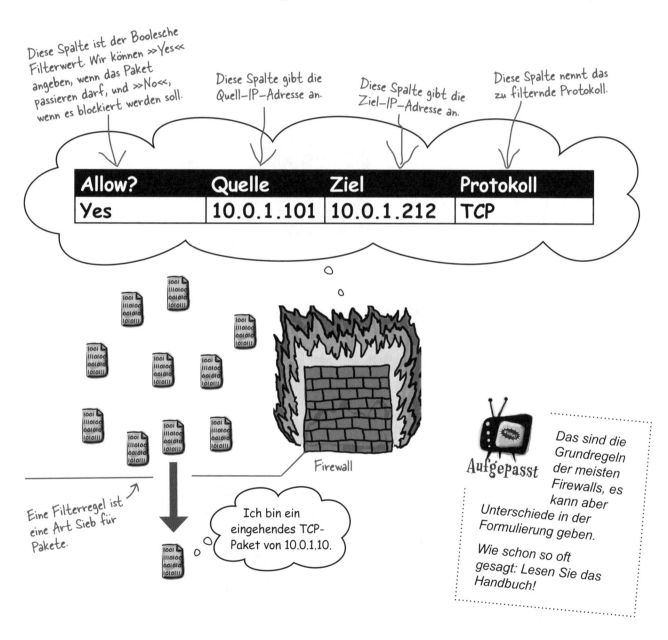

*Analysieren und* entscheiden

# Statische Paketfilter

Firewalls nutzen statische Paketfilter und statusbasierte Paketfilter. Zunächst sollten wir uns natürlich die einfachen Regeln vorknöpfen, um uns dann den komplexeren Dingen zuzuwenden.

**❶ Den Paket-Header analysieren.**

Der Paket-Header enthält alle Informationen, die eine Firewall benötigt, um ihre Regeln anzuwenden. Wie ein Zollbeamter sammelt eine Firewall Daten zu den Reisenden, die auf die andere Seite der Grenze wollen.

**❷ Auf Basis der Regel Zugriff gestatten oder untersagen.**

*Netzwerk**sicherheit***

## Spielen Sie Firewall

Sie sollen Firewall spielen und auf Basis der angegebenen Filterregeln Pakete passieren lassen oder blockieren. Vervollständigen Sie die Verbindung zur anderen Seite, wenn ein Paket von der Firewall vorbeigelassen wird. Streichen Sie Pakete, die blockiert werden, mit einem »X« durch.

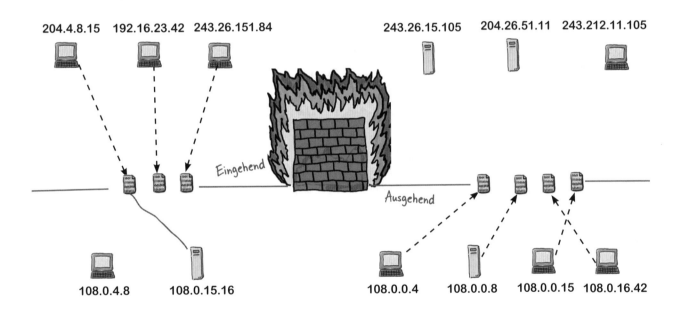

| Allow? | Quelle | Ziel | Richtung |
|---|---|---|---|
| Yes | 204.4.8.15 | 108.0.15.16 | Eingehend |
| No | 108.0.0.4 | 243.26.15.105 | Ausgehend |
| Yes | 108.0.16.42 | 243.26.15.105 | Ausgehend |
| Yes | 108.0.0.15 | 243.212.11.105 | Ausgehend |
| No | 192.16.23.42 | 108.0.15.16 | Eingehend |
| Yes | 243.26.151.84 | 108.0.4.8 | Eingehend |
| Yes | 108.0.0.8 | 204.26.51.11 | Ausgehend |

*Sie sind hier* ▸

# Firewall *sein*

## Spielen Sie Firewall, Lösung

Sie sollen Firewall spielen und auf Basis der angegebenen Filterregeln Pakete passieren lassen oder blockieren. Vervollständigen Sie die Verbindung zur anderen Seite, wenn ein Paket von der Firewall vorbeigelassen wird. Streichen Sie Pakete, die blockiert werden, mit einem »X« durch.

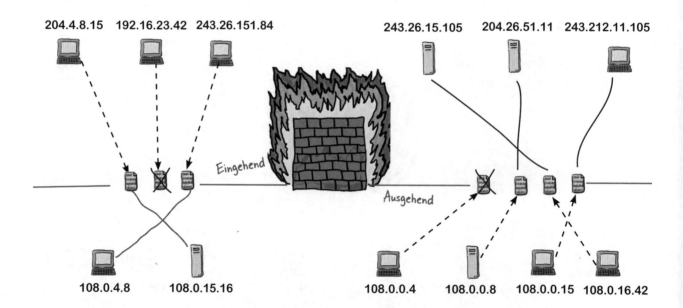

| Allow? | Quelle | Ziel | Richtung |
|---|---|---|---|
| Yes | 204.4.8.15 | 108.0.15.16 | Eingehend |
| No | 108.0.0.4 | 243.26.15.105 | Ausgehend |
| Yes | 108.0.16.42 | 243.26.15.105 | Ausgehend |
| Yes | 108.0.0.15 | 243.212.11.105 | Ausgehend |
| No | 192.16.23.42 | 108.0.15.16 | Eingehend |
| Yes | 243.26.151.84 | 108.0.4.8 | Eingehend |
| Yes | 108.0.0.8 | 204.26.51.11 | Ausgehend |

# Netzwerk**sicherheit**

*Paketfilter, ha, ich finde schon einen Weg. Ich nutze ein dummes kleines UDP-Paket, um Ihre einfachen Filter zu überwinden.*

## Statische Filter sind nicht genug.

Da statische Paketfilter auf Header-Informationen basieren, sind sie häufig nicht gut genug, um Datenverkehr zu entdecken, der über das einfache UPD-Protokoll transportiert wird. Wie aber verteidigen wir uns gegen dieses kleine Mysterium?

Wir brauchen etwas, das nicht nur die grundlegenden Charakteristika eines Pakets analysiert, sondern auch auf den Zustand des Pakets blickt. Wir brauchen also einen statusbasierten (Stateful) Paketfilter ...

*Sie sind hier* ▸ **425**

*Zustandsbasierte Filter*

# Schlauer mit zustandsbasierten Filtern

Das Problem bei statischen Paketfiltern ist, dass die Regeln zum Filtern von Paketen statisch sind, sie also nicht geändert werden können. Statische Filter nutzen eine einfache Tabelle, um Pakete zu prüfen, und haben keine Möglichkeit, sich daran zu erinnern, wann welche Pakete durch die Firewall kamen. Hacker können die vergessliche, starre Natur statischer Paketfilter ausnutzen. Glücklicherweise können wir unsere Firewall dynamischer machen: mit statusbasierten Filtern.

**① Paket-Header analysieren UND eine Statustabelle pflegen.**
Wie statische Filter analysieren zustandsbasierte Filter die Paket-Header. Zustandsbasierte Filter gehen aber intelligenter vor, weil sie eine Statustabelle pflegen, mit der sie nachhalten können, wann welche Pakete durchgekommen sind.

**② Zugriff auf Basis von Regeln und Status erlauben oder verweigern.**

*Netzwerksicherheit*

# Wer bin ich?

Ein Haufen verkleideter Sicherheitstechnologien spielt das Partyspiel »Wer bin ich?« Sie geben Ihnen einen Hinweis, und Sie sollen auf Basis dieser Hinweise erraten, wer sie jeweils sind. Sie können davon ausgehen, dass sie immer die Wahrheit über sich sagen. Ergänzen Sie rechts den Namen des jeweils Anwesenden.

**Anwesende heute Abend:**

**Router Access Control List (ACL), statischer Paketfilter, statusbasierter Paketfilter, Firewall, Switch, Honigtopf, Intrusion Detection System (IDS), Antivirenprogramm**

**Name**

Ich bin der Nachtwächter der Sicherheitstechnologien. Ich habe den Datenverkehr im Netzwerk stets im Blick.

Ich bin etwas heller als mein statischer Bruder, mache zwar fast das Gleiche, schalte dabei aber mein Gedächtnis ein.

Mit statischen MAC-Adresstabellen kann ich MAC-Manipulationen verhindern.

Ich bin die Versuchung, hinter der sich die Falle für den Hacker verbirgt.

Ich achte auf Ungeziefer und merze es aus.

Zugriff gibt's bei mir nur, wenn Quell- und Zieladresse sowie die Portnummern passen.

Ich kümmere mich um IP-Adressen und Protokolle, die über einen Router reinschneien.

Ich nutze verschiedene Filter und Regeln, um den Zugriff auf Netzwerke zu steuern.

*Sie sind hier* ▶

## Sicherheitstechnologien enttarnt

Ein Haufen verkleideter Sicherheitstechnologien spielt das Partyspiel »Wer bin ich?« Sie geben Ihnen einen Hinweis, und Sie sollen auf Basis dieser Hinweise erraten, wer sie jeweils sind. Sie können davon ausgehen, dass sie immer die Wahrheit über sich sagen. Ergänzen Sie rechts den Namen des jeweils Anwesenden.

**Anwesende heute Abend:**

**Router Access Control List (ACL), statischer Paketfilter, statusbasierter Paketfilter, Firewall, Switch, Honigtopf, Intrusion Detection System (IDS), Antivirenprogramm**

| | Name |
|---|---|
| Ich bin der Nachtwächter der Sicherheitstechnologien. Ich habe den Datenverkehr im Netzwerk stets im Blick. | IDS |
| Ich bin etwas heller als mein statischer Bruder, mache zwar fast das Gleiche, schalte dabei aber mein Gedächtnis ein. | statusbasierter Paketfilter |
| Mit statischen MAC-Adresstabellen kann ich MAC-Manipulationen verhindern. | Switch |
| Ich bin die Versuchung, hinter der sich die Falle für den Hacker verbirgt. | Honigtopf |
| Ich achte auf Ungeziefer und merze es aus. | Antivirenprogramm |
| Zugriff gibt's bei mir nur, wenn Quell- und Zieladresse sowie die Portnummern passen. | statischer Paketfilter |
| Ich kümmere mich um IP-Adressen und Protokolle, die über einen Router reinschneien. | ACL |
| Ich nutze verschiedene Filter und Regeln, um den Zugriff auf Netzwerke zu steuern. | Firewall |

**Netzwerksicherheit**

# Menschen sind das schwächste Glied in der Sicherheitskette

Das Netzwerk ist jetzt gesichert, aber das wichtigste Element in der Sicherheitskette haben Sie übersehen: die Menschen um Sie herum. Ganz gleich, wie stark die Sicherheitstechnologie ist, wenn der Mensch einen Fehler macht, kann Sie der Angreifer überall treffen.

Die Praxis, über die Kommunikation und das Vertrauen anderer Zugriff auf wichtige Netzwerkressourcen zu erhalten, bezeichnet man als Social Engineering.

> Ich manipuliere deine Kollegen, wie ich will. Euer Netzwerk hat nicht die Spur einer Chance.

Der Social Engineer kann charmant und unschuldig wirken, aber wie er wirklich denkt, ist eine ganz andere Sache.

*Sie sind hier* ▸

*Menschen sind das Problem*

# Wie der Social Engineer arbeitet

Schauen wir uns die Sache an.

**❶ Vertrauen gewinnen.**
Wer sich den Zugang zu einem Netzwerk über Menschen erschleichen will, versucht zunächst, das Vertrauen von Personen zu gewinnen, die Zugriff auf das Netzwerk haben. Wie gute Vertreter appellieren sie dazu gern ans menschliche Mitgefühl.

**Netzwerksicherheit**

**② Zugriff erhalten.**
Ist die Vertrauensbasis einmal geschaffen, wird das Vertrauen ausgenutzt, um Zugriff zu erhalten. Beispielsweise könnte der Angreifer versuchen, einen Kollegen dazu zu bringen oder dazu zu verführen, ihm Zugriff zu dem Schaltschrank zu geben, in dem sich der Switch befindet.

**③ Nehmen, was man haben will.**
Hat sich der Angreifer Zugang verschafft, kann er das Netzwerk ins Chaos stürzen und damit die ganze harte Arbeit zunichte machen, die Sie in die Absicherung des Netzwerks gesteckt haben.

*Sie sind hier* ▶  **431**

**Social Engineering zerschlagen!**

## Zerschlagen Sie Social Engineering mit klaren und stimmigen Sicherheitsrichtlinien

Gegen Social Engineering verteidigt man sich am besten mit ausgefeilten Sicherheitsrichtlinien. Eine Sicherheitsrichtlinie (Security Policy) beschreibt, wie sich das Unternehmen und seine Mitarbeiter verhalten, um den Zugriff auf seine physischen und logischen Ressourcen zu schützen. Sie sagt also, wer Zugriff auf den Schaltschrank hat, wer sich bei Routern und Switches einloggen kann und welche Rechte man haben muss, um etwas zu ändern (schreibgeschützt oder Administrator).

**Effektiv sind Sicherheitsrichtlinien nur, wenn sie vom gesamten Unternehmen beachtet werden, ansonsten bleiben es nutzlose Leitlinien.**

Die IT-Leitung schreibt die Richtlinie.

Der Geschäftsführer setzt die Richtlinie um, indem er ihr die entsprechende Priorität unter den Unternehmensaktivitäten gibt.

Der Netzwerkadministrator erzwingt die Sicherheitsrichtlinien mit Firewalls, Routern und Switches.

Der Sicherheitsbeauftragte sichert die Wirksamkeit der Richtlinie, indem er Audits durchführt und ihre Einhaltung überwacht.

Der Systemadministrator sorgt für die Einhaltung der Sicherheitsrichtlinien, indem er Passwörter und Zugriffsberechtigungen für Dateien einsetzt.

Der Hausmeister steuert den Zugang zu physischen Einrichtungen wie dem Serverraum oder Schaltschränken mit Schlössern oder setzt andere Methoden zur Begrenzung des physischen Zugangs ein.

Die Angestellten machen die Sicherheitsrichtlinien wirksam, indem sie sie befolgen.

*Netzwerk**sicherheit***

---

### Spitzen Sie Ihren Bleistift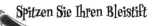

Beginnen wir mit der Durchführung des Sicherheitsplans, indem wir den Zugang zu Einrichtungen steuern. Ergänzen Sie unten, wer auf die aufgeführten Einrichtungen zugreifen dürfen soll und wie die Einrichtungen gesichert werden müssten.

Wählen Sie unter diesen Einträgen aus.

```
• Netzwerkadministrator      • Netzwerkadministrator
• Systemadministrator        • Systemadministrator
• Hausmeister                • Hausmeister
• Sicherheitsbeauftragter    • Sicherheitsbeauftragter
• Alle                       • Angestellte
```

| Einrichtung | Physische Sicherheit erforderlich? | Netzwerkzugriff zur Steuerung erforderlich? | Von wem verwaltet? | Wer kann darauf zugreifen? |
|---|---|---|---|---|
| Fileserver | ✓ | ✓ | Systemadministrator | Angestellte |
| E-Mail-Server | | | | |
| Serverraum | | | | |
| Switch | | | | |
| Router | | | | |
| Schaltschrank | | | | |
| Firewall | | | | |
| WLAN-Access-Points | | | | |

*Sie sind hier ▸* **433**

*Welcher Zugriff ist erlaubt?*

### Spitzen Sie Ihren Bleistift
### Lösung

Wählen Sie unter diesen Einträgen aus.

Beginnen wir mit der Durchführung des Sicherheitsplans, indem wir den Zugang zu Einrichtungen steuern. Ergänzen Sie unten, wer auf die aufgeführten Einrichtungen zugreifen dürfen soll und wie die Einrichtungen gesichert werden müsste.

- Netzwerkadministrator
- Systemadministrator
- Hausmeister
- Sicherheitsbeauftragter
- Alle

- Netzwerkadministrator
- Systemadministrator
- Hausmeister
- Sicherheitsbeauftragter
- Angestellte

| Einrichtung | Physische Sicherheit erforderlich? | Netzwerkzugriff zur Steuerung erforderlich? | Von wem verwaltet? | Wer kann darauf zugreifen? |
|---|---|---|---|---|
| Fileserver | ✓ | ✓ | Systemadministrator | Angestellte |
| E-Mail-Server | ✓ | ✓ | Systemadministrator | Angestellte |
| Serverraum | ✓ | | Hausmeister | Netzwerkadministrator, Systemadministrator, Sicherheitsbeauftragter |
| Switch | ✓ | | Netzwerkadministrator | Netzwerkadministrator |
| Router | ✓ | | Netzwerkadministrator | Netzwerkadministrator |
| Schaltschrank | ✓ | | Hausmeister | Netzwerkadministrator |
| Firewall | ✓ | | Netzwerkadministrator | Netzwerkadministrator, Sicherheitsbeauftragter |
| WLAN-Access-Points | ✓ | | Netzwerkadministrator | Angestellte |

# Sie haben Ihr Netzwerk gesichert

Herzlichen Glückwunsch! Im Verlauf dieses Kapitels haben Sie etwas zu den unterschiedlichen Angriffen erfahren, mit denen sich die bösen Buben auf Ihr Netzwerk stürzen können, und haben eine Vielzahl von Techniken kennengelernt, sie vor der Tür zu halten. Sie haben gesehen, dass das Absichern von Switches und Routern viele Angriffe verhindern kann und dass Firewalls Ihr gesamtes Netzwerk vor Übergriffen von außen schützen. Schließlich haben Sie gelernt, wie Sie Social Engineering mit der Umsetzung einer passenden Sicherheitsrichtlinie in die Schranken weisen.

Ihr Netzwerk ist jetzt in sicheren Händen.

# 12 Netzwerke entwerfen

## Sie brauchen einen Plan

*Ich liebe es, wenn Pläne aufgehen ...*

### Bei Netzwerken ist ein guter Plan alles.

Seit Kapitel 1 haben Sie eine schreckliche Menge über Netzwerke gelernt. Sie haben gelernt, wie man die physische Seite von Netzwerken aufbaut, wie WLAN-Access-Points funktionieren, wie Sie das meiste aus Ihren intelligenten Netzwerkgeräten herauskitzeln, und Sie haben die unterschiedlichsten Problemlösungstechniken kennengelernt, um die verzwicktesten Netzwerkdilemmas zu lösen. Jetzt ist es an der Zeit, dass Sie das Gelernte in der Praxis umsetzen und sehen, wie weit Sie auf Ihrer Netzwerkreise gekommen sind. Wir sind uns sicher, dass Sie das können!

**Diesmal geht's bei** *null los*

> Hallo! Sind Sie bereit für ein neues Projekt? Sie sollen für uns ein Netzwerk entwerfen. Denken Sie, dass Sie dazu in der Lage sind?

## Jetzt müssen Sie ein Netzwerk von Grund auf planen!

In einem früheren Kapitel mussten Sie einige Kabel neu verlegen und ein paar Kabelrinnen einbauen. Aber hier stehen Sie vor der Herausforderung, alle Aspekte eines Netzwerks für ein Gebäude zu planen, das zurzeit nur ein grober Grundriss ist.

Dies ist der beste Zeitpunkt, den Netzwerkentwurf anzugehen: wenn es noch nicht einmal eine Blaupause gibt, sondern nur ein grobes Konzept. Sie können sicherstellen, dass das von Ihnen geplante Netzwerk den Bedürfnissen der Bewohner entspricht und zukünftiges Wachstum ermöglicht.

Am wichtigsten ist in dieser frühen Phase, dass Sie mit den Leuten reden. Sprechen Sie mit den zukünftigen Nutzern, den Vorgesetzten, den Subunternehmern und den IT-Leuten. Sammeln Sie so viele Informationen wie möglich. Mit diesen Erkenntnissen bewaffnet, können Sie fundierte Entscheidungen für Ihren Netzwerkentwurf treffen.

### Ein Netzwerkentwurf umfasst:

den physischen Aufbau von Kabeln und Geräten,

die Konfiguration der Netzwerkhardware,

den logischen Netzwerkentwurf sowie

einen Implementierungsplan.

**Netzwerke** *entwerfen*

# Schlachtplan-Magneten

Steigen wir damit ein, dass wir einen Schlachtplan entwerfen. Ziehen Sie die einzelnen Schritte für den Aufbau eines Netzwerks an die richtige Stelle. Achten Sie auf die Reihenfolge der Schritte.

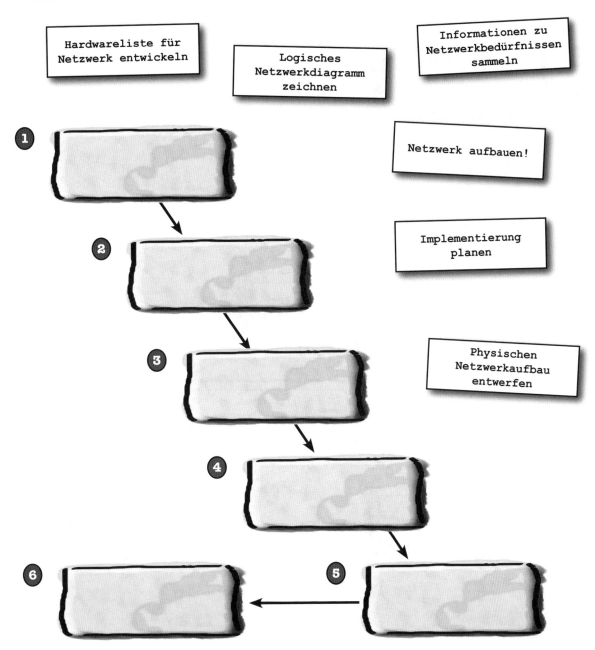

*Sie sind hier* ▸

**Der** *Schlachtplan*

# Schlachtplan-Magneten, Lösung

Steigen wir damit ein, dass wir einen Schlachtplan entwerfen. Ziehen Sie die einzelnen Schritte für den Aufbau eines Netzwerks an die richtige Stelle. Achten Sie auf die Reihenfolge der Schritte.

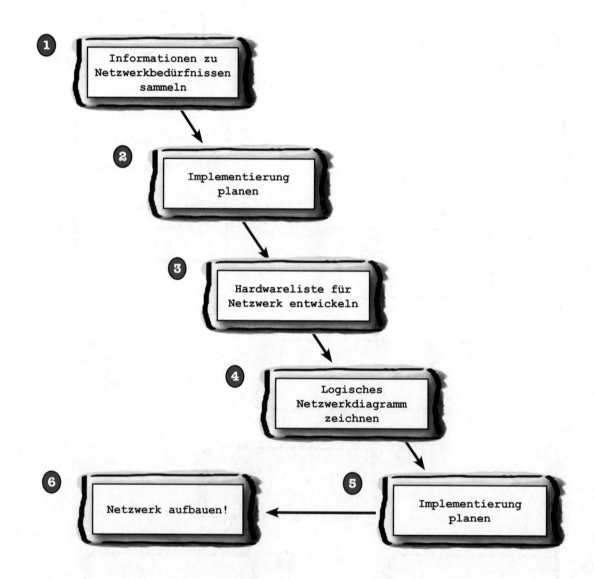

**Netzwerke** entwerfen

# Sie müssen die Bedürfnisse kennen, bevor Sie planen können

Zuerst müssen Sie die Anforderungen für Ihr Netzwerk sammeln. Dabei müssen Sie über die Netzwerkgröße und -art, das Wachstumspotenzial, den Ort der Geräte, die logische Konfiguration usw. nachdenken. Das heißt, dass Sie eine Menge Fragen stellen müssen, Fragen an die verantwortlichen Personen, Fragen an die Benutzer und Fragen an die Architekten.

***Und denken Sie daran, alles aufzuschreiben!***

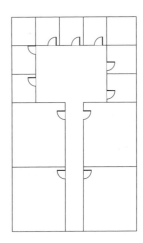

Schreiben Sie in jeder Kategorie mindestens zwei Fragen auf, die Sie klären müssen, bevor Sie das Netzwerk entwerfen können. Tipp: Nutzen Sie den Grundriss oben, um die physischen Aspekte Ihres Entwurfs zu bedenken.

**Gebäudekonstruktion**

**Netzwerkbedürfnisse**

**Netzwerkkonfiguration**

**Implementierungsfragen**

*Sie sind hier* ▶ **441**

*Welche Fragen* haben Sie?

**LÖSUNG ZUR ÜBUNG**

Schreiben Sie in jeder Kategorie mindestens zwei Fragen auf, die Sie klären müssen, bevor Sie das Netzwerk entwerfen können. Tipp: Nutzen Sie den Grundriss oben, um die physischen Aspekte Ihres Entwurfs zu bedenken.

**Gebäudekonstruktion**

Gibt es einen Keller?

Können Kabel durch Wände geführt werden?

Wo befindet sich der Schaltraum?

Können im Keller Kabelrinnen eingesetzt werden?

**Netzwerkbedürfnisse**

Wie viele Netzwerkknoten sind in jedem Raum erforderlich?

Brauchen wir Glasfaser-, CAT-5e- oder CAT-6-Kabel?

**Netzwerkkonfiguration**

Braucht das Gebäude nur einen Switch oder auch einen Router?

Müssen wir eine Firewall integrieren?

Wie wird eine Verbindung zu externen Netzwerken oder dem Internet hergestellt?

**Implementierungsfragen**

Wann muss das Netzwerk einsatzbereit sein?

Wie groß ist das Budget?

Sind wir für das Verlegen der Kabel verantwortlich?

**Netzwerke** *entwerfen*

# Wie es weitergeht, nachdem Sie sich Ihre Fragen überlegt haben

Ja, natürlich sollten Sie die Fragen stellen. Dazu müssen Sie zunächst herausfinden, wer an der Errichtung des Gebäudes beteiligt ist. Das könnten die Bauleiter, die Architekten, aber auch die Subunternehmer sein. Reden Sie mit allen und stellen Sie ihnen Ihre Fragen.

*Und denken Sie daran, die Antworten aufzuschreiben!*

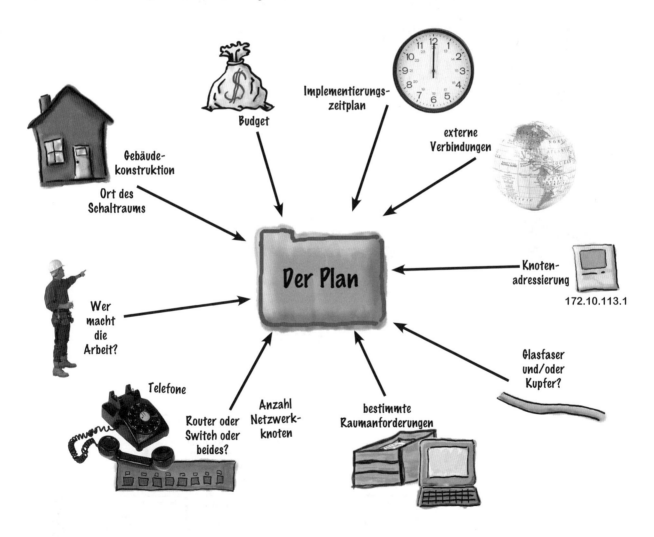

*Sie sind hier* ▸ **443**

# Das physische Netzwerk zeichnen

*So, jetzt habe ich einen dicken Ordner mit Informationen. Und was kommt nun?*

## Werfen Sie einen Blick auf den Schlachtplan

Der nächste Schritt ist, den physischen Netzwerkplan zu zeichnen. Dazu können Sie einen Grundriss verwenden. Anhand dieses Plans können Sie überlegen, wo die Kabel verlaufen können und wo die Geräte aufgestellt werden.

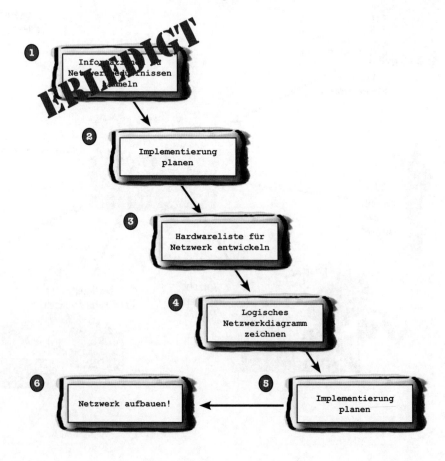

1. Informationen zu Netzwerkbedürfnissen sammeln — **ERLEDIGT**
2. Implementierung planen
3. Hardwareliste für Netzwerk entwickeln
4. Logisches Netzwerkdiagramm zeichnen
5. Implementierung planen
6. Netzwerk aufbauen!

**Netzwerke** *entwerfen*

# Spitzen Sie Ihren Bleistift

Nutzen Sie die Netzwerkanforderungen, um eine Skizze des physischen Netzwerkaufbaus zu zeichnen. Schließen Sie Netzwerkanschlüsse, den Ort des Switches und Kabelrinnen ein.

## Physische Netzwerkanforderungen und Informationen

Zimmer 101 ist der Schaltraum; 110 ist der Betriebsraum.
In den Zimmern 102, 103, 113, 112, 111 und 109 gibt es jeweils 1 Rechner und 1 Telefon.
In Zimmer 108 steht ein Drucker und ein Faxgerät.
In Zimmer 107 sitzt der technische Support mit 5 Rechnern an der Wand gegenüber der Tür.
In den Zimmern 106, 105 und 104 gibt es jeweils 15 Rechner, die in 5 Reihen in Raummitte aufgebaut werden.
Für alle Verbindungen werden CAT-5e-Kabel genutzt.
Im Gebäude sind nur Switches erforderlich.
Es gibt eine Glasfasernetzwerkverbindung vom Hauptgebäude zum Schaltraum.
Das Gebäude hat einen 20 cm hohen Doppelboden, in dem die Kabel verlegt werden können.
Der Geschäftsführer will in jedem Zimmer mindestens 3 Netzwerkanschlüsse.

Zeichnen Sie mit diesem Zeichen die Anschlüsse ein.

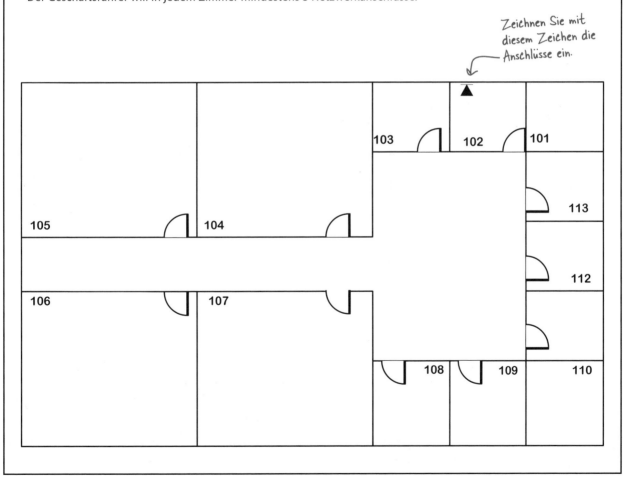

*Sie sind hier* ▶ **445**

### Und wie sieht Ihr Netzwerkentwurf aus?

**Lösung**

Nutzen Sie die Netzwerkanforderungen, um eine Skizze des physischen Netzwerkaufbaus zu zeichnen. Schließen Sie Netzwerkanschlüsse, den Ort des Switches und Kabelrinnen ein.

#### Physische Netzwerkanforderungen und Informationen

Zimmer 101 ist der Schaltraum; 110 ist der Betriebsraum.
In den Zimmern 102, 103, 113, 112, 111 und 109 gibt es jeweils 1 Rechner und 1 Telefon.
In Zimmer 108 steht ein Drucker und ein Faxgerät.
In Zimmer 107 sitzt der technische Support mit 5 Rechnern an der Wand gegenüber der Tür.
In den Zimmern 106, 105 und 104 gibt es jeweils 15 Rechner, die in 5 Reihen in Raummitte aufgebaut werden.
Für alle Verbindungen werden CAT-5e-Kabel genutzt.
Im Gebäude sind nur Switches erforderlich.
Es gibt eine Glasfasernetzwerkverbindung vom Hauptgebäude zum Schaltraum.
Das Gebäude hat einen 20 cm hohen Doppelboden, in dem die Kabel verlegt werden können.
Der Geschäftsführer will in jedem Zimmer mindestens 3 Netzwerkanschlüsse.

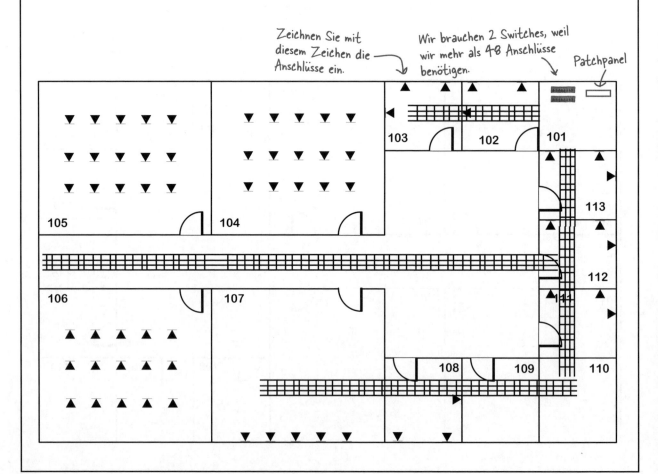

# Und was kommt nach dem physischen Entwurf?

Eigentlich fehlt unserem Schlachtplan ein Schritt. Da ist noch etwas, das wir zwischen Schritt 2 und 3 machen müssen. Wenn Sie das physische Netzwerkdiagramm fertig haben, müssen Sie es mit den tatsächlichen Verhältnissen im Gebäude vergleichen, um zu prüfen, ob tatsächlich alles passt. Dieses Gebäude gibt es leider aber noch nicht.

**Sie müssen einen Blick in den Bauplan des Gebäudes werfen!**

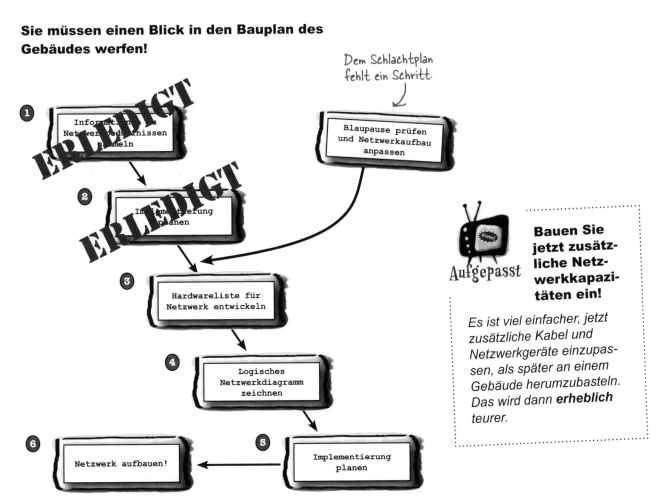

Dem Schlachtplan fehlt ein Schritt.

> **Aufgepasst**
>
> **Bauen Sie jetzt zusätzliche Netzwerkkapazitäten ein!**
>
> *Es ist viel einfacher, jetzt zusätzliche Kabel und Netzwerkgeräte einzupassen, als später an einem Gebäude herumzubasteln. Das wird dann **erheblich** teurer.*

*Sie brauchen einen Bauplan*

# Eine Blaupause zeigt alle Aspekte eines Gebäudeentwurfs

Baupläne bestehen aus vielen Seiten. In der Regel sind sie in Abschnitte eingeteilt, die bestimmten Bereichen wie Gebäudestruktur, Klimatechnik, Installation und Elektrik sowie Oberflächengestaltungen, z.B. Bodenbeläge, zugeordnet sind. Im Abschnitt zur Elektrik befindet sich üblicherweise der Netzwerkkram.

Sie müssen mit allen Seiten vertraut sein, um zu erkennen, wie sich die unterschiedlichen Teile des Gebäudes auf Ihren Entwurf auswirken.

Lesen Sie auch die Anmerkungen zu den Abschnitten des Bauplans. Häufig befinden sich diese auf der ersten Seite der einzelnen Abschnitte.

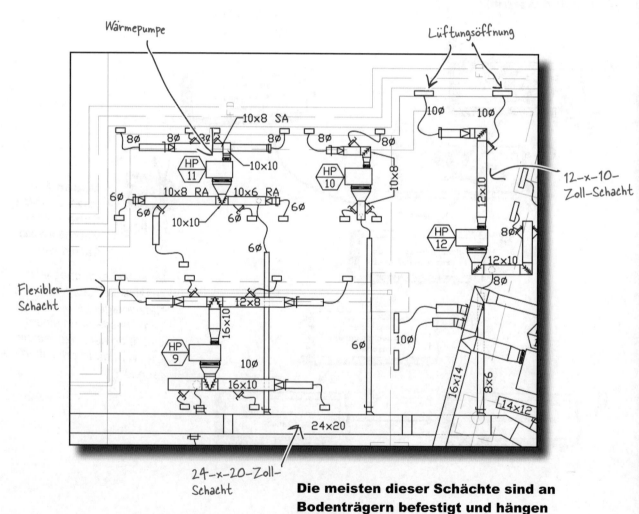

**Die meisten dieser Schächte sind an Bodenträgern befestigt und hängen ungefähr 5 cm herunter.**

**Netzwerke** *entwerfen*

# Eventuell müssen Sie Ihren Netzwerkentwurf an die Gegebenheiten im Bauplan anpassen!

Häufig stellen Sie bei der Begutachtung des Bauplans fest, dass einige Aspekte Ihres Netzwerkentwurfs mit Aspekten des Gebäudeentwurfs in Konflikt geraten. Sehr oft sind das klimatechnische oder Installationseinrichtungen.

**Aufgepasst**

**Wenn sich der Bauplan ändert, muss sich eventuell auch Ihr Entwurf ändern.**

*Während die Konstruktion eines Gebäudes fortschreitet, ändern sich häufig die Baupläne. Auf solche Änderungen müssen Sie achten, um Ihren Entwurf gegebenenfalls entsprechend anpassen zu können.*

---

**Spitzen Sie Ihren Bleistift**

Unten sehen Sie mehrere Bereiche, die Ihnen auf dem Bauplan begegnen. Schreiben Sie für jeden Bereich zwei Dinge auf, die Sie prüfen müssen, um sicherzustellen, dass es keinen Konflikt mit Ihrem Plan gibt.

**Netzwerkanschlüsse**

**Kabel und Schächte**

**Stromkabel und Beleuchtung**

*Sie sind hier* ▶

*Was würden Sie prüfen?*

**Spitzen Sie Ihren Bleistift**
**Lösung**

Unten sehen Sie mehrere Bereiche, die Ihnen auf dem Bauplan begegnen. Schreiben Sie für jeden Bereich zwei Dinge auf, die Sie prüfen müssen, um sicherzustellen, dass es keinen Konflikt mit Ihrem Plan gibt.

### Netzwerkanschlüsse

Ist die Anzahl an Netzwerkanschlüssen richtig?
Sitzen alle Anschlüsse an der richtigen Stelle?
Sind die Anschlüsse von unten zugänglich? Werden sie nicht von anderen Dingen blockiert?

### Kabel und Schächte

Liegen keine Klimaschächte oder -einrichtungen im Weg von Kabelschächten und -rinnen?
Liegen keine Installationseinrichtungen im Weg von Kabelschächten und -rinnen?

### Stromkabel und Beleuchtung

Wird der Schaltraum hinreichend mit Strom versorgt?
Ist der Keller ausreichend beleuchtet, damit die Installation von Kabelrinnen und das Verlegen der Kabel unproblematisch sind?

## Es gibt keine Dummen Fragen

**F:** Wenn ich für ein großes Unternehmen arbeite, könnte es sein, dass das Gebäude von einer ganzen Menge Menschen genutzt wird. Muss ich mit jedem von denen reden?

**A:** Nein, aber es ist wichtig, dass Sie mit einer repräsentativen Auswahl von Menschen reden. Die Damen und Herren ganz oben in der Hierarchie kennen die Details der täglichen Arbeit häufig nicht gut genug.

**F:** Aber kann ich mich nicht darauf verlassen, dass der Architekt und seine Ingenieure das Netzwerk planen?

**A:** Klar, falls Sie bereit sind, ihnen eine Menge Geld zu zahlen. Häufig haben sie eine gewisse Vorstellung davon, wie die Verhältnisse sind, aber nur Sie und die Personen, die mit dem Netzwerk arbeiten, kennen sie wirklich. Je mehr Zeit Architekten und Ingenieure damit verbringen, das Personal zu befragen und Anforderungen zu sammeln, desto teurer wird die Sache für Sie.

**F:** Sie haben mehrfach Telefone erwähnt. Nutzen die die gleichen Kabel?

**A:** Ja, tun sie. Üblicherweise führen Sie alle Kabel von Wandanschlüssen in ein Patchpanel, egal ob an den Anschluss ein Telefon oder ein Computer angeschlossen wird. Am Patchpanel schließen Sie es dann entweder an die Telefonanlage oder den Netzwerk-Switch an.

**F:** Gibt es nicht auch Telefone, die über das Netzwerk laufen? Muss ich bei denen mit den Kabeln etwas anderes machen?

**A:** Ja, das ist richtig. Derartige Geräte nennt man Voice Over IP-Telefone oder kurz VOIP. Sie laufen über gewöhnliche Netzwerkkabel. Der einzige Haken ist, dass bestimmte Telefone verlangen, dass im Netzwerkkabel eine bestimmte Spannung fließt. Sie können spezielle Ethernet-Switches erwerben, die derartige Telefone über das Netzwerkkabel mit Strom versorgen.

**F:** Sie haben nicht gesagt, wie ich meinen Netzwerkplan dokumentieren sollte. Gibt's da Regeln?

**A:** Gute Frage. Wenn Sie Anforderungen sammeln, erhalten Sie Informationen von den unterschiedlichsten Quellen und aus Dokumenten unterschiedlicher Form: Tabellenkalkulationen, Notizen oder E-Mails beispielsweise.

Zum Sammeln dieser Informationen sollten Sie am besten einen Ordner auf Ihrem Rechner sowie einen Aktenordner anlegen. Wenn Sie damit beginnen, den Plan zu dokumentieren, sollten Sie eine ordentliche Textverarbeitung nutzen, die mit Grafiken und Tabellen umgehen kann, damit Sie sämtliche Informationen ordentlich und professionell einbinden können.

**F:** Was ist mit den Netzwerkskizzen? Wie erstelle ich die?

**A:** Dazu können Sie eins der vielen Grafikprogramme nutzen, einschließlich Microsoft Visio und OmniGroup OmniGraffle. Diese Programme enthalten die Symbole und Werkzeuge, die Sie zur Erstellung professioneller Skizzen benötigen. Verwenden Sie zur Erstellung Ihrer Skizzen auf keinen Fall Word oder eine andere Textverarbeitung. Das endet erwartungsgemäß in einem Desaster, wenn Ihre Skizzen komplexer werden.

**F:** Was ist der Unterschied zwischen einem Grundriss und einem Bauplan?

**A:** Ein Grundriss bietet in der Regel nur eine grobe Skizze des Gebäudes. Er wird höchstens für die übergeordnete Planung und eventuell die Raumeinteilung verwendet.

Ein Bauplan ist die tatsächliche Anleitung für die verschiedenen Auftragnehmer, anhand dessen sie das Gebäude aufbauen. Deswegen muss er sehr detailliert und genau sein. Ein Bauplan schließt häufig auch einen Grundriss ein.

*Sie sind hier* ▸

*Die klimatechnischen Einrichtungen* sind ein Problem

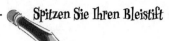

**Spitzen Sie Ihren Bleistift**

Schauen Sie sich die Pläne für die Klimatechnik unten und Ihre Netzwerkskizze zur Rechten an. Kreisen Sie Problembereiche ein und halten Sie in einer Liste die Probleme fest, die die Klimatechnik für Ihren Netzwerkentwurf verursacht. Vergessen Sie nicht, sich auch über Lösungen Gedanken zu machen.

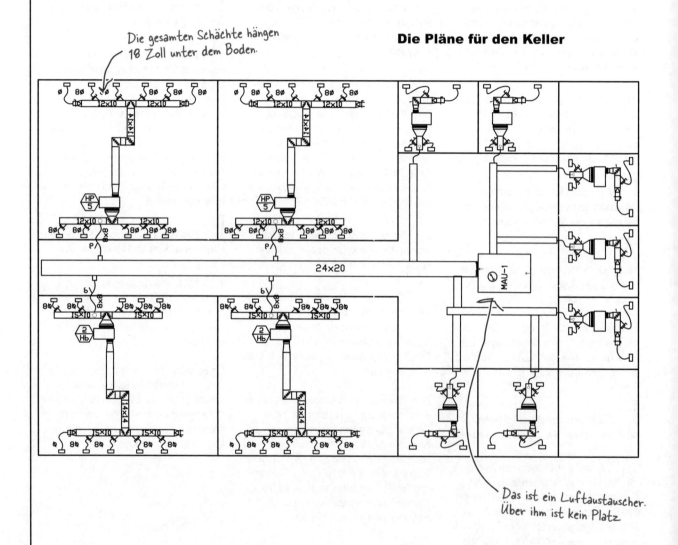

**Die Pläne für den Keller**

Die gesamten Schächte hängen 18 Zoll unter dem Boden.

Das ist ein Luftaustauscher. Über ihm ist kein Platz.

**Netzwerke** entwerfen

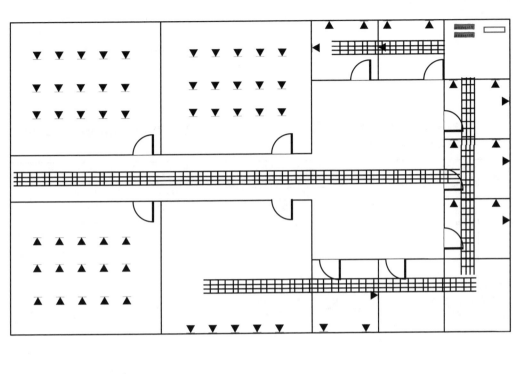

Sie sind hier ▸ **453**

**Probleme** lösen

# Lösung

Schauen Sie sich die Pläne für die Klimatechnik unten und Ihre Netzwerkskizze zur Rechten an. Kreisen Sie Problembereiche ein und halten Sie in einer Liste die Probleme fest, die die Klimatechnik für Ihren Netzwerkentwurf verursacht. Vergessen Sie nicht, sich auch über Lösungen Gedanken zu machen.

### Die Pläne für den Keller

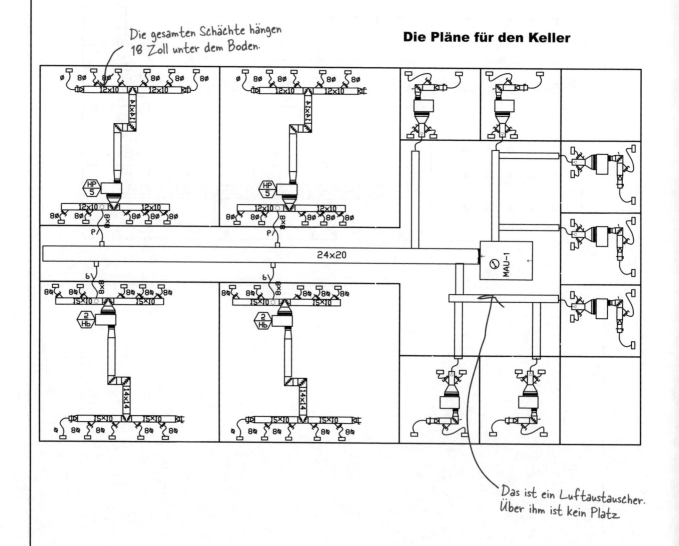

Die gesamten Schächte hängen 18 Zoll unter dem Boden.

Das ist ein Luftaustauscher. Über ihm ist kein Platz.

**Netzwerke** entwerfen

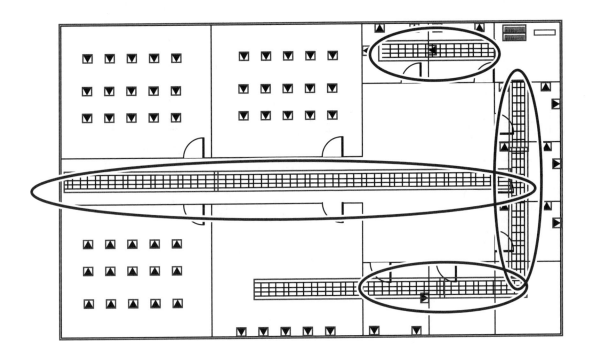

Probleme:

Alle Kabelrinnen scheinen genau an der gleichen Stelle zu verlaufen wie die Schächte für die klimatechnischen Einrichtungen und die klimatechnischen Geräte.

Einige der Netzwerkanschlüsse in den Büros können aufgrund der Schächte für die Klimatechnik schwer zugänglich sein.

Der Bereich unter dem zentralen Büro wird durch den Luftaustauscher blockiert, der keinen Platz für Kabelrinnen lässt.

Lösungen:

Die Kabelrinnen können zur Seite geschoben oder unter die Klimatechnikschächte gehängt werden. Die Anschlüsse der Callcenter oben im Grundriss könnten direkt in den Schaltraum geführt werden.

Der flexible Kanal von den Wandanschlüssen kann über die Klimatechnikschächte hinausgeführt werden, um den Zugang zu ermöglichen.

**Erst physisch,** *dann logisch*

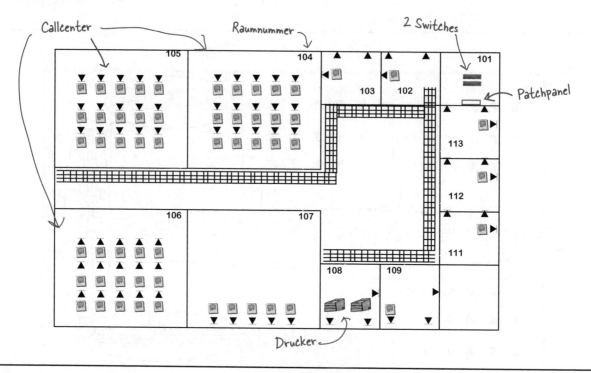

## Und was kommt, nachdem der physische Netzwerkentwurf steht?

Der nächste Punkt auf der Liste ist die Aufstellung der benötigten Netzwerkgeräte. Aber wir sind der Ansicht, dass Sie das allein können. Schauen Sie sich einfach den physischen Aufbau an und stellen Sie eine Liste der Geräte zusammen, die Sie benötigen werden.

Gehen wir zum folgenden Schritt über: der logischen Netzwerkskizze.

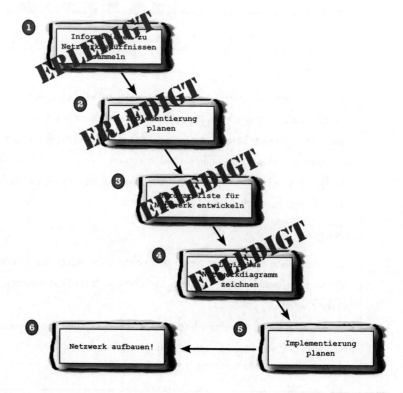

# Netzwerke entwerfen

Vervollständigen Sie anhand des physischen Netzwerkentwurfs auf der linken Seite den logischen Netzwerkentwurf unten. Fügen Sie Netzwerkverbindungen und IP-Adressen ein. Die IP-Adressen basieren auf der Raumnummer und der Netzwerkadresse 172.10. Ein paar Schritte des Entwurfs haben wir bereits für Sie erledigt.

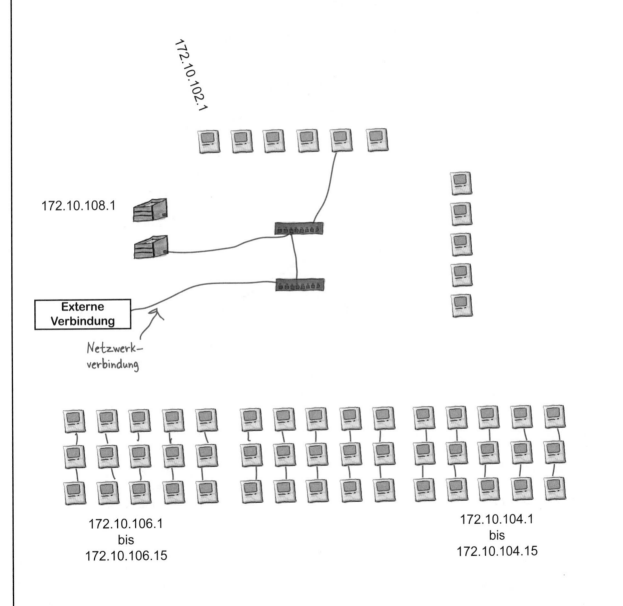

### Nichts geht über Logik

**Lösung zur Übung**

Vervollständigen Sie anhand des physischen Netzwerkentwurfs auf Seite 456 den logischen Netzwerkentwurf unten. Fügen Sie Netzwerkverbindungen und IP-Adressen ein. Die IP-Adressen basieren auf der Raumnummer und der Netzwerkadresse 172.10. Ein paar Schritte des Entwurfs haben wir bereits für Sie erledigt.

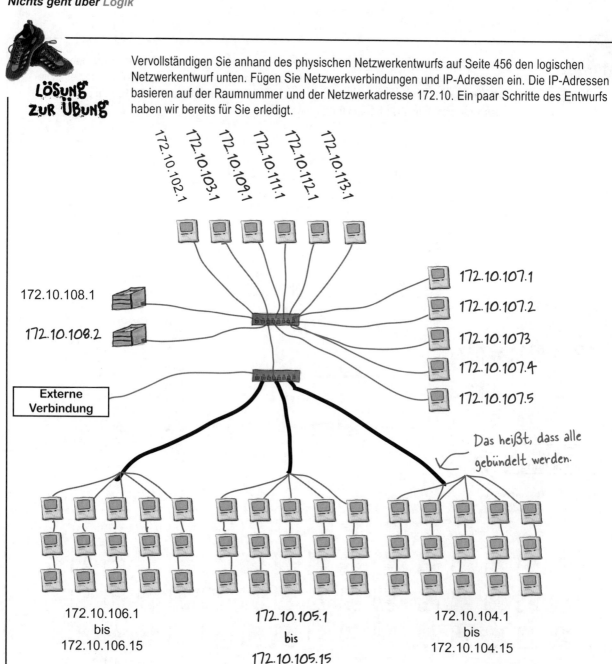

*Netzwerke entwerfen*

> Wir haben da eine neue Anforderung für Sie. Können Sie das Netzwerk segmentieren? Sie müssen sicherstellen, dass die Rechner im Callcenter die Admin-Rechner nicht sehen können.

## Sie haben mehrere Möglichkeiten, dieses Netzwerk zu teilen:

**1** Sie könnten einen Router einsetzen, das Netzwerk 172.10.0.0/16 in zwei Subnetze zerlegen und den Datenverkehr über ACLs steuern.

**2** Sie könnten eine Firewall einsetzen, um die Admin-Rechner abzutrennen.

**3** Sie könnten eine zweite externe Verbindung einrichten und die Verbindung der beiden Switches lösen.

Um eine Wahl zwischen diesen Optionen zu treffen, müssen Sie die Kosten der Geräte, die Betriebskosten, die Einfachheit der Installation und die Einfachheit der Wartung berücksichtigen.

### KOPF-NUSS

Warum würde man das Problem nicht lösen, wenn man die Callcenter-Rechner hinter eine Firewall steckt?

*Sie sind hier* ▶

**Entwurf und** *Neuentwurf*

**Übung**

Gestalten Sie das Netzwerk unten um und fügen Sie an geeigneter Stelle einen Router in das Netzwerk ein. Achten Sie darauf, dass Sie die IP-Adressen so ändern, dass die Teilung des 172.10.0.0/16-Blocks berücksichtigt wird. Nutzen Sie außerdem die dritte Schnittstelle des Routers für den Anschluss der externen Verbindung. 172.5.1.2 wird für diese Schnittstelle verwendet. Ergänzen Sie dann rechts in den Tabellen die Daten, um die Router-Konfiguration zu vervollständigen.

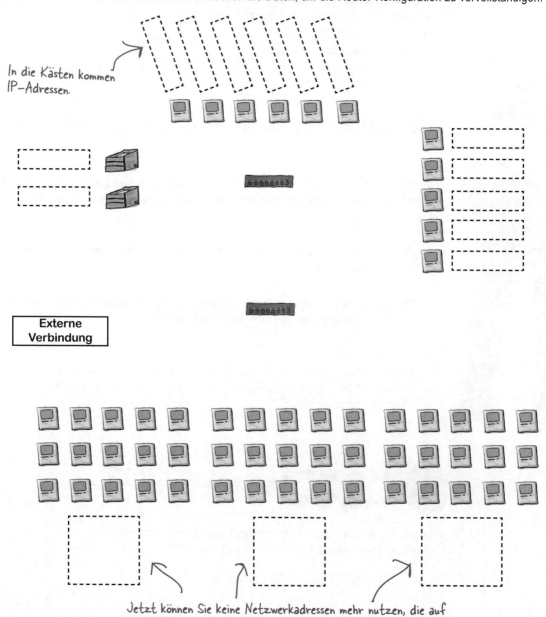

In die Kästen kommen IP-Adressen.

Jetzt können Sie keine Netzwerkadressen mehr nutzen, die auf der Raumnummer basieren, da sie sonst getrennte Subnetze hätten.

# Router-Konfigurationstabellen

Subnetze haben wir in Kapitel 6 behandelt.

Suchen Sie online nach einem Subnetz-Berechner, um sich die Arbeit zu vereinfachen.

| Subnetze | | |
|---|---|---|
| Netzwerkadresse | Subnetz-Maske | Host-Adressbereich |
|  |  |  |
|  |  |  |

| Router-Schnittstellen | | | | |
|---|---|---|---|---|
| Schnittstelle | IP-Adresse | Subnetz-Maske | ACL-Liste # | Bereich |
| FastEthernet0/0 | 172.5.1.2 | 255.255.0.0 |  | Externe Verbindung |
| FastEthernet0/1 |  |  |  | Admin |
| FastEthernet0/2 |  |  |  | Callcenter |

| EIGRP-Konfiguration | |
|---|---|
| Netzwerk | Schnittstelle |
| 172.5.0.0 | FastEthernet0/0 |
|  |  |
|  |  |

| Access Control List | | | |
|---|---|---|---|
| Nummer | Zulassen oder Sperren | Netzwerk | Invertierte Subnetz-Maske |
|  |  |  |  |

*Sie sind hier* ▶

**Veränderung ist** konstant

**LÖSUNG ZUR ÜBUNG**

Gestalten Sie das Netzwerk unten um und fügen Sie an geeigneter Stelle einen Router in das Netzwerk ein. Achten Sie darauf, dass Sie die IP-Adressen so ändern, dass die Teilung des 172.10.0.0/16-Blocks berücksichtigt wird. Nutzen Sie außerdem die dritte Schnittstelle des Routers für den Anschluss der externen Verbindung. 172.5.1.2 wird für diese Schnittstelle verwendet. Ergänzen Sie dann rechts in den Tabellen die Daten, um die Router-Konfiguration zu vervollständigen.

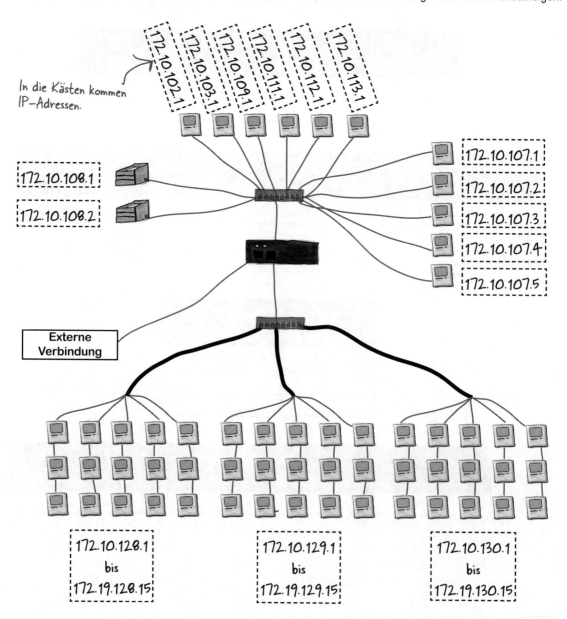

## Router-Konfigurationstabellen

| Subnetze | | |
|---|---|---|
| Netzwerkadresse | Subnetz-Maske | Host-Adressbereich |
| 172.10.0.0 | 255.255.128.0 | 172.10.0.1 – 172.10.127.254 |
| 172.10.128.0 | 255.255.128.0 | 172.10.128.1 – 172.10.254.254 |

| Router-Schnittstellen | | | | |
|---|---|---|---|---|
| Schnittstelle | IP-Adresse | Subnetz-Maske | ACL-Liste # | Bereich |
| FastEthernet0/0 | 172.5.1.2 | 255.255.0.0 | | Externe Verbindung |
| FastEthernet0/1 | 172.10.0.1 | 255.255.128.0 | 10 | Admin |
| FastEthernet0/2 | 172.10.128.1 | 255.255.128.0 | | Callcenter |

| EIGRP-Konfiguration | |
|---|---|
| Netzwerk | Schnittstelle |
| 172.5.0.0 | FastEthernet0/0 |
| 172.10.0.0 | FastEthernet0/1 |
| 172.10.128.0 | FastEthernet0/2 |

| Access Control List | | | |
|---|---|---|---|
| Nummer | Zulassen oder Sperren | Netzwerk | Umgekehrte Subnetz-Maske |
| 10 | Sperren | 172.10.128.0 | 0.0.128.255 |

**Endlich** *implementieren*

# Schliesslich dürfen Sie die Implementierung planen

Nachdem Sie das vollständige Netzwerkdiagramm entworfen haben, können Sie zum letzten Schritt beim Entwurf eines Netzwerks übergehen. Sie müssen einen Implementierungsplan erstellen.

Ihr Implementierungsplan besteht aus allen Teilen, die erforderlich sind, um das Netzwerk tatsächlich zu installieren.

**Netzwerke** *entwerfen*

### Spitzen Sie Ihren Bleistift

Schreiben Sie mindestens vier Dinge auf, die Sie in Bezug auf die Netzwerkinstallation bedenken müssen. Beziehen Sie dabei Menschen, Ausrüstung, Zeit usw. in Ihre Überlegungen ein.

..................................................................................................................................

..................................................................................................................................

..................................................................................................................................

..................................................................................................................................

..................................................................................................................................

..................................................................................................................................

..................................................................................................................................

*Sie sind hier* ▸

**Das Ende** *naht*

---

**Spitzen Sie Ihren Bleistift**

### Lösung

Schreiben Sie mindestens vier Dinge auf, die Sie in Bezug auf die Netzwerkinstallation bedenken müssen. Beziehen Sie dabei Menschen, Ausrüstung, Zeit usw. in Ihre Überlegungen ein.

1. Überlegen, wie viele Personen zur Installation erforderlich sind.
2. Zeitlicher Installationsverlauf, einschließlich Deadline.
3. Anschaffung der Netzwerkausrüstung und anderer Hardware.
4. Wer macht was während des Installationsprozesses?

*Netzwerke* entwerfen

> Lassen Sie mich Ihre Hand schütteln. Dieser Entwurf zeigt, dass Sie ein richtiger Netzwerkprofi geworden sind. Klasse Arbeit!

# Herzlichen Glückwunsch. Sie haben ein umwerfendes Netzwerk von Grund auf geplant.

Und damit haben Sie das Ende des Buchs erreicht. Wenn Sie uns bis zu diesem Punkt begleitet haben, sind Sie auf dem besten Wege, ein echter Netzwerkprofi zu werden!

*Sie sind hier* ▸

*Hinausziehen* und Netzwerke bauen

# Jetzt können Sie die Welt erobern ...

## Die Zeit mit Ihnen in Netzwerkhausen war wunderbar!

**Wir bedauern zutiefst, dass Sie gehen müssen,** aber von nun an kann Sie nur eine Sache weiterbringen: Sie müssen das nehmen, was Sie gelernt haben, und in die Praxis umsetzen. Sie haben Ihre Netzwerkreise gerade erst begonnen, und wir haben Sie auf den Fahrersitz gesetzt. Natürlich würden wir gern erfahren, wie es mit Ihnen und den Netzwerken weitergeht. Vielleicht statten Sie uns gelegentlich mal einen Besuch auf der Head First Labs-Website unter **www.headfirstlabs.com** ab und teilen uns mit, was **IHNEN** Ihre neuen Netzwerkkenntnisse gebracht haben!

# Anhang A: Was übrig bleibt

## Die Top Ten der Themen (die wir nicht behandelt haben)

**Netzwerke sind ein so umfassendes Thema, dass man einfach nicht alles in ein einziges Buch packen kann.**

Aber bevor wir Sie auf die Netzwerkwelt loslassen, sollten Sie Ihrem Werkzeugkasten noch ein paar weitere Dinge hinzufügen. Einiges steht in allen Netzwerkbüchern, und daher dachten wir, wir sollten es hier auch noch reinquetschen. Anderes ist komplexer, und wir dachten, Sie sollten zumindest mit der Terminologie und den Grundkonzepten vertraut sein. Bevor Sie das Buch ins Regal zurückstellen, sollten Sie sich diese Kleinigkeiten deswegen noch durchlesen.

# 1. Netzwerktopologien

Die Topologie eines Netzwerks ist die logische Struktur der Verbindungen in einem Netzwerk. Hier sind drei Topologien, die Ihnen begegnen könnten.

## Sterntopologie

Als wir vom Entwurf und der Verkabelung von Netzwerken sprachen, haben wir vorausgesetzt, dass wir mit einem Ethernet-Switch oder -Hub im Zentrum arbeiten. Die Topologie oder Gestalt eines solchen Netzwerks bezeichnet man als **Stern**. Sie heißt so, weil alle Netzwerkclients mit dem Hub oder Switch im Zentrum reden.

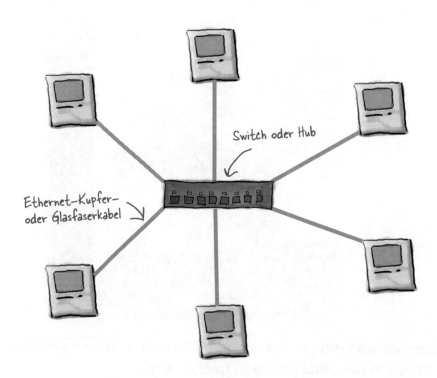

## Bustopologie

Eine weitere Topologie ist der **Bus**. Ein Ethernet-Netzwerk basierend auf Koaxialkabeln nutzt eine Bustopologie. Alle Netzwerkknoten sind durch ein gemeinsames Hauptkabel verbunden. Es gibt also kein zentrales Gerät. Jeder Knoten im Netzwerk erhält den gesamten Datenverkehr.

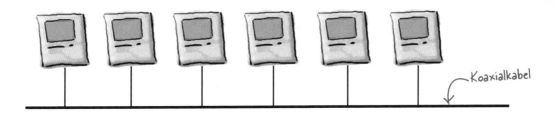

## Token-Ring-Topologie

Eine dritte Topologie ist der **Ring**. Der sogenannte Token-Ring ist die am häufigsten verwendete Ring-Technologie. Sie wurde von IBM entwickelt. Es ist also eine proprietäre Technologie. Sie wurde nicht so umfassend übernommen wie Ethernet. Die Token-Ring-Topologie nutzt ein »Token«-Paket, das von Client zu Client gesendet wird. Nur der Client, der das Token hält, darf Netzwerkverkehr senden.

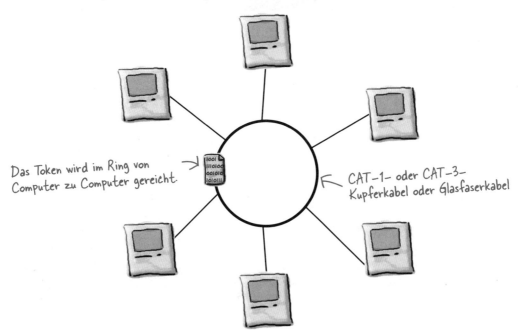

*Wireshark-Installation*

# 2. Wireshark installieren

Wenn Sie Wireshark nutzen wollen, müssen Sie zunächst ein für Ihr System geeignetes Paket herunterladen. Diese finden Sie unter
**http://www.wireshark.org/download.html**

## Windows-Installation

Die Installation unter Windows läuft wie jeder andere Installationsvorgang ab. Klicken Sie zunächst doppelt auf den Wireshark-Installer. Der Windows-Installer wird gestartet, und Sie brauchen sich eigentlich nur noch mit Next durch die Fenster zu klicken.

Es gibt zwei Fenster, auf die Sie achten müssen. Das erste betrifft die Wireshark-Teile, die installiert werden sollen. Normalerweise können Sie die Standardeinstellungen beibehalten, es sei denn, Sie wissen genau, was Sie tun. Das zweite ist das WinPcap-Installationsfenster. Das ist ein Programm, das genutzt wird, um Netzwerkdaten einzufangen. Sie **müssen** es installieren. Tun Sie es nicht, kann Wireshark keinen Datenverkehr einfangen.

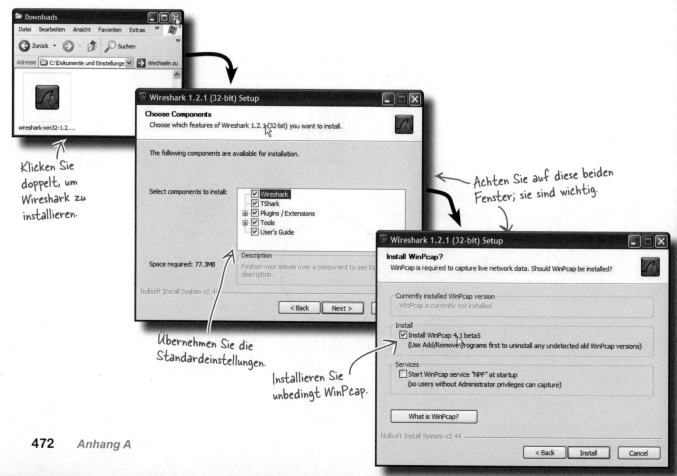

## Mac OS X-Installation

Die Installation unter Mac OS X ist recht unproblematisch. Zunächst ziehen Sie den GUI-Teil der Anwendung in den Applications-Ordner. Dann müssen Sie einige Kommandozeilenwerkzeuge installieren. Abschließend ändern Sie die Berechtigungen einiger Links, damit das Programm Zugriff auf die Netzwerktreiber erhält.

Der große Haken unter Mac OS X ist, dass X11 installiert sein muss. Das ist die GUI-Bibliothek, die Wireshark nutzt. Sie finden sie unter den Installationsoptionen auf Ihrer Mac OS X-Installations-DVD.

## Linux-Installion (Ubuntu)

Bei der Wireshark-Installation unter Linux haben Sie mehrere Optionen.

Sie können den Quellcode herunterladen und selbst kompilieren. Wenn Sie wissen, wie man das macht, brauchen Sie sicher keine weitere Unterstützung von uns.

Sie können aber auch ein vorkompiliertes Paket herunterladen und installieren. Auf der Wireshark-Download-Seite werden mehrere davon aufgeführt.

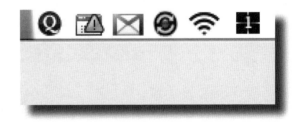

Unter Ubuntu können Sie außerdem die Anwendung Hinzufügen/Entfernen... nutzen, die Sie im Anwendungen-Menü finden. Suchen Sie nach Wireshark und achten Sie darauf, dass Sie dabei im Drop-down-Menü Anzeigen Alle verfügbaren Anwendungen anwählen. Klicken Sie die Warnung zur Software weg, die von der Ubuntu-Gemeinschaft gepflegt wird. Sie werden noch ein paar weitere Dinge gefragt, aber auch dort können Sie einfach immer auf OK klicken. Außerdem werden Sie das Administratorpasswort eingeben müssen.

Konsole, Terminal und der TCP/IP-Stack

# 3. Wie man eine Konsole oder ein Terminal startet

## Windows

Auf die Windows-Kommandozeile kommen Sie, indem Sie auf Start klicken und dann Ausführen wählen. Geben im Textfeld **cmd** ein, und schon wird ein Kommandozeilenfenster für Sie geöffnet.

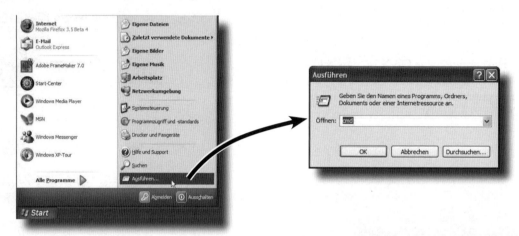

## Linux

Unter Ubuntu greifen Sie auf die Terminal-Anwendung über das Zubehör-Untermenü des Anwendung-Menüs zu. Unter Fedora finden Sie sie im Systemwerkzeuge-Untermenü des Anwendung-Menüs.

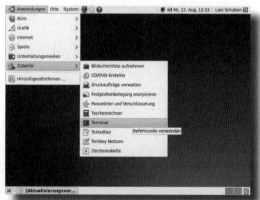

## Mac OS X

Wählen Sie im Ordner Programme den Ordner Dienstprogramme. Darin finden Sie die Terminal-Anwendung, auf die Sie einfach nur doppelklicken müssen, um sie auszuführen.

# 4. Der TCP-Stack

Wahrscheinlich haben Sie sich schon das ganze Buch über gefragt, wann wir endlich zum TCP-Stack kommen. Jetzt!

Der TCP/IP-Stack ist das Modell der Protokolle, die bei TCP/IP-Netzwerken verwendet werden. Als Stack (Stapel) bezeichnet man dieses Modell, weil man es üblicherweise als vertikalen Stapel von Protokollen darstellt. Wir haben einige dieser Protokolle behandelt, ohne sie dabei in den Kontext des TCP/IP-Stacks zu setzen.

Viele Bücher führen gleich zu Anfang den TCP/IP-Stack ein, aber wir haben uns entschieden, anders vorzugehen. Der Grund dafür, dass wir kein Modell präsentiert haben, ist, dass es kein absolutes Modell für TCP/IP gibt und wir das als Problem betrachten.

Das Modell unten basiert auf RFC 1122, aber Ihnen werden viele Modelle begegnen, die leichte Unterschiede aufweisen.

**Im Application Layer (Anwendungsschicht) arbeiten die TCP/IP-Anwendungen.** Dazu zählen FTP, SMTP, Telnet usw.

**Im Transport Layer (Transportschicht) arbeitet TCP.** Durch die Fehlerprüfung dient das der Sicherung der Kommunikation zwischen Netzwerkknoten.

**Im Internet Layer (Internetschicht) erfolgt die IP-Adressierung.** Darüber finden sich die Knoten.

**Das ist die Schicht, die Software und Hardware verbindet.** Häufig bezeichnet man sie auch als Media-Access-Layer.

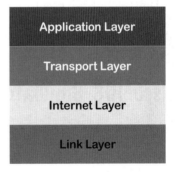

Wenn Sie noch einmal einen Blick zurück in Kapitel 4 werfen, können Sie sehen, wie ein Ethernet-Block aus diesen Teilen aufgebaut ist. Die Link-Schicht entspricht dem IP-Teil des Blocks. Der TCP-Teil eines Pakets entspricht dem TCP-Teil des Blocks. Nicht alle TCP/IP-Pakettypen enthalten alle Schichten. Blöcke mit ICMP-Paketen enthalten nur die unteren beiden Schichten. Das Ganze ist also lediglich eine Betrachtungsweise der Zusammenarbeit der verschiedenen Teile des TCP/IP-Protokolls. Es gibt Entwicklern außerdem Anleitungen zum Schreiben von Netzwerkanwendungen und Treibern, die TCP/IP nutzen.

Weitere Informationen finden Sie unter
`http://tools.ietf.org/html/rfc1122`

# 5. VLANs

Ein weiteres heißes Thema, das wir noch nicht angepackt haben, sind VLANs (***Virtual Local Area Network***). Sie ermöglichen Switches, virtuelle Netzwerke zu bilden. Genauer gesagt, die Broadcast-Domain wird über mehrere Switches verteilt. Auf diese Weise kann ein Netzwerkadministrator Hosts in einem Netzwerk virtuell so trennen, als befänden sie sich in separaten Netzwerken. Zum Datenaustausch zwischen den VLANs ist ein Router erforderlich.

Datenverkehr würde man aus Sicherheits- und Leistungsgründen trennen. Aus Sicherheitsgründen könnten Sie verhindern wollen, dass aus bestimmten Teilen des Netzwerks auf bestimmte Server zugegriffen wird. Beispielsweise möchten Universitäten wahrscheinlich verhindern, dass Studenten auf administrative Server zugreifen. Mithilfe eines VLAN könnten Sie diese Server auf dem Campus zugänglich machen und doch verhindern, dass Rechner von Studenten den Datenverkehr sehen, der mit diesen administrativen Servern ausgetauscht wird. Außerdem würde die Trennung von Broadcast-Domains den Broadcast-Verkehr auf den jeweiligen VLAN-Ports reduzieren.

VLANs implementiert man, indem man sie erstellt und mit Ports verknüpft. Die Pakete, die von Hosts auf VLANs erzeugt werden, werden von dem Switch markiert, für den VLANs eingerichtet sind. Auf diese Weise erfahren andere Switches, an welche VLAN-Ports diese Pakete gesendet werden müssen.

# 6. Cisco-IOS-Simulatoren

Wir wissen, dass nicht jeder einen Router von Cisco oder einem anderen Unternehmen auf dem Schreibtisch stehen hat. Einen gebrauchten Cisco-Router können Sie günstiger für wenige hundert Euro erhalten. Mit einem derartigen Router könnten Sie die meisten Dinge in diesem Buch machen und sich auf eine Cisco Certification vorbereiten.

Außerdem gibt es Software-IOS-Simulatoren, die teilweise recht günstig oder sogar kostenlos sind. Einige finden Sie in der folgenden Liste:

*Diese Preise sind nur ungefähre Angaben.*

| Name | Kosten | Nachteile |
| --- | --- | --- |
| Router Simulator | 25 € | |
| Network Simulator | 25 € | |
| MIMIC Virtual Lab CCNA | 70 € | |
| SemSim Router Simulator | 28,50 € | |
| Boson NetSim | ab 150 € | |
| GNS3 | kostenlos | IOS-Images müssen erworben werden. |

## 7. BGP

BGP steht für **Border Gateway Protocol**. Das ist das Routing-Protokoll, das von ISPs verwendet wird. Es zeichnet sich dadurch aus, dass zum Routen ASNs (Autonomous System Numbers) statt IP-Netzwerkadressen verwendet werden. Die von BGP genutzten ASNs sind bei einer der Internetregistrierungen registriert.

Blöcke von IP-Adressen werden unter einer ASN gebündelt. Diese Bündelung von IP-Netzwerkadressen ermöglicht es Routern, die BGP nutzen, die gesamte ASN-Routingtabelle des Internets festzuhalten. Anders formuliert: Wenn Sie irgendwann einmal in die erste Liga aufsteigen und einen Router verwalten, der BGP nutzt, haben Sie eine Routingtabelle des *gesamten Internets*. Zurzeit ist diese Tabelle 200 und ein paar MB groß.

BGP erkennt Nachbarn nicht automatisch, sie müssen manuell eingegeben werden, und ihr Router muss bei diesen Routern als Nachbar eingetragen sein. Außerdem wird beim Austausch von BGP-Routen grundsätzlich eine Verschlüsselung genutzt. Einheiten mit mehreren Internetverbindungen und/oder großen Blöcken von IP-Netzwerkadressen nutzen meist BGP.

## 8. VPN

Nehmen wir an, Sie möchten von zu Hause aus mit geheimen Unternehmensdaten arbeiten. Wäre es da nicht gut, wenn Sie sich dazu einfach in das entsprechende Netzwerk einloggen könnten? Genau das ermöglichen Ihnen VPNs. VPN steht für **Virtual Private Network**. Es hat zwei Teile, eine spezielle Netzwerkkonfiguration auf dem Clientrechner und einen VPN-Gateway in dem Netzwerk, mit dem Sie sich verbinden wollen. VPN ermöglicht einem entfernten Client, sicher auf ein internes Netzwerk zuzugreifen. Die Kommunikation zwischen VPN-Client und -Gateway wird verschlüsselt, um die Daten zu schützen.

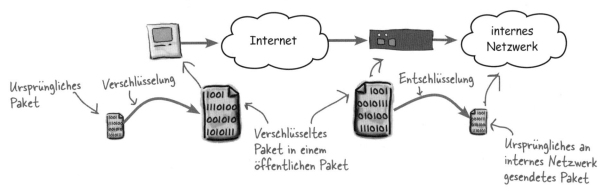

VPN basiert auf der Verschlüsselung der Pakete, die für das interne Netzwerk gedacht sind. Diese verschlüsselten Pakete werden in den Datenteil eines gewöhnlichen TCP-Pakets gepackt, das über das öffentliche Netzwerk versendet wird. Am VPN-Gateway wird das verschlüsselte Paket entnommen, entschlüsselt und in das interne Netzwerk geleitet.

Es gibt auch VPN-Gateway-zu-VPN-Gateway-Verbindungen, über die Außenstellen internen Netzwerkzugriff auf ein Unternehmensnetzwerk erhalten.

# 9. Intrusion Detection Systems

Bei all den Problemen, die Personen verursachen, die versuchen, in Ihre Systeme einzudringen, wäre es da nicht nett, wenn man derartige Aktivitäten entdecken und sich melden lassen könnte, damit man etwas dagegen unternehmen kann?

Genau das ermöglichen IDSs (Intrusion Detection Systems). Das sind spezielle Server, die geeignete Software enthalten, um ein Netzwerk in Bezug auf ungewöhnlichen Verkehr zu überwachen. Das könnte Scan-Verhalten, falsche Daten auf registrierten Ports oder sogar DNS-Angriffe einschließen. ← *Obwohl auch viele Firewalls IDS-Funktionen einschließen*

Ein beliebtes Open Source-Paket ist **Snort**. Ähnlich wie Wireshark kann Snort Netzwerkverkehr lesen. Der Unterschied ist, dass es diesen Datenverkehr mit verschiedenen Regeln filtert, um anhand von Mustern ungewöhnlichen Datenverkehr aufzuspüren. Es gibt viele Regeln, die Netzwerkadministratoren entwickelt haben, um bösartigen Datenverkehr zu entdecken.

Einige IDSs ermöglichen Ihnen auch, Aktionen gegen diesen Datenverkehr durchzuführen. In der Regel ist das die Implementierung von Access Lists auf einem Router oder einer Firewall, über die die Ports und/oder IP-Adressen der Hosts blockiert werden, die für den ungewöhnlichen Datenverkehr verantwortlich sind.

IDSs sind eine gute Sache, aber wie bei allen anderen Dingen reicht es auch hier nicht, sie einfach einzurichten und laufen zu lassen. Sie müssen sie aktiv verwalten und überwachen, damit sie einen wirksamen Schutz für Ihr Netzwerk darstellen.

# 10. Cisco-Zertifizierung

Die letzte große Sache, die wir nicht behandelt haben, sind Netzwerkzertifizierungen. Die Zertifizierungen, die am häufigsten anzutreffen sind, sind die Cisco-Zertifizierungen. Es gibt zwei Hauptzertifizierungen, CCNA und CCNP. CCNA ist das Basiszertifikat. Beide Zertifizierungen erwirbt man, indem man eine oder mehrere Prüfungen ablegt. Für das CCNP muss man drei oder vier Prüfungen ablegen (zwei Prüfungen können als kombinierte Prüfung abgelegt werden).

Für das CCNA brauchen Sie etwas mehr Kenntnisse, als dieses Buch vermittelt. Das CCNP verlangt ähnliches Wissen, aber mit mehr Tiefgang. Sie müssen außerdem eine Menge mehr wissen über Switch-basierte Netzwerke und WAN-Netzwerke über Telekommunikationstechnologien wie ISDN oder DSL.

Andere Hersteller bieten ebenfalls Zertifizierungen an, aber diese beiden Zertifizierungen werden im Netzwerkbereich am häufigsten verlangt.

# Anhang B: ASCII-Tabellen

# *Etwas nachschlagen*

*Warum muss er seine Briefe bloß immer binär verfassen ...*

## Wo wären Sie ohne eine zuverlässige ASCII-Tabelle?

Dass Sie Netzwerkprotokolle verstehen, reicht nicht immer aus. Früher oder später müssen Sie Zeichencodes nachschlagen, damit Sie verstehen, welche Geheimnisse in Ihrem Netzwerk ausgetauscht werden. In diesem Anhang finden Sie eine ASCII-Tabelle, die die Codes für die wichtigsten Zeichen enthält. Ob Sie nun binär, hexadezimal oder dezimal vorziehen, die Tabelle enthält alle Codes, die Sie benötigen.

*0–31 und 32–63*

# ASCII-Tabelle 0–31 ← Das ist dezimal.

Schlagen Sie hier den dezimalen, hexadezimalen oder binären Code nach ...

← ... und finden Sie hier das Zeichen.

| | | | | |
|---|---|---|---|---|
| 0  | 0  | 0     | NUL | |
| 1  | 1  | 1     | SOH | |
| 2  | 2  | 10    | STX | |
| 3  | 3  | 11    | ETX | |
| 4  | 4  | 100   | EOT | |
| 5  | 5  | 101   | ENQ | |
| 6  | 6  | 110   | ACK | |
| 7  | 7  | 111   | BEL | |
| 8  | 8  | 1000  | BS  | |
| 9  | 9  | 1001  | HT  | |
| 10 | 0A | 1010  | LF  | |
| 11 | 0B | 1011  | VT  | |
| 12 | 0C | 1100  | FF  | |
| 13 | 0D | 1101  | CR  | |
| 14 | 0E | 1110  | SO  | |
| 15 | 0F | 1111  | SI  | |
| 16 | 10 | 10000 | DLE | |
| 17 | 11 | 10001 | DC1 | |
| 18 | 12 | 10010 | DC2 | |
| 19 | 13 | 10011 | DC3 | |
| 20 | 14 | 10100 | DC4 | |
| 21 | 15 | 10101 | NAK | |
| 22 | 16 | 10110 | SYN | |
| 23 | 17 | 10111 | ETB | |
| 24 | 18 | 11000 | CAN | |
| 25 | 19 | 11001 | EM  | |
| 26 | 1A | 11010 | SUB | |
| 27 | 1B | 11011 | ESC | |
| 28 | 1C | 11100 | FS  | |
| 29 | 1D | 11101 | GS  | |
| 30 | 1E | 11110 | RS  | |
| 31 | 1F | 11111 | US  | |

# ASCII-Tabelle 32-63

| | | | | |
|---|---|---|---|---|
| 32 | 20 | 100000 | Space | |
| 33 | 21 | 100001 | ! | |
| 34 | 22 | 100010 | " | |
| 35 | 23 | 100011 | # | |
| 36 | 24 | 100100 | $ | |
| 37 | 25 | 100101 | % | |
| 38 | 26 | 100110 | & | |
| 39 | 27 | 100111 | ' | |
| 40 | 28 | 101000 | ( | |
| 41 | 29 | 101001 | ) | |
| 42 | 2A | 101010 | * | |
| 43 | 2B | 101011 | + | |
| 44 | 2C | 101100 | , | |
| 45 | 2D | 101101 | - | |
| 46 | 2E | 101110 | . | |
| 47 | 2F | 101111 | / | |
| 48 | 30 | 110000 | 0 | |
| 49 | 31 | 110001 | 1 | |
| 50 | 32 | 110010 | 2 | |
| 51 | 33 | 110011 | 3 | |
| 52 | 34 | 110100 | 4 | |
| 53 | 35 | 110101 | 5 | |
| 54 | 36 | 110110 | 6 | |
| 55 | 37 | 110111 | 7 | |
| 56 | 38 | 111000 | 8 | |
| 57 | 39 | 111001 | 9 | |
| 58 | 3A | 111010 | : | |
| 59 | 3B | 111011 | ; | |
| 60 | 3C | 111100 | < | |
| 61 | 3D | 111101 | = | |
| 62 | 3E | 111110 | > | |
| 63 | 3F | 111111 | ? | |

# ASCII-Tabelle 64-95

| | | | | |
|---|---|---|---|---|
| 64 | 40 | 1000000 | @ | |
| 65 | 41 | 1000001 | A | |
| 66 | 42 | 1000010 | B | |
| 67 | 43 | 1000011 | C | |
| 68 | 44 | 1000100 | D | |
| 69 | 45 | 1000101 | E | |
| 70 | 46 | 1000110 | F | |
| 71 | 47 | 1000111 | G | |
| 72 | 48 | 1001000 | H | |
| 73 | 49 | 1001001 | I | |
| 74 | 4A | 1001010 | J | |
| 75 | 4B | 1001011 | K | |
| 76 | 4C | 1001100 | L | |
| 77 | 4D | 1001101 | M | |
| 78 | 4E | 1001110 | N | |
| 79 | 4F | 1001111 | O | |
| 80 | 50 | 1010000 | P | |
| 81 | 51 | 1010001 | Q | |
| 82 | 52 | 1010010 | R | |
| 83 | 53 | 1010011 | S | |
| 84 | 54 | 1010100 | T | |
| 85 | 55 | 1010101 | U | |
| 86 | 56 | 1010110 | V | |
| 87 | 57 | 1010111 | W | |
| 88 | 58 | 1011000 | X | |
| 89 | 59 | 1011001 | Y | |
| 90 | 5A | 1011010 | Z | |
| 91 | 5B | 1011011 | [ | |
| 92 | 5C | 1011100 | \ | |
| 93 | 5D | 1011101 | ] | |
| 94 | 5E | 1011110 | ^ | |
| 95 | 5F | 1011111 | _ | |

# ASCII-Tabelle 96-127

| | | | | |
|---|---|---|---|---|
| 96  | 60 | 1100000 | `      | |
| 97  | 61 | 1100001 | a      | |
| 98  | 62 | 1100010 | b      | |
| 99  | 63 | 1100011 | c      | |
| 100 | 64 | 1100100 | d      | |
| 101 | 65 | 1100101 | e      | |
| 102 | 66 | 1100110 | f      | |
| 103 | 67 | 1100111 | g      | |
| 104 | 68 | 1101000 | h      | |
| 105 | 69 | 1101001 | i      | |
| 106 | 6A | 1101010 | j      | |
| 107 | 6B | 1101011 | k      | |
| 108 | 6C | 1101100 | l      | |
| 109 | 6D | 1101101 | m      | |
| 110 | 6E | 1101110 | n      | |
| 111 | 6F | 1101111 | o      | |
| 112 | 70 | 1110000 | p      | |
| 113 | 71 | 1110001 | q      | |
| 114 | 72 | 1110010 | r      | |
| 115 | 73 | 1110011 | s      | |
| 116 | 74 | 1110100 | t      | |
| 117 | 75 | 1110101 | u      | |
| 118 | 76 | 1110110 | v      | |
| 119 | 77 | 1110111 | w      | |
| 120 | 78 | 1111000 | x      | |
| 121 | 79 | 1111001 | y      | |
| 122 | 7A | 1111010 | z      | |
| 123 | 7B | 1111011 | {      | |
| 124 | 7C | 1111100 | \|     | |
| 125 | 7D | 1111101 | }      | |
| 126 | 7E | 1111110 | ~      | |
| 127 | 7F | 1111111 | Delete | |

# Anhang C: Bind installieren

# Dem Server DNS beibringen

> ... also habe ich einen DNS-Server installiert und BUMM – waren alle Probleme verschwunden.

**Ohne seinen DNS-Server ist der Netzwerkprofi nichts.**

Der im Internet am meisten verwendete DNS-Server ist BIND. Die Installation von BIND ist recht einfach, aber nur für den Fall, dass Sie gern ein paar weitere Erläuterungen hätten, haben wir für Sie hier noch eine praktische Anleitung angehängt.

Windows-*Installation*

# 1. BIND unter Windows (XP, 2000, Vista) installieren

**❶** Laden Sie den Installer hier herunter:
`https://www.isc.org/downloadables/11`

**❷** Entpacken Sie die Datei.

**❸** Führen Sie das Programm **BINDInstall.exe** aus.

**❹** Geben Sie ein Passwort für Ihren Dienst ein und klicken Sie auf Install.

**❺** Erstellen Sie das Verzeichnis **C:\named\zones**.

**❻** Erstellen Sie die Datei **named.conf** (siehe Beispiel unten).

**❼** Erstellen Sie die Datei **db.IhreDomain.com** (siehe Beispiel unten).

**❽** Starten Sie den Server!

```
options {
        directory "c:\named\zones";
        allow-transfer { none; };
        recursion no;
};

zone "IhreDomain.com" IN {
        type master;
        file "db.IhreDomain.com.txt";
        allow-transfer { none; };
};
```

```
$TTL 6h
@       IN SOA  IhrNameserver.IhreDomain.com.  hostmaster.IhreDomain.com. (
                        2005022201
                        10800
                        3600
                        604800
                        86400 )

@               NS      IhrNameserver.IhreDomain.com.


IhrNameserver   IN A    192.168.100.2
```

## 2. BIND-Installation auf Mac OS X Server

**❶** Auf Mac OS X Server ist BIND bereits installiert, schalten Sie ihn einfach im Server-Manager an.

**❷** Konfigurieren Sie Ihre Domain über den Server-Manager.

## 3. BIND-Installation auf Mac OS X & Linux

**❶** Laden Sie den Installer hier herunter:
**https://www.isc.org/downloadables/11**

**❷** Entpacken Sie die Datei.

**❸** Öffnen Sie ein Terminal-Fenster.

**❹** Wechseln Sie in das Verzeichnis, in das die BIND-Dateien entpackt wurden.

**❺** Geben Sie **./configure** ein.

**❻** Geben Sie **make** ein.

**❼** Geben Sie **sudo make** install ein.

**❽** Passen Sie **named.conf** an und erstellen Sie die **db.IhreDomain.com**-Datei. Sie sollten sich im Verzeichnis **/etc** befinden.

**Bei Ubuntu geht die Sache noch einfacher.** Geben Sie einfach

`apt-get install bind9 dnsutils`

ein, um BIND zu installieren, und führen Sie dann Schritt 8 durch. Und unter Mac OS X können Sie BIND auch über MacPorts oder Fink installieren.

# Index

## Zahlen

4B/5B 134
8B/10B 134
8P8C-Stecker 18
10Base-T-Ethernet-Protokoll 10, 132
568A- und- 568B-Kabelstandards 17
568A- und 568B-Kabelstandards unter der Lupe 13
802.11g 371

## A

Abstimmung 283
Access Control Lists (ACLs) 417–420
    konfigurieren 419
Access Points 366–372
    elektromagnetische Wellen 367
    Warnung 368
Adaptive Security Appliances (ASAs) 422
Address Resolution Protocol (ARP) 218–219
ARP (Address Resolution Protocol) 218–219
ARP-Manipulation 413–414
ASCII (American Standard Code for Information Interchange) 134, 142
ASCII-Tabellen 481–486
ASN (Autonomous System Number) 282
Aufgepasst!
    10.0.1.7 323
    Access Points 368
    Baupläne 451
    Cisco-Router 239
    Debugging 357
    DNS-Zonendatei 316
    Hexadezimalumwandlung 145
    HP ProCurve Switch 194
    Hubs 185
    Logik-Analysator 110
    NAT konfigurieren 384
    Netzwerke entwerfen 449
    Oszilloskop 101
    Protokolle für Drahtlosnetzwerke 388
    Rauschen 69
    Router 215, 226, 252
    Routing-Tabellen 251
    Spleißgeräte 40
    Unicode 142
Ausrüstungsliste 458–461

## B

Bandbreite 10
    CAT-5-Kabel 8
    Testlauf 9
Base-T 10
Basis 2 136
Baupläne 449–453
    vs. Grundrisse 453
Becken 59
BGP (Border Gateway Protocol) 277, 479
Binärformat 136, 141
    hexadezimal 141
Binary Coded Decimal (BCD) 134
BIND
    DNS (Domain Name System) 306–307, 308
    installieren 487–490
Blöcke 119, 154–155, 161, 181, 224
    Switches 188

BNC-Stecker 23
Boden, Netzwerkkabel verlegen auf 63
Busnetzwerke 24
Bustopologie 473

# C

CAT-5e und CAT-6 10
CAT-5-Kabel 6–18
    Farben 8
    Länge 18
    reparieren 11, 17
    vs. Koaxialkabel 23
Cisco
    Adaptive Security Appliances (ASAs) 422
    Ciscos Show-Befehl im Gespräch 344
    IOS-Simulatoren 478
    Pix Security Appliances 422
    Router und ACLs 419
    show ip route-Befehl 247
    SNMP (Simple Network Management Protocol) 350
    syslogd-Daemon 357
    Zertifizierung 480
Ciscos Show-Befehl im Gespräch 344
cmd-Befehl 476
CNAME-Eintrag 316
CRC-Prüfsumme 180
Crossover-Kabel 18

# D

Datagramme 164
Daten 180
Datenkodierung 134–133, 152
Datenverkehr
    Routen 251
    (siehe auch Geräte und Datenverkehr)
    zwischen Netzwerken austauschen 224–227
Denial of Service-Angriff 414

Dezimalformat 132–133
DHCP (Dynamic Host Configuration Protocol) 376–380
    IP-Adressen 377, 379
        knapp werden von 382
DHCP-Server im Gespräch 380
Differential Manchester Encoding (DME) 134
dig-Befehl 322, 323, 328
DNS (Domain Name System) 293–330
    BIND 306–307, 308
    Domainnamen erwerben 295
    E-Mails versenden 319–330
        Reverse-DNS (RDNS) 320–323
    Mailserver 317
    Nameserver 317
    Nameserver im Gespräch 315
    Nameserver-Installation 306–307, 308
    Pointer Records 322
    Reverse DNS (RDNS) 320–323
        dig-Befehl 322, 323, 328
    Testlauf 297
        dig-Befehl 328
        Reverse-DNS 323
        Zonendatei 318
    Wie es funktioniert 301
    Zonendatei 316–317
        Pointer-Records 324
Domain Information Groper, dig 322
Drahtlosnetzwerke 363–398
    802.11g 371
    Access Points 366–372
        elektromagnetische Wellen 367
        Warnung 368
    DHCP (Dynamic Host Configuration Protocol) 376–380
        DHCP-Server im Gespräch 380
        IP-Adressen 377
    Kasse 392–396
    NAT (Network Address Translation) 382–386
    Neuzuweisung von IP-Adressen 382–386
    Port-Mapping 394–396
    Protokolle 388

RADIUS 399
Testlauf 391
   Access Points 372
WEP 399
WPA 399
DSL-Router 213
Duschen 59
dynamische Routing-Protokolle 266–272

# E

EIGRP 275–278
   einrichten 284
   vs. RIP 285
EIGRP unter der Lupe 282–283
elektrischer Repeater 186
Elektromotoren 107
Elektronen 30–31
E-Mails versenden 319–330
   Reverse-DNS (RDNS) 320–323
Erdung 107
Ethernet
   10 Base-T-Standard 10
   Blöcke 119, 154–155
   Geschwindigkeit 152
   MAC-Adressen 212
   Protokolle 132-133
EtherType 180
Extended Binary Coded Decimal Interchange Code (EBCDIC) 134

# F

falsch verdrahtetes Kabel 90
falsch verdrahtete Stecker 98
Fast Ethernet 134
Feedback Shift Register (FSR) 134
Fenster 59

Firewalls 404
   Paketfilet 422–428
      Regeln 423
      statische Paketfilter 424
      statusbasierte Paketfilter 428
FQDN (Fully Qualified Domain Name) 295
Freak-Futter
   DHCP 380
   MAC-Adressen 181
   RIP, OSPF und EIGRP 277
   TCP/IP-Netzwerk 216
   Wireless-Standards 388
   Wireshark 198

# G

geheimdienst.gov 126–174, 178–206
   (siehe auch Geräte und Datenverkehr; Verpacken von Netzwerkdaten)
Geisterjäger 52–84
   (siehe auch Netzwerkaufbau planen)
Geräte 71
Geräteliste 54, 60
Geräte, Problemlösung 335
Geräte und Datenverkehr 177–206
   Blöcke 181
   Hubs 184–187
   Internets 183
   lokale Netzwerke (LAN) 183
   Pakete 181
   Pakete überwachen 196–200
   Quell-MAC-Adresse 181
   Switches 188–194
   Wide Area Networks (WANs) 183
   Ziel-MAC-Adresse 181
Geschwindigkeit 9, 10
GET-Befehl (SNMP) 352
GET-NEXT-Befehl (SNMP) 352
GET-RESPONSE-Befehl (SNMP) 352
Gigabit-Ethernet 134

Glasfaserkabel 38–47
    Spleißgerät 39–41
    Stecker 38, 42
    Typen 45–46
Gleichstrom & Wechselstrom 99
Grundrisse 56–63, 446–448
    vs. Baupläne 453

# H

Hacker 404
Hertz 107
Hexadezimal 144–145
    binär 141
Hindernisse 56–63
Hindernisse unter der Lupe 59
Hitze 59, 71
Hop-Zahl 274
horizontale Kabelschächte 75
HP ProCurve Switch 194
Hubs 184–187
    vs. Switches 193
Hubs unter der Lupe 184

# I

ICMP-Pakete 162
    blockieren 342
    TCP-Stack 477
Identitätsfälschung 407–412, 414
    schützen vor 412
IDSs (Intrusion Detection Systems) 480
ifconfig-Befehl 216
IGRP 277
Implementierungsplan 466–468
Interferenzen durch elektromagnetische Wellen 107
Internet 183

IOS-Simulatoren 478
IP-Adressen 216–220, 220
    DHCP 377, 379
        Adressen werden knapp 382
    werden knapp 234
    neu zuweisen 382–386
    Oktette 229
    Router 224
    vs. MAC-Adressen 216
    Zahl 255 234
ipconfig-Befehl 216
IPv6 234

# K

Kabel
    Binder 67
    CAT-5 6–10
        reparieren 11
    CAT-5e und CAT-6 10
    Crossover 18
    an falschem Anschluss 90
    Koaxial 20–35
    beschriften 74
    mit verdrillten Adernpaaren 6
    Probleme 87
    reparieren 5
    Schutz 67
    übersprechen 107
    UTP 6
    zu lange 90–91, 98
Kabelaufhänger 67
Kabelführungsvorrichtungen 64–71
    Haken 67
    Kabelbinder 67
    Kabelröhren 67
    Kabelschächte 67
    Kabelschienen 67
    Kabelschutz 67
Kabelführungsvorrichtungen unter der Lupe 67

Kabelkanäle 67

Kabel-Kreuzworträtsel 36

Kabel mit verdrillten Adernpaaren 6, 7

Kabelprüfset 74, 87–91, 120, 122
    Koaxialkabel 30–31
    vs. Multimeter 94

Kabelrinnen 67

Kamingespräche
    Hub vs. Switch 193
    Kabelprüfset vs. Multimeter 94
    Manchester-Phasenkodierung vs. Non-Return to Zero 129
    Multimeter vs. Oszilloskop 104
    Oszilloskop vs. Logik-Analysator 116
    RIP vs. EIGRP 285
    TCP vs. UDP 167

Kaukugel & Co. KG 86–124
    (siehe auch Problemlösung)

Keine dumme Fragen
    8P8C-Stecker 18
    802.11g 371
    Access Points 371
    ARP-Manipulation 414
    Bandbreite vs. Geschwindigkeit 10
    Base-T 10
    Binärformat 141
    CAT-5e und CAT-6 10
    CAT-5-Kabel 18
    Crossover-Kabel 18
    Datagramm 164
    Datenkodierung 152
    Denial of Service-Angriff 414
    DHCP 379
    dig-Befehl 323
    Domainname 296
    Drahtlosnetzwerke 371
    DSL-Router 213
    EIGRP 284
    Ethernet-Geschwindigkeiten 152
    Geräteliste 60

Gleichstrom & Wechselstrom 99

Grundrisse vs. Baupläne 453

Hacker 404

Hertz 107

Hindernisse 60

ICMP-Pakete 342

IP-Adressen 220
    Anzahl 255 234
    werden knapp 234

Kabelprüfset 120

Koaxialnetzwerke 27

Kodieren von Daten 134

LAN-Analysator 120

Logik-Analysator 120

MAC-Adressen 158, 220

MAC-Adressfälschung 414

MAC-Flooding-Angriff 414

Man in the Middle-Angriff 414

Megabit pro Sekunde (Mb/s) und Megabyte pro Sekunde (MB/s) 10

Multimeter 99, 107

NAT 386

Netzwerkkabel auf dem Boden verlegen 63

neue Gebäude 63

OID 352

OSPF 284

Oszilloskop 107, 120

Pakettypen 164

ping-Befehl 260, 342

Port-Mapping 399

Problemlösung 342

Rauschen 107

RIP 272

Router 213
    häufige Probleme 243
    neue 243
    Schnittstellentypen 243

Routing-Tabellen 256

Schnittstellen 256

SNMP 352

Strom 99

Stromkabel 63

Subnetz-Maske 234
traceroute-Befehl 260
Trap 352
VOIP (Voice Over IP-Telefonie) 453
Wände 60, 63
zu lange Kabel 91

Klemmleiste 78

Koaxialkabel 20–35
Innenaufbau 28
Kabelprüfset 30–31
Stecker 29
Terminatoren 29
vs. CAT-5-Kabel 23

Kokosnuss Wings 2–50
(siehe auch physische Netzwerkreparatur)

Krimpzange 17

Kurz-Krimi
Der Fall der gestohlenen Nachrichten 412
Lösung 415
Der Meteorologe und der RJ-45-Stecker 15
Lösung 18

# L

LAN-Analysator 118–120, 120, 122

LC-Stecker 42

LEDs auf Switches 212

Linux
BIND installieren 489
Terminal-Anwendung 476

Logik-Analysator 110–116, 120, 122
Nutzen 115
Oszilloskop 110
vs. Oszilloskop 115, 116

logisches Netzwerk 211

lokale Netzwerke (LAN) 183

# M

MAC-Adressen 154–158, 181, 220
ARP (Address Resolution Protocol) 218–219
Ethernet-Netzwerke 212
Router 201–202
Switches 190, 215
vs. IP-Adressen 216

MAC-Adressen fälschen 407–412, 414
schützen gegen 412

MAC-Flooding-Angriff 414

Mac OS X
BIND installieren 489
Terminal-Anwendung 476

Mac OS X Server
BIND installieren 489

Mailserver 317

Manchester-Kodierung 135

Manchester Phase Encoding (MPE) 134, 129

mangelhafte Erdung 107

mangelhafte Stecker 107

Man in the Middle-Angriff 414

Megabit pro Sekunde (Mb/s) und Megabyte pro Sekunde (MB/s) 10

MIB (Management Information Base) 348–349

Microsoft Visio 453

Mondstation 206–242, 246–292
(siehe auch Router; Routing-Protokolle)

Monomode-Kabel 45–46

Motoren 59

MRTG 352

Multimeter 92, 98, 99, 122
vs. Kabelprüfset 94
vs. Oszilloskop 104

Multimeter 107

Multimode-Kabel 45–46

# N

Nager 71

Nagios 352

Nameserver im Gespräch 315

Nameserver 317

NAT (Network Address Translation) 382–386
    konfigurieren 384

NAT-Tabellen 385–386

Neonleuchten 71

Network Interface Card (NIC) 134

Netzwerkdesign 437–468
    Ausrüstungsliste 458–461
    Baupläne 449–453
    Grundrisse 446–448
    Grundrisse vs. Baupläne 453
    Implementierungsplan 466–468
    Informationen sammeln 443–445
    Router-Konfigurationstabellen 462–465
    VOIP (Voice Over IP-Telefonie) 453

Netzwerke verbinden 211
    Datenverkehr 224–227
    (siehe auch Router)
    Wireshark (siehe Wireshark)

Netzwerkgeschwindigkeit 9

Netzwerkkabel, Probleme 87

Netzwerkkarten 134

Netzwerk-Kreuzworträtsel 173–174

Netzwerkzertifizierungen 480

neue Gebäude 63

Neuzuweisung von IP-Adressen 382–386

Non Return to Zero Invertive (NRZ-I) 134

Non Return to Zero (NRZ) 134

NRZ-Kodierung 132–134

# O

Öfen 59

OID 348, 352

OmniGroup OmniGraffle 453

OSPF (Open Shortest Path First) 275–278, 284

Oszilloskop 101–108, 120, 122
    Logik-Analysator 110
    vs. Logik-Analysator 115, 116
    vs. Multimeter 104

# P

Pakete 162–164, 181
    in richtige Reihenfolge bringen 169
    überwachen 196–200
    zerlegen 170

Pakete filtern 422–428
    Regeln 423
    statische Paketfilter 424
    statusbasierte Paketfilter 428

Paket-Sniffer-Programme 214

Pakettypen 164

Patch-Panel 75–77

physische Netzwerkreparatur 1–50
    8P8C-Stecker 18
    568A-Adernzuordnung 13
    568A- oder 568B-Kabelstandard 17
    568B-Adernzuordnung 13
    BNC-Stecker 23
    CAT-5-Kabel 6–10, 11–12
        Farben 8
        Länge 18
    CAT-5-Kabel vs. Koaxialkabel 23
    Crossover-Kabel 18
    Glasfaserkabel 38–47
        Spleißgerät 39–41
        Stecker 38, 42, 47
        Typen 45–46
    Kabel reparieren 5

Koaxialkabel 20–35
    Innenaufbau 28
    Kabelprüfset 30–31
    Stecker 29
    Terminatoren 29
   Krimpzange 17
   Terminatoren 23
   Testlauf
    Bandbreite 9
   T-Stücke 23
physische Netzwerkstruktur 211
   reparieren (siehe physische Netzwerkreparatur)
ping-Befehl 258, 260, 335–342
   blockieren 342
Pix Security Appliances 422
Planung des Netzwerkaufbaus 51–84
   Becken 59
   Duschen 59
   Fenster 59
   Geräteliste 54, 60
   Geräte 71
   Grundrisse 56–63
   Hindernisse 56–63
   Hitze 59, 71
   horizontale Kabelschächte 75
   Kabel beschriften 74
   Kabelführungsvorrichtungen 64–71
    Haken 67
    Kabelbinder 67
    Kabelröhren 67
    Kabelschächte 67
    Kabelschienen 67
    Kabelschutz 67
   Kabel-Labeler 74
   Klemmleisten 78
   Motoren 59
   Nager 71
   Neonleuchten 71
   Netzwerkkabel auf dem Boden verlegen 63
   neue Gebäude 63
   Öfen 59
   Patchpanel 75–77
   Rauschen 69
   Stromkabel 63
   Stufen 55
   Tongeber 74
   Tonprobe 74
   Treppen 59
   Vibrationen 59, 71
   Wände 59, 60, 63
   Wasser 59, 71
Pointer-Records 324
Polish & Epoxy-Stecker 47
Pool-Puzzle 313
   Lösung 314
Port-Mapping 394–396
Präambel 180
Problemlösung 85–124, 331–364
   Ciscos Show-Befehl im Gespräch 344
   falsch angeschlossene Kabel 90
   falsch angeschlossene Stecker 98
   falsch verdrahtete Kabel 90
   fehlerhafte Routen 258–262
   Kabelprüfset 120, 122
   LAN-Analysator 118–120, 120, 122
   Logik-Analysator 110–116, 120, 122
   MIB (Management Information Base) 348–349
   Multimeter 92, 98, 99, 107, 122
   Netzwerkgeräte 335
   Oszilloskop 101–108, 120, 122
   ping-Befehl 335–342
    blockieren 342
   Rauschen 98
   relevante Information 361–362
   Router 342
   Sendestörung bei Netzwerken 333–335
   show-Befehl 335, 343–346
   show interface-Befehl 343
   SNMP (Simple Network Management Protocol) 348–352
   SSH 335
   Statistiken interpretieren 335
   Switches 342
   syslogd-Daemon 356–358

telnet 335
Widerstand 92–99
zu lange Kabel 90–91, 98
Zusammenfassung 120

Protokoll-Analysator 198

Protokolle 153–155

Pyjama-Party 332–364
(siehe auch Problemlösung)

## Q

Quell-MAC-Adresse 180, 181

## R

RADIUS 399

Rauchen 69, 98, 102–103, 107

Return to Zero (RZ) 134

Reverse DNS (RDNS) 320–323
dig-Befehl 322, 328

RFC 1122 477

RG-62-Netzwerke 24

RIP (Routing Information Protocol) 266–272, 278–280
einrichten 272
vs. EIGRP 285

RJ-45-Stecker 6, 11–12, 12

Router 205–242
Access Control Lists (ACLs) 417–420
konfigurieren 419
Cisco 239
Daten über Netzwerke bewegen 226–227
DSL-Router 213
IP-Adressen 216–220, 224
Konfigurationsdateien 240
MAC-Adressen 201–202
Mathematik der Verbindung von Netzwerken 230
neue 243
nützliche Informationen finden 242
Problemlösung 342
programmieren 238–239
Schnittstellentypen 243

Sicherheit 404, 416–421
Access Control Lists (ACLs) 417–420
verbreitete Probleme 243
Warnung 252

Router im Gespräch 233

Router-Konfigurationstabellen 462–465

Router-Schleife 283

Router unter der Lupe 202

Routing-Protokolle 245–292
BGP (Border Gateway Protocol) 277
dynamische Routing-Protokolle 266–272
EIGRP 277, 278–280
einrichten 284
EIGRP Up Close 282–283
fehlerhafte Routen reparieren 258–262
Hop-Zahl 274
IGRP 277
OSPF (Open Shortest Path First) 277, 278–280, 284
ping-Befehl 258, 260
RIP (Routing Information Protocol) 266–272, 278–280
einrichten
RIP vs. EIGRP 285
Routen eingeben 250
Schnittstellen 256
show ip route-Befehl 247
statische Routen 263–264
traceroute-Befehl 259, 260

Routing-Tabellen 247–249, 251–254

## S

Schnittstellen 256

SC-Stecker 42

Sendestörungen bei Netzwerken 333–335

SET-Befehl (SNMP) 352

show-Befehl 335, 343–346
Cisco Show Command Exposed 344

show interface-Befehl 343

show ip route-Befehl 247

Sicherheit 401–438
    ARP-Manipulation 413–414
    Denial of Service-Angriff 414
    die großen VIER 404
    Drahtlosnetzwerke 399
    Firewalls 404
        Paketfilterung 422–428
    Hacker 404
    MAC-Adressfälschung 407–412, 414
        schützen vor 412
    MAC-Flooding-Angriff 414
    Man in the Middle-Angriff 414
    Paketfilterung 422–428
        Regeln 423
        statische Paketfilter 424
        statusbasierte Paketfilter 428
    Router 404, 416–421
        Access Control Lists (ACLs) 417–420
    Social Engineering 431–434
    Switches 404
Sicherheit von Drahtlosnetzwerken unter der Lupe 399
Signalqualität 88
SNMP (Simple Network Management Protocol) 348–352
    GET-Befehl 352
    GET-NEXT-Befehl 352
    GET-RESPONSE-Befehl 352
    Konfiguration auf Cisco-Gerät 350
    SET-Befehl 352
    Software 352
    Trap 352
    TRAP-Befehl 352
Social Engineering 431–434
Spannung 102
    Änderungen im Signal 110
Spleißgerät 39–41
    Warnung 40
SSH 335
statische Paketfilter 424
statische Routen 263–264
statistische Daten interpretieren 335
statusbasierte Paketfilter 428

Stecker 107
    8P8C 18
    BNC 23
    Glasfaserkabel 38, 42, 47
    Koaxialkabel 29
    LC 42
    Polish & Epoxy 47
    RJ-45 6, 11–12
    SC 42
    ST 42
    T-Stecker 23
    vorgefertigte 47
Sternback-Kaffee 364–398
    (siehe auch Drahtlosnetzwerke)
Stern-Topologie 472
Stromkabel 63
Stromstärke 99
ST-Stecker 42
Studenten-Ecke
    Bandbreite 10
    Geschwindigkeit 10
    Manchester-Kodierung 135
Subnetz-Masken 234
Switches 188–194
    Blöcke 188
    HP ProCurve Switch 194
    LEDs 212
    MAC-Adressen 190, 215
    Problemlösung 342
    Sicherheit 404
    vs. Hubs 193
Switches unter der Lupe 189
syslogd-Daemon 356–358
    Cisco 357
    Logdateien 358

# T

TCP/IP-Netzwerke 216
    ARP 218–219

TCP/IP-Pakete  477
TCP-Pakete  163
    vs. UDP-Pakete  167
TCP-Stack  477
telnet  335
Terminal-Anwendung  476
Terminatoren  23, 29
Token-Ring-Topologie  473
Topologien  472–473
traceroute-Befehl  259, 260
Trap  352
TRAP-Befehl (SNMP)  352
T-Stücke  23, 24

# U

Überwachen (siehe Problemlösung)
Überwachen von Paketen  196–200
Ubuntu
    BIND installieren  489
    Terminal-Anwendung  476
UDP-Pakete  162
    vs. TCP-Pakete  167
Unicode  134, 142
UTP-Kabel  6

# V

Verpacken von Netzwerkdaten  125–174
    ASCII  142
    Binärformat  136, 141
    Blöcke (Ethernet-Nachricht)  154–155
    Datagramme  164
    Datenkodierung  152
    Dezimalformat  132–133
    Ethernet-Geschwindigkeit  152
    Hexadezimalformat  144–145
    ICMP-Paket  162

    Kodieren von Daten  130-133
    MAC-Adressen  154–158
    Netzwerkblöcke  161
    Netzwerkkarten  130-133
    Pakete  162–164
        in richtige Reihenfolge bringen  169
        zerlegen  170
    Pakettypen  164
    Protokolle  153–155
    TCP-Paket  163
    UDP-Paket  162
    Unicode  142
Vibrationen  59, 71, 107
VLANs (Virtual Local Area Networks)  478
VOIP (Voice Over IP-Telefonie)  453
vorgefertigte Stecker  47
VPN (Virtual Private Network)  479

# W

Wände  59, 60, 63
Wasser  59, 71
WEP  399
Wide Area Networks (WANs)  183
Widerstand  92–99, 102
    Definition  93
Windows
    BIND installieren  488
    Kommandozeile  476
Wireshark  196–200, 214
    installieren  474–475
WPA  399

# Z

Zertifizierungen  480
Ziel-MAC-Adresse  180, 181

# Netzwerk-Administration

## Netzwerke von Kopf bis Fuß

*Al Anderson & Ryan Benedetti*
*540 Seiten, 2009, 44,90 €*
*ISBN 978-3-89721-944-1*

Frustriert von Bücher zu Netzwerkthemen, die nur so strotzen vor unverständlichen Abkürzungen? *Netzwerke von Kopf bis Fuß* hilft Ihnen dabei, sich selbst Schritt für Schritt zum Netzwerkexperten zu schulen. *Netzwerke von Kopf bis Fuß* behandelt die Netzwerkthemen, auf die es in der Praxis ankommt. Wo ist das Glasfaserkabel gebrochen? Wie finde ich die defekte Stelle? Egal, ob DHCP oder NAT, Port-Mapping oder IP-Spoofing, Router oder Switches – Sie lernen das Wissen, das notwendig ist, um ein Netzwerk zu planen, aufzubauen und zu pflegen. Im bewährten, modernen von-Kopf-bis-Fuß-Stil erschließt sich dem Leser die anspruchsvolle Netzwerkwelt: von den Basics bis zu den Spezialthemen.

## Praxisbuch Nagios

*Tobias Scherbaum, Michael Gisbers*
*272 Seiten, 2009, 39,90 €*
*mit CD-ROM, gebundene Ausgabe*
*ISBN 978-3-89721-880-2*

Mit dem Netzwerkmonitoring-Werkzeug Nagios können komplexe Netzwerke zentral überwacht, Fehlermeldungen automatisch generiert und über beliebige Kanäle verschickt werden. Die CD zum Buch enthält eine lauffähige, angepasste Linux-Umgebung, aus der heraus direkt mit Nagios gearbeitet werden kann. Angefangen beim Nagios-Kern, weiteren Plugins zur Erweiterung des Monitorings, NRPE und NSCA sowie Werkzeugen zur grafischen Auswertung wie PNP und Nagvis, enthält die CD zum Buch eine vollständige Nagios-Umgebung und lädt zum direkten Umsetzen der im Buch beschriebenen Theorie ein.

## TCP/IP Netzwerk-Administration, 3. Auflage

*Craig Hunt, 792 Seiten, 2003, 46,- €*
*ISBN 978-3-89721-179-7*

Dieses Standardwerk ist eine komplette Anleitung zur Einrichtung und Verwaltung von TCP/IP-Netzwerken. Nach ihrem Aufbau und ihrer Funktionsweise werden fortgeschrittene Themen wie die Konfiguration der wichtigen Netzwerkdienste, Troubleshooting und Sicherheit behandelt. Die 3. Auflage ist komplett aktualisiert und um Informationen zu Samba, Apache, Bind 8 und 9 erweitert.

## Linux-Schnellkurs für Administratoren

*Tom Adelstein & Bill Lubanovic*
*352 Seiten, 2007, 39,90 €*
*gebundene Ausgabe*
*ISBN 978-3-89721-722-5*

Das Buch fasst die nötigen Schritte zusammen, um die verschiedensten Linux-Systeme aufbauen zu können – angefangen von alleinstehenden SOHO-Rechnern, Web- und LAN-Servern bis hin zu Clustern und Servern, die per Virtualisierung konsolidiert wurden. Außerdem lernen Sie die Werkzeuge kennen, die Sie dazu benötigen.

## Zeitmanagement für Systemadministratoren

*Thomas A. Limoncelli*
*232 Seiten, 2006, 24,90 €*
*gebundene Ausgabe*
*ISBN 978-3-89721-465-1*

Systemadministratoren haben keinen einfachen Job. Thomas A. Limoncelli kennt den Arbeitsalltag eines Sysadmins aus eigener Erfahrung und hat im Laufe der Jahre jede Menge Strategien entwickelt, wie man den Anforderungen in diesem Job am besten begegnet. In *Zeitmanagement für Systemadministratoren* stellt er diese vor und gibt Ihnen darüber hinaus Instrumente an die Hand, die Ihnen den Arbeitsalltag sichtlich erleichtern werden.

## Das XEN-Kochbuch

*Hans-Joachim Picht*
*488 Seiten, 2009, 39,90 €*
*gebundene Ausgabe*
*ISBN 978-3-89721-729-4*

XEN hat sich als intelligente Virtualisierungstechnik bewährt, bei der I/O-APIs, ein zentraler Hypervisor und ein Domänensystem für hohe Geschwindigkeit und hervorragende Isolation der Gastsysteme sorgen. Im nützlichen Rezeptformat aus Aufgabe, Lösung und Erläuterung erfahren Leser in diesem Kochbuch, wie sie XEN 3 installieren, booten und konfigurieren, welche Administrationstools wie genutzt werden können, welche Sicherheitsaspekte zu beachten sind, und vieles mehr.

**O'REILLY®**

anfragen@oreilly.de • http://www.oreilly.de • +49 (0)221-97 31 60-0

# Datenbanken

## PostgreSQL-Administration

*Peter Eisentraut, Bernd Helmle*
*336 Seiten, 2009, 34,90 €*
*gebundene Ausgabe*
*ISBN 978-3-89721-777-5*

*PostgreSQL-Administration* behandelt umfassend und vertiefend alle Administrationsaufgaben, die mit dem Datenbanksystem PostgreSQL zusammenhängen. Das Buch richtet sich an den fortgeschrittenen Benutzer bzw. Datenbankadministrator, SQL-Kenntnisse sollten vorhanden sein. Geschrieben von erfahrenen PostgreSQL-Entwicklern, die schon zahlreiche Profi-Schulungen zu diesem Datenbanksystem durchgeführt haben, behandelt das Buch die Installation, Konfiguration und Überwachung. Ebenso vertiefend dargestellt werden Wartung, Datensicherung und Sicherheit, ergänzt um die Themen Performance-Tuning, Benchmarking und Replikationen.

## Oracle PL/SQL – kurz & gut, 4. Auflage

*Steven Feuerstein, Bill Pribyl & Chip Dawes*
*184 Seiten, 2008, 9,90 €, ISBN 978-3-89721-538-2*

Diese 4. Auflage der beliebten Taschenreferenz zur prozeduralen Programmiersprache Oracle PL/SQL wurde vollständig überarbeitet und aktualisiert, so dass sie nun auch die neu hinzugekommenen Features von Oracle 11*g* abdeckt wie beispielsweise neue Datentypen, Trigger und Kompilierungsoptionen. Zusätzlich enthält das Buch jetzt einen neuen Abschnitt zu den eingebauten Funktionen und Packages. Kompakt, übersichtlich und auf den Punkt gebracht: Diese Kurzreferenz fasst die grundlegende PL/SQL-Syntax zum schnellen Nachschlagen zusammen. Sie liefert die wichtigsten Informationen, die Programmierer für die tägliche Arbeit mit Oracle PL/SQL benötigen.

## Oracle SQL*Plus – kurz & gut, 3. Auflage

*Jonathan Gennick, 150 Seiten, 2005, 9,90 €*
*ISBN 978-3-89721-513-9*

*Oracle SQL*Plus – kurz & gut, 3. Auflage* ist für jeden Oracle-Administrator und -Entwickler eine nützliche Informationsquelle für die Arbeit mit Oracles interaktivem Abfrage-Tool SQL*Plus. Das Buch bietet eine kompakte Zusammenfassung der Syntax von SQL*Plus sowie eine Referenz zu den SQL*Plus-Befehlen und -Formatelementen. Die dritte Auflage berücksichtigt die neuen Features von Oracle 10*g* und ist darüber hinaus um Abschnitte zum browserbasierten *i*SQL*Plus erweitert worden.

## SQL von Kopf bis Fuß

*Lynn Beighley, 608 Seiten, 2008,*
*49,90 €, ISBN 978-3-89721-760-7*

Dem Reiz dieser ungewöhnlichen SQL-Einführung können Sie sich bestimmt nicht entziehen: Erwarten Sie Spaß, gehen Sie davon aus, etwas zu lernen, und machen Sie sich darauf gefasst, dass Sie Ihre Daten wie ein Profi abfragen, normalisieren und verknüpfen werden, noch bevor Sie dieses Buch ausgelesen haben.

## Einführung in SQL

*Alan Beaulieu, 320 Seiten, 2006, 29,90 €*
*ISBN 978-3-89721-443-9*

SQL kann Spaß machen! Einführung in SQL bietet Ihnen einen frischen Blick auf die Sprache und bringt Sie in null Komma nichts auf Touren: Mit diesem leicht verständlichen Tutorial können Sie SQL systematisch lernen, ohne sich zu langweilen. Zu jedem Thema gibt es gut durchdachte Übungen mit Lösungen.

## SQL – kurz & gut, 2. Auflage

*Jonathan Gennick, 208 Seiten, 2007, 9,90 €*
*ISBN 978-3-89721-522-1*

Der Bestseller in stark erweiterter und aktualisierter Neuauflage: Gewohnt knapp und präzise deckt *SQL – kurz & gut* die wichtigsten Funktionen und Themen zur effektiven Arbeit mit SQL ab. Dabei behandelt die Taschenreferenz neben Oracle Database 10*g* Release 2, IBM DB2 8.2, Microsoft SQL Server 2005 und MySQL 5.0 nun auch PostgreSQL 8.1. Weitere Themen sind Anweisungen zur Datenmanipulation und zur Transaktionsverwaltung, alle wichtigen SQL-Funktionen und Themen wie Literale, NULL-Werte, CASE-Ausdrücke, Datentyp-Umwandlungen, reguläre Ausdrücke, das Gruppieren und Zusammenfassen von Daten, Tabellen-Joins und das Schreiben von Abfragen und Unterabfragen.

---

Weitere Informationen zu unserem Oracle-Programm finden Sie unter:
**www.oreilly.de/oracle**

anfragen@oreilly.de • http://www.oreilly.de • +49 (0)221-97 31 60-0

# Nicht nur für die Uni

## Praktische C++-Programmierung

*Steve Oualline, 592 Seiten, 2004, 42,- €*
*ISBN 978-3-89721-358-6*

*Praktische C++-Programmierung* richtet sich an alle, die C++ richtig lernen wollen. Sei es mit Programmiervorkenntnissen oder ohne – hier lernen die Leser, saubere und nützliche C++-Programme zu schreiben. Kompakte Kapitel decken alle wichtigen Aspekte der Programmierung ab, inklusive Software-Design, objektorientierte Konzepte und Debugging. Am Ende jedes Kapitels lassen sich die erworbenen Kenntnisse durch Übungen und Kontrollfragen überprüfen.

## C++ Kochbuch

*D. Ryan Stephens, Christopher Diggins, Jonathan Turkanis & Jeff Cogswell*
*624 Seiten, 2006, 44,90 €*
*ISBN 978-3-89721-447-7*

Einführungen in C++ gibt es viele. Dieses praktische Buch geht anders vor: Es zeigt Ihnen Beispiel für Beispiel, Rezept für Rezept, wie Sie typische Aufgabenstellungen im normalen Programmieralltag lösen. Vom Parsen eines Datum- und Zeitstrings bis zur Erzeugung einer Singleton-Klasse. Für Ingenieure, Softwareentwickler und Forscher gleichermaßen. In O'Reillys bewährtem Kochbuchformat: Problem – Lösung – ausführliche Erläuterung.

## C++ – kurz & gut

*Kyle Loudon, 144 Seiten, 2004, 9,90 €*
*ISBN 978-3-89721-262-6*

C++ ist eine komplexe Sprache mit vielen subtilen Facetten. Insbesondere Programmierer, die auf C++ umsteigen oder nur gelegentlich in C++ programmieren, haben ihre Schwierigkeiten mit ähnlichen und doch nicht identischen Features in C oder Java. Aber auch erfahrene C++-Programmierer müssen manchmal überlegen, wie ein bestimmtes Konstrukt oder Konzept implementiert ist. Sie alle finden in *C++ – kurz & gut* ein kompaktes, kleines Nachschlagewerk.

## C in a Nutshell, 4. Auflage

*Peter Prinz & Tony Crawford*
*624 Seiten, 2006, 44,90 €*
*ISBN 978-3-89721-344-9*

Peter Prinz und Tony Crawford haben eine einzigartig dichte, umfangreiche und nützliche Sammlung ihrer geballten C-Expertise zusammengetragen, die jeder Programmierer in Griffweite haben möchte. Präzise und vollständig beschreiben sie auch alle Erweiterungen des C99-Standards. Neben der Sprachsyntax behandelt das Buch die Funktionen der Standardbibliothek und wichtige Werkzeuge des C-Programmierers.

## C – kurz & gut

*Ulla Kirch-Prinz & Peter Prinz, 120 Seiten*
*2002, 8,- €, ISBN 978-3-89721-238-1*

*C – kurz & gut* ist zweiteilig angelegt: die erste Buchhälfte gibt einen Überblick über die Sprache und ihre Elemente, die zweite Hälfte ist den Standard-Bibliotheken gewidmet. Der neuste ANSI-Standard (C99) wird hierbei berücksichtigt, ein knapper Index hilft beim Finden der Funktionen, Typen und anderer Syntax-Elemente.

## UML 2.0 – kurz & gut, 2. Auflage

*Dan Pilone, 144 Seiten, 2006, 9,90 €*
*ISBN 978-3-89721-521-4*

Bietet einen kompakten Überblick über die aktuelle UML-Version 2.0. Die Schnellreferenz behandelt UML-Klassifizierungen, Pakete und Stereotypen und erläutert Verwendung, Symbole und Syntax der zahlreichen UML-Diagrammtypen. In diesem Buch finden Sie auf Anhieb alle Details, die Sie für die effektive Arbeit mit UML benötigen.

## LaTeX – kurz & gut, 3. Auflage

*Kalle Dalheimer & Karsten Günther*
*136 Seiten, 2008, 8,90 €*
*ISBN 978-3-89721-542-9*

Enthält alle oft verwendeten Befehle und Optionen. Die dritte Auflage wurde umfangreich aktualisiert und ergänzt: Befehle zu Gleitobjekten, PDF-Erzeugung, Befehle zur Erzeugung von Tabellen und Makro-Erzeugung sowie KOMA-Script.

# O'REILLY®

anfragen@oreilly.de • http://www.oreilly.de • +49 (0)221-97 31 60-0